WEITBLICK
Das große Panorama

B2.2

Deutsch als Fremdsprache
Kurs- und Übungsbuch

Claudia Böschel
Julia Herzberger
Elisabeth Lazarou
Anne Planz
Matthias Scheliga
Ulrike Würz (Phonetik)

sowie
Jens Magersuppe
Martina Schäfer
Julia Stander

Vorwort

WEITBLICK
Das große Panorama

Das Lehrwerk WEITBLICK Das große Panorama richtet sich an fortgeschrittene Lernende im In- und Ausland, die Deutsch für ihre Ausbildung, ihr Studium oder ihren Beruf lernen. Es führt zum Abschluss der Niveaustufen B1+ und B2 des erweiterten *Gemeinsamen europäischen Referenzrahmens* von 2019 und bereitet die Lernenden auf die B2-Prüfungen *Goethe-Zertifikat B2, telc Deutsch B2* und *ÖSD Zertifikat B2* vor. Das Lehrwerk erscheint in zwei Gesamtbänden (B1+ und B2), B2 alternativ auch in zwei Teilbänden (B2.1 und B2.2).

WEITBLICK bietet den Lernenden die Möglichkeit, die deutsche Sprache entsprechend ihren Interessen zu erleben, sie zu begreifen und sprachlich sicher zu handeln.

Erleben
Jede Lernerin und jeder Lerner bringt eigene sprachliche und persönliche Erfahrungen mit. Der plurikulturelle und mehrsprachige Ansatz, dem WEITBLICK folgt, greift diese Diversität auf und ermöglicht einen vielfältigen Austausch. Auf diese Weise regt das Lehrwerk dazu an, den eigenen Blick zu erweitern und neue Perspektiven einzunehmen.

Begreifen
So vielfältig die Lernenden selbst sind, so unterschiedlich ist ihre Motivation, Deutsch zu lernen. WEITBLICK bietet den Lernenden verschiedene Möglichkeiten, die Inhalte auszuwählen, und vermittelt Strategien zum selbstbestimmten Lernen. Darüber hinaus enthält das Lehrwerk binnendifferenzierende Aufgaben zur Wiederholung und Vertiefung des Gelernten, die eine individuelle Förderung ermöglichen.

Handeln
Das wichtigste Ziel des Sprachunterrichts ist das Handeln in der Fremdsprache. Die Lern- und Übungsphasen der einzelnen Einheiten münden in handlungsorientierte Zielaufgaben, in denen das Gelernte aktiv in authentischen, kommunikativen Kontexten angewendet wird. Kooperative Aufgaben fördern außerdem das Lernen mit- und voneinander, indem die Lernenden ein gemeinsames Ziel verfolgen und eine Aufgabe zusammen lösen.

Mit der PagePlayer-App in neue Lernwelten
Unter dem Motto *Bring Your Own Device* wird das Lehrwerk sinnvoll und zielgerichtet durch digitale Bestandteile ergänzt. Über die PagePlayer-App greifen die Lernenden mit ihrem Smartphone oder Tablet bequem auf alle folgenden digitalen Materialien zum Lehrwerk zu:
– Hörtexte und Videos,
– Erklärvideos zu Lernstrategien,
– zusätzliche Lese- und Hörtexte für kooperative Aufgaben,
– unterstützende und vertiefende Aufgaben zur Binnendifferenzierung sowie
– weiterführende Links zu ausgewählten Aufgaben.

Das Lehrwerk im Überblick
WEITBLICK B2.2 umfasst sechs Einheiten und hat einen klaren, modularen Aufbau, der eine große Flexibilität in der Unterrichtsgestaltung ermöglicht. In jeder Einheit setzen sich die Lernenden mit einem übergreifenden Thema auseinander, das aus unterschiedlichen Perspektiven dargestellt wird. Diese thematische Vielfalt erlaubt einen abwechslungsreichen Unterricht und bietet differenzierte Einblicke in das Leben und die Kulturen der deutschsprachigen Länder.

Das Kursbuch

Die Vermittlung aller wichtigen Sprachhandlungen findet auf den ersten sechs Seiten jeder Einheit statt. Dieser erste Teil
- enthält vielfältige authentische Texte zu aktuellen, relevanten und lebensnahen Themen.
- trainiert alle fünf Fertigkeiten (Lesen, Hören, Schreiben, Sprechen und Hör-Sehen).
- bietet alle für die Sprachhandlungen notwendigen Werkzeuge (Wortschatz, Redemittel, Phonetik sowie grammatische Strukturen).
- vermittelt Strategien zur sicheren mündlichen und schriftlichen Textkompetenz.
- fasst die Sprachhandlungen in handlungsorientierten Zielaufgaben zusammen.

Im zweiten, modularen Teil werden die Lerninhalte vertieft. In jedem Modul stehen eine oder zwei Fertigkeiten im Fokus, die systematisch trainiert werden. Somit bieten die Module eine weitere Möglichkeit zur Binnendifferenzierung.

Das Übungsbuch

In den Übungsbuch-Einheiten finden die Lernenden zahlreiche Übungen, in denen der relevante Wortschatz, wichtige Redemittel und Strukturen geübt und vertieft sowie alle Fertigkeiten trainiert werden. Darüber hinaus gibt es Übungen und Aufgaben zur Sprachmittlung, in denen die Lernenden Textinhalte in eine andere Sprache übertragen oder zum bewussten Sprachvergleich angeregt werden. Jede Übungsbuch-Einheit schließt mit einem zweiseitigen Prüfungstraining ab, das die Lernenden auf die gängigen B2-Prüfungen vorbereitet.

Die Nummerierung im Übungsbuch spiegelt die Aufgaben des Kursbuchs wider. Dies ermöglicht eine eindeutige Zuordnung der Übungen zum Kursbuch.

Die PagePlayer-App

Mit der PagePlayer-App können alle digitalen Inhalte zum Kurs- und Übungsbuch heruntergeladen und anschließend abgespielt werden.
Die App kann kostenlos im App-Store oder auf **www.cornelsen.de/pageplayer** heruntergeladen werden.

Alle im Lehrwerk abgedruckten Icons führen zu den Inhalten in der PagePlayer-App:

- Hörtext
- Video
- Erklärvideo zur Strategie
- weiterführender Link
- Textauswahl zur inhaltlichen Differenzierung
- kooperative Aufgabe mit individueller Textauswahl
- vorbereitende oder vertiefende Übung

Alle digitalen Inhalte aus der App sowie weitere Zusatzmaterialien sind zudem online unter **www.cornelsen.de/codes** (Webcode: **xazewi**) verfügbar. Unter dem am Anfang jeder Einheit abgedruckten Webcode finden sich die gesammelten digitalen Inhalte zur jeweiligen Einheit.
Eine Übersicht über alle Webcodes finden Sie im Umschlag dieses Buches.

Inhalt

		Sprachhandlungen
Auf den ersten Blick		
1 Den Horizont erweitern		
Erwartungen und Erfahrungen		darüber sprechen, wie man seinen Horizont erweitern kann; über Erwartungen und Erfahrungen sprechen
Das Leben in einer anderen Kultur		über die Situation von Expats in der Schweiz sprechen; über Ein- und Auswandern sprechen; einen Text zusammenfassen
Vorurteile überwinden		Personen beschreiben; über den ersten Eindruck sprechen; über Unterschiede in Selbst- und Fremdwahrnehmung sprechen; über Stereotype und Vorurteile sprechen
	Frauen sind eitel. Männer? Nie!	einen literarischen Text (Kurzgeschichte) verstehen; über Eitelkeit sprechen; einen Tagebucheintrag / ein alternatives Ende schreiben
	Wenn sich Kulturen begegnen	über Alltagskulturen und kulturelle Stereotype sprechen; über transkulturelle Kommunikationsschwierigkeiten und Missverständnisse sprechen
	An seine Grenzen gehen	über extreme Hobbys und Freizeitaktivitäten sprechen; eine Zusammenfassung schreiben
2 Miteinander leben		
Wie würden Sie gern leben?		über Wohn- und Lebensformen sprechen; darüber sprechen, was *zu Hause* für einen bedeutet; Wünsche und Vorlieben ausdrücken
Beziehungen im digitalen Zeitalter		darüber sprechen, wie digitale Kommunikation zwischenmenschliche Beziehungen verändert; eine Diskussion führen; die eigene Meinung schriftlich zusammenfassen
Miteinander arbeiten		über Probleme am Arbeitsplatz oder an der Universität sprechen; Ratschläge geben
	Mehrere Generationen unter einem Dach	über Wohnformen im Alter sprechen
	Mensch und Maschine	über die Vor- und Nachteile digitaler Technik sprechen; darüber sprechen, wie Digitalisierung das Arbeitsleben verändert; die eigene Meinung schriftlich wiedergeben
	Zukunftswünsche	sagen, was einem im Leben wichtig ist; Ranglisten vergleichen; Pläne und Wünsche für die Zukunft beschreiben
	Unter Freundinnen	sagen, was einem in einer Freundschaft wichtig ist; über Probleme in Freundschaften sprechen; Wünsche ausdrücken; Ratschläge geben
3 Suchen und finden		
Auf der Suche nach Informationen		über Informationssuche im Internet sprechen
Den Traumjob finden		über Erfahrungen und Ziele in der Ausbildung, im Studium und im Beruf sprechen; ein Bewerbungsschreiben verstehen und verfassen
Auf der Suche nach frischen Ideen		über Assessment-Center sprechen; Vorschläge diskutieren und sich einigen; eine Veranstaltung planen
	Der berufliche Werdegang	über den eigenen beruflichen Werdegang berichten; einen Lebenslauf verstehen und verfassen
	Ruhe finden	über Wandern und Erholung in der Natur sprechen
	Kreativ gelöst	über besondere Dienstleistungen sprechen; eine Anzeige schreiben

WEITBLICK B 2.1

Themen	Textsorten	Strategien	Grammatik / Phonetik
			Seite 12
			Seite 14 / Ü 2
neue Erfahrungen im Ausland	Radiosendung		*eigentlich* als Adverb/Modalpartikel; Vergleichssätze mit Nebensatz Phonetik: das Wort *eigentlich*
Expats in der Schweiz	Zeitungsartikel; Zusammenfassung	eine Zusammenfassung schreiben und überarbeiten	Dativ- und Akkusativobjekte im Mittelfeld des Satzes
der erste Eindruck; Stereotype und Vorurteile	Radiosendung; Erklärvideo; Definitionen		Perfekt: *lassen, sehen, hören* Phonetik: Wortakzent
Kurt Tucholsky: *Frauen sind eitel. Männer? Nie –!*	Kurzgeschichte	sich unbekannte Wörter erschließen	
transkulturelle Kommunikation	Definition; Zitat		
Extremsportarten; extreme Hobbys	Radiosendung; Zusammenfassung		
			Seite 26 / Ü 16
Feine Sahne Fischfilet: *Zuhause*; Wohnformen	Lied; Musikvideo; Forumsbeiträge		Infinitivsätze mit *zu* und Nebensätze mit *dass*
digitale Kommunikation	Stellungnahmen; Diskussion	eine Diskussion führen	Infinitivsätze mit *zu* in der Gegenwart und Vergangenheit
Probleme am Arbeitsplatz und an der Universität; Auslandsstudium	Radionachricht; Infoflyer/Radiosendung		Nomen/Adjektive mit Präposition; Präpositionaladverbien; Phonetik: Ratschläge flüssig sprechen
Mehrgenerationenprojekt	Zeitungsartikel; Zeitungsinterview		
Digitalisierung in der Arbeitswelt	Radiointerview	detailliertes Hören mithilfe von Schlüsselwörtern	
Wünsche und Pläne	Rangliste		
Freundschaften	Telefongespräch		
			Seite 38 / Ü 30
Internet; Wikipedia	Zeitschriftenartikel; Videoreportage		das Wort *es*
Ausbildung/Beruf/Studium; Bewerbung	Bewerbungsschreiben; Stellenanzeigen	ein Bewerbungsschreiben verfassen	
Assessment-Center	Infotext; Diskussion im Assessment-Center; Internetseiten: Angebote		Nomen-Verb-Verbindungen; Konjunktiv II ohne *würde* Phonetik: Anglizismen
Lebenslauf mündlich und schriftlich	Lebenslauf		
Blog: *Little Red Hiking Rucksack*	Mindmap; Interview	mit einer Mindmap arbeiten	
kreative Dienstleistungen	Podcast; Anzeigen		

	Sprachhandlungen
4 Auf Augenhöhe kommunizieren	
Botschaften senden	über verbale und nonverbale Kommunikation sprechen; Vermutungen (über die Gegenwart und Zukunft) äußern; über kulturelle Unterschiede bei Gesten sprechen
Richtig streiten	Kritik äußern und auf Kritik reagieren; über kulturelle Unterschiede beim Streiten sprechen
Digitale Kommunikation	über digitale Medien und digitale Kommunikation sprechen; eine Grafik beschreiben
📖 Einfach mal reden!	Kritik äußern und auf Kritik reagieren / Ratschläge im Forum geben
✏️ Kommunikation am Arbeitsplatz	über Kritik und Streit am Arbeitsplatz sprechen; schriftlich auf die Kritik eines Kollegen reagieren; eine formelle E-Mail schreiben
💬 Es liegt mir auf der Zunge	unbekannte Wörter umschreiben
🔊 Mit den Augen hören	über Barrierefreiheit sprechen, über Gebärdensprachdolmetschen sprechen
5 Einfach mal abschalten	
Den Kopf freibekommen	über Freizeitaktivitäten und Entspannungsmethoden sprechen; die Gliederung einer Präsentation verstehen; eine Präsentation halten; Feedback geben
Weniger Stress im Alltag und Beruf	über Stress im Beruf sprechen; Tipps zum Stressabbau geben
Kraftwerke abschalten?	über die Vor- und Nachteile verschiedener Energieformen sprechen; Bedingungen ausdrücken; einen Leserbrief schreiben
📖 Stromausfall	einen literarischen Text (Romanauszug) verstehen; über die Folgen eines Stromausfalls sprechen; die Fortsetzung einer Geschichte schreiben
🔊💬 Eine Fachtagung	einen wissenschaftlichen Vortrag zum Thema *Burnout* verstehen; Vortragsfolien gestalten; einen Kurzvortrag halten; Nachfragen stellen
✏️ Lustige Geschichten	kooperativ eine Kettengeschichte schreiben
6 In Erinnerungen schwelgen	
Lebensstationen	über Erinnerungen und wichtige Ereignisse im (eigenen) Leben sprechen; über das Leben einer Person berichten; über (irreale) Möglichkeiten in der Vergangenheit sprechen
Das Gedächtnis – Ort unserer Erinnerungen	über die Funktionsweise des Gedächtnisses sprechen; über Lernstrategien und Mnemotechniken sprechen; etwas bewerten
Erinnerungen aus der Geschichte	über historische Ereignisse sprechen; Biografien verstehen und wiedergeben; einen Kurzvortrag halten
📖✏️ Lieblingsbücher	über Bücher und Literatur sprechen; eine Rezension verstehen und schreiben
🔊 Zeitreisen – das hätte ich gern erlebt!	über historische Ereignisse und berühmte Personen sprechen; darüber sprechen, in welcher Epoche man gern gelebt hätte; eine Liedstrophe schreiben
💬 Erinnern Sie sich noch an Einheit …?	sich darüber austauschen, was man gelernt hat; etwas evaluieren
Anhang	
Grammatik	
Unregelmäßige Verben	
Verben mit Präpositionen	
Nomen mit Präpositionen	
Adjektive mit Präpositionen	
Nomen-Verb-Verbindungen	

Inhalt

Themen	Textsorten	Strategien	Grammatik / Phonetik
			Seite 50/Ü 44
Kommunikation; Körpersprache und Gesten	Zeitschriftenartikel; Erklärvideo		Vermutungen ausdrücken mit Modalverben; Nebensätze: *ohne dass, ohne … zu*
Streit (privat und beruflich)	Streitgespräche		Phonetik: emotionale Intonation
digitale Medien	Infografik; Radiointerview; Grafikbeschreibung;	eine Grafik beschreiben	Adjektivdeklination: Komparativ und Superlativ
Streitthema Arbeit	Forumsbeiträge		
Ärger am Arbeitsplatz	formelle E-Mail		
Kommunikationsstrategien	Infotext	unbekannte Wörter umschreiben	
Laura Schwengber – eine Musikdolmetscherin	Podcast; Musikvideo		
			Seite 62/Ü 58
Freizeit; Entspannung	Radiosendung; Präsentation; Internetseite	eine Präsentation halten	Präpositionen *bei* (temporal) und *mithilfe (von)* (modal) Phonetik: flüssig präsentieren
Stress; Downshiften	Zeitungsnachricht; Videoreportage; Ratgeber-Webseite		Te-Ka-Mo-Lo-Reihenfolge im Hauptsatz
nachhaltige Energie vs. Atomkraft	Zeitungsartikel; Stellungnahmen; Leserbrief		Nebensätze: Bedingungssätze mit *wenn/falls* und uneingeleitet
Marc Elsberg: *Blackout – Morgen ist es zu spät.*	Romanauszug		
Burnout und Burnoutprävention	Vortrag; Vortragsfolien	Folien für einen Vortrag gestalten	
Stromausfall / Stress bei der Arbeit / Wochenende	„Kettengeschichten"		
			Seite 74/Ü 72
Erinnerungen; Kindheit und Jugend	Tagebucheintrag		Perfekt: Modalverben; Konjunktiv II der Vergangenheit; irreale Bedingungssätze
Gedächtnis und Lernen	Zeitschriftenartikel; Umfrage/Internetseite		Passiv mit *von* und *durch*
deutsche Geschichte; berühmte Personen	Museumsführung; Erklärvideo; Biografien; Kurzvortrag	Informationen recherchieren und strukturieren	Passiv mit Konjunktiv II der Vergangenheit Phonetik: wandernder Satzakzent
Daniel Tammet: *Wolkenspringer*	Klappentext; Rezension	eine Rezension verstehen	
Emma6: *Was kann ich dafür, dass ich aus den 80ern bin?*	Lied		
Deutschlernen	„Erinnerungsstationen"		
			Seite 88
			Seite 106
			Seite 110
			Seite 114
			Seite 116
			Seite 117

Inhalt

	Sprachhandlungen
7 Sich und die Welt verändern	
Gutes tun	über gesellschaftliches Engagement und Ehrenamt sprechen; einen Verein / eine Organisation vorstellen
Die Arbeitswelt im Wandel	über Veränderungen in der Arbeitswelt sprechen; über zukünftige Entwicklungen sprechen und Prognosen anstellen; über flexible Arbeitsformen sprechen
Beruflich neue Wege gehen	über Arbeitsbedingungen sprechen; ein Vorstellungsgespräch führen
💬 Ideen, die die Welt verändern	über Erfindungen sprechen; eine eigene Erfindung präsentieren
📖 💬 Wie die Digitalisierung die Arbeit verändert	einen Artikel über Digitalisierung in der Arbeitswelt verstehen und darüber sprechen; eine Diskussion führen; eine Diskussion moderieren
🔊 ✏ Große Entscheidungen	über große Entscheidungen und Veränderungen im Leben berichten
8 Bewusst konsumieren	
Einkaufsgewohnheiten	über Einkaufsgewohnheiten und Einkaufstypen sprechen; eine Textsorte erkennen; über Klischees sprechen; Begriffe definieren
Ein besonderes Produkt	über technische Geräte sprechen; ein Produkt beschreiben
Nachhaltiger Konsum	über nachhaltigen Konsum sprechen; eine Vorlesung verstehen; Gegensätze ausdrücken
📖 Warum konsumieren wir?	über Werbung und Werbeslogans in verschiedenen Sprachen sprechen; über Konsumentscheidungen und die Rolle von Werbung und Marketing sprechen
📖 💬 Mode – fair und nachhaltig?	über faire Kleidungsproduktion sprechen; flüssig sprechen und sich beim Sprechen Denkpausen verschaffen; eine Diskussion führen
🔊 ✏ Einkaufen vom Sofa aus	über Vor- und Nachteile von Online-Shopping sprechen; eine Stellungnahme schreiben
9 Das perfekte Leben führen	
Was ist Glück?	über Glücksvorstellungen sprechen; (irreale) Wünsche äußern
Selbstoptimierung – ein Mega-Trend	über Selbstoptimierung sprechen; Eindrücke und Wirkungen beschreiben; Trends beschreiben und bewerten
Start-Ups – der perfekte Arbeitsplatz?	über verschiedene Arbeitsformen sprechen; über die Gründung eines Start-Ups sprechen; Bedauern ausdrücken; ein formelles Telefonat führen
📖 Leben, um zu arbeiten, oder arbeiten, um zu leben?	einen literarischen Text verstehen; über Arbeitsmoral sprechen
🔊 Leben und arbeiten auf dem Firmencampus	über Vor- und Nachteile eines Firmencampus sprechen; einen Kommentar schreiben
📖 💬 Raus aus dem Hamsterrad	eine Präsentation über einen Trend halten
✏ Werbung für sich selbst	stilistische Unterschiede in Texten wahrnehmen und über ihre Wirkung sprechen; eine werbende Anzeige schreiben

Themen	Textsorten	Strategien	Grammatik / Phonetik
			Seite 86/Ü 86
Engagement und Ehrenamt	Zeitungsartikel; Grafik		Relativsätze mit *wer, wem, wen*
Kompetenzen; neue Arbeitsformen; flexible Arbeitszeiten und -orte	Videoreportage		(un)trennbare Verben mit *durch-, über-, um-, unter-, wieder* Phonetik: Wortakzent bei (un)trennbaren Verben
Arbeitsbedingungen; Kündigung und neue Stelle	Telefongespräch; Vorstellungsgespräch; Stellenanzeigen	ein Vorstellungsgespräch führen	Passiversatzformen
Erfindungen	Kurztexte; Werbeprospekt/Werbespot/Kurzvortrag		
Digitalisierung; künstliche Intelligenz	Zeitungsartikel; Diskussion	eine Diskussion moderieren	
Sabbatical; Elternzeit; beruflicher Neuanfang	Radioreportage; persönlicher Bericht		
			Seite 98/Ü 100
Einkaufen und Konsumverhalten	Glosse; Definition		Relativsätze mit Relativpronomen im Genitiv
technische Geräte	Werbeprospekt; Beratungsgespräch; Produktbeschreibung		Partizip I und II als Adjektive Phonetik: die Endung *-en*
ökologischer Rucksack; ökologischer Fußabdruck	Erklärvideo; Vorlesungsankündigung; Vorlesung; „Fußabdruck-Test"	komplexe Hörtexte verstehen	adversative Konnektoren *dagegen* und *während*
Werbung	Werbespots; Zeitungsartikel		
Modeproduktion	Videoreportage; Online-Artikel; Podiumsdiskussion	flüssig sprechen und Denkpausen schaffen	
Einzelhandel und Online-Shopping	Radiosendung; Stellungnahme		
			Seite 110/Ü 114
Glück	Zeitschriftenartikel		irreale Wünsche (Gegenwart)
Selbstoptimierung; „Gehirndoping"; „Selftracking"	Radiosendung; Online-Artikel		irreale Vergleiche mit *als ob, als wenn* und *als*
Arbeitsformen; Start-ups	Videoreportage; Chat; formelles Telefongespräch	ein formelles Telefonat führen	irreale Wünsche (Vergangenheit); Phonetik: am Telefon flüssig sprechen
Heinrich Böll: *Anekdote zur Senkung der Arbeitsmoral*	Kurzgeschichte		
Firmencampus	Zeitungsnachricht; Radiosendung; Kommentar		
Trends: *Slow-Trend*; *Minimalismus*; *Karriereverweigerung*	Info-Texte; Präsentation		
Werbung für sich selbst	Anzeigen	für sich werben	

	Sprachhandlungen
10 Die Welt verstehen	
Wie wir die Welt sehen	Überraschung ausdrücken; etwas begründen; eine Studie beschreiben; über das eigene Weltbild sprechen
Die Perspektive wechseln	über Empathie und Mitgefühl sprechen; Konsequenzen und Methoden beschreiben; ein psychologisches Experiment verstehen und beschreiben
Politik und Gesellschaft	ein Schaubild verstehen und beschreiben; politische Systeme beschreiben; politische Meinungen verstehen; Zustimmung und Skepsis ausdrücken; eine Diskussion führen
📖 💬 Ich verstehe nur Bahnhof!	über Redewendungen sprechen; über positive und negative Aspekte digitaler Sprach(lern)programme sprechen; eine Diskussion führen
📖 ✏️ Amtsdeutsch – eine ganz andere Sprache	einen formellen Brief verstehen und die Hauptinformationen zusammenfassen; „Amtsdeutsch" in einfache Sprache übertragen; eine E-Mail schreiben
🔊 Die Darstellung der Welt	die geografische Lage eines Landes beschreiben; über Weltkarten und die Darstellung der Welt sprechen; Überraschung ausdrücken
11 Geschichten erzählen	
Alltagsgeschichten	über Geschichten und Erzählformen sprechen; über kulturelle Veranstaltungen sprechen; lebendig über die Vergangenheit sprechen; eine Geschichte schreiben und vortragen
Mit Farben und Formen erzählen	über verschiedene Kunstformen sprechen; Eindrücke und Wirkungen beschreiben; Gesagtes wiedergeben und jemanden (indirekt) zitieren
Geschichten im Netz	über digitale Erzählformen sprechen; über Unterschiede und Gemeinsamkeiten digitaler Medien bzw. Plattformen sprechen; über die eigene Mediennutzung sprechen
✏️ Eine Bildergeschichte	über Bildergeschichten sprechen; eine Bildergeschichte schreiben
🔊 💬 Fortsetzung folgt	über Serien und Serienkonsum sprechen; die Handlung einer Serie / eines Films beschreiben
📖 Geschichten für die Nachwelt	über Vor- und Nachteile verschiedener Speichermedien sprechen; einen Artikel über die Archivierung von Informationen verstehen
🔊 📖 Kurz berichtet	gesprochene und geschriebene Kurznachrichten verstehen; den Inhalt einer Nachricht mündlich wiedergeben
12 In vollen Zügen genießen	
Genussmomente	über Genuss sprechen; Redewendungen und Umgangssprache verstehen; Gefühle ausdrücken; Empfindungswörter benutzen
Genussforschung: Wie genießen wir?	über Sprichwörter und Redewendungen sprechen; über Genussverhalten und Wertehaltungen sprechen
Viele Ideen – eine Projekt!	ein längeres Gespräch mit Themen- und Sprecherwechseln verstehen; Vermutungen über die Vergangenheit äußern; ein Protokoll führen
📖 💬 Wie die Zeit vergeht!	über Sprichwörter und Redewendungen sprechen; über den eigenen Umgang mit Zeit sprechen; eine Studie beschreiben
🔊 ✏️ Digital ist besser?	ein längeres Gespräch mit Themen- und Sprecherwechseln verstehen; über digitale und analoge Mediennutzung sprechen; eine informelle Textnachricht schreiben
💬 Der Weg ist das Ziel	auf den eigenen Lernprozess zurückblicken; über Pläne und Perspektiven beim Deutschlernen sprechen
Anhang	
Grammatik	
Unregelmäßige Verben	
Verben mit Präpositionen	
Nomen mit Präpositionen	
Adjektive mit Präpositionen	
Nomen-Verb-Verbindungen	

Inhalt

Themen	Textsorten	Strategien	Grammatik / Phonetik
			Seite 122/Ü 128
der *Gapminder*-Test; Weltbild	Wissenstest; Online-Artikel		kausale Präpositionen *wegen*, *aufgrund*, *dank*, *aus*, *vor*
Empathie; Psychologie	Podcast: Interview; Notizen	beim Hören Notizen machen	konsekutive Nebensätze mit *sodass* / *so …, dass*; modale Nebensätze mit *indem* / *dadurch dass*
die politischen Systeme in CH und D; Wahlen	Gespräch; Schaubilder; Video-Umfrage; Diskussion		Satzumformungen mit Nominal-gruppen; Phonetik: Wortakzent
Sprachlernprogramme; Übersetzungs-Apps	Blog; Diskussion		
„Amtssprache" versus „leichte Sprache"	formeller Brief; Internetseite: Tipps; E-Mail	formelle Texte verstehen	
Geografie; Weltkarten	Podcast: Interview		
			Seite 134/Ü 142
Lesebühnen	Blog; Geschichte		szenisches/historisches Präsens
Ausstellung; Kunstformen	Ausstellungsankündigung; Zeitungsnachricht; Internetseite: Gästebuch	Gesagtes wieder-geben	indirekte Rede mit Konjunktiv I+II; Phonetik: flüssig sprechen
digitale Erzählformen: Blog; Podcast; Instagram; YouTube	Radiosendung		indirekte Rede mit Konjunktiv I + II (Vergangenheit)
Bildergeschichten	Bildergeschichte		
Serienkonsum; Serien: *Dark / 4 Blocks*	informelles Gespräch		
Archiv der Menschheit	Zeitungsartikel		
Nachrichten aus aller Welt	Zeitungsnachrichten; Radionachrichten	Nachrichten verstehen	
			Seite 146/Ü 156
Genuss	Video-Umfrage; informelles Gespräch		Modalpartikeln; Phonetik: Intonation von Empfindungswörtern
Genussverhalten; „Genusstypen"; Werte	Sprichwörter; Zeitschriften-interview		die Position von *nicht* und *auch* im Satz
Teambesprechung; Organisation eines Festivals	Besprechung; Protokolle (Ergebnis-/Verlaufsprotokoll)	ein Protokoll führen	Futur II und Modalverben für Vermutungen über die Vergangenheit
Robert Levine: *Landkarte der Zeit*	Sprichwörter; Selbsttest; Artikel; Zusammenfassung		
digitale vs. analoge Medien	informelles Gespräch; informelle Textnachricht	eine informelle Text-nachricht schreiben	
Deutschlernen	Collage; „Lernplakate"		

Seite 160
Seite 186
Seite 191
Seite 196
Seite 198
Seite 199

7 Sich und die Welt verändern

Webcode: gizivo

Gutes tun

1 Gesellschaftliches Engagement

a Was machen die Menschen auf den Fotos? Was glauben Sie: Warum oder mit welchem Ziel? Sammeln Sie Ideen im Kurs. Die Wörter helfen.

Brände löschen – (für/gegen etwas) demonstrieren – Gemüse anbauen/ernten – eine Petition unterschreiben – (für etwas) streiken – sich ehrenamtlich (für etwas) engagieren – Unterschriften/Spenden sammeln – eine Mannschaft trainieren – sich (für etwas/jemanden) einsetzen – etwas für einen guten Zweck tun

> *Die Frau auf den vierten Foto trainiert Kinder im Fußball. Vielleicht ist das ihr Job?*

> *Oder sie ist ehrenamtliche Trainerin, weil ihr die Arbeit mit Kindern Spaß macht.*

b Worum geht es in den Absätzen? Lesen Sie den Artikel und schreiben Sie zu jedem Absatz eine passende Frage in Ihr Heft. Vergleichen Sie dann im Kurs.

Ehrenamt und freiwilliges Engagement in Deutschland

Freiwilliges und ehrenamtliches Engagement spielen in Deutschland eine große Rolle. Knapp 31 Millionen Menschen – das entspricht etwa 45 % der deutschen Bevölkerung ab 14 Jahren – engagieren sich unbezahlt in Vereinen und Organisationen für einen guten Zweck und erfüllen mit ihrer Arbeit wichtige gesellschaftliche Aufgaben. Umfragen zeigen, welche Bevölkerungsgruppen besonders engagiert sind: Wer ehrenamtlich tätig ist, kommt meist aus der gesellschaftlichen Mittelschicht, ist berufstätig und gut ausgebildet. Männer sind etwas häufiger freiwillig engagiert als Frauen (46 % versus 42 %), ältere Menschen ab 65 Jahren seltener als jüngere (34 % versus 46 %). Allerdings widmen ältere Menschen ihrer ehrenamtlichen Tätigkeit mehr Zeit, nämlich durchschnittlich zwölf Stunden monatlich. Bei den jüngeren sind es nur acht bis zehn Stunden.

Je nach Alter unterscheiden sich auch die Beweggründe der Menschen für ihr Engagement. Bei älteren Menschen ist es einerseits der Wunsch, die Gesellschaft aktiv mitzugestalten, andererseits der Kontakt und Austausch mit anderen Menschen und anderen Generationen. Die jüngste Altersgruppe (14 bis 29 Jahre) will dagegen durch die ehrenamtliche Tätigkeit vor allem Neues lernen und Erfahrungen für ihr Berufsleben sammeln. Für alle Alters- und Bevölkerungsgruppen steht der Spaß an der Tätigkeit an erster Stelle. Die Umfragen zeigen: Nur wem das Ehrenamt auch Spaß macht, der ist auch bereit, sich in seiner Freizeit längerfristig zu engagieren.

Es gibt zahlreiche Bereiche, in denen man ehrenamtlich aktiv werden kann. In Deutschland ist mit 16,3 % der größte Anteil der Ehrenamtlichen im Bereich Sport und Bewegung tätig. Diese Menschen engagieren sich z.B. als Schiedsrichterin oder Trainer in einem Sportverein. An zweiter und dritter Stelle steht das Engagement im kulturellen und sozialen Bereich, wo sich 9 % und 8,5 % der Ehrenamtlichen engagieren. 5,8 % engagieren sich für Jugendliche oder arbeiten im außerschulischen Bildungsbereich. In den Bereichen Politik und Umweltschutz sind mit 3,6 % und 3,5 % deutlich weniger Menschen freiwillig aktiv. Knapp 3 % der Engagierten arbeiten im Bereich Unfall- oder Rettungshilfe mit – zum Beispiel bei der freiwilligen Feuerwehr. Der geringste Anteil (2,5 %) ist im Bereich der beruflichen Interessenvertretung aktiv. Die hier Engagierten setzen sich z.B. als Betriebsrats- oder Gewerkschaftsmitglieder für höhere Löhne und bessere Arbeitsbedingungen ein.

Wo bzw. wofür man sich engagiert, hängt dabei natürlich auch von den eigenen Interessen ab. Für wen das Thema Gleichberechtigung eine wichtige Rolle spielt, den trifft man vielleicht auf einer Demonstration für mehr Chancengleichheit für Frauen. Wem der Klimaschutz besonders am Herzen liegt, der engagiert sich vermutlich eher für Themen wie Umwelt- und Naturschutz.

- über gesellschaftliches Engagement und Ehrenamt sprechen; einen Verein / eine Organisation vorstellen
- Relativsätze mit wer, wem, wen

c Was steht im Text? Lesen Sie noch einmal die ersten zwei Absätze in b und kreuzen Sie an.

1 ◯ Etwas weniger als die Hälfte der Menschen in Deutschland ist freiwillig oder ehrenamtlich engagiert.
2 ◯ Je höher das Bildungsniveau, desto mehr Zeit investieren Menschen in das Ehrenamt.
3 ◯ Unter den Älteren ab 65 Jahren engagieren sich weniger Menschen, allerdings mit mehr Zeit.
4 ◯ Den Älteren ist der Kontakt zu anderen wichtiger als der Wunsch, die Gesellschaft zu verändern.
5 ◯ Für junge Menschen sind Spaß und berufliche Qualifizierung die wichtigsten Motive.

d In welchen Bereichen engagieren sich die Menschen in Deutschland? Lesen Sie noch einmal den dritten Absatz in b und ergänzen Sie die Informationen in der Grafik.

Anteile der freiwillig Engagierten nach Bereichen

%	Bereich
16,3 %	Sport und Bewegung (z. B. Sportverein)
___ %	Kultur (z. B. Chor, Theater-/Musikgruppe)
___ %	sozialer Bereich (z. B. Hilfsorganisation, Nachbarschaftsinitiative)
___ %	Jugendarbeit, Bildungsarbeit (z. B. Jugendclubs)
3,6 %	_____ (z. B. Parteien oder politische Organisationen)
3,5 %	_____ (z. B. Natur- und Tierschutzorganisationen)
2,9 %	_____ (z. B. freiwillige Feuerwehr)
___ %	berufliche Interessenvertretung (z. B. Betriebsrat/Gewerkschaft)

2 Wer sich ehrenamtlich engagiert, tut etwas Gutes für die Gesellschaft.

a Suchen Sie die Sätze im Artikel in 1b und ergänzen Sie den Grammatikkasten.

Relativsätze mit wer, wem, wen

Relativsatz	Hauptsatz
_____ ehrenamtlich tätig ist,	(der) kommt meist aus der Mittelschicht.
_____ das Ehrenamt Spaß macht,	ist bereit, sich längerfristig zu engagieren.
Für _____ ein Thema wichtig ist,	trifft man vielleicht auf einer Demonstration.

Relativsätze mit wer, wem, wen *treffen allgemeine Aussagen über Personen. Der Hauptsatz steht immer nach dem Relativsatz und beginnt meist mit einem Demonstrativpronomen (der, dem, den). Der Kasus des Relativ- und Demonstrativpronomens hängt vom Verb bzw. der Präposition ab. Wenn der Kasus in Haupt- und Relativsatz gleich ist, kann man das Demonstrativpronomen weglassen.*

▶ Grammatik B 2.4.6

---

b Was könnte man machen? Sprechen Sie abwechselnd zu zweit. Bilden Sie Sätze wie im Beispiel.

Wer sich für … engagieren möchte, … – Wem … wichtig ist, … – Für wen … eine große Rolle spielt, …

…, der könnte … – …, dem empfehle ich, … – …, für den wäre … vielleicht interessant

> Wer sich für Kinder engagieren möchte, für den wäre vielleicht die Arbeit in einem Sportverein interessant.

c Welche Möglichkeiten, sich zu engagieren, gibt es in Ihrer Stadt? Wählen Sie einen Bereich aus der Grafik in 1d und recherchieren Sie Informationen zu einem Verein oder einer Organisation.

d Stellen Sie Ihre Ergebnisse in Gruppen vor. Welchen Verein finden Sie besonders interessant? Wofür würden Sie sich gern engagieren? Tauschen Sie sich aus. Die Redemittel auf Seite 97 helfen.

7

- über Veränderungen in der Arbeitswelt sprechen; über zukünftige Entwicklungen sprechen und Prognosen anstellen; über flexible Arbeitsformen sprechen
- trennbare und untrennbare Verben mit *durch-, über-, um-, unter-, wieder-*; Phonetik: Wortakzent bei (un)trennbaren Verben

Die Arbeitswelt im Wandel

1 Die Zukunft der Arbeit

a Was denken Sie: Wie wird die Arbeitswelt in 20 Jahren aussehen? Sammeln Sie in Gruppen Ideen mithilfe der Wörter und Redemittel. Vergleichen Sie dann Ihre Prognosen im Kurs.

Hierarchien abbauen – auf Augenhöhe zusammenarbeiten – demokratisch entscheiden und mitbestimmen – keine Vorgesetzten haben – Arbeit und Freizeit besser vereinbaren – flexible Arbeitszeiten haben – selbstständig/eigenverantwortlich arbeiten – eigene Ideen verwirklichen – von zu Hause / unterwegs arbeiten – eine bessere/schlechtere Work-Life-Balance haben – Computer/Roboter übernehmen Arbeit

> **über zukünftige Entwicklungen sprechen / Prognosen anstellen**
> Ich kann/könnte mir vorstellen, dass … / Ich nehme an, dass … / Ich rechne damit, dass …
> Man kann davon ausgehen, dass … / Es ist anzunehmen, dass … / Es ist zu vermuten, dass …
> In … Jahren wird sicherlich/höchstwahrscheinlich …
> Kurzfristig/Mittelfristig/Langfristig wird …
> ▶ Redemittel S. 97

b Was ist das Besondere an dieser Firma? Sehen Sie das Video, machen Sie Notizen und sprechen Sie dann im Kurs.

c Was ist richtig? Sehen Sie das Video noch einmal und kreuzen Sie an. Korrigieren Sie die falschen Sätze.

1. ○ Stephan Heiler hat den Betrieb 2011 von seinem Vater übernommen.
2. ○ Stephan Heiler war anfangs dagegen, die Hierarchien abzuschaffen.
3. ○ Seit die Unternehmensstruktur umgebaut wurde, stimmt die Belegschaft über einige Entscheidungen in der Betriebsversammlung ab.
4. ○ Stephan Heiler entscheidet darüber, ob ein Mitarbeiter eingestellt oder entlassen werden soll.
5. ○ Die meisten Führungskräfte waren von Anfang an von der Umstellung überzeugt.
6. ○ Stephan Heiler ist es wichtig, dass sich die Mitarbeiter im Unternehmen weiterentwickeln können.
7. ○ Wegen der Umstrukturierung sind die Umsätze im Jahr 2018 leicht zurückgegangen.
8. ○ Stephan Heiler möchte das Unternehmen mittelfristig an die Mitarbeiter verkaufen.

d Welche Kompetenzen brauchen die Mitarbeiterinnen und Mitarbeiter in diesem Unternehmen Ihrer Meinung nach? Warum? Erklären Sie die Begriffe und sammeln Sie Beispiele in der Gruppe.

Durchhaltevermögen – Konfliktfähigkeit – Zeitmanagement – Diversitätskompetenz – Leistungsfähigkeit – Lösungsorientierung – Belastbarkeit – Eigenverantwortung – Entscheidungskompetenz – Teamfähigkeit – Flexibilität – Organisationskompetenz – Risikobereitschaft – Kreativität – Kommunikationsstärke

> *Wer konfliktfähig ist, der kann Konflikte gut aushalten. Man sollte konfliktfähig sein, weil es ohne Geschäftsführung auch öfter zu Konflikten zwischen den Kolleginnen und Kollegen kommen kann.*

> *Und man braucht auf jeden Fall Eigenverantwortung, weil …*

e Wie finden Sie das Arbeitsmodell in Stephan Heilers Unternehmen? Welche Vor- oder Nachteile sehen Sie? Würden Sie gern dort arbeiten? Warum (nicht)? Diskutieren Sie im Kurs.

Sich und die Welt verändern

2 Ich habe den Kunden wiedergetroffen. Er hat sein Angebot wiederholt.

a Trennbares oder untrennbares Verb? Woran erkennt man das? Lesen Sie die Sätze und machen Sie zwei Listen mit den Verben. Vergleichen Sie zu zweit.

1. Sie hat den Kaufvertrag unterschrieben. Ihr Kollege hat sich dieser Entscheidung untergeordnet.
2. Wir haben die Produktideen überarbeitet. Dann sind wir zum nächsten Thema übergegangen.
3. Für den neuen Job ist er umgezogen. Die Stelle umfasst viele interessante Aufgaben.
4. Die Bewerberin hat das Assessmentcenter erfolgreich durchlaufen und sich am Ende durchgesetzt.
5. Gestern habe ich die Geschäftspartner wiedergetroffen. Sie haben ihr Angebot wiederholt.

> *trennbar: unterordnen (untergeordnet); ...*
> *untrennbar: unterschreiben (unterschrieben); ...*

b Phonetik: Wortakzent bei trennbaren und untrennbaren Verben. Wo liegt der Wortakzent? Hören Sie und markieren Sie den Wortakzent in den Verben in Ihren Listen aus a.

> *trennbar: **unter**ordnen (**unter**geordnet); ...*
> *untrennbar: unter**schrei**ben (unter**schrie**ben); ...*

c Welche Präfixe passen? Lesen Sie noch einmal die Sätze in a und ergänzen Sie den Grammatikkasten.

Verben mit trennbaren und untrennbaren Präfixen

Verben mit den Präfixen unter- , _____ , _____ , _____ und _____ können trennbar oder untrennbar sein. Trennbare Präfixe sind immer betont, untrennbare Präfixe sind nie betont. Das Partizip II von untrennbaren Verben wird ohne ge- gebildet. Einige wenige Verben existieren sowohl mit trennbarem als auch untrennbarem Präfix. Dann ändert sich die Bedeutung:

umgehen: Wie gehen wir mit diesem Problem um? (Wie lösen wir das Problem? Was machen wir?)
um**ge**hen: Wie umgehen wir das Problem? (Wie vermeiden wir das Problem?)

▶ Grammatik A 1.8.2

---

d Trennbar oder untrennbar? Markieren Sie die Verben mit Präfixen in den Sätzen in 1c. Lesen Sie dann die Sätze zu zweit laut, achten sie auf den Wortakzent und tauschen Sie sich aus.

> *Stephan Heiler hat den Betrieb 2011 von seinem Vater über**nom**men.*

> *„Übernommen" ist das Partizip von „übernehmen". Hier ist „über" untrennbar.*

3 Die Flexibilisierung der Arbeit

a Bilden Sie Gruppen zu viert. Wählen Sie jeweils zu zweit ein Thema. Lesen Sie in der App, markieren Sie die wichtigsten Informationen und machen Sie Notizen zu den Fragen.

| A | Flexible Arbeitszeiten | B | Flexible Arbeitsorte |

- Welche Modelle gibt es? Wie unterscheiden sie sich?
- Welche Vorteile haben sie für die Beschäftigten? Für wen sind sie geeignet bzw. attraktiv?

b Stellen Sie Ihre Ergebnisse aus a in der Gruppe vor. Was glauben Sie: Welche Kompetenzen brauchen die Beschäftigten für diese flexiblen Arbeitsformen? Diskutieren Sie in der Gruppe.

c Stellen Sie sich vor, Sie würden eine Firma gründen. Wie sollte Ihre Firma organisiert sein? Diskutieren Sie die Fragen in Ihrer Gruppe und gestalten Sie ein Plakat.

- Welche Produkte oder Dienstleistungen bieten Sie an?
- Welche Hierarchien gibt es? Wie werden Entscheidungen getroffen?
- Welche Arbeitszeitmodelle gibt es? Wie sind die Arbeitsorte gestaltet?

d Kursspaziergang. Hängen Sie die Plakate im Raum auf und lesen Sie sie. Welches Unternehmen gefällt Ihnen am besten? Wo würden Sie gern arbeiten? Warum? Tauschen Sie sich aus.

7
- über Arbeitsbedingungen sprechen; ein Vorstellungsgespräch führen
- Alternativen zum Passiv mit Modalverben (Passiversatzformen)

Beruflich neue Wege gehen

1 Schlechte Arbeitsbedingungen
a Wie geht es Najim Hamdi? Wie sind seine Arbeitsbedingungen? Was könnte er machen, um sie zu verbessern? Beschreiben Sie die Bilder und sammeln Sie Ideen.

> *Im ersten Bild sieht man, wie Najim im Stau steht. Wahrscheinlich ist er auf dem Weg zur Arbeit.*

> *Er sieht sehr gestresst aus. Vielleicht muss er jeden Tag pendeln? An seiner Stelle würde ich …*

1.03 **b** Über welche Probleme spricht Najim? Hören Sie und ordnen Sie die Bilder in a.

1.03 **c** Richtig oder falsch? Hören Sie noch einmal und kreuzen Sie an. Korrigieren Sie die falschen Sätze.

		richtig	falsch
1	Najim macht auch am Wochenende Überstunden.	○	○
2	Najim hat seine Stelle schon gekündigt.	○	○
3	Früher hatten die Kollegen eigene Büros.	○	○
4	Die Belegschaft hat keine Möglichkeiten, eigene Entscheidungen zu treffen.	○	○
5	Najim arbeitet erst seit kurzem in der Firma.	○	○
6	In dem IT-Unternehmen gibt es die Möglichkeit, von zu Hause zu arbeiten.	○	○

2 Das Problem ist schnell zu lösen.
a Lesen Sie die Regeln im Grammatikkasten und unterstreichen Sie die Passiversatzformen in den Sätzen 1 bis 6. Schreiben Sie dann die Sätze neu. Benutzen Sie das Passiv mit Modalverb oder *man*.

Alternativen zum Passiv mit Modalverben (Passiversatzformen)

Passiv mit *können*:   Das Problem kann gelöst werden.
lassen + *sich* + Infinitiv: Das Problem lässt sich lösen.
sein + *zu* + Infinitiv: Das Problem ist zu lösen. (Ich habe schon eine Idee.)
sein + Adjektive mit *-bar*:*   Das Problem ist lösbar.

*genauso: manche Adjektive mit -abel (z.B. akzeptabel, diskutabel, reparabel, variabel) und -lich (z.B. erträglich, verständlich)

Passiv mit *müssen*:   Das Problem muss gelöst werden.
sein + *zu* + Infinitiv: Das Problem ist zu lösen. (Sonst wird sich der Kollege beschweren.)

Ob sein + zu + Infinitiv die Bedeutung von *können* oder *müssen* hat, ergibt sich nur aus dem Kontext.

▶ Grammatik A 1.3.3

Sich und die Welt verändern

1 Jeden Tag <u>ist</u> sehr viel <u>zu</u> <u>tun</u>.
2 Die Aufgaben sind nicht mehr zu schaffen.
3 Die Arbeitsbedingungen sind unerträglich.
4 Mit dem Vorgesetzten lässt sich nicht reden.
5 Die Situation ist nicht mehr akzeptabel.
6 Das Büro wäre mit dem Fahrrad erreichbar.

> 1 Jeden Tag muss sehr viel getan werden. / Jeden Tag muss man sehr viel tun.

b Beantworten Sie die Fragen. Benutzen Sie Passiversatzformen. Manchmal gibt es mehrere Alternativen.

1 Können die Arbeitszeiten verkürzt werden?
2 Kann die Aufgabe bis morgen gemacht werden?
3 Muss der Vertrag sofort unterschrieben werden?
4 Kann das Gehalt noch verhandelt werden?
5 Müssen die Beschäftigten informiert werden?

> 1 Ja, die Arbeitszeiten lassen sich …
> 2 Ja, …

c Fragen und antworten Sie zu zweit mit den Sätzen aus b.

> Können die Arbeitszeiten verkürzt werden?

> Ja, die Arbeitszeiten lassen …

3 Najims Vorstellungsgespräch

a Über welche Themen wird gesprochen? Hören Sie das Vorstellungsgespräch und bringen Sie die Themen in die richtige Reihenfolge. Nicht alle Themen kommen vor.

a ☐ beruflicher Werdegang
b ☐ Familie und Kinder
c ☐ Anforderungen für die Stelle
d ☐ Gehaltsvorstellungen
e ☐ besondere Stärken
f ☐ 1 Grund der Bewerbung
g ☐ künftige Aufgaben
h ☐ Arbeitsbeginn
i ☐ Urlaub

b Hören Sie das Gespräch noch einmal in Abschnitten und machen Sie Notizen zu den Themen aus a. Vergleichen Sie Ihre Ergebnisse zu zweit.

> Grund der Bewerbung:
> – ausgezeichneter Ruf des Unternehmens
> – Unternehmenswerte
> – …

4 Strategietraining: ein Vorstellungsgespräch führen

a Was ist bei einem Vorstellungsgespräch wichtig? Wie kann man sich vorbereiten? Sehen Sie das Video und notieren Sie die Tipps. Was war neu für Sie? Kennen Sie weitere Tipps? Tauschen Sie sich aus.
b Welche Tipps hat Najim berücksichtigt? Hören Sie noch einmal und sprechen Sie im Kurs.
c Wie würde in Ihrer Heimat ein Vorstellungsgespräch ablaufen? Gibt es typische Fragen? Gibt es Tabu-Themen? Berichten Sie im Kurs.
d Wählen Sie zu zweit gemeinsam eine Anzeige (A oder B). Eine Person liest die Informationen für den/die Bewerber/in, die andere für den Arbeitgeber in der App. Machen Sie bei Bedarf Notizen.

A	B
Engagierte Büroassistenz (m, w, d) für führenden Verlag im Bildungswesen gesucht	Medienzentrum der Universität sucht studentische Hilfskraft (m, w, d) mit E-Learning-Erfahrungen

e Spielen Sie das Vorstellungsgespräch. Benutzen Sie die Redemittel auf Seite 97. Tauschen Sie danach die Rollen.
f Wie haben Sie sich beim Vorstellungsgespräch gefühlt? Was war schwierig? Tauschen Sie sich aus.

7

über Erfindungen sprechen; eine eigene Erfindung präsentieren

Ideen, die die Welt verändern

1 Erfindungen
a Welche Erfindungen sieht man auf den Fotos? Sammeln Sie Ideen im Kurs. Vergleichen Sie dann mit der Lösung unten.

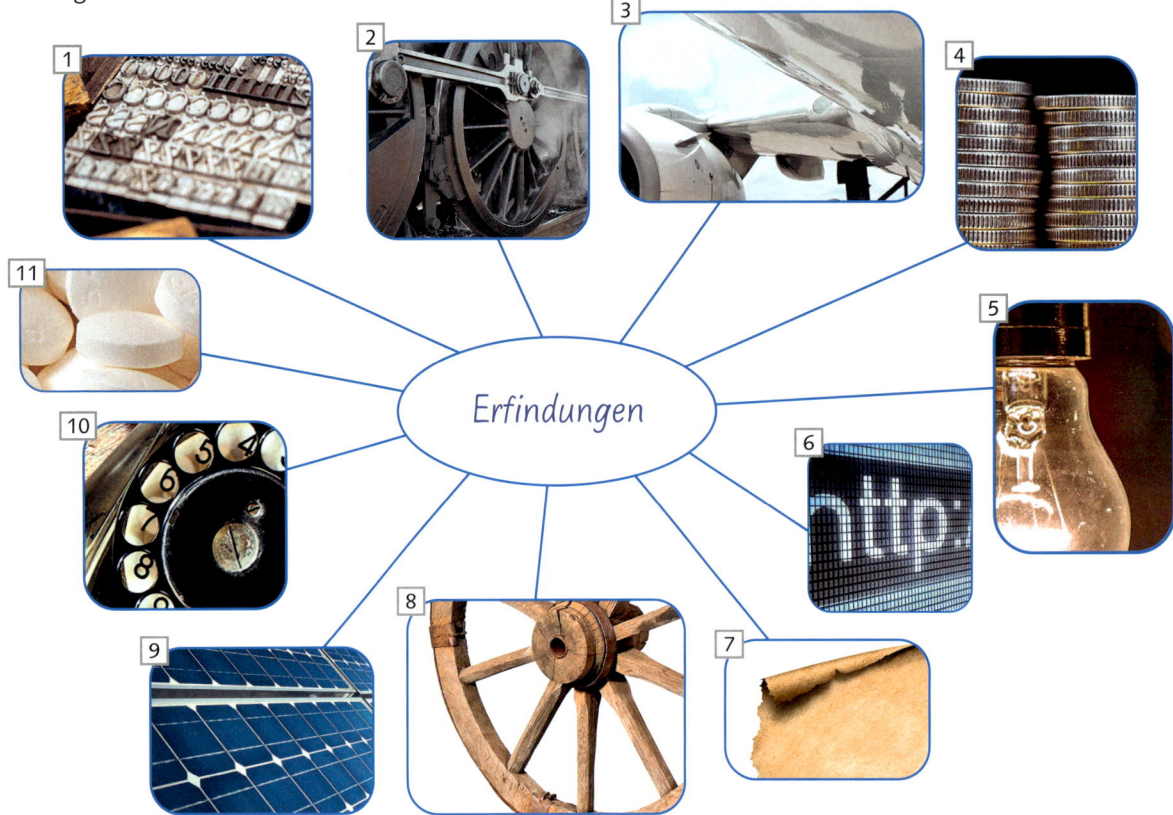

b Wann, wo, von wem und warum wurden diese Dinge erfunden? Wählen Sie eine Erfindung in a und recherchieren Sie Informationen zu den Fragen.
c Berichten Sie über Ihre Erfindung aus b im Kurs. Welche Erfindungen sind Ihrer Meinung nach die wichtigsten in der Geschichte? Warum? Wie haben sie die Welt verändert? Sprechen Sie im Kurs.

2 Erfindungen von morgen
a Was für Erfindungen sind das? Was glauben Sie: Was kann man damit machen? Für wen sind sie nützlich? Gibt es sie wirklich? Sehen Sie sich die Bilder an und sammeln Sie Ideen.

Ich denke, das erste Bild zeigt … Vielleicht lässt sich damit …

1 der Buchdruck; 2 die Eisenbahn; 3 das Flugzeug; 4 das Geld; 5 die Glühbirne; 6 das Internet; 7 das Papier; 8 das Rad; 9 das Solarpanel; 10 das Telefon; 11 das Antibiotikum

Sich und die Welt verändern

b Welches Bild passt? Lesen Sie und ergänzen Sie die Namen der Erfindungen bei den Bildern in a. Um was für Erfindungen handelt es sich wirklich? Vergleichen Sie mit Ihren Ideen aus a.

a Wäre es nicht cool, wenn man mit einem Skateboard durch die Straßen schweben und übers Wasser gleiten könnte? Der Franzose Franky Zapata hat 2016 mit seinem Flyboard sogar einen Weltrekord aufgestellt: Mit seiner Erfindung ist er in 50 Metern Höhe über 2 km weit über dem Atlantik geflogen. 2019 gelang ihm ein neuer Rekord: Mit einer Fluggeschwindigkeit von 160 km/h überquerte er den Ärmelkanal zwischen Frankreich und Großbritannien. Innerhalb von 22 Minuten legte er 35 km zurück. Wer auch über dem Wasser fliegen will, kann das Flyboard auf Zapatas Webseite kaufen.

b Wolltest du schon immer mal den Mount Everest besteigen, in die Tiefsee tauchen oder andere Planeten kennenlernen? Stell dir vor, du gehst auf dem Mars spazieren, siehst dir die Marsstation an und fährst mit dem Geländewagen durch die Landschaft. Ein virtueller Reiseführer begleitet dich dabei. Und wie geht das? – Mithilfe von Virtual-Reality-Kontaktlinsen. Diese erzeugen virtuelle Bilder vor deinen Augen, die von der Realität nicht zu unterscheiden sind. Du entdeckst andere Welten, während du eigentlich gemütlich auf dem Sofa sitzt. Brillen mit Virtual-Reality-Funktion gibt es bereits. Es ist anzunehmen, dass auch die Kontaktlinsen in den nächsten Jahren auf den Markt kommen.

c Wer gerne wandert und zeltet, kennt das Problem bestimmt: Irgendwann ist der Akku des Smartphones leer und auch die Taschenlampe gibt auf. Und weit und breit kein Stromanschluss, um die Akkus wieder aufzuladen. Die Lösung: der mobile Windgenerator! Einfach an den Rucksack geschnallt wandelt er Wind in Strom um. Das ist nicht nur umweltfreundlich, sondern auch bequem. Natürlich kann man den Windgenerator auch zu Hause im Garten oder auf dem Balkon einsetzen und so die Stromkosten reduzieren. Zwar ist der Windgenerator tatsächlich schon erfunden – zu kaufen ist er leider aber noch nicht.

d Kennt ihr das? Ihr wacht morgens auf und wisst, dass ihr etwas Spannendes geträumt habt, könnt euch aber an die Handlung des Traums nicht mehr erinnern. Diese Erfindung könnte helfen: ein Traumrekorder, der im Schlaf die Träume aufzeichnet. Dabei werden Daten aus dem Gehirn über Sensoren auf einen Computer übertragen und als Videodatei gespeichert. So kann man sich am nächsten Morgen einfach seine Träume als Video ansehen und sogar an Freunde schicken oder in den sozialen Netzwerken teilen. Es wird höchste Zeit, diese Technologie zu entwickeln!

c Lesen Sie noch einmal und schreiben Sie Sätze mit den Satzanfängen in Ihr Heft.

1. Franky Zapata ist … 2019 ist er …
2. Mithilfe von Virtual-Reality-Kontaktlinsen kann man … Wahrscheinlich …
3. Der mobile Windgenerator ist nützlich, wenn … Damit kann man …
4. Der Traumrekorder wäre praktisch, um … Er kann …

d Wie finden Sie diese Erfindungen? Welche würden Sie gern nutzen? Warum? Tauschen Sie sich aus.

e Welche Erfindung wird Ihrer Meinung nach dringend gebraucht? Überlegen Sie sich zu zweit eine fiktive Erfindung (ein Produkt oder eine Dienstleistung) und machen Sie Notizen zu den Fragen.

- Was kann man mit Ihrer Erfindung machen? Welchen Nutzen gibt es?
- Welches Problem lässt sich durch Ihre Erfindung lösen?
- Für welche Menschen ist Ihre Erfindung besonders interessant?

f Wählen Sie eine Präsentationsform und stellen Sie Ihre Erfindung im Kurs vor. Welche Erfindung finden Sie am überzeugendsten? Warum? Sprechen Sie im Kurs.

A Gestalten Sie einen Werbeprospekt.

B Nehmen Sie mit dem Smartphone einen Werbespot fürs Radio auf.

C Gestalten Sie ein Plakat und bereiten Sie einen Kurzvortrag vor.

7

- einen Artikel über Digitalisierung und künstliche Intelligenz in der Arbeitswelt verstehen; eine Diskussion zum Thema Digitalisierung führen; eine Diskussion moderieren

Wie die Digitalisierung die Arbeit verändert

1 Die digitale Arbeitswelt und ihre Folgen für die Menschen
a Was sieht man auf dem Bild? Welche Entwicklung wird hier gezeigt? Sammeln Sie Ideen.

b Welche Überschrift passt zu welchem Absatz? Lesen Sie den Zeitungsartikel und ordnen Sie zu.

1 Die Gewinner der Digitalisierung
2 Neue Anforderungen an die Arbeitnehmer
3 Die Geschichte wiederholt sich
4 Arbeitsplätze in Gefahr
5 Vorteile im Arbeitsalltag

Chance oder Gefahr? – Die digitale Arbeitswelt und ihre Folgen für die Menschen
von Edelgard Schäfer

☐ Wir leben in einem digitalen Zeitalter und auch aus der Arbeitswelt ist die Digitalisierung nicht mehr wegzudenken. Doch was ist eigentlich damit gemeint? Digitalisierung bedeutet vor allem, dass Arbeitsprozesse mithilfe digitaler Techniken und künstlicher Intelligenz (KI) immer mehr automatisiert werden. Unter KI versteht man Computersysteme, die aus Fehlern und Erfahrungen dazulernen und auf diese Weise selbstständig Aufgaben und Probleme lösen können. Der Einsatz von KI führt zu großen Veränderungen in den Arbeitsabläufen der Menschen. Diese Entwicklung lässt sich mit den Veränderungen in der Arbeitswelt während der Industrialisierung im 19. Jahrhundert in Europa vergleichen. Damals hat sich die Arbeitswelt durch die Erfindung und den Einsatz von Maschinen grundlegend verändert. Maschinen konnten einerseits die Arbeit erleichtern und die Produktivität in den Fabriken erhöhen, andererseits haben viele Menschen ihre Arbeit verloren, da ihre Aufgaben nun von Maschinen erledigt wurden.

☐ Genau diese Entwicklung befürchten viele Arbeitnehmer auch heutzutage. Die Sorge scheint begründet, denn schon heute übernehmen Roboter in Fabrikhallen die Montage von Einzelteilen oder sortieren Pakete in Logistikzentren, die dann von computergesteuerten Drohnen ausgeliefert werden. Im Kundenservice werden sogenannte Chatbots eingesetzt, die Kundenanfragen beantworten und in der Wissenschaft oder im Journalismus lassen sich mithilfe von Algorithmen und Computerprogrammen in Sekundenschnelle riesige Mengen von Daten recherchieren, überprüfen und vergleichen. Studien zeigen, dass in Deutschland ca. 15 Prozent aller Beschäftigten durch die Digitalisierung ihren Job verlieren könnten, nämlich überall dort, wo Tätigkeiten von Maschinen und künstlicher Intelligenz schneller, präziser und effektiver erledigt werden können. Das betrifft ganz unterschiedliche Branchen: vom Bergbau, über die Lebensmittelherstellung und das Transportwesen bis hin zum Dienstleistungssektor.

☐ Auf der anderen Seite werden durch die Digitalisierung aber auch neue Arbeitsplätze geschaffen, vor allem in der IT-Branche sowie in technischen, mathematischen und naturwissenschaftlichen Bereichen. Expertinnen und Experten aus diesen Berufsfeldern spielen bei der Entwicklung künstlicher Intelligenz und anderer digitaler Technologien eine zentrale Rolle. Außerdem entstehen auch völlig neue Berufe wie Online-Marketing-Manager, Digital Manager oder Digital Coach.

☐ Letztlich spielt heutzutage die Digitalisierung im Arbeitsalltag fast aller Menschen eine wichtige Rolle. Und das hat durchaus positive Seiten. Denn wenn Computer, Algorithmen und künstliche Intelligenz anstrengende oder langweile Routineaufgaben übernehmen, können sich die Beschäftigten auf kreative und kognitiv anspruchsvollere Aufgaben konzentrieren. Außerdem ermöglicht die Digitalisierung vielen Menschen ein flexibleres Arbeiten unabhängig von festen Arbeitszeiten und -orten. Ohne Computer und digitale Kommunikation wäre das undenkbar. Die freiere Zeit- und Arbeitseinteilung kann zu einer besseren Work-Life-Balance und damit auch zu mehr Zufriedenheit bei den Mitarbeiterinnen und Mitarbeitern führen.

94 Sich und die Welt verändern

> Allerdings stehen die Beschäftigten großen Herausforderungen gegenüber. Sie müssen nicht nur digitale Kompetenzen erwerben, um mit der neuen Technik umzugehen, sondern oftmals auch ihre gewohnten Arbeits-
> 35 abläufe komplett neu organisieren. Flexibilität, Selbstorganisation und die Fähigkeit, eigenverantwortlich Ent-
> scheidungen zu treffen, gehören zu den wichtigsten Kompetenzen in der digitalisierten Arbeitswelt. Nur wer diese Kompetenzen mitbringt oder bereit ist sie zu erwerben, wird langfristig mithalten können.

c Wo steht das im Text? Lesen Sie noch einmal und notieren Sie die Zeilen.

1 Bei der Digitalisierung in der Arbeitswelt geht es um die Automatisierung von Arbeitsprozessen.   2–3
2 Programme mit künstlicher Intelligenz können selbstständig arbeiten und Neues dazulernen.
3 Manche Arbeiten werden bereits von Computern oder Robotern erledigt.
4 Durch die Digitalisierung entstehen auch neue Berufsbilder.
5 Wenn es keine Computer gäbe, wäre es nicht so einfach, außerhalb des Büros zu arbeiten.
6 Die Arbeitnehmer müssen lernen, die digitale Technik anzuwenden.

d Lesen Sie noch einmal und beantworten Sie die Fragen zu zweit mündlich.

1 Warum ist die Industrialisierung mit der Digitalisierung vergleichbar?
2 Welche Tätigkeiten werden schon heute von Maschinen ausgeführt?
3 In welchen Bereichen sind Arbeitsplätze durch die Digitalisierung bedroht? Warum?
4 Welche Branchen profitieren von der Digitalisierung? Warum?
5 Welche positiven Auswirkungen hat die Digitalisierung für die Beschäftigten?
6 Welche Anforderungen müssen die Beschäftigten erfüllen, um in einer digitalisierten Arbeitswelt erfolgreich zu sein?

e Kennen Sie Branchen oder Berufsfelder, in denen Arbeit durch künstliche Intelligenz erledigt wird? Sammeln Sie Beispiele im Kurs.

> *Ich habe gehört, dass manche Zeitungen kurze Nachrichten wie den Wetterbericht oder die Sportnachrichten von Computerprogrammen schreiben lassen.*

2 Digitalisierung in der Arbeitswelt – eine Diskussion

a **Strategietraining: eine Diskussion moderieren.** Was sind die Aufgaben der Moderatorin / des Moderators in einer Diskussion? Sammeln Sie zu zweit Ideen. Brauchen Sie Hilfe oder sind Sie schon fertig? Dann arbeiten Sie mit der App.

b Vergleichen Sie Ihre Ergebnisse aus a im Kurs und lesen Sie die Redemittel auf Seite 97. Haben Sie schon einmal eine Diskussion moderiert? Was fiel Ihnen besonders leicht oder schwer? Berichten Sie.

c Welche Meinung vertreten Sie zum Thema „Digitalisierung in der Arbeitswelt"? Bereiten Sie Notizen für eine Diskussion vor. Die Fragen helfen.

– Sehen Sie die Digitalisierung grundsätzlich eher positiv oder negativ?
– Welche Vor- bzw. Nachteile sehen Sie?
– In welchen Branchen oder Bereichen finden Sie die Digitalisierung besonders sinnvoll bzw. besonders problematisch? Warum?
– Welche Entwicklungen erwarten Sie für die Zukunft?

d Arbeiten Sie in Gruppen von vier bis sechs Personen und führen Sie eine Diskussion. Eine Person moderiert und strukturiert die Diskussion mithilfe der Fragen in c und der Redemittel auf Seite 97.

7

eine Radioreportage verstehen; über große Entscheidungen und Veränderungen im Leben berichten

Große Entscheidungen

1 Neue Wege gehen

a Was können große Veränderungen im Leben sein? Sammeln Sie Ideen im Kurs.

1.05 b Welche Veränderungen gab es im Leben dieser Personen? Wie kam es dazu? Hören Sie den Anfang der Radioreportage und machen Sie Notizen.

Nicole Schäfer-Röhn (49)

Artem Smirnov (25)

Jens Breitmeier (42)

1.06 c Welche Erfahrungen haben die Personen gemacht? Was ist richtig? Hören Sie weiter und kreuzen Sie an.

1 Artem Smirnov …
 a ○ bekam viel Unterstützung aus seinem Freundeskreis.
 b ○ hat seinen Studienabbruch später bereut.
 c ○ konnte seine Eltern schnell von seiner Entscheidung überzeugen.

2 Jens Breitmeier hatte Probleme in seiner Firma, weil …
 a ○ der Betriebsrat ihn nicht unterstützen konnte.
 b ○ die Geschäftsleitung nur eine kürzere Elternzeit erlauben wollte.
 c ○ Väter nach dem Gesetz nur drei Monate Elternzeit haben.

3 Nicole Schäfer …
 a ○ hat gelernt, besser zur Ruhe zu kommen.
 b ○ hat es sehr genossen, lange alleine unterwegs zu sein.
 c ○ war während ihrer Reise ohne Smartphone unterwegs.

1.07 d Welche Person passt? Hören Sie das Ende der Reportage und ergänzen Sie die Namen.

1 _____ arbeitet jetzt weniger.
2 _____ hat für sich festgestellt, dass der Beruf nicht das Wichtigste im Leben ist.
3 _____ überlegt, irgendwann vielleicht nochmal im Beruf neue Wege zu gehen.
4 *Nicole* hat durch die Veränderung viel über sich selbst gelernt.
5 _____ ist der Meinung, dass man sich nicht so sehr von anderen Menschen beeinflussen lassen sollte.
6 _____ versucht, im Alltag mehr auf die eigenen Bedürfnisse zu achten.
7 _____ weiß jetzt, dass man an sich arbeiten muss, wenn man die eigenen Probleme lösen will.
8 _____ findet, dass Entscheidungen nicht endgültig sind und man später wieder neu entscheiden kann.

e Können Sie die Entscheidungen der Personen nachvollziehen? Warum (nicht)? Tauschen Sie sich aus.

> *Ich war schon in einer ähnlichen Situation wie Artem. Deshalb kann ich gut nachvollziehen, warum er sein Studium abgebrochen hat.*

2 Und Sie? Welche wichtigen Veränderungen gab es in Ihrem Leben? Welche großen Entscheidungen haben Sie getroffen? Schreiben Sie einen Text über sich. Die Fragen helfen.

– Welche Entscheidungen mussten Sie treffen? Wie kam es dazu? Fiel es Ihnen leicht oder schwer?
– Wie hat Ihr Umfeld (Familie, Freundinnen und Freunde, Arbeitgeber) reagiert?
– Was hat sich danach verändert? Wie beurteilen Sie rückblickend Ihre Entscheidung?
– Welchen Rat würden Sie Menschen geben, die vor wichtigen Entscheidungen in ihrem Leben stehen?

Auf einen Blick

über Engagement und Ehrenamt sprechen
Ich finde das Thema … besonders wichtig, weil … / Für mich persönlich hat … eine große Bedeutung, weil … / Für die Zukunft / Für unsere Gesellschaft würde ich mir wünschen, dass …
Deshalb engagiere ich mich freiwillig/ehrenamtlich für … bei einem Verein / einer Organisation.
Der Verein / Die Organisation kümmert sich um / unterstützt / hilft … / ist im Bereich … tätig.
Der Verein sammelt Unterschriften für/gegen … / sammelt Spenden für …
Die Gewerkschaft / Der Verein organisiert Demonstrationen/Kampagnen/Streiks für/gegen …

über zukünftige Entwicklungen sprechen / Prognosen anstellen
Ich kann/könnte mir vorstellen, dass … / Ich nehme an, dass … / Ich rechne damit, dass …
Man kann davon ausgehen, dass … / Es ist anzunehmen, dass … / Es ist zu vermuten, dass …
In … Jahren wird sicherlich/höchstwahrscheinlich … / Kurzfristig/Mittelfristig/Langfristig wird …

ein Vorstellungsgespräch führen

Grund der Bewerbung erläutern
Ihr Unternehmen zählt zu den wichtigsten/führenden Herstellern/Anbietern von …
Ihr Unternehmen hat den Ruf, sehr innovativ/modern/… zu sein. Deshalb …
An der Stelle reizt mich besonders, dass …

über den beruflichen Werdegang sprechen
Ich habe ein Studium in … / eine Ausbildung zum/zur … absolviert. / Ich habe einen Abschluss als …
Durch meine bisherige Tätigkeit als … konnte ich schon Erfahrungen im Bereich … sammeln.
Im Rahmen meines Studiums / meiner Ausbildung / eines Projektes habe ich bereits …

eigene Stärken und Kompetenzen nennen
Ich bin belastbar/teamorientiert/konfliktfähig/… / Ich kann gut kommunizieren / mit Stress umgehen.
Ich arbeite selbstständig/lösungsorientiert/sorgfältig/…
Es fällt mir leicht, Entscheidungen zu treffen / kreative Lösungen zu finden / … zu …

eigene Fragen stellen
Mich würde interessieren / Ich wüsste noch gern, was meine künftigen Aufgaben wären.
Könnten Sie mir sagen / Wissen Sie schon, wann ich mit Ihrer Antwort rechnen kann?

eine Diskussion moderieren

die Diskussion einleiten und das Thema vorstellen
Ich begrüße Sie herzlich zu … / Das Thema unserer Diskussion lautet: …
Wir werden/möchten uns heute mit der Frage beschäftigen, ob/was …

jemandem das Wort geben
Frau/Herr …, wie ist denn Ihre Meinung zu …?
Wir haben gerade gehört, dass … – Frau/Herr … Wie sehen Sie das? / Würden Sie zustimmen?
Wer möchte dazu (noch) etwas sagen? / Frau/Herr …, möchten Sie direkt darauf antworten?

nachfragen
Verstehe ich Sie richtig? Sie finden/meinen also, dass …

Argumente und Ergebnisse zusammenfassen
Wir haben jetzt mehrmals gehört, dass … / Viele von Ihnen sind also der Meinung, dass …
Hier sind unterschiedliche Meinungen vertreten: Die einen finden eher, dass … Die anderen …
Zusammenfassend könnte man vielleicht sagen: … / Wir können also festhalten, dass …

8 Bewusst konsumieren

Webcode: mipife

Einkaufsgewohnheiten

der/die Belohnungskäufer/in

der/die Frustkäufer/in

der Shopping-Fan

der/die Schnäppchenjäger/in

der/die Genusskäufer/in

der Einkaufsmuffel

1.08 **1** Einkaufstypen. Welches Bild passt? Hören Sie und ordnen Sie oben zu. Beschreiben Sie dann die Bilder im Kurs.

2 Einkaufen – Stress oder Vergnügen?
a Was passt: *ein Bericht*, *eine Glosse* oder *eine Reportage*? Lesen Sie die Definitionen und ergänzen Sie.

| … ist ein längerer Artikel, der ein aktuelles Thema mithilfe von konkreten Beispielen und Personen veranschaulicht. | … ist ein Artikel, in dem die wichtigsten Informationen zu einem Thema neutral wiedergegeben werden. | … ist ein ironisch geschriebener Text, der die Meinung der Autorin / des Autors wiedergibt und dabei auch übertreibt. |

b Was für eine Textsorte ist das? Woran erkennt man das? Lesen Sie und sprechen Sie im Kurs.

Neulich im Einkaufszentrum *von Mona Hedayat*

Oje, da ist sie wieder: Meine „Ich-muss-einkaufen-Panik". Ich brauche dringend eine Hose und kann den nötigen Shoppingtrip nun leider nicht mehr aufschieben. Eigentlich wollte mich meine Schwester – selbst absolute Profi-Shopperin – begleiten, hat dann aber im letzten Moment abgesagt. Also steh ich da, allein, nervös und völlig überfordert im Einkaufszentrum. Am Eingang eines „Wir-haben-alles-Geschäfts" stehen lauter Menschen, deren
5 Hände hemmungslos in den Rabattkisten zwischen Gürteln, Taschen und Tischdecken wühlen. Offensichtlich macht es ihnen größte Freude, die reduzierte Ware zu durchsuchen. Den echten Schnäppchenjäger erkennt man leicht an seinem stolz-zufriedenen Blick, wenn er ein besonders günstiges Produkt ergattert hat. Worum es sich dabei handelt und ob er es überhaupt braucht, ist dabei meist egal. Hauptsache günstig!.
Neben mir läuft ein typisches Bummelpärchen. Sie bleibt begeistert vor jedem Schaufenster stehen, zerrt ihn in
10 ein Geschäft nach dem anderen. Und kommt jedes Mal mit neuen Tüten und Taschen heraus. Konsum scheint ihre Droge zu sein. Sie kann nicht genug davon bekommen. Ihr Begleiter, dessen Blick Langeweile und Erschöpfung verrät, wartet und macht ab und zu einen müden Kommentar zu ihren neuesten Einkäufen. Ihm ist deutlich anzusehen, dass er viel lieber woanders wäre. Der Arme! Ich kann ihn nur zu gut verstehen.
Im Musikgeschäft sehe ich einen Mann mit dicken Kopfhörern, der sich vermutlich schon seit Stunden verträumt
15 und genussvoll die neuesten Pop-Alben anhört und dabei alles um sich herum vergisst. Ob er sie am Ende kauft, ist unklar. Für ihn zählt nicht der Konsum, sondern der Genuss beim Einkauf.

- über Einkaufstypen und Einkaufsverhalten sprechen; eine Textsorte erkennen; über Klischees sprechen; Begriffe definieren
- Relativsätze mit Relativpronomen im Genitiv

8

> Ich eile weiter und nehme die Rolltreppe nach oben. Endlich: das Bekleidungsgeschäft. Lustlos bewege ich mich zu den Hosenstapeln und versuche dabei, den Blickkontakt zu einem übermotivierten Verkäufer zu vermeiden. Bloß keine Beratung! Ich will einfach schnell wieder raus hier. Aber da steht er schon und gibt mir ungefragt Ratschläge in seinem Verkaufs-Englisch: Was für einen *Style* ich suche? Diese Hose passt zu jeder *Occasion*, diese dort vor allem zu besonderen *Events*. – Keine Ahnung, eine Hose eben. Normal, schwarz, gerader Schnitt. Ich ignoriere ihn und fliehe mit drei Hosen unterm Arm zur nächsten Umkleidekabine. Anprobieren, eine wählen, die einigermaßen passt, und fertig. Schnell zur Kasse und raus hier.
>
> Als ich meiner Schwester am nächsten Tag die Hose zeige, belehrt sie mich, dass das gute Stück, auf dessen Preis ich gar nicht geachtet habe, im Internet viel günstiger gewesen wäre. Und dass ich über ihre Kollegin, deren Tochter in jenem Geschäft arbeitet, wo ich die Hose gekauft habe, sicher Rabatt bekommen hätte. Ich schalte ab. Wessen Tochter wo arbeitet, ist mir eigentlich völlig egal. Ich bin froh, dass ich meine Hose habe und sie passt. Immerhin bleibt mir so der nächste Shoppingtrip sicher noch ein paar Monate erspart.

c Was für ein Einkaufstyp ist die Autorin und welche Typen beschreibt sie? Was erfährt man über ihr Einkaufsverhalten? Lesen Sie die Glosse noch einmal, machen Sie Notizen und tauschen Sie sich aus..

d Schreiben Sie mithilfe der Redemittel Definitionen zu den Einkaufstypen.

e Kennen Sie Personen, die den Einkaufstypen aus der Glosse entsprechen? Welche Klischees greift die Autorin auf? Tauschen Sie sich aus.

> **einen Begriff definieren**
> … ist jemand, der … / … ist eine Person, die …
> Unter einer/einem … versteht man eine Person, die …
> Bei einer/einem … handelt es sich um jemanden, der …
> ▶ Redemittel S. 109

3 Die Schnäppchenjäger, deren Rabattkarte …

a Welches Relativpronomen passt? Suchen Sie die Sätze in der Glosse in 2b und ergänzen Sie. Schreiben Sie dann zu den Relativsätzen im Grammatikkasten jeweils zwei Hauptsätze wie im Beispiel.

> **Relativsätze mit Relativpronomen im Genitiv**
>
> m   Ihr Begleiter, **dessen** Blick Langeweile und Erschöpfung verrät, wartet.
>   Ihr Begleiter wartet. Der Blick des Begleiters verrät … / Sein Blick verrät …
>
> n   Das Stück, auf _____ Preis ich gar nicht geachtet habe, wäre im Internet günstiger gewesen.
>
> f   Ihre Kollegin, _____ Tochter in jenem Geschäft arbeitet, hätte sicher Rabatt bekommen.
>
> Pl. Man sieht Menschen, _____ Hände hemmungslos in den Rabattkisten wühlen.
>
> *Relativpronomen im Genitiv drücken eine possessive Relation (Besitz oder Zugehörigkeit) zum Bezugswort aus. Das Bezugswort bestimmt das Genus des Relativpronomens.*
> ▶ Grammatik B 2.4.2

Neutrum: Das Stück wäre im Internet günstiger gewesen. Ich habe auf den Preis …

b Schreiben Sie Relativsätze mit Relativpronomen im Genitiv wie im Beispiel.

1 Das T-Shirt habe ich umgetauscht. Der Stoff des T-Shirts war so unangenehm auf der Haut.
2 Ich kaufe keine Produkte. Ich kenne die Inhaltsstoffe der Produkte nicht.
3 Diese Marke ist bei Jugendlichen sehr beliebt. Ich kann mir ihren Namen einfach nicht merken.
4 In der Innenstadt hat eine Boutique eröffnet. Ihr Sortiment gefällt mir sehr.
5 Meine Mutter hat sich einen Laptop gekauft. Von seiner Qualität bin ich noch nicht überzeugt.

1 Das T-Shirt, dessen Stoff so unangenehm auf der Haut war, habe ich umgetauscht.

c Und Sie? Was für ein Einkaufstyp sind Sie? Worauf achten Sie beim Einkaufen? Was ist Ihnen wichtig? Schreiben Sie einen kurzen Text. Die Redemittel auf Seite 109 helfen.

8

- über technische Geräte sprechen; ein Beratungsgespräch und einen Werbeprospekt verstehen; ein Produkt beschreiben
- Partizip I und II als Adjektive, Phonetik: die Endung -en

Ein besonderes Produkt

1 Ein neuer Fernseher

a Stellen Sie sich vor, Sie möchten einen Fernseher kaufen. Was ist Ihnen beim Kauf wichtig? Was möchten Sie über das Gerät wissen? Tauschen Sie sich aus.

> Mich würde vor allem die Bildqualität interessieren.

> Ich fände auch wichtig, dass das Gerät einen niedrigen Energieverbrauch hat.

1.09 b Was sind die Besonderheiten dieses Fernsehers? Hören Sie das Beratungsgespräch und notieren Sie.

1.09 c Welche Informationen sind anders als im Werbeprospekt? Lesen Sie den Prospekt, hören Sie noch einmal und korrigieren Sie falsche bzw. ergänzen Sie fehlende Informationen.

Lux ~~10~~ 20 – ein intelligenter und eleganter Alleskönner

Fernsehen, Spielen, im Internet surfen – Sie suchen einen Fernseher, der alles kann und dabei selbst gut aussieht? Mit dem **Lux** ~~10~~ 20 haben Sie das perfekte Gerät für vielfältige Unterhaltung. Der intelligente Fernseher ist ideal für Film- und Spieleliebhaber und erfüllt höchste Ansprüche!
Dank der Ultra-HD-Auflösung übersehen Sie definitiv nichts und haben immer das Gefühl, selbst dabei zu sein! Jedes Detail erscheint in strahlenden Farben.
Mit seinem modernen Design – den fein gestalteten Formen und dem leicht geschwungenen Bildschirm – ist der **Lux** ~~10~~ 20 ein echter Hingucker.

Diesen Monat nur 469,- (inkl. Mehrwertsteuer)

Technische Details

Bildschirmgröße (Zoll/cm):	55/139,7
Bildauflösung:	3840x160 Pixel (Ultra HD)
Maße (Breite/Höhe/Tiefe):	1242/773/240mm
Gewicht (inkl. Verpackung):	14kg (16kg)
Energieeffizienzklasse:	A+
Internetanschluss:	über beigelegtes LAN-Kabel
integrierter Internetbrowser:	ja
vorinstallierte Apps:	nein
Zubehör:	Fernbedienung; Bedienungsanleitung; Standfüße und Wandaufhängung
Garantie:	2 Jahre (gesetzlich vorgeschriebene Garantie) + 1 Jahr Händlergarantie

d Schreiben Sie mithilfe der Informationen aus c in fünf bis acht Sätzen eine Produktbeschreibung für den Fernseher. Benutzen Sie die Redemittel auf Seite 109.

2 Strahlende Farben auf dem geschwungenen Bildschirm

a Wie steht es im Prospekt? Lesen Sie nochmal in 1c und ergänzen Sie die Partizipien.

> **Partizip I und II als Adjektive**
>
> Partizip I: in _____ Farben   (in Farben, die strahlen)
>
> Partizip II: die _____ Garantie   (die Garantie, die vorgeschrieben wurde/ist)
>
> *Als Adjektiv verwendet werden Partizip I und II dekliniert. Das Partizip I (Infinitiv + d) hat normalerweise eine aktive Bedeutung. Das Partizip II hat oft eine passive Bedeutung und kann sich auf die Vergangenheit beziehen. Als Adjektiv verwendete Partizipien können erweitert werden:*
> die gesetzlich vorgeschriebene Garantie
>
> ▶ Grammatik A 2.3

100 Bewusst konsumieren

b Welche weiteren Partizipien finden Sie im Prospekt in 1c? Was bedeuten sie? Markieren Sie und schreiben Sie Relativsätze.

Ein beigelegtes LAN-Kabel ist ein Kabel, das ...

c Sprechen Sie zu zweit wie im Beispiel. Deklinieren Sie die Partizipien im Schüttelkasten und bilden Sie Relativsätze.

der Akku (sich automatisch aufladend) – das Zubehör (oft benutzt) – das Produkt (überzeugend) – das Auto (selbstfahrend) – die Lampe (mit Batterien betrieben) – die Waschmaschine (gut funktionierend)

Ein sich automatisch aufladender Akku ...   *... ist ein Akku, der sich automatisch auflädt.*

d Was für einen Kühlschrank wünscht sich Özgür? Schreiben Sie Sätze mit Partizip I oder II.

Er soll sich selbst reinigen.
Er soll ewig funktionieren.
Er soll stabil gebaut sein.
Er soll mit dem Internet verbunden sein.
Er soll selbstständig einkaufen.

Er wünscht sich einen sich selbst reinigenden Kühlschrank.

3 Mein Produkt

a Phonetik: die Endung *-en*. Lesen Sie und markieren Sie den Wortakzent. Hören Sie dann und vergleichen Sie Ihre Lösung. Achten Sie auch darauf, wie die Endung *-en* gesprochen wird.

1. in str**a**hlenden F**a**rben
2. Flächen putzen
3. Böden wischen
4. Treppen steigen
5. viele Stunden sitzen
6. staubsaugen
7. batteriebetrieben
8. Sport treiben
9. Besonderheiten
10. Muskeln trainieren
11. Strom brauchen
12. Kisten schleppen

b Wo wird *-en* wie [m] ausgesprochen? Hören Sie noch einmal und unterstreichen Sie in a.
c Was fällt Ihnen bei der Aussprache von *-en* auf? Formulieren Sie Regeln im Kurs.
d Hören Sie noch einmal die Wörter aus a und sprechen Sie nach.
e Arbeiten Sie zu zweit. Lesen Sie jeweils eine Produktbeschreibung (A oder B) in der App, ohne Ihrer Partnerin / Ihrem Partner Ihr Produkt zu zeigen. Machen Sie Notizen zu den Fragen.

– Wie sieht das Produkt aus? Wie groß ist es? Welche Farbe/Form hat es?
– Aus welchem Material ist das Produkt?
– Was kann man damit machen? Wofür ist es geeignet? Wie funktioniert es?
– Was ist das Besondere an dem Produkt?
– Für wen ist es besonders geeignet?

f Stellen Sie Ihrer Partnerin / Ihrem Partner die Fragen in e. Sie/Er antwortet mithilfe der Redemittel auf Seite 109. Raten Sie, um was für ein Produkt es sich handeln könnte. Tauschen Sie danach die Rollen. Achten Sie auch auf die Aussprache der Endung *-en*.

Für wen ist dein Produkt geeignet?   *Mein Produkt richtet sich vor allem an Menschen, die ...*

8

- über (nachhaltigen) Konsum sprechen; ein Erklärvideo zum Thema „ökologischer Rucksack" verstehen; eine Vorlesung zum Thema „ökologischer Fußabdruck" verstehen; Gegensätze ausdrücken
- adversative Konnektoren: *dagegen, während*

Nachhaltiger Konsum

1 Der ökologische Rucksack

a Wie konsumieren Sie? Tauschen Sie sich in Gruppen zu den Fragen aus.

- Wie viele Smartphones hatten Sie schon? Wie oft kaufen Sie sich ein neues Smartphone?
- Wie oft sind Sie in den Urlaub geflogen? Wie weit / Wohin fliegen Sie normalerweise?
- Wie viel Geld geben Sie für Lebensmittel aus? Werfen Sie manchmal Lebensmittel weg?

b Kennen Sie den Begriff *ökologischer Rucksack*? Was könnte er bedeuten? Sammeln Sie Ideen im Kurs.

c Was ist richtig? Sehen Sie das Video (bis ca. 1:50) und kreuzen Sie an. Vergleichen Sie mit ihren Ideen aus b.

Das Konzept des ökologischen Rucksacks beschreibt, wie viele Ressourcen …
a ○ bei der Produktion, Nutzung und Entsorgung eines Produkts verbraucht werden.
b ○ ein Mensch durch seinen Lebensstil und sein Konsumverhalten verbraucht.

d In welcher Reihenfolge kommen die Informationen im Video vor? Lesen Sie die Sätze und markieren Sie die Schlüsselwörter. Sehen Sie dann weiter (von 1:50 bis ca. 4:30) und ordnen Sie die Informationen.

a ☐ Über 100 Millionen Smartphones wurden in Deutschland nicht ordentlich entsorgt.
b ☐ Wenn die Metalle abgebaut werden, können giftige Chemikalien Wasser und Böden belasten.
c ☐ Bei den einzelnen Produktionsschritten werden Ressourcen und viel Energie verbraucht, sowie Abfälle und CO_2-Emissionen verursacht.
d ☐ 1 Für die Herstellung eines Smartphones braucht man ca. 60 verschiedene Rohstoffe, darunter auch seltene Metalle.
e ☐ Beim Benutzen und Aufladen des Smartphones wird viel Strom verbraucht.
f ☐ In nicht recycelten Handys sind Tausende Tonnen wertvoller Rohstoffe enthalten, die nicht wiederverwendet werden können.
g ☐ Die verschiedenen Produktionsschritte (die Herstellung der Einzelteile, die Montage, der Transport und der Verkauf) finden an verschiedenen Orten weltweit statt.
h ☐ Die Deutschen kaufen sich im Durchschnitt alle anderthalb Jahre ein neues Smartphone.

e Welche Informationen waren neu für Sie? Was hat Sie überrascht? Tauschen Sie sich aus.

> *Für mich war neu, dass in einem Smartphone so viele Rohstoffe stecken. Das ist echt krass!*

2 Der ökologische Fußabdruck

a **Strategietraining: komplexe Hörtexte verstehen.** Welche Themen oder Wörter könnten in der Vorlesung vorkommen? Lesen Sie die Ankündigung, unterstreichen Sie Schlüsselwörter und sammeln Sie weitere Ideen.

Vorlesungsreihe „Mensch-Konsum-Umwelt"
an der Umweltwissenschaftlichen Fakultät

Der ökologische Fußabdruck *(Prof.in Dr.in Nesrine Zeller)*

Wissen Sie, wie viele Ressourcen Sie im Alltag verbrauchen und wie Sie Ihren Verbrauch verringern können?
Mithilfe verschiedener Beispiele aus dem Alltag erläutere ich das Konzept des ökologischen Fußabdrucks und zeige die Auswirkungen unseres Lebensstils auf die Umwelt.

---

b Welche Strategien gibt es, um komplexe Hörtexte besser zu verstehen? Sehen Sie das Strategievideo und machen Sie Notizen. Welche Strategie haben Sie in a angewendet? Tauschen Sie sich aus.

c Welche Themen werden in der Vorlesung angesprochen? Hören Sie den ersten Teil und notieren Sie. Vergleichen Sie mit Ihren Ideen aus a.

1 Unterschied zwischen ökologischem Rucksack und ökologischem Fußabdruck

d Hören Sie noch einmal und machen Sie Notizen zu den Fragen. Schreiben Sie danach die Antworten.
1 Wie unterscheiden sich der ökologische Rucksack und der ökologische Fußabdruck?
2 Welche Informationen gibt der ökologische Fußabdruck? Was beschreibt er?
3 Welche Unterschiede gibt es zwischen den einzelnen Staaten beim Ressourcenverbrauch?
4 Welche Probleme ergeben sich durch den hohen Ressourcenverbrauch und CO_2-Ausstoß?

e Haben Sie die zentralen Informationen aus der Vorlesung verstanden? Welche Tipps aus dem Strategievideo haben Ihnen beim Verstehen geholfen? Tauschen Sie sich im Kurs aus.

f Wählen Sie ein Thema (A: Reisen oder B: Ernährung) und hören Sie die Fortsetzung der Vorlesung in der App. Beachten Sie die Hörstrategien und notieren Sie die wichtigsten Informationen zu den Fragen.
1 Wie setzt sich der ökologische Fußabdruck zusammen?
2 Welche Zahlen werden genannt? Was sagen die Zahlen aus?
3 Wie kann der ökologische Fußabdruck reduziert werden?

3 Während die einen Ressourcen verbrauchen, leiden die anderen unter den Folgen.

a Was passt: Der ökologische *Rucksack* oder der ökologische *Fußabdruck*? Lesen und ergänzen Sie.

Gegensätze ausdrücken mit *während* und *dagegen*

Während sich der ökologische _____ auf den Lebensstil der Menschen bezieht, ist der ökologische _____ produktbezogen.

Der ökologische _____ drückt aus, wie viele Ressourcen für ein Produkt benötigt werden.

Dagegen beschreibt der ökologische _____ den Ressourcenverbrauch eines Menschen.

Während steht am Anfang eines Nebensatzes. *Dagegen* kann auf Position 1 oder im Mittelfeld eines Hauptsatzes stehen. Der Hauptsatz mit *dagegen* steht immer nach dem anderen Hauptsatz.

▶ Grammatik B 1.5.2 und B 2.2.5

b Schreiben Sie jeweils zwei Sätze mit *während* und *dagegen*.
1 Mariam ernährt sich komplett vegan. Luise kann auf tierische Produkte nicht verzichten.
2 Jonas kauft sich jedes Jahr ein neues Smartphone. Wafar benutzt seit acht Jahren ihr altes Handy.
3 Früher habe ich viel konsumiert. Heute lebe ich viel bewusster.

1 Während Mariam sich … / Mariam ernährt sich … Dagegen …

4 Und wie ist Ihr ökologischer Fußabdruck?

a Was glauben Sie: Wie groß ist Ihr ökologischer Fußabdruck? Machen Sie den Test in der App.
b Konsumieren Sie bewusst und nachhaltig? Was könnten Sie ändern? Vergleichen Sie Ihre Testergebnisse im Kurs und tauschen Sie sich aus. Die Redemittel helfen.

über nachhaltigen Konsum sprechen
Ich konsumiere (nicht) sehr (umwelt)bewusst/nachhaltig, denn …
Ich achte darauf, dass die Produkte biologisch angebaut / nachhaltig produziert / fair gehandelt werden.
Während ich bei der Ernährung / beim Reisen / bei … einen kleinen Fußabdruck habe, ist mein Fußabdruck im Bereich Wohnen/… relativ hoch.
Für … verbrauche ich kaum Ressourcen. Dagegen ist mein Verbrauch bei … eher hoch.
Ich könnte meinen Verbrauch/Fußabdruck reduzieren/verringern, wenn …
Es würde mir schwerfallen/leichtfallen, auf Fleisch/Flugreisen/… zu verzichten.

▶ Redemittel S. 109

8

über Werbung und Werbeslogans sprechen; einen Zeitungsartikel über Marketingtricks verstehen; über Konsumentscheidungen sprechen

Warum konsumieren wir?

1 Werbung

a Zu welchen Produkten oder Dienstleistungen gehören die Werbeslogans? Welche Marke wird hier beworben? Ordnen Sie zu und sprechen Sie im Kurs. Vergleichen Sie dann mit den Antworten unten.

1 Wohnst du noch oder lebst du schon?
2 Haribo macht Kinder froh und Erwachsene ebenso.
3 3-2-1-meins!
4 Quadratisch – praktisch – gut
5 Nur wo Nutella draufsteht, ist Nutella drin.

b Welche Botschaften transportieren die Slogans in a? Was erfährt man über das Produkt? Tauschen Sie sich aus.

c Kennen Sie Werbeslogans für diese oder andere Produkte in Ihrer Sprache? Was bedeuten die Slogans auf Deutsch? Recherchieren Sie und vergleichen Sie im Kurs.

> *In dem Slogan von IKEA wird ein Unterschied zwischen „wohnen" und „leben" gemacht. Das bedeutet wahrscheinlich, dass...*

2 Konsumentscheidungen – bewusst oder unbewusst?

a Welche Überschrift passt am besten? Lesen Sie die Einleitung des Artikels und kreuzen Sie an.

 a ○ Internetwerbung: Die Industrie sucht neue Marketingstrategien.
 b ○ Wodurch werden die Kaufentscheidungen von Konsumentinnen und Konsumenten beeinflusst?
 c ○ Die Marktforschung zeigt: Wer Markenprodukte kauft, fühlt sich glücklicher.

Konsum ist etwas sehr Menschliches. Viele von uns erleben Glücksgefühle beim Einkaufen. Wir konsumieren, um uns für harte Arbeit zu belohnen oder um uns von Ärger oder Traurigkeit abzulenken. Durch den Kauf
5 bestimmter Marken zeigen wir unseren Status oder bekommen das Gefühl, zu einer Gruppe zu gehören.
Neben diesen inneren Motiven gibt es auch äußere Aspekte, die unser Kaufverhalten beeinflussen können. Jahrelang hat die Industrie auf klassische Marketingstrategien gesetzt: Zum einen Werbung im Radio, Fernsehen und in der Zeitung. Zum anderen die Produktanordnung in den Regalen der Geschäfte: Teures in Sichthöhe, Billigeres weiter unten. Mit dem Einzug des Internets in unseren Alltag haben sich längst ganz neue Werbestrategien durchgesetzt. Aber welche Strategien sind besonders gut geeignet, um die Menschen zum Kauf zu bewegen? Mit dieser Frage beschäftigen sich Marktforschungsinstitute in ihren Recherchen und Umfragen.

b Wodurch wird das Konsumverhalten beeinflusst? Lesen Sie noch einmal in a und notieren Sie.

innere Aspekte
Glücksgefühl, ...

äußere Aspekte
Werbung (Radio, Fernsehen, Zeitung), ...

¹ *IKEA*: schwedisches Möbelhaus; ² *HARIBO*: Gummibärchen; ³ *Ebay*: Onlineshopping-Plattform; ⁴ *Ritter Sport*: Schokolade; ⁵ *Nutella*: Nuss-Nougat-Creme

c Welche Mechanismen regen unseren Konsum an? Lesen Sie weiter und ergänzen Sie Ihre Liste in b.

Die Marktforschung zeigt: Die klassische Werbung ist weiterhin ein wichtiger Faktor für unsere Kaufentscheidungen. Wenn in einem Werbespot einer Schokoladenmarke ein Gorilla Schlagzeug spielt, während im Hintergrund die Musik von Phil Collins läuft, dann stellt sich die Frage, was damit ausgedrückt werden soll. Denken wir dabei wirklich an Schokolade? Nein, eigentlich nicht und trotzdem ist die Beliebtheit der Marke nach der Ausstrahlung des Fernsehspots 2007 stark gestiegen. Der Spot folgt einer Grundregel der Werbung: Musik, Bilder, die man sich gut merken kann und Spaß beim Ansehen. Auf diese Weise dringt die Werbebotschaft in unser Unterbewusstsein ein. Ohne es bewusst zu wollen, sind wir nach 30- bis 40-mal Anschauen so konditioniert, dass wir im Supermarkt ganz automatisch und ohne nachzudenken genau nach dieser Marke greifen.

Durch das Internet sind für die Werbebranche viele neue Möglichkeiten hinzugekommen. Bei jeder Internetnutzung – ob beim E-Mail-Schreiben, Online-Shopping, Benutzen einer Suchmaschine oder wenn wir uns in den sozialen Netzwerken bewegen – hinterlassen wir Daten und Informationen über uns. Diese Nutzerdaten werden von Cookies oder dem Browser gesammelt und ausgewertet. Beim nächsten Internetbesuch wird uns dann Werbung von schon gekauften Produkten angezeigt oder von solchen, die uns vermutlich interessieren könnten. Diese personalisierte Werbung ist zwar einerseits praktisch, andererseits aber auch sehr manipulativ und für viele einfach nur nervig.

Ein anderes Werbephänomen der letzten Jahre sind sogenannte Influencer, also Menschen, die zum Beispiel mit einem eigenen YouTube-Kanal im Netz präsent sind und dort bestimmte Produkte anpreisen. Durch die Popularität der Person wird die beworbene Marke als besonders vertrauenswürdig wahrgenommen. Das Produkt kann so zu einem richtigen Statussymbol werden, auch wenn es nicht besser oder schlechter ist als ein anderes.

Dass wir uns bei unseren Kaufentscheidungen gern an den Empfehlungen anderer orientieren, zeigt auch die wachsende Bedeutung von Kundenbewertungen. Eine Studie aus dem Jahr 2017 hat gezeigt, dass 65 % aller Online-Käufer sich zunächst die Produktbewertungen anderer Käufer durchlesen, bevor sie sich für oder gegen den Kauf entscheiden. 39 % haben angegeben, misstrauisch gegenüber einem Produkt zu sein, zu dem es noch keine Bewertung gibt. Diesen Mechanismus nutzen Internetverkaufsportale, wenn Sie uns nach einem Kauf per E-Mail auffordern, eine eigene Bewertung zu schreiben.

Beim Konsumieren erfüllen wir uns Wünsche und Träume. Doch wessen Wünsche das eigentlich sind, ist dabei nicht immer klar.

d Was steht nicht im Text? Lesen Sie noch einmal in c und kreuzen Sie die falsche Antwort an.

1 Ein Werbespot ist besonders erfolgreich, wenn …
   a ◯ die Marke sehr beliebt ist.
   b ◯ er das Unterbewusstsein anspricht.
   c ◯ man den Spot sehr oft gesehen hat.

2 Personalisierte Werbung …
   a ◯ basiert auf gesammelten Nutzerdaten.
   b ◯ gibt es vor allem in sozialen Netzwerken.
   c ◯ zeigt Produkte, die man online gekauft hat.

3 Influencer …
   a ◯ sind Personen, die im Internet besonders beliebt sind.
   b ◯ werden von Unternehmen für die Vermarktung von Produkten bezahlt.
   c ◯ beeinflussen den Konsum, da man ein empfohlenes Produkt eher kauft.

4 Beim Online-Shopping …
   a ◯ haben Kundenbewertungen einen großen Einfluss.
   b ◯ wird Produkten ohne Bewertung weniger vertraut.
   c ◯ schreiben zwei Drittel der Kunden eigene Produktbewertungen.

e Und Sie? Wodurch lassen Sie sich beim Kaufen beeinflussen? Tauschen Sie sich in Gruppen zu den Fragen aus.

– Von welchen Aspekten lassen Sie sich bei Ihren Konsumentscheidungen normalerweise beeinflussen?
– Wie wichtig ist es Ihnen, bestimmte Marken zu kaufen?
– Welches Produkt haben Sie sich zuletzt gekauft, das sie eigentlich nicht unbedingt brauchen? Warum haben Sie es gekauft? Wie oft haben Sie es seitdem benutzt?

8

einen Artikel über Kleidungsproduktion verstehen; flüssig sprechen und sich beim Sprechen Denkpausen verschaffen; eine Diskussion über faire Modeproduktion führen

Mode – fair und nachhaltig?

1 Die harten Fakten der Kleidungsproduktion

a Was für ein Experiment wurde hier durchgeführt? Sehen Sie das Video und fassen Sie zusammen.
b Wie hätten Sie reagiert? Tauschen Sie sich aus.
c Lesen Sie den Artikel und machen Sie Notizen zu den Fragen. Welche Informationen sind neu für Sie? Sprechen Sie im Kurs.

1. Wie viel Geld geben die Menschen in Deutschland, Österreich und der Schweiz für Kleidung aus?
2. Warum werden Kleidungsstücke oft aus anderen Ländern importiert?
3. Welche Folgen hat die Textilproduktion für die Umwelt?
4. Wie sind die Arbeitsbedingungen in den Textilfabriken?
5. Welche Rolle spielen die Textilfabriken in den jeweiligen Ländern? Welche Vorteile bieten sie?
6. Welche Verantwortung tragen die Modeindustrie und die Kundinnen und Kunden?

www.nachhaltig-leben.beispiel.net

Nachrichten | Konsum | Umwelt | **Gerechtigkeit** | Über uns

Kleidung – ist das noch fair?

Kleidung zählt zu den Konsumgütern, die weltweit am meisten gefragt sind. Allein in Deutschland hat die Modeindustrie im Jahr 2019 über 64.000 Millionen Euro umgesetzt. Das entspricht einem durchschnittlichen Pro-Kopf-Umsatz von etwa 780 Euro bzw. 60 Kleidungsstücken im Jahr. In Österreich und der Schweiz geben die Menschen sogar etwas mehr als 1.000 Euro pro Jahr für Kleidung aus. Während in Deutschland jedes
5 Kleidungsstück durchschnittlich nur 13,50 Euro kostet, sind die Preise in den Nachbarländern höher. Hier kostet das durchschnittliche Kleidungsstück 16,50 Euro (Österreich) bzw. 20 Euro (Schweiz).

Um so günstige Preise zu ermöglichen, muss ein Großteil der Ware importiert werden, vor allem aus China, Bangladesch und Vietnam. Doch die billige Mode hat ihren Preis: Bei der Produktion und Bearbeitung der Rohfasern wie z.B. Baumwolle wird viel Wasser verbraucht und es werden umweltschädliche Chemikalien
10 verwendet. Das hat nicht nur für die Umwelt negative Konsequenzen. Auch die Arbeitsbedingungen in den Textilfabriken sind oft schlecht. Durch die Arbeit mit Chemikalien haben viele Fabrikarbeiter*innen mit gesundheitlichen Problemen zu kämpfen und wegen schlechter Sicherheitsvorkehrungen kommt es in den Fabriken immer wieder zu tragischen Unfällen. Eine soziale Absicherung, die vor Lohnausfall bei Krankheit oder Unfällen schützen würde, gibt es meist nicht.

15 Dennoch haben Studien gezeigt, dass die Textilfabriken auch eine positive Rolle spielen können. Sie sind in manchen Regionen ein wichtiger Arbeitgeber und obwohl die Löhne sehr niedrig sind – sie machen oft gerade mal ein Prozent des Verkaufspreises der produzierten Kleidungsstücke aus –, verdienen die Arbeiter*innen immer noch besser als in anderen Berufen. In der Landwirtschaft sind die Löhne noch niedriger und es gibt noch weniger Sicherheitsmaßnahmen, die vor Arbeitsunfällen schützen würden. Insbesondere Frauen profitieren
20 von den Textilfabriken. Studien zeigen, dass Mädchen in Regionen, wo es eine Textilfabrik gibt, durchschnittlich länger zur Schule gehen. Ein Grund dafür ist, dass die Fabrikarbeit zu einem bescheidenen Wohlstand führt. Daher können es sich Familien leisten, auch ihre Töchter länger zur Schule zu schicken. Außerdem brauchen die Fabrikarbeiter*innen eine ausreichende Ausbildung. Die Textilfabriken können somit einen Anreiz für eine bessere Bildung schaffen.

25 Trotz dieser positiven Auswirkungen stehen die Textilfabriken wegen der oft schlechten Arbeitsbedingungen und niedrigen Löhne in der Kritik. Dabei darf jedoch die Rolle der Modeindustrie und der Konsument*innen nicht ignoriert werden. Solange die Modeunternehmen nicht bereit sind, höhere Preise für die Kleidungsstücke zu bezahlen, sind sie für die niedrigen Löhne und schlechten Arbeitsbedingungen mitverantwortlich. Und solange die Konsument*innen in den Ländern des globalen Nordens Markenkleidung nur zu Schnäppchen-
30 preisen kaufen wollen und ihnen fair produzierte Kleidung zu teuer ist, werden sich die Arbeitsbedingungen in den Fabriken nicht verbessern.

106 Bewusst konsumieren

2 Eine Podiumsdiskussion

a **Strategietraining: flüssig sprechen und Denkpausen schaffen.** Was tun Sie, wenn Ihnen auf Deutsch die Worte fehlen? Kennen Sie Strategien, wie Sie beim Sprechen Zeit gewinnen können? Tauschen Sie sich aus.

b Welche Strategie passt? Lesen Sie die Beispiele und ordnen Sie zu. Vergleichen Sie mit Ihren Ideen in a.

1. Ob ich schon eine Lösung für das Problem habe? Nun ja, … / Was ich zu dem Thema meine? Also …
2. Tja, … / Also, … / Nun, … / Na ja, …
3. Wissen Sie, … / Ehrlich gesagt … / Das ist eine gute Frage. / Sagen wir mal so: … / Soweit ich weiß, …
4. Sie meinen also, dass … / Verstehe ich Sie richtig, dass …

a [3] Floskeln/Gesprächsroutinen benutzen c [ ] „Echo-Fragen" stellen

b [ ] Gesagtes wiederholen d [ ] Füllwörter benutzen

c Welche Strategien benutzen die Personen? Hören Sie die Dialoge und notieren Sie.

Dialog 1: _b_   Dialog 2: ____   Dialog 3: ____   Dialog 4: ____

d Kursspaziergang. Schreiben Sie eine Frage oder Aussage zum Thema „Mode: fair oder billig?" auf ein Kärtchen. Sprechen Sie zu zweit: Lesen Sie Ihre Frage/Aussage vor. Ihre Partnerin / Ihr Partner reagiert mit einer Strategie aus a. Tauschen Sie dann Ihre Kärtchen und sprechen Sie mit der nächsten Person usw.

> *Wärst du bereit, mehr für Kleidung zu bezahlen?*

> *Ob ich bereit wäre, für Kleidung mehr zu bezahlen? Das ist eine gute Frage. Ich denke schon.*

e Arbeiten Sie in vier Gruppen. Überlegen Sie sich gemeinsam in der Gruppe Antworten zu den Fragen. Begründen Sie Ihre Antworten mit Argumenten und notieren Sie Ihre Ideen.

– Wie könnten die Arbeitsbedingungen in den Textilfabriken verbessert werden? Welche Verantwortung tragen die Modeunternehmen, die Fabriken vor Ort und die Konsumentinnen und Konsumenten?
– Sollte man sich für die Schließung von Textilfabriken in Niedriglohnländern einsetzen?
– Sollte man den Verkauf von Billigmode verhindern? Wie könnte man die Verbraucherinnen und Verbraucher dazu bringen, mehr Geld für Kleidung auszugeben?

f Lesen Sie die Hinweise und führen Sie im Kurs eine Podiumsdiskussion zur Frage „Wie können die Bedingungen in der Modeproduktion verbessert werden?". Eine Person aus dem Kurs oder Ihre Kursleiterin / Ihr Kursleiter moderiert. Für die Moderation helfen die Redemittel auf Seite 97.

– Auf dem Podium stehen vier Stühle. Jeweils eine Person aus jeder Gruppe aus e setzt sich. Die anderen aus der Gruppe stellen sich hinter den Stuhl der Person.
– Die sitzenden Personen beginnen zu diskutieren. Benutzen Sie dazu Ihre Notizen aus e und die Strategien, um Denkpausen zu schaffen.
– Wenn eine Person in der Diskussion kein Argument mehr hat, setzt sich eine andere Person aus der Gruppe auf den Stuhl und diskutiert weiter.

8

■ über die Vor- und Nachteile von Online-Shopping sprechen; eine Radiosendung zum Thema Online-Shopping verstehen; eine Stellungnahme schreiben

Einkaufen vom Sofa aus

1 Einzelhandel oder Online-Shopping?

a Was kaufen Sie lieber im Geschäft? Was lieber online? Warum? Tauschen Sie sich in Gruppen aus.

b Welche Vor- und Nachteile hat Online-Shopping Ihrer Meinung nach? Sammeln Sie Argumente in der Gruppe. Vergleichen Sie dann Ihre Argumente im Kurs.

> *Kleine Läden gehen pleite, wenn immer mehr Menschen online einkaufen.*

2 Was halten Sie von Online-Shopping?

a Wer spricht worüber? Hören Sie die Radiosendung und ordnen Sie die Personen den Themen zu.

a	b	c	d
Winfried Maier	Kim Le	Mirko Sawotski	Mechthild Kaufmann

1 ☐ ökologischer Fußabdruck
2 ☐ Arbeitsbedingungen der Zustellerinnen und Zusteller
3 ☐ Folgen für den Einzelhandel
4 ☐ Öffnungszeiten und Verfügbarkeit

b Was halten die Personen von Online-Shopping? Hören Sie noch einmal und machen Sie Notizen.

> *Herr Maier: Online-Shopping vielleicht nicht sicher? ...*

c Vergleichen Sie die Meinungen der Personen. Schreiben Sie fünf Sätze mit *während* oder *dagegen*.

> *1 Während Herr Maier lieber im Fachgeschäft einkauft, findet Frau Le Online-Shopping super.*

d Und Sie? Was halten Sie von Online-Shopping? Ist Online-Shopping Ihrer Meinung nach besser als Einkaufen im Einzelhandel? Schreiben Sie eine Stellungnahme mithilfe der Redemittel auf Seite 109. Brauchen Sie Hilfe oder sind Sie schon fertig? Dann arbeiten Sie mit der App.

Bewusst konsumieren

Auf einen Blick

einen Begriff definieren
… ist jemand, der … / … ist eine Person, die … / … Bei einer/einem … handelt es sich um …
Ein/Eine … braucht/benutzt man um … zu … / zum/für …
Unter einer/einem … versteht man jemanden/etwas, der/das …

über Einkaufsgewohnheiten sprechen
… kaufe ich am liebsten im Fachgeschäft / auf dem Markt / im Bio-Laden / online ein, weil …
Ich achte vor allem auf den Preis / die Qualität / die Marke / das Preis-Leistungsverhältnis / …
Eine gute Beratung / Ein großes Sortiment / Lange Öffnungszeiten / Gute Parkmöglichkeiten / eine kostenlose Lieferung / … ist/sind mir besonders wichtig.

ein Produkt beschreiben

Zielgruppe und Funktion	Das Produkt richtet sich an Menschen, die …
	… ist besonders geeignet für …
	Damit kann man … / Es hat viele Funktionen, nämlich …
Aussehen und Material	Die Produktmaße sind 30x60x20 cm. / Es ist … cm breit/hoch/tief.
	Es wiegt … Kilo(gramm). / Das Design ist modern/raffiniert/edel/…
	Das Produkt/Gerät ist aus Kunststoff/Metall/Stoff/Holz/Glas/…
technische Details	Das Gerät verfügt über einen Internetanschluss / eine Fernbedingung / …
	Es ist mit der neuesten Full-HD-Technik / einem integrierten Browser / einem energiesparenden Akku /… ausgestattet.
Besonderheiten	Das Besondere daran ist: … / Es erfüllt die höchsten Ansprüche, weil …
	Mit … entspricht es dem neuesten technischen Standard.

über nachhaltigen Konsum sprechen
Ich konsumiere (nicht) sehr (umwelt)bewusst/nachhaltig, denn …
Ich achte darauf, dass die Produkte biologisch angebaut / nachhaltig produziert / fair gehandelt werden.
Während ich bei der Ernährung / beim Reisen / bei … einen kleinen Fußabdruck habe, ist mein Fußabdruck im Bereich Wohnen/… relativ hoch.
Für … verbrauche ich kaum Ressourcen. Dagegen ist mein Verbrauch bei … eher hoch.
Ich könnte meinen Verbrauch/Fußabdruck reduzieren/verringern, wenn …
Es würde mir schwerfallen/leichtfallen, auf Fleisch/Flugreisen/… zu verzichten.

eine Stellungnahme / einen Kommentar schreiben

das Thema einleiten	Das Thema … ist heutzutage besonders wichtig/aktuell, weil …
	Über das Thema … wird immer wieder kontrovers diskutiert.
	Dabei stellt sich die Frage: … / Daraus ergibt sich die Frage: …
argumentieren und vergleichen	Ich bin der Ansicht/Meinung/Auffassung, dass …
	Natürlich könnte man meinen, dass … Dafür/Dagegen spricht …
	Für/Gegen … spricht, dass … / … hat den Vorteil/Nachteil, dass …
	Ein Vorteil/Nachteil von … könnte sein, dass …
	Das sieht man zum Beispiel an … / Ein anderes Beispiel für … ist …
	Während … / Einerseits …, andererseits … / … Dagegen …
zusammenfassen und die eigene Meinung äußern	Insgesamt/Zusammenfassend/Abschließend lässt sich sagen: …
	Meine persönliche Meinung/Überzeugung ist, dass …
	Ich vertrete den Standpunkt / die Ansicht, dass … Deshalb …

9 Das perfekte Leben führen

Webcode: royofa

Was ist Glück?

1 Was gehört zu einem perfekten Leben?

a Was glauben Sie: Worüber sind die Personen glücklich? Sehen Sie sich die Bilder an und sprechen Sie im Kurs.

> Ich glaube, die ältere Frau ist glücklich, weil sie sich über die kleinen Dinge des Lebens freut.

 b Wer sagt was? Hören Sie und ordnen Sie die Fotos zu. Vergleichen Sie Ihre Antwort mit Ihren Ideen aus a.
c Mit welcher Person können Sie sich am besten identifizieren? Warum? Tauschen Sie sich aus.
d Welcher Titel passt? Lesen Sie den Artikel und ergänzen Sie die Überschrift.

    a Geschichte des Glücks   b Suche nach dem Glück   c Angst vor zu viel Glück

---

Ob in Ratgeberbüchern, TV-Shows oder Internet-Blogs: Noch nie wurde so viel über ein gutes Leben nachgedacht wie heute. Aber was ist eigentlich ein gutes, ein gelungenes Leben?

„Ach, wäre ich doch nur etwas glücklicher!", sagt Luisa Peitz und rührt nachdenklich in ihrem Smoothie. Eigentlich scheint Luisa alles richtig zu machen – sie hat Karriere gemacht, verdient gutes Geld, ist gesund und sportlich und
5 dennoch scheint immer etwas zu fehlen.
Seit Jahrtausenden beschäftigen sich Menschen mit der Frage, was ein gutes Leben ausmacht. Ist es die Gesundheit? Ist es Reichtum? Erfolg? Oder geht es darum, sich zu verwirklichen? Lange Zeit waren Menschen vor allem mit dem reinen Überleben beschäftigt. Ein Dach über dem Kopf und genug zu essen – mehr gab es nicht zu wünschen. Noch die Nachkriegsgeneration kannte vor allem zwei Ziele: die eigene Existenz zu sichern und Wohlstand zu erwerben. Heute müs-
10 sen die Menschen in vielen Teilen der Welt nicht mehr um ihre Existenz fürchten. Wie Studien zeigen, steigt die Zufriedenheit aber nicht automatisch mit dem Wohlstand, denn – wer viel besitzt, kann auch viel verlieren. Und so scheint die Frage nach dem gelungenen Leben so wichtig wie nie zuvor. In den Regalen der Buchläden stapeln sich die Ratgeber zu Liebe und Partnerschaft, Menschen buchen Yogakurse, um sich in ihrem Körper wohlzufühlen, und kaufen Kochbücher mit veganen Rezepten, ein Superfood nach dem anderen erobert den Markt, aber wo bleibt das Glück?
15 „Es ist ein bisschen wie in manchen Märchen", sagt Luisa. „Wenn ein Wunsch erfüllt ist, ist schon der nächste da. Am Anfang denkt man nur: Ach, wenn ich nur ein bisschen gesünder und sportlicher wäre! Dann ginge es mir bestimmt besser. Also wird man Mitglied in einem Fitness-Club, joggt und beginnt sich vegan zu ernähren und kauft nur noch Bio-Produkte. Man fühlt sich fitter und leistungsfähiger. Aber zufrieden ist man nicht. Dann muss es wohl an der Arbeit liegen, denkt man dann. Würde ich bloß etwas mehr verdienen! Man sucht also nach einer neuen Stelle, bis man einen
20 wirklich gutbezahlten Job mit Aufstiegschancen findet, um den einen alle beneiden. Aber macht einen das glücklich? – Nein. Woran liegt das nur?"
Die Frage nach einem guten Leben wird an der Harvard University in der sogenannten *Grant Studie* untersucht. Hierzu wurden über 80 Jahre lang 268 männliche Absolventen aus den Jahrgängen 1939 bis 1946 wissenschaftlich begleitet. Regelmäßig wurden die Probanden medizinisch untersucht und über ihr Leben befragt: „Was macht Sie glücklich?
25 Was stört Sie an Ihrem Leben? Wie steht es um Ihre Ehe?"

- über Glücksvorstellungen sprechen; (irreale) Wünsche äußern
- irreale Wünsche (Gegenwart)

9

> Einige Ergebnisse der Studie sind nicht besonders erstaunlich – etwa die Tatsache, dass eine gesunde Lebensweise sich positiv auswirkt. Ein Resultat wird in der Studie aber hervorgehoben: Das Wichtigste für ein gelungenes Leben sind enge menschliche Bindungen. Damit sind nicht nur Familie, Liebe und Partnerschaft gemeint, sondern auch Freundschaften oder allgemein ein gutes Verhältnis zum sozialen Umfeld.
>
> 30 „Ja", sagt Luisa, „das kann ich schon bestätigen. Es geht einem viel besser, wenn man sich in seiner Umgebung geborgen und gut aufgehoben fühlt. Und die Liebe ist nochmal etwas anderes …" Vor sechs Monaten hat Luisa sich neu verliebt. Aber – ist Luisa nun glücklich? Wunschlos glücklich? „Naja", sagt sie und lächelt, „es geht mir wirklich gut, aber manchmal denke ich schon: „Wenn ich doch wieder ein bisschen mehr Zeit für mich hätte!" Irgendetwas fehlt eben immer.

e Was ist richtig? Lesen Sie den Artikel in d noch einmal und kreuzen Sie an.

1. ○ Die Glücksvorstellungen haben sich im Laufe der Zeit kaum verändert.
2. ○ Studien zeigen: Je mehr man besitzt, desto glücklicher ist man.
3. ○ In jüngster Zeit hat das Interesse an der Frage nach dem Glück nachgelassen.
4. ○ Die Grant-Studie zeigt, dass soziale Beziehungen besonders glücklich machen können.

f Was hat Luisa unternommen, um glücklicher zu werden? Was hat sie am Ende glücklicher gemacht? Lesen Sie den Artikel in d noch einmal und machen Sie Notizen.

2 Wenn ich doch nur …

a Was hat sich Luisa gewünscht? Was wünscht sie sich heute? Suchen Sie die Sätze im Text in 1d und ergänzen Sie.

Irreale Wünsche (Gegenwart)

Ach, _____ ich *doch nur* etwas glücklicher!

Ach, _____ ich *nur* etwas gesünder und sportlicher _____!

_____ ich *bloß* etwas mehr *verdienen* _____!

_____ ich *doch* wieder ein bisschen mehr Zeit für mich _____!

Irreale Wunschsätze drücken einen im Moment nicht realistisch erscheinenden Wunsch aus. Man bildet sie mit dem Konjunktiv II. Sie werden mit wenn *eingeleitet oder beginnen mit dem konjugierten Verb. Im Mittelfeld des Satzes steht eine Modalpartikel wie* doch, bloß *oder* nur.

▶ Grammatik B 2.5

---

b Und Sie? Was wünschen Sie sich? Wählen Sie sechs Wortgruppen aus dem Schüttelkasten und schreiben Sie irreale Wünsche.

---

nicht immer so früh aufstehen müssen – weniger Stress haben – öfter in Urlaub fahren können – endlich Karriere machen – mehr Zeit für meine Hobbys haben – eine Gehaltserhöhung bekommen – endlich einen Führerschein haben – öfter pünktlich sein – weniger Zeit auf den sozialen Medien verbringen – öfter aufräumen – eine neue Wohnung finden – weniger arbeiten müssen

---

Wenn ich bloß nicht immer so früh aufstehen müsste. / Müsste ich nur nicht   …

3 Glücksvorstellungen

a Was bedeutet Glück für Sie? Welche Wünsche haben Sie noch? Schreiben Sie einen kurzen Text.

b Lesen Sie einige Texte in der Gruppe vor. Unterscheiden sich Ihre Vorstellungen von Glück? Woran könnte das liegen? Gibt es individuelle oder kulturelle Unterschiede? Tauschen Sie sich aus.

Ich bin glücklich, wenn ich Zeit mit meiner Familie verbringen kann.

Für mich bedeutet Glück berufliche Anerkennung.

111

9 Selbstoptimierung – ein Mega-Trend

- über Selbstoptimierung sprechen; mit irrealen Vergleichen Eindrücke und Wirkungen beschreiben; Trends beschreiben und bewerten
- irreale Vergleiche mit *als ob*, *als wenn* und *als*

1 Selbstoptimierung

a Was verbinden Sie mit dem Begriff *Selbstoptimierung*? Tauschen Sie sich aus. Die Wörter helfen.

auf gesunde Ernährung achten – ausreichend schlafen – seine Potenziale ausschöpfen – Kalorien zählen – Gesundheitsdaten protokollieren – Aufputschmittel nehmen – regelmäßig Sport treiben – nach Erfolg streben – das eigene Zeitmanagement verbessern

2.03 b Wie definiert Magnus Olbrich Selbstoptimierung? Hören Sie und vergleichen Sie mit Ihren Ideen in a.
2.04 c Wie optimieren Paul, Katharina und Alexeij ihr Leben? Hören Sie weiter und machen Sie Notizen.
2.05 d Was sagt Magnus Olbrich? Hören Sie weiter und kreuzen Sie an.

1. ○ Zu hohe Erwartungen können zu Frustration und Selbstvorwürfen führen.
2. ○ Wer sich optimieren will, für den besteht die Gefahr der Abhängigkeit.
3. ○ Manche Menschen streben nach Perfektion, weil ihr familiäres Umfeld zu viel Druck ausübt.
4. ○ Ein Grund für Selbstoptimierung ist, dass Menschen sich an anderen messen.
5. ○ Ohne die Interessen der Wirtschaft gäbe es den Trend der Selbstoptimierung nicht.
6. ○ Glück kann man durchaus in Zahlen ausdrücken.

e Was ist Selbstoptimierung? Was halten Sie von diesem Trend? Fassen Sie mithilfe ihrer Ergebnisse aus b–d zusammen und tauschen Sie sich aus. Die Redemittel auf Seite 121 helfen.

2 Ich fühle mich, als ob …

2.06 a Was sagen die Personen? Hören und ergänzen Sie.
Was drücken irreale Vergleiche aus? Tauschen Sie sich aus.

> Man vergleicht mit etwas, was …

Irreale Vergleiche mit *als ob*, *als wenn* und *als*

Es kam mir vor, *als ob* ich unbesiegbar *wäre*. (Aber das war natürlich Quatsch!)

Das klingt vielleicht so, _____ ich andauernd über mein Essen *nachdenken würde*. (Aber das tue ich natürlich nicht: Essen soll doch Spaß machen!)

Ich fühle mich morgens, _____ *hätte* ich zwölf Stunden *durchgeschlafen*. (Dabei waren es nur sieben oder acht Stunden!)

Irreale Vergleichssätze werden durch Verben des persönlichen Befindens oder der Wahrnehmung eingeleitet (Ich fühle mich, … / Es scheint mir, …). Im Nebensatz mit als steht das konjugierte Verb auf Position II.

▶ Grammatik B 2.6

---

b Bilden Sie irreale Vergleichssätze mit dem Konjunktiv II (Gegenwart oder Vergangenheit).

~~Sie tun so, …~~ – Ich fühle mich, … – Es kommt mir vor, … – Du siehst aus, … – Er macht den Eindruck, … – Sie wirkt auf mich, … – Es scheint, …	täglich ins Fitnessstudio gehen – verliebt sein – gut/schlecht schlafen – Drogen nehmen – ~~perfekt sein~~ – sich ärgern – den Termin vergessen

Sie tun so, als ob sie perfekt wären. / Sie tun so, als wären sie perfekt.

3 Neue Trends

a Was? Wer? Warum? Welche Gefahren? Wählen Sie ein Thema (A: Gehirndoping oder B: Selftracking) und lesen Sie den Text in der App. Machen Sie Notizen zu den W-Fragen.
b Was halten Sie von dem Trend? Beschreiben Sie den Trend mithilfe Ihrer Notizen aus a und äußern Sie Ihre Meinung.

- verschiedene Arbeitsformen und -bedingungen vergleichen; eine Videoreportage über die Arbeitsbedingungen in Start-ups verstehen; über eine Start-up-Gründung sprechen; Bedauern ausdrücken; ein formelles Telefonat führen
- irreale Wünsche (Vergangenheit); Phonetik: am Telefon flüssig sprechen

Start-ups – der perfekte Arbeitsplatz?

1 Wie würden Sie gern arbeiten?

a Wie und unter welchen Bedingungen kann man arbeiten? Bilden Sie drei Gruppen, wählen Sie eine Arbeitsform (A, B oder C) und sammeln Sie Ideen. Die Wörter im Schüttelkasten helfen.

Arbeitszeit – Work-Life-Balance – Arbeitsort – Kolleginnen/Kollegen – Hierarchien – Tätigkeiten – Arbeitsvertrag – Lohn/Gehalt – Vorgesetzte

A in einem Unternehmen angestellt sein

B freiberuflich arbeiten

C in einem Start-up arbeiten

b Bilden Sie neue Gruppen. In jeder Gruppe ist jeweils mindestens eine Person aus den Gruppen A, B, C vertreten. Stellen Sie Ihre Ergebnisse aus a in der Gruppe vor. Vergleichen Sie die Arbeitsformen. Wie und wo würden Sie gern arbeiten? Warum? Tauschen Sie sich in der Gruppe aus.

> *Ich möchte gerne freiberuflich arbeiten, weil ich mir meine Zeit selbst einteilen möchte.*

 c Was ist Mathilde Ramadier von Beruf? Wo hat sie früher gearbeitet? Wie hat ihr ihre frühere Arbeit gefallen? Sehen Sie das Video und machen Sie Notizen.

 d Wie hat Mathilde Ramadier die Arbeit im Start-up erlebt? *Kolleginnen/Kollegen: vor allem Männer*
Sehen Sie das Video noch einmal und machen Sie Notizen zu den Stichwörtern in a.

e Welche Informationen aus dem Video haben Sie überrascht? Vergleichen Sie mit Ihren Ideen aus a und tauschen Sie sich aus.

> *Mich wundert, dass Frau Ramadier in Start-ups so starke Hierarchien erlebt hat. Das hätte ich mir ganz anders vorgestellt.*

2 Hätte ich dich doch früher gefragt!

a Was ist das Thema des Gesprächs? Lesen Sie den Chat und sprechen Sie im Kurs.

> **lukas99:** Hey, Ava! Wie du weißt, stehe ich kurz vor meinem IT-Master und ich habe echt keine Lust, danach in irgendeiner Firma anzufangen. Ich würde viel lieber mein eigenes Start-up gründen. Du hast da doch Erfahrungen. Was muss ich machen?

> **Ava:** Hey, Lukas! Ja, ich habe vor ein paar Jahren mein eigenes Start-up gegründet und es läuft ganz gut. Ich nehme an, du hast schon eine geniale Produktidee, oder?

> **lukas99:** Ja, die Produktidee gibt es schon, es ist eine Service-App. Aber ich werde Geld brauchen, um sie zu entwickeln ... Wo bekomme ich das her?

> **Ava:** Ich habe damals mit Crowdfunding Geld gesammelt, aber du musst die Spender*innen natürlich erst mal von deiner Idee überzeugen. Ich hatte es damals viel zu eilig und einige Investor*innen sind wieder abgesprungen, weil mein Geschäftsplan noch nicht fertig war. Wenn ich mir am Anfang bloß mehr Zeit gelassen hätte! Ich würde dir unbedingt raten, zuerst mal eine gute Produktpräsentation und einen realistischen Geschäftsplan zu entwickeln.

9

> **lukas99:** Also, die Präsentation ist so gut wie fertig und am Finanzierungsplan arbeite ich gerade. Aber da kann man sich doch sicher auch beraten lassen. Kennst du eine gute Gründungsberatung?
>
> **Ava:** Es gibt ganz verschiedene. Frag doch mal an deiner Uni. Es gibt nämlich an einigen Unis Programme für Start-up-Gründer*innen, sogenannte Incubator-Programme. Dort bekommt man Unterstützung durch Beratungen, durch Co-Working-Spaces und auch bei der Suche nach finanziellen Mitteln.
>
> **lukas99:** Und gibt es noch Alternativen?
>
> **Ava:** Klar! Es gibt auch viele Webseiten, wo man sich informieren kann. Ich habe damals eine Beratungsfirma kontaktiert. Die erste Beratung war sogar kostenlos. Ich schick dir mal den Link.
>
> **lukas99:** Okay, vielen Dank, du hast mir echt geholfen. Wäre ich doch nur ein bisschen früher auf die Idee gekommen, dich zu fragen! 😉

b Was muss man tun, wenn man ein Start-up gründen will? Lesen Sie noch einmal und notieren Sie.

– *eine Produktidee entwickeln*

c Wie drücken Ava und Lukas ihr Bedauern aus? Suchen Sie die Sätze im Chat und ergänzen Sie.

> **Irreale Wünsche (Vergangenheit)**
>
> _____ ich mir am Anfang bloß mehr Zeit _____ _____ !
>
> (Schade, dass ich mir am Anfang nicht mehr Zeit gelassen habe.)
>
> _____ ich doch nur ein bisschen früher auf die Idee _____ !
>
> (Schade, dass ich nicht ein bisschen früher auf die Idee gekommen bin.)
>
> *Irreale Wunschsätze in der Vergangenheit drücken ein Bedauern aus. Sie werden mit dem Konjunktiv II der Vergangenheit (hätte / wäre + Partizip II) gebildet.*
>
> ▶ Grammatik B 2.5

d Was hätten Sie lieber anders gemacht? Schreiben Sie irreale Wünsche in der Vergangenheit. Beginnen Sie mit dem Verb.

1 Sie haben einen langweiligen Job.
2 Ihr Studium gefällt Ihnen nicht.
3 Ihre Präsentation ist noch nicht fertig.
4 Sie haben noch keinen Beratungstermin.

> *1 Hätte ich doch nur einen anderen Beruf gewählt!*

e Sprachschatten. Sprechen Sie zu zweit wie im Beispiel. Benutzen Sie Ihre Sätze aus d.

> Hätte ich doch nur einen anderen Beruf gewählt!

> Wenn ich doch nur einen anderen Beruf gewählt hätte!

3 Die Gründungsberatung

a Was ist richtig? Hören Sie das Telefongespräch und kreuzen Sie an. (2.07)

1 ◯ Herr Melchior führt Gründungsberatungen durch.
2 ◯ Lukas lässt sich mit der zuständigen Kollegin verbinden.
3 ◯ Frau Singh ist nicht im Büro.
4 ◯ Lukas möchte zurückgerufen werden.

Das perfekte Leben führen

2.07 **b** Wie wird es gesagt? Lesen Sie die Redemittel, hören Sie noch einmal und unterstreichen Sie.

> **telefonische Auskünfte verstehen**
> Dafür ist … zuständig. / Bleiben Sie bitte dran / in der Leitung / am Apparat.
> Ich verbinde Sie / stelle Sie durch.
> … ist im Moment leider nicht am Platz / außer Haus. / Die Leitung ist gerade besetzt.
> Soll ich Ihnen die Durchwahl geben? / Möchten Sie sie/ihn zurückrufen?
> ▶ Redemittel S. 121

2.08 **c** Welche Informationen bekommt Lukas? Lesen Sie zuerst seine Notizen. Hören Sie dann das Telefongespräch und korrigieren Sie die falschen Informationen.

> Telefonat mit Fr. Singh → Infos zu Beratung für Existenzgründer
>   kostenlos
> — Erstberatung: ~~50 €~~ → Geschäftsidee Erfolg versprechend? Finanzierungsplan o.k.?
> — Lohnt sich die Gründung? → 2. Termin (= eigentliche Gründungsberatung)
>   konkreter Projektplan + nächste Schritte (z.B. Werbung)
> — Kosten? → wenn arbeitssuchend: Vermittlungsgutschein bei der Agentur für Arbeit beantragen
>   → <u>mit</u> Gutschein: Gründungsberatung kostenlos bis zu 20 Stunden
>   → <u>ohne</u> Gutschein: andere Stellen übernehmen die Kosten für die Beratung
> — Unterlagen mitbringen: Produkt-Portfolio, Lebenslauf, Finanzierungsplan

d Welche Funktion haben die Redemittel? Ordnen Sie zu. Kennen Sie weitere Redemittel für ein formelles Telefonat? Notieren Sie und vergleichen Sie mit den Redemitteln auf Seite 121.

1 sich vergewissern   2 das Gespräch einleiten   3 zusammenfassen   4 Fragen stellen

> **ein formelles Telefonat führen**
> ☐ Es geht um Folgendes: … / Ich hätte gerne Informationen zu … / Der Grund meines Anrufs ist …
> ☐ Ich würde gerne wissen, …/ Könnten Sie mir sagen, … / Mich würde interessieren, …
> ☐ Ich bin mir nicht ganz sicher, ob … / Könnten Sie das bitte wiederholen?
> ☐ Also, dann verbleiben wir so: … / Also, ich habe mir jetzt notiert: …
> ▶ Redemittel S. 121

2.09 **e** Phonetik: am Telefon flüssig sprechen. Hören Sie und markieren Sie den Hauptakzent in d.
2.10 **f** Hören Sie noch einmal und sprechen Sie nach. Versuchen Sie, möglichst flüssig zu sprechen. Betonen Sie beim Sprechen den Hauptakzent.

4 Strategietraining: ein formelles Telefonat führen

a Haben Sie schon einmal ein formelles Telefongespräch auf Deutsch geführt? Wie war das? Wie haben Sie sich vorbereitet? Sprechen Sie im Kurs.

b Worauf sollte man bei einem formellen Telefonat achten? Sehen Sie das Video und notieren Sie Tipps. Welche Tipps finden Sie besonders nützlich? Tauschen Sie sich aus.

c Arbeiten Sie zu zweit. Wählen Sie jeweils eine Rolle (A oder B). Lesen Sie die passenden Informationen in der App und machen Sie Notizen für das Telefongespräch. Führen Sie dann das Telefonat zu zweit. Benutzen Sie die Redemittel auf Seite 121.

> **A** Sie rufen im Gründungszentrum an und bitten Ihre Partnerin / Ihren Partner um Informationen.
>
> **B** Sie arbeiten beim Gründungszentrum und beraten Ihre Partnerin / Ihren Partner.

d Arbeiten Sie mit einer neuen Partnerin / einem neuen Partner. Lesen Sie jetzt die Informationen zur jeweils anderen Rolle und führen Sie das Telefonat noch einmal.

Leben, um zu arbeiten, oder arbeiten, um zu leben?

1 Arbeitsmoral. Was verbinden Sie mit dem Begriff *Arbeitsmoral*? Sprechen Sie im Kurs. Die Wörter im Schüttelkasten helfen.

motiviert und diszipliniert arbeiten – sich um eine gute Arbeitsleistung bemühen – nur das Nötigste tun – fleißig sein – Überstunden machen – pünktlich kommen – pünktlich Feierabend machen – sich beruflich weiterentwickeln wollen – sich für den Arbeitgeber engagieren – immer sein Bestes geben

> *Mit dem Begriff „Arbeitsmoral" verbinde ich, dass man bei der Arbeit immer sein Bestes gibt.*

2 Anekdote zur Senkung der Arbeitsmoral

a Wer spricht mit wem, wo und worüber? Lesen Sie den ersten Teil der Kurzgeschichte und tauschen Sie sich aus.

Heinrich Böll: Anekdote zur Senkung der Arbeitsmoral (1963)

In einem Hafen an einer westlichen Küste Europas liegt ein ärmlich gekleideter Mann in seinem Fischerboot und döst[1]. Ein schick angezogener Tourist legt eben einen neuen Farbfilm in seinen Fotoapparat, um das idyllische Bild zu fotografieren: blauer Himmel, grüne See mit friedlichen schneeweißen Wellenkämmen, schwarzes Boot, rote Fischermütze. Klick. Noch einmal: klick, und da aller guten Dinge drei sind, und sicher sicher ist, ein drittes Mal: klick. Das Geräusch […] weckt den dösenden Fischer, der sich schläfrig aufrichtet, schläfrig nach seiner Zigarettenschachtel angelt[2], aber bevor er das Gesuchte gefunden [hat], hat ihm der eifrige Tourist schon eine Schachtel vor die Nase gehalten, ihm die Zigarette […] in die Hand gelegt, und – ein viertes Klick, das des Feuerzeuges –, angezündet. Es ist eine gereizte Verlegenheit[3] entstanden, die der Tourist – der Landessprache mächtig[4] – durch ein Gespräch zu überbrücken versucht.

„Sie werden heute einen guten Fang machen."
Kopfschütteln des Fischers.
„Aber man hat mir gesagt, dass das Wetter günstig ist."
Kopfnicken des Fischers.
„Sie werden also nicht ausfahren?"
Kopfschütteln des Fischers, steigende Nervosität des Touristen. […]
„Oh, Sie fühlen sich nicht wohl?"

[1] *dösen:* leicht, nicht tief schlafen; [2] *nach etwas angeln:* etwas nehmen/greifen; [3] *die Verlegenheit:* durch Verwirrung verursachte Unsicherheit, durch die man nicht weiß, wie man sich verhalten soll; [4] *einer Sprache mächtig sein:* eine Sprache sprechen können

b Wie fühlt sich der Fischer? Wie fühlt sich der Tourist? Lesen Sie noch einmal in a und unterstreichen Sie die Textstellen. Was glauben Sie: Warum fühlen sie sich so? Tauschen Sie sich aus.

c Was glauben Sie? Was könnte der Fischer auf die Frage am Ende antworten? Sammeln Sie Ideen.

> *Der Fischer sieht eigentlich ganz zufrieden aus. Vielleicht sagt er …*

d Welche Möglichkeiten hätte der Fischer nach Meinung des Touristen? Welche Folgen hätte das? Lesen Sie weiter, unterstreichen Sie im Text und sprechen Sie im Kurs.

Das perfekte Leben führen

Endlich geht der Fischer von der Zeichensprache zum […] gesprochenen Wort über. „Ich fühle mich großartig", sagt er. „Ich habe mich nie besser gefühlt." Er steht auf, reckt sich[5], als wollte er demonstrieren, wie athletisch er gebaut ist. „Ich fühle mich phantastisch."

Der Gesichtsausdruck des Touristen wird immer unglücklicher, er kann die Frage nicht mehr unterdrücken […]: „Aber warum fahren Sie dann nicht aus?" Die Antwort kommt prompt und knapp. „Weil ich heute morgen schon ausgefahren bin."

„War der Fang gut?"

„Er war so gut, dass ich nicht noch einmal auszufahren brauche, ich habe vier Hummer[6] in meinen Körben gehabt, fast zwei Dutzend[7] Makrelen[8] gefangen …"

Der Fischer, endlich erwacht […], klopft dem Touristen beruhigend auf die Schultern. […] „Ich habe sogar für morgen und übermorgen genug", sagt er […]. „Rauchen Sie eine von meinen?"

„Ja, danke."

Zigaretten werden in Münder gesteckt, ein fünftes Klick, der Fremde setzt sich kopfschüttelnd auf den Bootsrand und legt die Kamera aus der Hand […]. „Ich will mich ja nicht in Ihre persönlichen Angelegenheiten mischen", sagt er, „aber stellen Sie sich mal vor, Sie würden heute ein zweites, ein drittes, vielleicht sogar ein viertes Mal ausfahren, und Sie würden drei, vier, fünf, vielleicht gar zehn Dutzend Makrelen fangen … stellen Sie sich das mal vor."

Der Fischer nickt.

„Sie würden", fährt der Tourist fort, „nicht nur heute, sondern morgen, übermorgen, ja, an jedem günstigen Tag zwei-, dreimal, vielleicht viermal ausfahren – wissen Sie, was geschehen würde?"

Der Fischer schüttelt den Kopf.

„Sie würden sich spätestens in einem Jahr einen Motor kaufen können, in zwei Jahren ein zweites Boot, in drei oder vier Jahren könnten Sie vielleicht einen kleinen Kutter[9] haben, mit zwei Booten oder dem Kutter würden Sie natürlich viel mehr fangen – eines Tages würden Sie zwei Kutter haben, Sie würden …", die Begeisterung verschlägt ihm für ein paar Augenblicke die Stimme[10], „Sie würden ein kleines Kühlhaus bauen, vielleicht eine Räucherei, später eine Fischfabrik […], Sie könnten ein Fischrestaurant eröffnen, den Hummer ohne Zwischenhändler direkt nach Paris exportieren – und dann …", wieder verschlägt die Begeisterung dem Fremden die Sprache[10]. Kopfschüttelnd, im tiefsten Herzen betrübt, blickt er auf die friedlich hereinrollende Flut, in der die ungefangenen Fische munter springen. „Und dann", sagt er, aber wieder verschlägt ihm die Erregung die Sprache. Der Fischer klopft ihm auf den Rücken, wie einem Kind, das sich verschluckt hat. „Was dann?", fragt er leise.

„Dann", sagt der Fremde mit stiller Begeisterung, „dann könnten Sie beruhigt hier im Hafen sitzen, in der Sonne dösen – und auf das herrliche Meer blicken."

„Aber das tue ich ja schon jetzt", sagt der Fischer, „ich sitze beruhigt am Hafen und döse, nur Ihr Klicken hat mich dabei gestört."

Der Tourist zog nachdenklich davon[11], denn früher hatte er auch einmal geglaubt, dass er arbeite, um eines Tages einmal nicht mehr arbeiten zu müssen, und es blieb keine Spur von Mitleid[12] mit dem ärmlich gekleideten Fischer in ihm zurück, nur ein wenig Neid.

---

[5] *sich recken:* den Körper strecken und dehnen; [6] *der Hummer:* großer Krebs, der als Delikatesse gilt; [7] *das Dutzend:* zwölf Stück; hier: eine große Anzahl; [8] *die Makrele:* ein großer, im Meer lebender Fisch; [9] *der Kutter:* ein größeres Fischerboot; [10] *es verschlägt einem die Stimme / die Sprache:* nicht reden können; [11] *davonziehen:* weggehen; [12] *(mit jemandem) Mitleid (haben):* mitfühlen, wenn es jemandem schlecht geht

---

Wenn der Fischer mehrmals am Tag ausfahren würde, könnte er mehr Fische fangen.

Würde er mehr Fische fangen, …

e Welche Vision hat der Tourist am Ende? Wie reagiert der Fischer darauf und wie fühlt sich schließlich der Tourist? Lesen Sie noch einmal ab Zeile 94 und fassen Sie zusammen.

f Welche Arbeitsmoral vertritt der Fischer? Welche der Tourist? Fassen Sie in eigenen Worten zusammen. Brauchen Sie Hilfe oder sind Sie schon fertig? Dann arbeiten Sie mit der App.

g Mit wem können Sie sich eher identifizieren? Warum? Welchen Stellenwert haben Arbeit und wirtschaftlicher Erfolg in Ihrer Heimat? Sprechen Sie im Kurs.

9

- eine Radiosendung über einen Firmencampus verstehen; über die Vor- und Nachteile eines Firmencampus sprechen; einen Kommentar schreiben

Leben und arbeiten auf dem Firmencampus

1 Ein neuer Firmencampus

a Was ist ein Firmencampus? Lesen Sie die Zeitungsnachricht und erklären Sie mit eigenen Worten.

Frankfurt. Der Online-Mode-Händler Zephyr hat seinen neuen Firmensitz eröffnet – einen gigantischen Campus für mehr als 5000 Mitarbeiterinnen und Mitarbeiter, eine Stadt in der Stadt. Auf dem 42.000 m² großen Gelände befinden sich nicht nur Büroräume, sondern auch Wohnungen für die Angestellten, Aufenthaltsräume, Fitness-Studios und sogar eine Kita. Leben und Arbeit sollen enger verbunden sein, so heißt es aus der Unternehmensleitung. Vor zehn Jahren noch ein kleines Start-up, ist Zephyr inzwischen einer der größten Arbeitgeber der Region. ...

b Was glauben Sie: Welche Vor- und Nachteile könnte ein Firmencampus haben? Sammeln Sie Ideen.

2 Ein Arbeitsplatz zum Wohlfühlen?

a Wer sind die Personen? Welche Haltung haben sie gegenüber dem Firmencampus (positiv, negativ, neutral)? Hören Sie die Radiosendung und notieren Sie.

   a Frederik Koppitz: *Moderator (neutral)*   c Peter Tuchmann: _____

   b Xu-Feng Liu: _____   d Ariane Hellwig: _____

b Was ist richtig? Hören Sie noch einmal und kreuzen Sie an.

1 Frau Liu gefiel am Leben auf dem Firmencampus besonders, dass …
   a ○ man auch am Privatleben der Kollegen teilhaben konnte.
   b ○ man Menschen aus der ganzen Welt kennenlernen kann.
   c ○ sie sich mit zwei Kollegen eine Wohnung geteilt hat.

2 Nach Frau Lius Meinung arbeiten manche Mitarbeiter nur wenige Jahre im Unternehmen, weil …
   a ○ die Bezahlung zu schlecht ist.
   b ○ junge Menschen sich öfter neu orientieren wollen.
   c ○ sie mit der Arbeitsatmosphäre unzufrieden sind.

3 Herr Tuchmann findet es problematisch, wenn …
   a ○ der Arbeitgeber zu viel über das Privatleben der Angestellten weiß.
   b ○ die Angestellten auf dem Campus Alkohol trinken oder Drogen nehmen.
   c ○ junge Menschen zu niedrigen Gehältern arbeiten.

4 Er kritisiert, dass …
   a ○ zu selten flexible Arbeitszeiten angeboten werden.
   b ○ sich manche Mitarbeiter zu wenig mit der Firma identifizieren.
   c ○ viele Menschen auch in ihrer Freizeit für die Firma arbeiten.

5 Frau Hellwig ist empört darüber, dass …
   a ○ der Campus keine Grünflächen und Kinderspielplätze hat.
   b ○ die Wohnungen auf dem Campus so teuer sind.
   c ○ sich durch den Campus die Mieten in der Nachbarschaft erhöht haben.

c Herr Tuchmann warnt vor dem *gläsernen Mitarbeiter*. Was meint er damit? Welche Gefahren sieht er? Teilen Sie seine Meinung? Hören Sie noch einmal. Machen Sie Notizen und diskutieren Sie im Kurs.

d Und Sie? Könnten Sie sich ein Leben auf einem Firmencampus vorstellen? Warum (nicht)? Schreiben Sie einen kurzen Kommentar an den Radiosender. Nehmen Sie auch zu den Argumenten der Gesprächsteilnehmerinnen und Gesprächsteilnehmer Stellung. Die Redemittel auf Seite 109 helfen.

118   Das perfekte Leben führen

■ sich über Trends informieren; eine Präsentation über einen Trend halten

Raus aus dem Hamsterrad

1 Neue Trends. Was glauben Sie: Was bedeutet die Redewendung „Raus aus dem Hamsterrad"? Welche Trends verbinden Sie damit? Sammeln Sie Ideen.

2 Zurück zur Einfachheit

a Worum könnte es bei diesen Trends gehen? Was könnten alle drei Trends gemeinsam haben? Sehen Sie sich die Fotos an und lesen Sie die Überschriften. Sammeln Sie Ideen im Kurs.

Der Slow-Trend

Immer schneller, höher, weiter? Nein, sagen die Anhänger des *Slow-Trends*, Wachstum macht nicht glücklich, sondern erhöht nur den Stress. Der *Slow-Trend*, der in den 80er Jahren angefangen hat, setzt auf Qualität statt Quantität. Alles begann mit *Slow Food*: regionale und saisonale Nahrungsmittel, die traditionell und umweltschonend hergestellt werden. Inzwischen hat der Trend aber weitere Lebensbereiche erreicht: Die *Slow-Retail-Bewegung* will den Handel insgesamt regionaler, fairer und transparenter machen – besser kleine Geschäfte als riesige, unpersönliche Einkaufszentren, ist ihr Motto. Und die *Slow-City-Bewegung* versucht, das Leben in den Städten mit lokalen Initiativen nachbarschaftlicher und nachhaltiger zu gestalten. Egal in welchem Bereich, immer geht es um Achtsamkeit und Entschleunigung.

Minimalismus

Haben Sie schon mal darüber nachgedacht, wie viele Dinge man tatsächlich zum Leben braucht? Wie viele T-Shirts, Gabeln, Tassen sind nötig? Und wenn man sich von all den Mänteln und Hosen getrennt hat, die man doch nicht mehr trägt, braucht man dann überhaupt noch einen Kleiderschrank? Anhänger des Minimalismus, eines Trends, der in den letzten zehn Jahren vor allem in den „westlichen" Ländern entstanden ist, würden vermutlich mit Nein antworten. Minimalisten versuchen, dem Konsum-Wahn entgegenzuwirken, indem sie sich von allem trennen, was sie nicht wirklich brauchen, und ihren Konsum radikal einschränken. Besitz macht – so sagen sie – nicht glücklich, sondern unfrei. Wenn man nichts besitzt, muss man sich auch nicht darum kümmern. Der Lohn: mehr Zeit, mehr Platz und auch mehr Geld.

Die Karriereverweigerer

Wer hart arbeitet, wird irgendwann belohnt: mit einer guten Stelle, Geld und gesellschaftlichem Ansehen. Vor allem junge Menschen zweifeln an diesem Karriereversprechen der kapitalistischen Leistungsgesellschaft. Schule, Studium, Praktikum, Arbeitsplatz, Beförderung, Karriere – aber wozu? Um Geld anzuhäufen? Teure Autos zu fahren? Und dann? Burnout oder Herzinfarkt? Die Karriereverweigerer, vor allem jüngere, gut ausgebildete Menschen, wollen ihr Leben nicht mehr über die Arbeit definieren und fragen sich stattdessen: Was gewinne ich, wenn ich einfach weniger arbeite? Mehr Freizeit, mehr Zeit für zwischenmenschliche Beziehungen und ein selbstbestimmtes Leben. Und tatsächlich scheint auch die Wirtschaft diesen Wertewandel zu erkennen. Immer mehr Firmen bieten Sabbaticals, flexible Arbeitszeiten oder Teilzeit-Arbeitsmodelle an, denn sie haben erkannt: Nur ein glücklicher Arbeitnehmer ist ein guter Arbeitnehmer.

b Lesen Sie die Kurzbeschreibungen und überprüfen Sie Ihre Ideen aus a.
c Wann? Woher? Wer? Was? Warum? Wählen Sie einen Trend aus a, recherchieren Sie weitere Informationen im Internet und machen Sie Notizen.
d Bilden Sie 3er-Gruppen, in denen zu jedem Trend aus a eine Person vertreten ist. Halten Sie nacheinander eine kurze Präsentation mithilfe Ihrer Notizen und stellen Sie Ihren Trend vor. Die Redemittel auf Seite 121 helfen.
e Glauben Sie daran, dass diese Trends erfolgreich sein werden? Diskutieren Sie in der Gruppe.

Werbung für sich selbst

1 Die perfekte Kandidatin / Der perfekte Kandidat

a Was für Texte sind das? An wen richten sie sich? Lesen Sie und sprechen Sie im Kurs.

> Innenarchitektin mit langjähriger Berufserfahrung bietet gestalterische Beratung zu allen Fragen rund ums Bauen und Wohnen.
> +49 40 32519967

> WG gesucht: Student, 20, sucht Zimmer in einer netten WG. Freue mich über eure Zuschriften.

b Worin unterscheiden sich diese Texte von den Texten in a? Welche finden Sie interessanter? Welche überzeugen Sie mehr? Warum? Lesen Sie und sprechen Sie zu zweit.

Endlich Freude am Wohnen!

Wirkt Ihre Wohnung kleiner, ungemütlicher und dunkler, als sie wirklich ist? Ja? – Keine Sorge, denn ich verwandle Ihr Heim in eine Wohlfühl-Oase! Als erfahrene und vielseitige Innenarchitektin weiß ich, wie man mit Licht, Farben und Formen einen Raum zum Erlebnis für alle Sinne macht. Ob Arbeits- oder Wohnräume – in meinen Gestaltungsentwürfen gelangen Funktion und Ästhetik zu einer überzeugenden Symbiose. Setzen Sie der Ungemütlichkeit ein Ende und lassen Sie uns gemeinsam Ihr Heim neu erfinden!

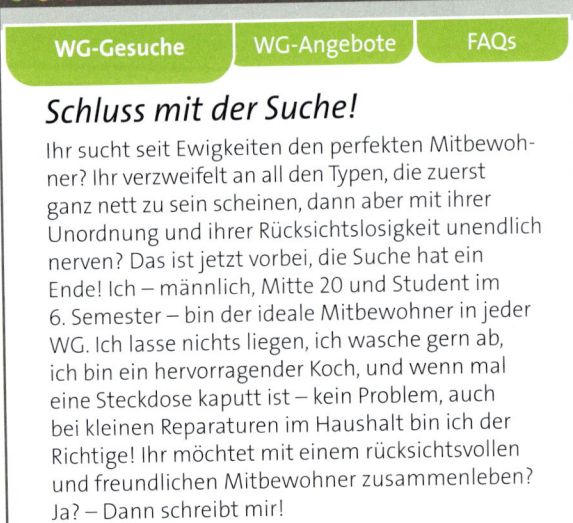

Schluss mit der Suche!

Ihr sucht seit Ewigkeiten den perfekten Mitbewohner? Ihr verzweifelt an all den Typen, die zuerst ganz nett zu sein scheinen, dann aber mit ihrer Unordnung und ihrer Rücksichtslosigkeit unendlich nerven? Das ist jetzt vorbei, die Suche hat ein Ende! Ich – männlich, Mitte 20 und Student im 6. Semester – bin der ideale Mitbewohner in jeder WG. Ich lasse nichts liegen, ich wasche gern ab, ich bin ein hervorragender Koch, und wenn mal eine Steckdose kaputt ist – kein Problem, auch bei kleinen Reparaturen im Haushalt bin ich der Richtige! Ihr möchtet mit einem rücksichtsvollen und freundlichen Mitbewohner zusammenleben? Ja? – Dann schreibt mir!

2 Strategietraining: für sich werben

a Wie wird die Wirkung in den Texten in 1b erzielt? Welche sprachlichen Mittel werden benutzt? Lesen Sie noch einmal und sammeln Sie Beispiele.

rhetorische Fragen stellen – das Problem benennen – eine Problemlösung anbieten – Emotionen hervorrufen – ausdrucksstarke Adjektive benutzen – Metaphern und Sprachbilder benutzen – Imperative benutzen

> *Durch rhetorische Fragen werden die Leser direkt angesprochen. Zum Beispiel in der ersten Anzeige …*

b Wählen Sie eine Anzeige und schreiben Sie sie um, sodass sie interessanter klingt. Benutzen Sie die sprachlichen Mittel aus a. Die Redemittel auf Seite 121 helfen.

A Musikstudentin, 22, bietet Gitarrenunterricht für Anfänger und Fortgeschrittene.

B Ich, Student, 23, bin neu in der Stadt und suche Leute für gemeinsame Aktivitäten.

C Zuverlässige Studentin, 19, Nichtraucherin, sucht Zimmer in freundlicher WG.

D Tandempartner/in gesucht. Biete: Russisch. Suche: Deutsch. LG Dimitri

c Hängen Sie Ihre Anzeigen im Kursraum auf und lesen Sie sie. Welche Anzeigen sind besonders gelungen? Warum? Geben Sie sich gegenseitig Feedback.

Auf einen Blick

einen Trend beschreiben
Seit … zeichnet sich ein neuer Trend ab. / Schon seit vielen Jahren hält dieser Trend an.
Dieser Trend kommt aus … und ist im Jahr … entstanden. / Dabei geht es um … / darum, dass …
Der Trend geht weg von … und hin zu … / Der Trend geht eindeutig in Richtung …
Sich selbst zu optimieren/perfektionieren liegt gerade / seit … sehr im Trend.
Die Anhängerinnen und Anhänger dieses Trends / dieser Bewegung meinen/finden, dass …
Der Trend bewirkt, dass … / führt dazu, dass … / Als Ergebnis dieses Trends …
Gegnerinnen und Gegner des Trends kritisieren/befürchten, dass …
Kritikerinnen und Kritiker warnen vor … / weisen darauf hin, dass …

einen Trend bewerten
Ich finde diesen Trend sehr interessant / ziemlich extrem / total gefährlich.
Ich kann mir selbst auch / gar nicht vorstellen, … zu …
Ich kann mit diesem Trend / damit wenig anfangen.
Ich finde es komisch / nicht nachvollziehbar / unverständlich, dass/wenn …
Ich glaube nicht/schon, dass sich dieser Trend durchsetzen wird, weil …

telefonische Auskünfte verstehen
Dafür ist … zuständig. / Bleiben Sie bitte dran / am Apparat / in der Leitung.
Ich verbinde Sie mit Frau/Herrn … / Ich stelle Sie zu Frau/Herrn … durch.
… ist im Moment leider nicht am Platz / außer Haus. / Die Leitung ist gerade besetzt.
Möchten Sie eine Nachricht hinterlassen? / Kann ich ihr/ihm etwas ausrichten?
Soll ich Ihnen die Durchwahl von … geben? / Möchten Sie sie/ihn zurückrufen?

ein formelles Telefonat führen

das Gespräch einleiten
Der Grund meines Anrufs ist … / Ich rufe Sie an, weil … / Es geht um Folgendes: …
Ich hätte gern Informationen zu / Auskünfte über … / Ich wollte mich danach erkundigen, ob …

Fragen stellen
Ich würde gern wissen / ich wüsste gerne / Mich würde interessieren, ob/wie/warum …
Wie ist das denn, wenn …? / Ich wollte noch fragen, ob … / Könnten Sie mir (noch) sagen, ob …

sich vergewissern / nachfragen
Entschuldigung, das habe ich nicht ganz verstanden. Könnten Sie das bitte wiederholen?
Ich bin mir nicht ganz sicher, ob ich Sie richtig verstanden habe. Sie meinen also, …

die Ergebnisse zusammenfassen
Ich fasse das zur Sicherheit noch einmal zusammen: … / Ich wiederhole noch einmal: …
Also, ich habe mir jetzt notiert: … / Wir können also festhalten, dass …
Also, dann machen wir das so: … / Gut, verbleiben wir also so: …

für sich werben und Interesse wecken
Wenn Sie/du schon immer mal …, dann bin ich die/der Richtige!
Sie suchen / Ihr sucht … ? / Ihr wolltet schon immer mal … – Dann schreiben Sie / schreibt mir!
Mit mir haben Sie / habt ihr die perfekte / den perfekten … gefunden.
Keine Lust auf … ? / Immer Ärger mit … ? – Kein Problem / Keine Sorge, denn ich …
Als erfahrene Architektin / motivierter Student / leidenschaftlicher Blogger / … weiß ich, wie wichtig es ist, … / habe ich die Lösung für … / weiß ich genau, wie man …
Also, lasst uns … / Genug gezögert – es ist Zeit für … / dafür, dass …

10 Die Welt verstehen

Webcode: zegiya

Wie wir die Welt sehen

1 Der Gapminder-Test

a Was glauben Sie: Welche Antwort ist richtig? Lesen Sie die Quizfrage und äußern Sie Vermutungen im Kurs. Vergleichen Sie danach mit der Lösung unten. Wie viele Personen wussten die richtige Antwort?

> In den letzten 20 Jahren hat sich der Anteil der in extremer Armut lebenden Weltbevölkerung …
> a ☐ nahezu verdoppelt.
> b ☐ nicht oder nur unwesentlich verändert.
> c ☐ nahezu halbiert.

b Arbeiten Sie zu viert mit der App. Jede Person hat andere Quizfragen. Lesen Sie nacheinander Ihre Fragen vor, die anderen notieren ihre Antworten. Vergleichen Sie dann mit den Antworten in der App.

c Wie viele Fragen haben Sie richtig beantwortet? Was hat Sie überrascht? Vergleichen Sie Ihre Ergebnisse im Kurs und berichten Sie. Die Redemittel auf Seite 133 helfen.

d Was ist der Gapminder-Test? Von wem und wozu wurde er entwickelt? Lesen und berichten Sie.

Fakten, um die Welt wirklich zu verstehen

In dem 2018 veröffentlichten Buch „Factfulness: Wie wir lernen, die Welt so zu sehen, wie sie wirklich ist" zeigt der Autor Hans Rosling, dass es besser um die Welt steht, als viele glauben. Bis zu seinem Tod 2017 hat der schwedische Medizin- und Statistikprofessor daran gearbeitet, den Menschen zu einem positiveren und realistischeren Weltbild zu
5 verhelfen. Dafür entwickelte er mit seinem Team den Gapminder-Test. Mit dem Wissenstest, der aus 13 Fragen zum gesundheitlichen und gesellschaftlichen Fortschritt in der Welt besteht, wollte er beweisen, dass unsere Wahrnehmung von der Welt zu pessimistisch ist.

Hans Rosling

e Richtig (r), falsch (f) oder steht nicht im Text (x)? Lesen Sie weiter und kreuzen Sie an.

Im Jahr 2017 ließ Roslings Team im Rahmen einer Studie 12.000 Menschen aus 14 reichen Ländern, darunter
10 Schweden, die USA und Südkorea, die Fragen des Gapminder-Tests beantworten. Keine einzige Person kannte die Antworten auf alle 13 Fragen. Nur ein einziger Studienteilnehmer aus Schweden hatte immerhin zwölf korrekte Antworten. Im Durchschnitt wurden nur zwei Fragen richtig beantwortet. Und jede sechste Person beantwortete sogar alle Fragen falsch.

In seinen Vorträgen nannte Rosling den Test „Schimpansen-Test" und verglich das Wissen der Menschen mit
15 dem Wissen von Affen. „Wenn ich die drei Antwortmöglichkeiten auf drei Bananen schreiben würde und die Bananen dann Affen im Zoo zur Auswahl anbieten würde, dann würden sie nach dem Zufallsprinzip zugreifen", so Rosling. Die Wahrscheinlichkeit, dass die Affen die richtige Antwort wählen, würde also bei 33 Prozent liegen. Die Erfolgsquote der Menschen war mit durchschnittlich 15 Prozent nicht einmal halb so groß. Rosling führte den Test auch mit Menschen durch, die wegen ihrer Berufe eigentlich genaue Kenntnisse über die Welt besitzen
20 müssten, wie Politiker*innen und Wissenschaftler*innen, darunter Nobelpreisträger*innen. Doch auch gegen diese Expert*innen hätten die Schimpansen gewonnen.

Dank dieser Ergebnisse bestätigte sich Roslings Vermutung, dass viele Menschen die globalen Entwicklungen oft zu negativ einschätzen. Unser verzerrtes Weltbild ist nach Rosling zum einen eine Folge der vielen negativen Berichte in den Medien. Da Nachrichten über Armut, Kriege oder Umweltkatastrophen mehr Aufmerksamkeit
25 geschenkt wird als positiven Meldungen, findet man in den Medien auch mehr negative als positive Nachrichten. Über Fortschritte und Verbesserungen wird dagegen viel seltener berichtet. Zum anderen – so Rosling – scheinen die Menschen in den Ländern des globalen Nordens aus Arroganz oder Bequemlichkeit die positiven Entwicklungen in ärmeren Ländern zu ignorieren oder zumindest zu unterschätzen. In vielen Köpfen herrscht noch immer ein Bild von unterentwickelten, verarmten Ländern in bestimmten Regionen der Welt.

30 Manche Kritiker warfen Rosling vor, dass er das Leid und die Not vieler Menschen verharmlosen würde. Doch der Wissenschaftler sah seine Aufgabe darin, die Menschen zu warnen: Aufgrund einer zu negativen Wahrnehmung der Welt könnte man nämlich meinen, dass es sich nicht lohnen würde, für Verbesserungen zu kämpfen. Wer überall nur noch Probleme sieht, weiß vor Stress und Überforderung gar nicht mehr, was er machen könnte. Seinen Kritikern entgegnete Rosling stets: „Ich sage keineswegs, alles ist gut. Ich sage bloß: Vieles wird besser.
35 Aber ihr seht es nicht."

*Antwort c

		r	f	x
1	Die Gapminder-Studie wurde weltweit durchgeführt.	○	○	○
2	Die Studienteilnehmer aus Schweden hatten im Durchschnitt mehr richtige Antworten.	○	○	○
3	Laut Rosling würden Affen in dem Test ähnliche Ergebnisse erzielen wie Menschen.	○	○	○
4	Die Expertinnen und Experten hatten mehr richtige Antworten als andere Menschen.	○	○	○
5	Negative Nachrichten werden mit mehr Interesse verfolgt.	○	○	○
6	Trotz aller Fortschritte leben viele Menschen weiterhin in Armut.	○	○	○
7	Laut Rosling kann ein negatives Weltbild zu Überforderung führen.	○	○	○

f Worum geht es in der Gapminder-Studie? Lesen Sie noch einmal den Artikel in d und e und notieren Sie die wichtigsten Informationen. Beschreiben Sie dann die Studie mithilfe der Redemittel auf Seite 133 in einem kurzen Text.

2 Dank der Fakten verstehen wir die Welt besser.

a Wo stehen diese Informationen im Artikel in 1e? Welche kausalen Präpositionen werden dort benutzt? Lesen Sie den Grammatikkasten und die Sätze 1 bis 5. Lesen Sie dann noch einmal den Artikel in 1e, markieren Sie die entsprechenden Sätze mit kausalen Präpositionen und ergänzen Sie die Zeilen.

Kausale Präpositionen *wegen*, *aufgrund*, *dank*, *aus*, *vor*

neutraler Grund:	wegen + *Genitiv* / aufgrund + *Genitiv*
Grund mit einer positiven Folge:	dank + *Genitiv*
„emotionaler Grund" für eine kontrollierte Handlung:	aus + *Dativ*
Nomen oft im Singular, immer ohne Artikel	(Sie schweigt aus Angst.)
„emotionaler Grund" für eine unkontrollierte Reaktion:	vor + *Dativ*
Nomen oft im Singular, fast immer ohne Artikel	(Er zittert vor Angst.)

▶ Grammatik A 3.4

---

1 Manche Leute wissen nicht, was sie tun könnten, weil sie überfordert sind. _Z. 32–33_
2 Weil man arrogant ist, will man Fortschritte manchmal nicht wahrhaben. _____
3 Politiker müssten bessere Ergebnisse haben, weil sie in ihrem Beruf viel wissen müssen. _____
4 Manche Menschen kämpfen nicht für Verbesserungen, weil sie zu pessimistisch sind. _____
5 Roslings Annahme bestätigte sich, weil auch Experten schlechtere Ergebnisse hatten als Affen. _____

b Neutraler Grund oder positive Folge? Schreiben Sie Sätze mit *aufgrund* oder *dank* wie im Beispiel.

1 sein großes Interesse → Rosling erforschte die Wahrnehmung der Welt.
2 die negative Berichterstattung → Wir bekommen einen falschen Eindruck.
3 Roslings Studie → Glücklicherweise kann man die Welt besser verstehen.
4 die vielen Möglichkeiten, sich zu engagieren → Man kann die Welt verändern.

> 1 *Aufgrund seines großen Interesses erforschte …*

c Kontrollierte Handlung oder unkontrollierte Reaktion? Bilden Sie zu zweit Sätze mit *aus* oder *vor*.

Langeweile: im Kino einschlafen – Angst: nicht mit dem Flugzeug fliegen – Interesse: den Zeitungsartikel lesen – Aufregung: nicht schlafen können – Hilfsbereitschaft: beim Umzug helfen – Ärger: am ganzen Körper zittern – Neugier: viele Fragen stellen – Scham: rot werden – Liebe: heiraten

> *Sie schläft vor Langeweile im Kino ein.*   *Aus Angst fliegt er …*

d Und wie ist Ihr Weltbild? Ist Ihre Sicht auf die Welt eher optimistisch oder eher pessimistisch? Was glauben Sie, wie sich die Welt in den nächsten Jahren entwickeln wird? Sprechen Sie im Kurs.

10 Die Perspektive wechseln

- einen Podcast über Empathie und Mitgefühl verstehen; Konsequenzen und Methoden beschreiben; beim Hören Notizen machen; ein psychologisches Experiment verstehen und beschreiben; über Empathie sprechen
- konsekutive Nebensätze mit *sodass* und *so ..., dass*; modale Nebensätze mit *indem* und *dadurch dass*

1 Empathie und Mitgefühl

a Was bedeutet Empathie für Sie? Erklären Sie und geben Sie Beispiele.

> *Empathisch zu sein, bedeutet für mich, dass ich mitfühle, wenn jemand traurig ist.*

b In welcher Reihenfolge wird über die Themen gesprochen? Hören Sie den Podcast und ordnen Sie die Themen.

- a ☐ psychologische Definition: Empathie
- b ☐ Empathie bei Kindern
- c ☐ Ursachen für Empathie
- d [1] Alltagsbegriff Empathie
- e ☐ psychologische Definition: Mitgefühl
- f ☐ Prozesse im Gehirn
- g ☐ Ähnlichkeit und Gruppenzugehörigkeit

c Was ist richtig? Hören Sie noch einmal und kreuzen Sie an. Korrigieren Sie dann die falschen Aussagen.

1. ☐ In der Alltagssprache bedeutet Empathie, sich in eine andere Person hineinzuversetzen und ihre Gedanken, Gefühle und Persönlichkeit wahrzunehmen.
2. ☐ In der Psychologie heißt Empathie, die Gefühle des Gegenübers nachzufühlen.
3. ☐ Mitgefühl bedeutet, dass man anderen helfen möchte, weil man dasselbe fühlt.
4. ☐ Bei Empathie wird das Belohnungssystem im Gehirn aktiviert, sodass man sich besser fühlt.
5. ☐ Die Spiegelneuronen spiegeln die Gefühle anderer Menschen, sodass man dasselbe empfindet.
6. ☐ Dieser Mechanismus funktioniert so gut, dass es sogar reicht, nur von einer Situation zu lesen.
7. ☐ Wie empathisch ein Mensch ist, wird in erster Linie durch die Gene bestimmt.
8. ☐ Kinder sind erst ab dem Alter von etwa drei Jahren in der Lage, Empathie zu empfinden.
9. ☐ Wie empathisch man gegenüber anderen Menschen ist, hängt davon ab, ob man sie für ihre eigene Situation verantwortlich macht.

d Welche Konsequenzen folgen daraus? Suchen Sie die Informationen in c und ergänzen Sie die Sätze.

> **Konsekutive Nebensätze mit *sodass* und *so ..., dass***
>
> **Hauptsatz: Ursache**   **Nebensatz: unbeabsichtigte Konsequenz**
>
> Das Belohnungssystem im Gehirn wird aktiviert, sodass _____ .
>
> Die Neuronen spiegeln die Gefühle anderer Menschen, sodass _____ .
>
> Das funktioniert so gut, dass _____ .
>
> In Sätzen mit *so + Adjektiv/Adverb, + dass* wird das Adjektiv/Adverb als Ursache hervorgehoben. Das *so* wird beim Sprechen betont.
>
> ▶ Grammatik B 2.2.7

e Schreiben Sie Sätze mit *sodass* wie im Beispiel.

1. Sie ist in Gruppen normalerweise ruhig. Deshalb wird sie als schüchtern wahrgenommen.
2. Er ist manchmal laut. Deshalb geht er seinen Kommilitonen manchmal auf die Nerven.
3. Er kümmert sich oft um andere. Deshalb vergisst er, auf seine eigenen Bedürfnisse zu achten.
4. Ich bin verliebt in meinen Partner. Deshalb wäre ich auch bereit, mit ihm umzuziehen.

> *1 Sie ist in Gruppen normalerweise ruhig, sodass sie als schüchtern wahrgenommen wird.*

Die Welt verstehen

f Sprechen Sie zu zweit. Lesen Sie abwechselnd Ihre Sätze aus d vor und reagieren Sie mit *so ..., dass* wie im Beispiel. Betonen Sie das *so*.

Sie ist in Gruppen normalerweise ruhig, sodass sie als schüchtern wahrgenommen wird.

Ja, sie ist in Gruppen normalerweise so ruhig, dass sie als schüchtern wahrgenommen wird.

2 Wie lernt man Empathie? – Indem man ...

a Was passt zusammen? Verbinden Sie. Ergänzen Sie dann die Sätze im Grammatikkasten.

1 Man kann einer traurigen Person helfen,
2 Indem sie die Mimik der Eltern nachahmen,
3 Dadurch dass man sieht, wie sich jemand wehtut,

a wird im Gehirn das Schmerzzentrum aktiviert.
b indem man sie in den Arm nimmt und tröstet.
c lernen Babys, Gefühle zu verstehen.

Modale Nebensätze mit *indem* und *dadurch dass*

Man kann einer traurigen Person helfen, _____ man sie in den Arm nimmt und tröstet.
_____ sie die Mimik der Eltern nachahmen, lernen Babys, Gefühle zu verstehen.
_____ man sieht, wie jemand sich wehtut, wird das Schmerzzentrum aktiviert.

Modale Nebensätze mit indem *und* dadurch dass *antworten auf die Frage* wie/wodurch *und beschreiben ein Mittel bzw. eine Methode, wie etwas erreicht wird.*
Dadurch dass kann auch eine kausale Bedeutung haben:
Dadurch dass / Weil man die Gefühle des anderen nicht selbst fühlt, kann man sich besser abgrenzen.

▶ Grammatik B 2.2.6

---

b Beantworten Sie die Fragen mit den Informationen in Klammern. Benutzen Sie *dadurch dass* oder *indem*.

1 Wodurch gelingt es uns, empathischer zu sein? *(uns selbst besser kennenlernen)*
2 Wodurch werden Glücksgefühle im Gehirn ausgelöst? *(Glückshormone ausschütten)*
3 Wie kann man sich von den Problemen anderer besser abgrenzen? *(sich regelmäßig entspannen)*
4 Wie bringt die Werbung Menschen dazu, ein Produkt zu kaufen? *(Bedürfnisse wecken)*

1 Dadurch dass / Indem wir uns selbst besser kennenlernen, gelingt es uns, ... / Es gelingt uns, ..., indem ...

3 Ein Empathie-Experiment

a **Strategietraining: beim Hören Notizen machen.**
Worauf sollte man achten, wenn man beim Hören Notizen macht? Welche Tipps kennen Sie? Tauschen Sie sich aus.

Indem man Abkürzungen benutzt, kann man Zeit und Platz sparen.

 b Welche Tipps werden genannt? Sehen Sie das Strategievideo und notieren Sie. Vergleichen Sie dann mit Ihren Ideen aus a.
 c Was für ein Experiment beschreibt die Psychologin?
Hören Sie weiter und machen Sie Notizen zu den Stichwörtern.

Hypothese/Fragestellung:
Verlauf/Durchführung:
Ergebnis/Fazit:

d Welche Strategien haben Sie beim Notieren angewendet? Wie haben Sie die Informationen notiert? Vergleichen Sie Ihre Notizen zu zweit.
e Beschreiben Sie das Experiment mithilfe Ihrer Notizen aus c in einigen Sätzen im Kurs. Benutzen Sie die Redemittel auf Seite 133.
f Das Experiment hat gezeigt, dass Empathie Grenzen hat und wir nicht mit allen Menschen gleichermaßen mitfühlen. Was denken Sie darüber? Berichten Sie über Ihre eigenen Erfahrungen.

Das Ergebnis des Experiments hat mich, ehrlich gesagt, überrascht. Ich hätte nicht gedacht, dass...

10

- einem Schaubild Informationen entnehmen und sie wiedergeben; politische Systeme beschreiben; politische Meinungen verstehen; Zustimmung und Skepsis ausdrücken; eine Diskussion führen
- Satzumformungen mit Nominalgruppen; Phonetik: Wortakzent

Politik und Gesellschaft

1 Politikbegriffe

a Was bedeuten die Begriffe? Erklären Sie mit eigenen Worten.

> *Die Kanzlerin ist die Vorsitzende der deutschen Regierung.*

das Bundesland – der/das Kanton – die Bürgerinnen und Bürger – die Kanzlerin / der Kanzler – die Ministerin / der Minister – der Staat – das Ressort – die Nationalität – das Gesetz – das Parlament – die Regierung – der/die Abgeordnete – die Volksabstimmung – das Staatsoberhaupt

2.15 b Phonetik: Wortakzent. Hören Sie die Wörter aus a und sprechen Sie nach.

2.15 c Hören Sie noch einmal und markieren Sie den Wortakzent bei den Wörtern in a.

> *Bei Komposita liegt der Wortakzent immer auf dem Bestimmungswort.*

d Welche Regeln zum Wortakzent kennen Sie? Sammeln Sie im Kurs.

e Was wissen Sie über die politischen Systeme in Deutschland und in der Schweiz? Sprechen Sie im Kurs. Die Wörter in a und die Redemittel auf Seite 133 helfen.

2 Die politischen Systeme in der Schweiz und in Deutschland

2.16 a Wo sind Leon und Emanuela? Worüber sprechen sie? Hören Sie und sprechen Sie im Kurs.

2.17 / 2.18 b Welche Informationen fehlen? Wählen Sie ein Land (A: die Schweiz; B: Deutschland), hören Sie in der App und ergänzen Sie die passenden Wörter aus 1a in Ihrem Schaubild. Nicht alle Wörter passen.

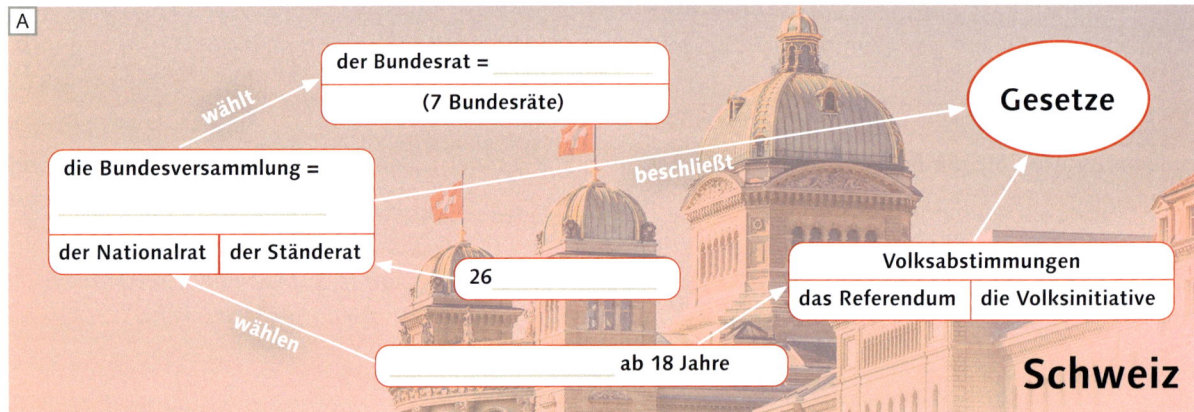

2.17 / 2.18 c Hören Sie noch einmal und beantworten Sie die Fragen in Ihrem Heft. Die Schaubilder in b helfen.

1 Wer ist wahlberechtigt?
2 Wer sitzt in der Regierung?
3 Wer entscheidet über die Gesetze?
4 Welchen politischen Einfluss haben die Bürger?

d Wie ist das politische System in Ihrem Land? Welche Gemeinsamkeiten und Unterschiede gibt es im Vergleich zu Deutschland bzw. der Schweiz? Berichten Sie mithilfe der Redemittel auf Seite 133.

3 Politische Meinungen

a Sollte das Wahlalter gesenkt werden? Wie unterscheiden sich die Meinungen der jüngeren und älteren Generation zu der Frage? Sehen Sie das Video und sprechen Sie im Kurs.

b Welche Meinungen werden vertreten? Sehen Sie das Video noch einmal und kreuzen Sie an.

1. ◯ Auch Jugendliche ab 16 sind in der Lage, begründete Entscheidungen zu treffen.
2. ◯ Junge Menschen denken seltener über Politik nach.
3. ◯ Würde man das Wahlalter senken, würde die Politik sich nicht nur an den Älteren orientieren.
4. ◯ Jugendlichen fehlt die notwendige geistige Reife.
5. ◯ Erwachsen zu sein, heißt nicht automatisch, klügere politische Entscheidungen zu treffen.
6. ◯ Das Beispiel Greta Thunberg zeigt, dass junge Menschen wichtige Ansichten vertreten.
7. ◯ Junge Menschen müssen die Möglichkeit haben, über ihre eigene Zukunft mitzuentscheiden.
8. ◯ Es ist unlogisch, dass man in Deutschland ab 16 Jahren Alkohol kaufen aber nicht wählen darf.
9. ◯ Da die meisten Menschen sehr alt werden, haben sie lange die Möglichkeit, wählen zu gehen. Deshalb ist es nicht nötig, das Wahlalter zu senken.
10. ◯ Obwohl junge Menschen oft reif und verantwortungsbewusst handeln, sollte das Wahlalter nicht gesenkt werden.

c Welchen Meinungen in b würden Sie zustimmen? Bei welchen sind Sie skeptisch? Tauschen Sie sich aus.

Zustimmung und Skepsis äußern

Ich bin ebenfalls der Ansicht, dass … / Das ist ohne Zweifel / zweifellos / auf jeden Fall richtig.
Es ist fraglich, ob … / Ich bin mir nicht sicher, ob … / Ich bezweifle, dass …
… – Da bin ich skeptisch. / Das würde ich bezweifeln.

▶ Redemittel S. 133

---

d Welche Sätze in b bedeuten das Gleiche? Wie werden die unterstrichenen Informationen dort ausgedrückt? Lesen Sie die Sätze, markieren Sie in b und ordnen Sie zu. Wie unterscheiden sich die Sätze in b und d? Sprechen Sie im Kurs. Vergleichen Sie dann mit dem Grammatikkasten.

a ◯ <u>Dank der hohen Lebenserwartung</u> können die Menschen sehr lange wählen gehen.

b ◯ <u>Bei einer Senkung des Wahlalters</u> würde sich die Politik nicht nur an den Älteren orientieren.

c ◯ <u>Trotz des verantwortungsbewussten Handelns der jungen Generation</u> sollte das Wahlalter nicht gesenkt werden.

Nominalgruppen: Präposition + Nomen / nominalisiertes Verb

Obwohl junge Menschen verantwortungsbewusst handeln, sollte …   *Nebensatz*
Trotz des verantwortungsbewussten Handelns junger Menschen sollte …   *Nominalgruppe*

Informationen aus Nebensätzen können in Nominalgruppen zusammenfasst werden. Das Subjekt im Nebensatz steht in der Nominalgruppe im Genitiv. Nominalgruppen sind keine eigenständigen Sätze, sondern Teil des Satzes. So können mehr Informationen in einem Satz kombiniert werden. Nominalgruppen sind typisch für formelle Texte, z.B. Zeitungstexte, wissenschaftliche oder bürokratische Texte.

▶ Grammatik B 3.1 und B 3.2

---

e Welche Präposition passt hier? Arbeiten Sie mit dem Grammatikanhang (B 3.2) und schreiben Sie Sätze mit Nominalgruppen. Benutzen Sie die Nomen in Klammern.

1. Sie geht wählen, <u>obwohl</u> sie sich nicht für Politik interessiert. *(ihr Desinteresse an Politik)*
2. Er kennt sich gut in der Politik aus, <u>weil</u> er sich politisch engagiert. *(sein politisches Engagement)*
3. <u>Dadurch dass</u> man wählen geht, kann man in der Politik mitbestimmen. *(Wahlen)*

f Zu jung oder zu alt zum Wählen? Arbeiten Sie in Gruppen zu viert. Entscheiden Sie sich gemeinsam für eine These (A oder B) und diskutieren Sie. Die Redemittel oben in c bzw. auf Seite 133 helfen.

A   Das Wahlalter sollte auf 16 Jahre gesenkt werden.

B   Das Wahlalter sollte auf 70 Jahre begrenzt werden.

10

- über Redewendungen sprechen; einen Blog über Sprachlern- und Übersetzungsprogramme verstehen; eine Diskussion führen

Ich verstehe nur Bahnhof!

1 Sprachkurs oder Übersetzungs-App?

a Was für eine Situation zeigt das Bild? Was hat das mit Sprachenlernen zu tun? Tauschen Sie sich aus.

b Was bedeutet die Redewendung „Ich verstehe nur Bahnhof!"? Gibt es eine ähnliche Redewendung in Ihrer Sprache? Tauschen Sie sich aus.

c Worum geht es in Pias Blog? Was hat das Bild in a damit zu tun? Lesen Sie und sprechen Sie im Kurs.

12. Januar

Mit allen Menschen auf der Welt kommunizieren, ohne viel Zeit und Geld in Fremdsprachenkurse zu investieren oder langweilige Grammatikübungen zu machen? Klingt gut, oder? Apps und digitale Übersetzungsprogramme versprechen uns: In der einen Sprache rein und in einer anderen Sprache raus.

Ich war neugierig und habe die Kopfhörer „Sprachgenie" ausprobiert. So funktioniert es: Beide Gesprächsteilnehmer setzen sich je einen Kopfhörer ins Ohr. Außerdem braucht man noch ein Smartphone und die „Sprachgenie"-App, die man sich kostenlos runterladen kann. Die Kopfhörer sind über Bluetooth mit dem Smartphone verbunden. Dann wählt man in der App einfach die Sprachen aus, in denen man kommunizieren will. Im Moment gibt es schon über 20 Sprachen. Der Rest ist ganz einfach: Ich spreche in einer Sprache und mein Gegenüber hört in seinem Kopfhörer, was ich sage, in der von ihm gewählten Sprache. Wenn man will, kann man sich die Übersetzung auch auf dem Display des Smartphones anzeigen lassen, um sie mitzulesen.

Ich habe die „Sprachgenie"-Kopfhörer mit meinem Kollegen aus Portugal ausprobiert. Da er auch Deutsch spricht und ich ein bisschen Portugiesisch, konnten wir die Übersetzungen überprüfen. Die meisten Übersetzungen waren korrekt, allerdings haben wir uns eher über einfache Dinge aus dem Alltag unterhalten. Ich bin mir nicht sicher, wie es gewesen wäre, wenn wir uns über anspruchsvollere Themen unterhalten hätten. Einen Nachteil hat die App allerdings: Man braucht etwas Geduld, bis der Text des Gegenübers übersetzt ist und man antworten kann. Dadurch dass das Gespräch zeitversetzt war, fühlte sich die Situation ein bisschen künstlich an. Wenn die Entwickler dieses Problem lösen, kann ich mir aber vorstellen, dass die „Sprachgenie"-Kopfhörer sehr erfolgreich sein werden.

Und welche Erfahrungen habt ihr mit Sprach-Apps gemacht? Ich freue mich auf eure Kommentare!

d Lesen Sie noch einmal Pias Blogbeitrag und beantworten Sie die Fragen.

1 Was braucht man, um die „Sprachgenie"-App zu benutzen?
2 Wie funktioniert die App?
3 Für welche Gesprächsthemen ist die App Pias Meinung nach geeignet und für welche vielleicht nicht?
4 Wie sieht Pia die Zukunft dieser Übersetzungshilfe?

Die Welt verstehen

e Über welche Sprach-Apps berichten die Personen? Wer findet Sprach-Apps eher gut? Wer ist eher skeptisch? Lesen Sie die Kommentare und tauschen Sie sich aus.

Kommentare

Sebi98:
Ich habe die App „LanguageToGo" ausprobiert, die sehr ähnlich funktioniert wie die Kopfhörer, die du beschreibst. Dort kann man sogar aus über 50(!) Sprachen auswählen. Dadurch dass man direkt ins Smartphone sprechen kann, braucht man kein Mikrophon. Die Übersetzung erscheint dann auf dem Display oder wird laut vorgelesen. Das klingt mit Kopfhörern natürlich besser. Dadurch dass die App Online-Wörterbücher verwendet, ist eine Offline-Nutzung leider nicht möglich. Das ist leider noch bei vielen solcher Apps so. Ich war ja erst sehr skeptisch, bin aber inzwischen echt positiv überrascht, wie gut die Übersetzungen sind. Ich benutze die App vor allem, wenn ich beruflich unterwegs bin. Für einfache Gespräche mit einer anderen Person reicht's. Für Gruppendiskussionen würde ich „LanguageToGo" aber nicht empfehlen, dafür ist die App zu langsam. Außerdem funktioniert die Spracherkennung nicht gut, wenn es laute Nebengeräusche gibt. Also für ein Kneipengespräch leider ungeeignet.

Alex_JA:
Hallo! Ich benutze oft die App „Sprachscanner" für geschriebene Texte. Du hältst einfach die Kamera deines Smartphones auf den Text und siehst im Display sofort die Übersetzung. Die ist nicht immer perfekt (für Literaturklassiker eher nicht zu empfehlen 😉), aber im Ausland ist es bei Speisekarten oder Schildern sehr praktisch. Bei Gesprächen würde ich keine Übersetzungs-Apps benutzen. Ich finde es unnatürlich, wenn ich eine andere Stimme höre, als die der Person, mit der ich spreche. Die „automatische" Stimme kann ja keine Gefühle wiedergeben. So bekommt man weniger gut mit, wie es der anderen Person geht, und es geht auch was von der Persönlichkeit verloren. Außerdem lassen sich manche Wörter ja gar nicht eins zu eins übersetzen. Für ein Wort im Deutschen gibt es in einer anderen Sprache vielleicht drei oder noch mehr Wörter, die alle ein bisschen was anderes bedeuten. Ich bezweifle, dass Übersetzungs-Apps diese Feinheiten gut hinkriegen.

friEda:
Also, ich lerne total gern Sprachen. Es macht mich immer stolz, wenn ich merke, dass ich mich besser ausdrücken und andere besser verstehen kann. Gerade lerne ich intensiv Russisch, damit ich mich auf meiner nächsten Reise in Russland noch mehr mit den Menschen unterhalten kann und dadurch die Kultur besser verstehe. Die Menschen werden offener, wenn man sich die Mühe macht, ihre Sprache zu lernen. Übersetzungs-Apps sorgen eher für Distanz, glaube ich. Außerdem bin ich mir nicht sicher, was bei Apps mit Spracherkennung mit meinen Daten – also dem, was ich sage – passiert. Da die künstliche Intelligenz ja von dem lernt, was wir sagen, wird das bestimmt irgendwo gespeichert. Das will ich nicht, meine Privatsphäre im Netz ist mir sehr wichtig.
Was ich aber richtig gern nutze und euch sehr empfehlen kann, sind Untertitel-Apps. Es gibt zum Beispiel so viele grandiose russische Filme, die nicht auf Deutsch erscheinen. Wenn der Film in der Datenbank der App enthalten ist, dann kann die gesprochene Sprache synchron in Untertitel umgewandelt werden. Das geht zwar nicht fehlerfrei, aber immerhin!

f Wie hilfreich sind die digitalen Übersetzungshilfen? Was funktioniert gut bzw. nicht so gut? Lesen Sie den Blogbeitrag in d und die Kommentare in e noch einmal und machen Sie eine Liste.

positiv
- in vielen Sprachen möglich

negativ
- für anspruchsvolle Themen eher nicht geeignet

2 Die Zukunft des Sprachenlernens

a Welche Meinung vertreten Sie? Machen Sie sich Notizen zu den Fragen.

– Ist es noch nötig, Sprachen zu lernen, wenn man dank digitaler Programme in verschiedenen Sprachen kommunizieren kann?
– Welche Vor- bzw. Nachteile haben digitale Sprachprogramme Ihrer Meinung nach? Welche Erfahrungen haben Sie bisher damit gemacht? In welchen Situationen würden Sie sie benutzen?
– Haben Sprachkurse noch eine Zukunft? Welche Vorteile hat es Ihrer Meinung nach, einen Sprachkurs zu machen, statt eine Sprache ausschließlich mit digitalen Programmen zu lernen?

b Diskutieren Sie die Fragen aus a in Gruppen. Eine Person moderiert. Die Redemittel zum Moderieren auf Seite 97 helfen.

10

- einen formellen Brief verstehen und die Hauptinformationen zusammenfassen; „Amtsdeutsch" in einfache Sprache übertragen; eine E-Mail schreiben

Amtsdeutsch – eine ganz andere Sprache

1 Ein komplizierter Brief

a Haben Sie schon mal einen formellen Brief auf Deutsch bekommen? Von wem? Berichten Sie.

> *Ich habe mal einen Brief von der Ausländerbehörde bekommen. Da habe ich fast nichts verstanden, weil …*

b Von wem ist dieser Brief? Was ist hier das Thema? Lesen Sie und sammeln Sie Ideen.

Felix Pham
Schwedter Str. 14
21037 Hamburg

Hamburg, 21.12.2020

Aufforderung zur Mitwirkung

Sehr geehrtes Krankenkassenmitglied,
aufgrund Ihrer Mitteilung über Ihre neue selbstständige Tätigkeit ist die Überprüfung und Anpassung Ihres bisherigen Krankenkassentarifs nötig. Trotz Ihres Schreibens vom 14.12. fehlen uns dafür noch Informationen. *(1)* Eine Tarifanpassung kann erst nach der Meldung Ihrer voraussichtlichen Einkünfte vorgenommen werden. Daher bitten wir Sie um zeitnahe Rücksendung des beigelegten Formulars. *(2)* Die voraussichtlichen Einkünfte können auch durch eine Schätzung angegeben werden.

Wir möchten Sie in diesem Zusammenhang auf die gesetzliche Mitwirkungspflicht (nach §153a KvG) hinweisen, *(3)* wonach Änderungen Ihrer Einkünfte binnen 14 Tagen nach Tätigkeitsbeginn vollständig und wahrheitsgemäß angegeben werden müssen. Sollten Sie Ihrer Mitwirkungspflicht nicht nachkommen, *(4)* wird die Schätzung Ihrer Einkünfte von uns durchgeführt. *(5)* Etwaige Differenzen zu Ihren realen Einkünften können nur im Einzelfall rückwirkend berücksichtigt werden.

Mit freundlichen Grüßen

Heidemarie Saikowsy-Prahl
Mitgliederservice

L.E.B.E.N. – *Ihre gesetzliche Krankenkasse*

Dieses Schreiben ist maschinell erstellt und daher ohne Unterschrift gültig.

---

c Was bedeuten die Nomen? Lesen Sie den Brief in b noch einmal und ordnen Sie zu.

1 die Mitwirkung
2 die Mitteilung / die Meldung
3 die Tätigkeit
4 der Krankenkassentarif
5 die Tarifanpassung
6 die Einkünfte
7 die Schätzung
8 die Differenz

a eine Vermutung darüber, wie viel etwas ist
b der Beruf, den man ausübt
c das Geld, das man mit selbstständiger Arbeit verdient
d der Unterschied
e die Information
f die Mitarbeit / die Kooperation
g die Änderung der Höhe des Krankenkassenbeitrages
h das Geld, das man monatlich an die Krankenkasse zahlt

d Was bedeuten die Adjektive? Lesen Sie den Brief in b noch einmal und ordnen Sie zu.

~~etwaig~~ – real – rückwirkend – vollständig – voraussichtlich – wahrheitsgemäß – zeitnah

1 eventuell: _etwaig_
2 wahr/richtig: _____
3 komplett: _____
4 sehr schnell/bald: _____
5 höchstwahrscheinlich: _____
6 den Tatsachen entsprechend: _____
7 mit Auswirkung auf die Vergangenheit: _____

130 Die Welt verstehen

e Wo stehen diese Informationen? Lesen Sie den Brief noch einmal und unterstreichen Sie in b.

Felix Pham …
1 hat der Krankenkasse mitgeteilt, dass er eine neue selbstständige Tätigkeit ausübt.
2 hat der Krankenkasse am 14.12. schon einmal geschrieben.
3 muss seine voraussichtlichen Einkünfte melden.
4 soll das beigelegte Formular möglichst schnell zurücksenden.
5 kann seine Einkünfte auch schätzen.

f Schreiben Sie die Norminalgruppen, die Sie im Brief unterstrichen haben, als Nebensätze wie im Beispiel. Benutzen Sie die Konnektoren aus dem Schüttelkasten. Die Sätze in e helfen.

dass (2x) – indem – nachdem – obwohl – ~~weil~~

… aufgrund Ihrer Mitteilung über Ihre neue selbstständige Tätigkeit ist die Überprüfung und Anpassung Ihres bisherigen Krankenkassentarifs nötig.

1 *Weil Sie uns mitgeteilt haben, dass Sie eine neue selbstständige Tätigkeit ausüben, …*

g Schreiben Sie die Sätze *(1)* bis *(5)* aus dem Brief in b vom Passiv ins Aktiv um.

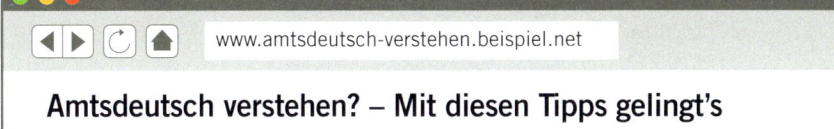

1 *Eine Tarifanpassung können wir erst vornehmen, nachdem Sie uns Ihre voraussichtlichen Einkünfte gemeldet haben.*

2 Strategietraining: formelle Texte verstehen

a Welche Strategien haben Sie in den Übungen in 1 benutzt? Lesen Sie die Tipps und sprechen Sie im Kurs.

www.amtsdeutsch-verstehen.beispiel.net

Amtsdeutsch verstehen? – Mit diesen Tipps gelingt's

Die Wörter in formellen Briefen sind oft sehr komplex.
- Versuchen Sie, sich unbekannte Wörter aus dem Kontext zu erschließen und ersetzen Sie sie durch einfachere Synonyme.
- Sind vielleicht Teile des Wortes verständlich (z.B. bei Komposita oder durch die Wortfamilie?)? Suchen Sie im Wörterbuch nach Einzelteilen des Wortes oder einer anderen Wortart, wenn Sie ein bestimmtes Wort nicht finden.

In formellen Briefen werden sehr lange und oft komplizierte Sätze benutzt.
- Teilen Sie lange Sätze in kürzere Einzelsätze auf.
- Vereinfachen Sie die Sätze, indem Sie z. B. Nominalgruppen in Nebensätze mit Verben oder Partizipien in Relativsätze umwandeln.
- Formulieren Sie Sätze mit Passiv oder Passivsatzformen im Aktiv.

b Welche Tipps aus a finden Sie besonders hilfreich? Welche anderen Strategien kennen Sie, um formelle Texte in verständliche Sprache zu „übersetzen"? Sammeln Sie Ideen im Kurs.

Ich schaue immer zuerst, ob irgendwo ein Datum im Brief steht. Dann geht es nämlich meist um eine Frist oder einen Termin, den man einhalten muss.

c Stellen Sie sich vor, Ihr Bekannter Felix Pham, hat den Brief in 1b erhalten. Sein Deutsch ist nicht so gut und er bittet Sie um Hilfe. Schreiben Sie Felix eine E-Mail und fassen Sie darin die wichtigsten Informationen zusammen. Brauchen Sie Hilfe oder sind Sie schon fertig? Dann arbeiten Sie mit der App.

10

- die geografische Lage eines Landes beschreiben; einen Podcast über Weltkarten verstehen; Überraschung ausdrücken; über die Darstellung der Welt in Karten sprechen

Die Darstellung der Welt

1 Wie heißt das Land? Arbeiten Sie in Gruppen. Öffnen Sie eine Weltkarte im Internet und wählen Sie ein Land. Beschreiben Sie die geografische Lage des Landes (ohne den Namen zu nennen) mithilfe der Redemittel. Die anderen raten, welches Land gemeint ist.

> **über Geografie sprechen**
> Das Land liegt im Süden/Südosten/… von Asien/… / Es liegt südöstlich/westlich/… von China/…
> … hat eine Fläche von … Quadratkilometern. / … erstreckt sich über etwa … Kilometer vom Mittelmeer/Atlantik/Pazifik im Westen bis zum Persischen Golf / Roten Meer / … im Osten.
> … ist von Meer/Bergen/Wüsten umgeben. / … ist eine Insel / ein Inselstaat.
> Das Land hat … Nachbarstaaten. Es grenzt an China/… im Osten und an … im Norden.
> Die Anden / Der Mississippi / Die Sahara / … durchziehen/durchzieht das Land im Süden/Osten/…
> … ist das (zweit/dritt)größte Land Afrikas/Südamerikas/…
> … ist halb/doppelt/zehnmal so groß wie …
>
> ▶ Redemittel S. 133

2 Weltkarten

a Schauen Sie sich die drei Karten an. Welche Unterschiede gibt es? Sprechen Sie im Kurs.

2.19 **b** Wie heißen die Karten in a? Hören Sie den Podcast und ordnen Sie in a zu.

   1 Mercator-Projektion   2 Peters-Projektion   3 Winkel-Tripel-Projektion

2.20 **c** Welche Karte passt: Die Mercator-Projektion (M), die Peters-Projektion (P) oder die Winkel-Tripel-Projektion (W)? Hören Sie weiter und ordnen Sie zu.

   1 ☐ wurde im Mittelalter und für die Seefahrt erfunden.
   2 ☐ stellt die Formen der Kontinente und die Entfernungen zwischen den Ländern richtig dar.
   3 ☐ wurde in den siebziger Jahren des 20. Jahrhunderts von einem Deutschen entwickelt.
   4 ☐ bildet die Größenverhältnisse der Länder und Kontinente realistisch ab.
   5 ☐ kann Entfernungen, Winkel und Flächen relativ realistisch zeigen.
   6 ☐ spiegelt die Ideen aus der Kolonialzeit wider.
   7 ☐ sollte das kolonialistische Weltbild korrigieren.
   8 ☐ wird erst seit Ende des 20. Jahrhunderts oft benutzt, nachdem eine Zeitschrift anfing, sie zu verwenden.
   9 ☐ ist die am weitesten verbreitete Karte im Internet.
   10 ☐ wird in den meisten Schulbüchern in Deutschland verwendet.

d Arbeiten Sie in Gruppen. Öffnen Sie den Link in der App und vergleichen Sie die Größe Ihrer Heimatländer mit anderen Ländern. Was überrascht Sie? Wie wird Ihr Land in anderen Karten dargestellt? Tauschen Sie sich aus.

e Welche Karte stellt Ihrer Meinung nach die Welt am besten dar? Warum? Sprechen Sie im Kurs.

Die Welt verstehen

Auf einen Blick

Überraschung ausdrücken
Ich hätte nicht gedacht/erwartet, dass … / Am erstaunlichsten/überraschendsten finde ich, dass …
… war/ist für mich (völlig) neu. / Das war/ist mir nicht bekannt. / … hat mich total überrascht.
Die Tatsache, dass … überrascht/erstaunt/verwundert mich sehr.

eine Studie / ein Experiment / ein Projekt beschreiben

Forschungsfrage/ Hypothese	Die Forscherin / Der Forscher wollte wissen/herausfinden, wie/ob … … nahm an / ging davon aus, dass … … interessierte sich dafür, wie/was … Deshalb …
Verlauf/ Durchführung	… führte eine Umfrage / ein Projekt / eine Studie / ein Experiment durch. Dabei wurden … Personen befragt. / Dabei wurde untersucht, ob … Die Testpersonen/Befragten/Teilnehmer mussten dafür/dabei …
Ergebnis/Fazit	Die Studie / Das Experiment / Das Projekt hat gezeigt, dass … So konnte man herausfinden/beweisen/feststellen, dass … Es ließ sich beobachten, dass … / Es stellte sich heraus, dass … Die Forscherinnen und Forscher erklären die Ergebnisse mit … / damit, dass … Die Ergebnisse deuten darauf hin, dass … / lassen vermuten, dass …

politische Systeme beschreiben
Das Volk wählt / Die Bürger wählen alle vier/fünf/… Jahre das Parlament / das Staatsoberhaupt.
Alle Menschen / Bürgerinnen und Bürger ab 16/18/… Jahren sind wahlberechtigt und können sich zur Wahl stellen / können über Gesetze abstimmen / eine Volksabstimmung durchführen.
Die Präsidentin/Königin / Der Präsident/König / … ist das Staatsoberhaupt / hat repräsentative Aufgaben / ernennt die Regierung / …
Das Parlament vertritt / Die Abgeordneten vertreten die Bürgerinnen und Bürger.
Die Regierung / Das Parlament besteht aus … Ministerinnen und Ministern / Abgeordneten.
… kann Gesetze vorschlagen/abstimmen/beschließen/verabschieden.

Zustimmung und Skepsis äußern

Zustimmung
Ich meine/glaube schon, dass … / Ich bin ebenfalls der Ansicht, dass … / Ich bin ganz sicher, dass …
Dieses Argument ist ohne Zweifel / zweifellos / auf jeden Fall richtig.

Skepsis
Es ist fraglich, ob … / unwahrscheinlich, dass … / Ich bin mir nicht sicher, ob … / Ich bezweifle, dass …
Jugendliche handeln verantwortungsbewusst? – Da bin ich skeptisch. / Das würde ich bezweifeln.

über Geografie sprechen
Das Land liegt im Süden/Südosten/… von Asien/… / Es liegt südöstlich/westlich/… von China/…
… hat eine Fläche von … Quadratkilometern. / … erstreckt sich über etwa … Kilometer vom Mittelmeer/Atlantik/Pazifik im Westen bis zum Persischen Golf / Roten Meer / … im Osten.
… ist von Meer/Bergen/Wüsten umgeben. / … ist eine Insel / ein Inselstaat.
Das Land hat … Nachbarstaaten. Es grenzt an China/… im Osten und an … im Norden.
Die Anden / Der Mississippi / Die Sahara / … durchziehen/durchzieht das Land im Süden/Osten/…
… ist das (zweit/dritt)größte Land Afrikas/Südamerikas/… / … ist halb/doppelt/zehnmal so groß wie …

11 Geschichten erzählen

Webcode: danepe

Alltagsgeschichten

1 Es war einmal …
a Wie können Geschichten erzählt werden? Sehen Sie sich die Bilder an und sammeln Sie Ideen.
b Welche Formen des Geschichtenerzählens werden genannt? Sehen Sie das Video und machen Sie Notizen. Vergleichen Sie dann mit Ihren Ideen aus a.
c Warum erzählen sich Menschen Geschichten? Sehen Sie das Video noch einmal und sprechen Sie im Kurs.

2 Texte für die Ohren
a Was glauben Sie: Was sind Lesebühnen? Was passiert dort? Sprechen Sie im Kurs.
b Was ist richtig? Lesen Sie den Blog und kreuzen Sie an.

www.katharina-liebt-literatur.beispiel.de

14. Juni   **Lesen und lesen lassen** *von Katharina*

Für mich war das Phänomen neu, aber vielleicht habt ihr schon davon gehört: Lesebühnen. Eine Gruppe von Leuten trifft sich regelmäßig in einer Kneipe oder einem Club, um vor Publikum ihre eigenen Texte vorzulesen. Ähnlich wie beim Poetry-Slam gibt es für die Texte keine Vorgaben. Alles ist also möglich: von Lyrik über Kurzgeschichten bis hin zu Spoken-Word-Performances. Entscheidend ist, ob die Texte das Publikum fesseln können. Die Texte handeln meist von Alltagsthemen und sind oft kurz und witzig. Der große Unterschied zum Poetry-Slam ist, dass es nicht darum geht zu gewinnen. Wichtiger ist eine angenehme, intime Atmosphäre. Die wenigsten, die vorlesen, sind Profis, aber einige schaffen durchaus den Sprung auf den Literaturmarkt. Manche Lesebühnen veranstalten gelegentlich Open Mics: An diesen Abenden dürfen auch Gäste zum Mikro greifen.

Letzte Woche war ich zum ersten Mal bei einer Lesebühne und ich war wirklich positiv überrascht! Die Veranstaltung war gut besucht, die Stimmung super. Der Saal tobte und das Publikum belohnte jeden Beitrag mit Johlen, lauten Pfiffen oder kräftigem Applaus. Was die Qualität der Texte betrifft – nun ja, man bezeichnet die Lesebühnenliteratur auch gern als literarischen Punk, die Texte waren also bunt, anarchisch und manchmal ein wenig amateurhaft. Mir gefiel jedoch, wie persönlich die Autorinnen und Autoren aus ihrem Leben erzählten. Was mir ein bisschen fehlte, waren die leiseren Töne. Die meisten Texte waren zu sehr darauf aus, das Publikum zum Lachen zu bringen. Ein paar ruhigere, nachdenklichere Stücke zwischendurch hätten der Veranstaltung gutgetan.

1 ◯ Bei Lesebühnen gibt es keine Regeln für die Art der Texte.
2 ◯ Lesebühnen sind literarische Wettbewerbe.
3 ◯ Die meisten Vorlesenden arbeiten in der Literaturbranche.
4 ◯ Leute aus dem Publikum können immer spontan mitmachen.
5 ◯ Die Reaktionen des Publikums sorgten für eine gute Atmosphäre.
6 ◯ Die meisten Texte wirkten authentisch.
7 ◯ Katharina hätte sich ernstere Texte gewünscht.

- über Geschichten und Erzählformen sprechen; über kulturelle Veranstaltungen sprechen; lebendig über die Vergangenheit sprechen; eine Geschichte schreiben und vortragen
- szenisches Präsens / historisches Präsens

11

c Und Sie? Bei welcher kulturellen Veranstaltung waren Sie zuletzt? Wie war die Atmosphäre? Sprechen Sie zu zweit. Die Redemittel helfen.

> **über eine Veranstaltung sprechen**
> Ich war neulich / letzte Woche / … bei einer Lesebühne / einem Konzert / …
> Die Veranstaltung war ausverkauft / gut besucht. / Die Stimmung war super/angenehm/…
> Es gab viel Applaus / viele Buh-Rufe. / Das Publikum war begeistert/enttäuscht/…
> Die Zuschauerinnen und Zuschauer johlten/klatschten/tobten/…
> ▶ Redemittel S. 145

3 Lebendig erzählen

3.02 **a** Wer? Was? Wo? Wann? Hören Sie die Geschichte und machen Sie Notizen zur Handlung.

3.03 **b** Welche Zeitformen benutzt der Erzähler? Warum wechselt er die Zeitform? Welche Wirkung wird dadurch erzielt? Hören Sie einen Ausschnitt und tauschen Sie sich aus.

> *Der Erzähler benutzt zuerst …*

> *Aber danach wechselt er ins … Dadurch hat man das Gefühl, dass …*

c Lesen Sie die Regeln im Grammatikkasten und vergleichen Sie mit Ihren Ideen in b.

> **Über die Vergangenheit sprechen: szenisches Präsens / historisches Präsens**
>
> *Man kann das Präsens benutzen, um Handlungen in der Vergangenheit lebendiger und spannender zu beschreiben. So können die Lesenden und Zuhörenden direkter an der Geschichte teilhaben. Man spricht dann vom szenischen Präsens.*
>
> *Das Präsens kann auch benutzt werden, um historische Ereignisse zu schildern. In diesem Fall spricht man vom historischen Präsens: Am 15.1.1929 wird Martin Luther King geboren.*
> ▶ Grammatik A 1.1.6

d Was glauben Sie: Wie könnte die Geschichte weitergehen? Arbeiten Sie in Gruppen. Erzählen Sie die Geschichte aus der Perspektive des Erzählers weiter. Benutzen Sie das szenische Präsens. Die Wörter helfen.

plötzlich – ganz unerwartet – völlig überraschend – kopfschüttelnd – freundlich – ganz vorsichtig – leise – vor Ärger/Wut/Angst – laut auflachend – vollkommen verwundert – leicht verärgert

> *Und da steigt die Wut in mir hoch. Ich gehe auf sie zu und …*

3.04 **e** Wie endet die Geschichte wirklich? Hören Sie das Ende und vergleichen Sie mit Ihren Ideen aus d. Was hätten Sie anstelle des Erzählers gemacht? Tauschen Sie sich aus.

4 Geschichten im Kurs

a Wählen Sie ein Thema und schreiben Sie eine kurze Geschichte – fiktiv oder aus Ihrem Alltag. Benutzen Sie das szenische Präsens.

| A eine interessante Begegnung | B ein lustiges Missverständnis | C ein besonderes Reiseerlebnis | D eine typische Familienfeier |

> *Und dann stehe ich da an einem Vormittag vor meiner Wohnungstür.*
> *Die Sonne scheint und ich denke, das wird ein schöner Tag. Dann aber …*

b Veranstalten Sie eine Lesebühne im Kurs. Lesen Sie Ihre Geschichten im Kurs vor. Welche Geschichte hat Ihnen besonders gut gefallen? Warum? Sprechen Sie im Kurs.

11
- über verschiedene Kunstformen sprechen; Eindrücke und Wirkungen beschreiben; Gesagtes wiedergeben und jemanden (indirekt) zitieren
- indirekte Rede mit Konjunktiv I und Konjunktiv II (3. Person Singular und Plural); Phonetik: flüssig sprechen

Mit Farben und Formen erzählen

1 Eine Vernissage

a Um was für eine Veranstaltung geht es hier? Überfliegen Sie den Flyer und tauschen Sie sich aus.

Raum-Zeit Die Kunsthalle Bernheim lädt ein zur Vernissage

- Manuel da Costa präsentiert seine gigantischen _____ aus Stein und Stahl.
- Marie Stötzer verwandelt den Raum mit ihrer verspielten _____ aus Alltagsobjekten in einen Ort der Erinnerung.
- Nesrin Al-Husseins unscharfe Schwarz-Weiß-_____ zwingen uns, genauer hinzusehen.
- Die großformatigen _____ von Felix Karstens bringen die Farben zum Tanzen.
- Li Wen zeigt ihre neue _____, in die Elemente des Tanzes und der Malerei einfließen.

b Was wird in der Ausstellung gezeigt? Lesen Sie den Flyer in a und ergänzen Sie.

Fotografien – Performance – Skulpturen – Installation – Gemälde

c Was würden Sie sich gern in der Ausstellung anschauen und warum? Sprechen Sie im Kurs.

2 Irgendwie erinnern mich die Skulpturen an ...

3.05 a Was sehen sich Sarah und Kareem in der Ausstellung an? Hören Sie und nummerieren Sie in 1a.
3.05 b Sarah oder Kareem? Hören Sie noch einmal und streichen Sie den falschen Namen durch.

1 *Sarah/Kareem* hat gefallen, wie die Künstlerin beim Tanzen mit der Farbe umgegangen ist.
2 Die Bilder erzeugen in *Sarah/Kareem* das Gefühl, die Räume zu kennen.
3 *Sarah/Kareem* scheint es, als würden die Skulpturen gleich beginnen zu laufen.
4 Auf *Sarah/Kareem* wirkt das Gemälde bedrohlich.
5 *Sarah/Kareem* findet, dass der Raum gut zum Titel der Ausstellung passt.

c Wie wirken diese Kunstwerke auf Sie? Sehen Sie sich die Bilder an und lesen Sie die Redemittel auf Seite 145. Schreiben Sie dann mithilfe der Redemittel pro Bild jeweils zwei Sätze.

Fotos von Nesrin Al-Hussein   Gemälde von Felix Karstens   Installation von Marie Stötzer

d Phonetik: flüssig sprechen. Lesen Sie Ihre Sätze aus c dreimal laut und möglichst flüssig.
e Sprechen Sie zu zweit über die Kunstwerke. Benutzen Sie Ihre Sätze aus c.

Auf mich wirkt das Foto bedrückend. Es erinnert mich an ...

Mir geht es nicht so. Wenn ich mir das Foto ansehe, ...

Geschichten erzählen

3 Man wünsche sich ein großes Interesse, so der Bürgermeister.

a Welche Überschrift passt? Lesen Sie die Zeitungsnachricht und notieren Sie.

_____

Raum und Zeit in der Malerei – Physik trifft Architektur – Junge Kunst in neuen Räumen

Bernheimer Wochenblatt

Am Sonntag wurde anlässlich der Neueröffnung der städtischen Kunsthalle eine Ausstellung von Kunst-Stipendiatinnen und Stipendiaten eröffnet. Fünf Künstlerinnen und Künstler aus dem deutschsprachigen Raum zeigen ihre neuesten Arbeiten zum Thema Raum und Zeit. Der Titel der Ausstellung „Raum-Zeit" solle – so die Kuratorin Dr. Maryam Bukhari-Stegemann – nicht an physikalische Phänomene erinnern. In der Ausstellung gehe
5 es darum, wie Zeit und Raum im Alltag empfunden werden. Während Sarah Al-Husseins Fotografie sich mit dem Thema Erinnerung beschäftige, untersuche Manuel da Costa die räumliche Wirkung von Objekten.
Die Veranstaltung verzeichnete einen Besucherrekord. Wie der Oberbürgermeister Hans Schnittke in seiner Eröffnungsrede betonte, wünsche er sich auch für die Zukunft ein so großes Interesse. Er betonte am Ende der Rede, dass er weiterhin auf eine gute Partnerschaft mit der örtlichen Kunsthochschule hoffe.

b Was steht im Text? Lesen Sie noch einmal und kreuzen Sie an.

1 ◯ Die Ausstellung verbindet Kunst und Naturwissenschaft.
2 ◯ Es geht in der Ausstellung um alltägliche Wahrnehmungen.
3 ◯ Die Fotografin beschäftigt sich mit der Wirkung von Bildern im Raum.
4 ◯ Das Interesse an der Eröffnungsrede war groß.
5 ◯ Eine weitere Zusammenarbeit mit der Hochschule ist erwünscht.

c Wie steht es im Text? Suchen Sie die Informationen in a und ergänzen Sie die Verben.

Indirekte Rede mit dem Konjunktiv I (3. Person Singular)

Bürgermeister: „Ich wünsche mir ein großes Interesse. Ich hoffe auf eine gute Partnerschaft."

Der Bürgermeister sagt/sagte, er _____ sich ein großes Interesse.

Er betont/betonte, dass er auf eine gute Partnerschaft _____.

In der indirekten Rede gibt man wieder, was jemand gesagt hat. In Nachrichten und Pressetexten verwendet man dazu den Konjunktiv I. Der Konjunktiv I ermöglicht es, sich beim Zitieren von einer Aussage zu distanzieren, z. B. wenn man sich nicht sicher ist, ob die Aussage stimmt.

Konjunktiv I in der 3. Person Singular: Verbstamm + -e: er/es/sie habe, wolle, könne, wünsche, …
Ausnahme: *er/es/sie sei (sein)*   ▶ Grammatik B 2.3.1 und A 1.5

---

d Was sagt die Kuratorin? Schreiben Sie die Sätze in indirekter Rede mit dem Konjunktiv I.

Die Ausstellung ist ein Erfolg. Ich rechne mit vielen Besuchern! Frau Al-Hussein zeigt fantastische Fotografien und auch die Installation gefällt vielen Besuchern.

*Die Kuratorin weist darauf hin, dass …
Sie sagt, sie …, und betont, dass Frau Al-Hussein …*

e Sprachschatten. Sprechen Sie zu dritt wie im Beispiel.

_____

die Ausstellung besuchen wollen – das Kunstwerk interessant finden – oft in Galerien gehen –
sich für Malerei interessieren – keine Ahnung von Kunst haben – auf den Beginn der Performance warten

Ich will die Ausstellung besuchen.   *Tom sagt, er wolle die Ausstellung besuchen.*

Ich finde das Kunstwerk interessant.   *Leah sagt, sie finde …*

4 Reaktionen

a Was sagt der Bildhauer? Lesen Sie und unterstreichen Sie die Verben in der indirekten Rede. Welche Verbform wird hier benutzt? Ergänzen Sie im Grammatikkasten.

> Auch die Künstlerinnen und Künstler zeigten sich erfreut über den Erfolg der Ausstellung. Künstler – so der Bildhauer da Costa – bräuchten die Öffentlichkeit wie der Fisch das Wasser. Nur mit guten Ausstellungen könnten sie das Interesse der Leute wecken. Sie seien also sehr auf die engagierte Arbeit der Veranstalter angewiesen. Da Costa betonte, dass nicht alle Kunsthallen so professionell arbeiten würden wie die Kunsthalle Bernheim.

Indirekte Rede mit Konjunktiv I und Konjunktiv II (3. Person Plural)

Da Costa sagt/sagte, Künstler _____ die Öffentlichkeit wie der Fisch das Wasser.

Da Costa weist/wies darauf hin, sie _____ auf die Veranstalter angewiesen.

Da Costa betont, dass nicht alle Kunsthallen so professionell _____ _____.

Da der Konjunktiv I in der 3. Person Plural mit dem Indikativ identisch ist (sie brauch*en*, sie hab*en* usw.), *wird in der indirekten Rede der Konjunktiv II verwendet.* (sie bräuchten, sie hätten)
Nur bei sein *ist der Konjunktiv I möglich:* sie seien.

▶ Grammatik B 2.3.1 und A 1.5

---

b Was sagte der Bildhauer wörtlich? Lesen Sie die Reaktionen in a noch einmal und sprechen Sie zu zweit in direkter Rede.

> *Künstler brauchen die Öffentlichkeit wie der Fisch das Wasser.*

> *Nur mit guten Ausstellungen …*

c Was schreibt die Journalistin über die Ausstellung? Wählen Sie ein passendes Verb und schreiben Sie die Sätze in indirekter Rede wie im Beispiel. Benutzen Sie den Konjunktiv I oder II.

berichten – betonen – sagen – behaupten – meinen – hinweisen auf

1 Die Kuratoren zeigen Kunstwerke von Weltrang.
2 Die neuen Räume der Kunsthalle sehen fantastisch aus.
3 Einige Besucher sind enttäuscht von der Ausstellung.
4 Die Künstler wissen, wie die Besucher zu begeistern sind.

> *Die Journalistin berichtete, dass die Kuratoren Kunstwerke von Weltrang zeigen würden.*

5 Strategietraining: Gesagtes wiedergeben

 a Wie kann man Informationen, die man hört oder liest, wiedergeben? Sehen Sie das Strategievideo und machen Sie sich Notizen.

 b Sehen Sie das Strategievideo noch einmal und machen Sie Notizen zu den Fragen.

1 Wann/Warum benutzt man den Konjunktiv beim Zitieren?
2 Woran merkt man, ob jemand eine neutrale oder skeptische Haltung zum Gesagten hat?

 c Arbeiten Sie zu zweit und wählen Sie eine Aufgabe. Lesen Sie in der App und schreiben Sie Sätze in indirekter Rede. Benutzen Sie verschiedene Varianten aus dem Strategievideo. Die Redemittel auf Seite 145 helfen.

A Wie gefällt den Besucherinnen und Besuchern die Ausstellung? Lesen Sie das Gästebuch. Wählen Sie dann drei bis fünf Personen und geben Sie ihre Eindrücke in indirekter Rede wieder.

B Und Sie? Interessieren Sie sich für Kunst? Lesen Sie die Stichworte, fragen und antworten Sie dann zu zweit und geben Sie in indirekter Rede wieder, was Ihre Partnerin / Ihr Partner gesagt hat.

- über digitale Erzählformen sprechen; über Unterschiede und Gemeinsamkeiten von digitalen Medien bzw. Plattformen sprechen; über die eigene Mediennutzung sprechen
- indirekte Rede in der Vergangenheit

Geschichten im Netz

1 Unterhaltung für Augen und Ohren

a Welche speziellen Formen des Erzählens ermöglicht das Internet? Kennen Sie bestimmte Medien und Plattformen, die sich besonders fürs Geschichtenerzählen eignen? Sammeln Sie Ideen im Kurs.

b Welche Medien nutzen Matthijs, Susanne, Murat und Lian? Um welches Thema geht es dabei jeweils? Hören und notieren Sie.

c Was ist richtig? Hören Sie noch einmal und kreuzen Sie an.

1 ○ Blogs sind heutzutage nicht mehr so beliebt wie in den Nullerjahren.
2 ○ Matthijs findet es reizvoll, multimedial zu arbeiten.
3 ○ Auch Radiosender bieten heutzutage Podcasts an.
4 ○ Susanne veröffentlicht Science-Slams in ihrem Podcast.
5 ○ Murat zeigt, dass nicht alle Nachrichten auf Fakten beruhen.
6 ○ Von dem Geld, das Murat verdient, kann er gut leben.
7 ○ Das Instagram-Format „Stories" wird auch von Journalisten genutzt.
8 ○ Lian geht es eher um Reichweite als um tiefgründige Analyse.

d Wie zitiert der Moderator seine Gäste? Was sagt er? Hören Sie noch einmal und ergänzen Sie.

> **Indirekte Rede in der Vergangenheit**
>
> Matthijs sagte, er **sei** schon immer gern **gereist**.
>
> Susanne berichtete, sie _____ schon immer gern Radio _____.
>
> Murat erzählte, dass ihm bestimmte Schlagzeilen _____ _____.
>
> Lian meinte, ihre Beiträge _____ durch Instagram mehr Aufmerksamkeit _____.
>
> *Für Aussagen über die Vergangenheit benutzt man in der indirekten Rede den Konjunktiv I oder II der Vergangenheit.*
> *3. Person Singular: sei/habe + Partizip II (Konjunktiv I der Vergangenheit)*
> *3. Person Plural: seien/hätten + Partizip II (Konjunktiv I oder II der Vergangenheit)*
>
> ▶ Grammatik B 2.3.1 und A 1.5

e Schreiben Sie die Sätze aus dem Grammatikkasten in direkter Rede wie im Beispiel.

Matthijs sagte: „Ich bin schon immer gern gereist."

f Was fragt der Moderator? Schreiben Sie die Fragen in indirekter Rede in der Vergangenheit.

1 „Matthijs, wie bist zum Bloggen gekommen?"
2 „Susanne, warum hast du dich für diese Form des Erzählens entschieden?"
3 „Habe ich das richtig verstanden?"
4 „Lian, wie bist du auf die Idee gekommen, mit Instagram Geschichten zu erzählen?"

1 Der Moderator fragt, wie Matthijs ...

2 Erzählen im Zeitalter des Internets

a Was sagen die Personen über ihr Medium? Arbeiten Sie zu viert. Wählen Sie jeweils eine andere Person aus der Radiosendung (A: Matthijs, B: Susanne, C: Murat, D: Lian). Hören Sie in der App und machen Sie Notizen zu den Stichpunkten.

– Zielgruppe   – Merkmale   – Kritik

b Welche Unterschiede und Gemeinsamkeiten gibt es? Stellen Sie Ihre Ergebnisse aus a in der Gruppe vor und vergleichen Sie.

c Welche Medien nutzen Sie am liebsten und warum? Berichten Sie in der Gruppe.

11 über Bildergeschichten sprechen; eine Bildergeschichte schreiben

Eine Bildergeschichte

1 Mit Bildern erzählen

a Was für Bildergeschichten gibt es? Lesen Sie die Definitionen und verbinden Sie.

1 der Comic / der Manga — a ein in Bildern erzählter Roman
2 der Cartoon / die Karikatur — b eine Geschichte, die aus mehreren Bildern besteht
3 die Graphic Novel — c eine Folge von gefilmten Einzelbildern
4 der Zeichentrickfilm / die Animation — d eine komische/satirische Geschichte in einem Bild

b Schauen Sie sich gerne Bildergeschichten an? Wenn ja, welche? Und warum? Tauschen Sie sich aus.

2 Eine Spiegelbildgeschichte

a Was ist auf den einzelnen Abbildungen zu sehen? Arbeiten Sie in Gruppen. Sehen Sie sich die Bilder an und tauschen Sie sich aus.

Auf dem ersten Bild sieht man, wie eine junge Frau in den Spiegel schaut.

b Was glauben Sie: Was passiert in der Geschichte? Ergänzen Sie gemeinsam die Texte in den Textfeldern, Sprech- und Denkblasen. Brauchen Sie Hilfe oder sind Sie schon fertig? Dann arbeiten Sie mit der App.

c Kursspaziergang. Gehen Sie durch den Raum und sehen Sie sich die Bildergeschichten der anderen Gruppen an. Welche Geschichte hat Ihnen am besten gefallen? Warum? Sprechen Sie im Kurs.

■ über Serien und Serienkonsum sprechen; die Handlung eines Films / einer Serie beschreiben

11

Fortsetzung folgt

1 Wieder „gebingewatcht"?
a Was stellen Sie sich unter dem Begriff *Serienmarathon* vor? Machen Sie so was? Warum (nicht)? Sehen Sie sich das Bild an und sprechen Sie im Kurs. Die Wörter im Schüttelkasten helfen.

die Staffel – die Folge – die Fortsetzung –
der Cliffhanger – die Handlung – die Serie

b Worüber sprechen Stella und Martin? Wie geht es Martin? Warum fühlt er sich so? Hören Sie und sprechen Sie im Kurs.

c Was sagen Stella, Martin und Jasmin? Lesen Sie die Sätze. Hören Sie dann weiter und kreuzen Sie an.

1 ○ Serienfiguren haben im Unterschied zu Filmcharakteren mehr Entwicklungsmöglichkeiten.
2 ○ Serien arbeiten mit Cliffhangern, um Zuschauer an sich zu binden.
3 ○ Leute, die Serien schauen, verlieren oft das Interesse an ihrem sozialen Umfeld.
4 ○ Bei Serien kann man sich stärker mit den Protagonisten identifizieren.
5 ○ In Serien können in jeder Folge andere Protagonisten im Vordergrund stehen.
6 ○ Durch das Überangebot an Serien im Internet sinkt das Interesse der Zuschauer.

d Was erzählen Stella und Martin über ihre Lieblingsserien? Hören Sie weiter und streichen Sie die falschen Satzteile.

1 Die Serie „Dark" spielt in verschiedenen *Gegenden* / *Zeiten*.
2 Die Serie erzählt die Geschichte *aus unterschiedlichen Perspektiven* / *einer Großfamilie*.
3 Am Ende der zweiten Staffel *war die Handlung abgeschlossen* / *gab es einen Cliffhanger*.
4 Die Serie „4 Blocks" handelt von *einem Gangsterclan in Berlin* / *einer Kriminalpolizistin*.
5 Stella findet, dass die Figuren *stereotyp sind* / *komplexe Charaktere haben*.
6 Die Serie wurde international von Kritikern *gelobt* / *bemängelt*.

2 Ihre Lieblingsserie / Ihr Lieblingsfilm
a Arbeiten Sie in 4er-Gruppen. Schreiben Sie pro Person drei Titel von Filmen oder Serien auf jeweils ein Kärtchen. Machen Sie dann zu einem Kärtchen Notizen zu Handlung und Figuren.
b Legen Sie Ihre drei Kärtchen sichtbar auf den Tisch und beschreiben Sie mithilfe der Redemittel und Ihrer Notizen aus a reihum einen Film bzw. eine Serie, ohne den Titel zu nennen. Die anderen raten: Um welchen Film bzw. welche Serie geht es?

> **über Serien/Filme sprechen**
> Kennen Sie / Kennst du den neuen Film … / die neue Serie …?
> Der Film / Die Serie läuft auf/bei Netflix/ZDF/RTL/…
> Der Film / Die Serie handelt von … / erzählt die Geschichte von …
> Die Rolle der Mutter / des Teenagers / … wird von … gespielt.
> Die dargestellten Figuren sind stereotyp / haben komplexe Charaktere.
> Die Serie / Der Film hat mehrere Preise gewonnen / wurde von Kritikern gelobt, weil …
> Die Serie / Der Film ist absolut sehenswert/unterhaltsam/mitreißend/…
> ▶ Redemittel S. 145

c Würden Sie sich die Filme bzw. Serien der anderen gerne anschauen wollen? Warum (nicht)? Was ist Ihre Lieblingsserie bzw. Ihr Lieblingsfilm? Worum geht es da? Tauschen Sie sich aus.

11

- über Vor- und Nachteile von verschiedenen Speichermedien sprechen; einen Zeitungsartikel über die Archivierung von Informationen verstehen

Geschichten für die Nachwelt

1 Das Archiv der Menschheit

a Was denken Sie: Wie kann man das Wissen der Menschheit an spätere Generationen überliefern? Welche Vor- und Nachteile haben diese Speichermedien und -orte? Sehen Sie sich die Mindmap an und sprechen Sie im Kurs.

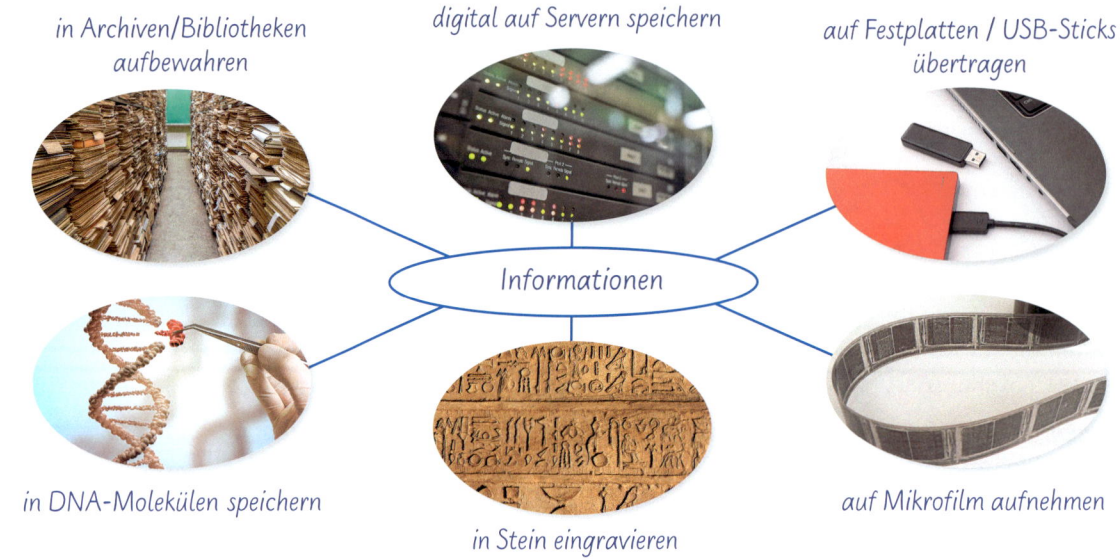

in Archiven/Bibliotheken aufbewahren — *digital auf Servern speichern* — *auf Festplatten / USB-Sticks übertragen*

in DNA-Molekülen speichern — *in Stein eingravieren* — *auf Mikrofilm aufnehmen*

> Man könnte versuchen, „Festplatten" aus DNA zu bauen. In DNA kann man viel speichern!

> Ich glaube, man sollte Informationen in Stein eingravieren. Stein hält ewig. Die Hieroglyphen beweisen das.

b Welche Speichermethode hat Martin Kunze entwickelt? Lesen Sie den Artikel und sprechen Sie im Kurs.

Archiv der Menschheit

Vieles von dem, was wir über alte Kulturen vor Tausenden von Jahren wissen, verdanken wir gefundenen Gegenständen. Das können Äxte sein, Steingefäße oder auch andere Fundstücke wie kleine Schrifttafeln aus Ton, die uns Informationen aus einer längst vergangenen Welt überliefern. Was aber wird von uns bleiben, wenn unsere Kultur vergangen ist? Wie werden zukünftige Archäologinnen und Archäologen unser Wissen rekonstruieren?

5 Der Keramiker Martin Kunze ist überzeugt, dass unsere Kultur durch die zunehmende Digitalität in Gefahr ist zu verschwinden. Spätere Generationen werden keine Möglichkeit haben herauszufinden, wie wir gelebt haben, welches Wissen wir hatten und welche kulturellen und wissenschaftlichen Leistungen wir hervorgebracht haben. Ob Bilder, Musik oder Texte: Digitale Daten gehen schnell verloren und die Datenträger selbst – CDs, USB-Sticks, Server etc.– haben nur eine geringe Lebensdauer. Und dann ist eine ganze Familiengeschichte oder
10 ein Fotoalbum für immer verloren.

Das will Kunze verhindern. Sein Projekt *Memory of Mankind* – Archiv der Menschheit – soll das Wissen unserer Welt mit analogen Mitteln bewahren. Analog? Richtig, denn wer weiß schon, ob unsere Nachkommen über dieselben Technologien verfügen werden wie wir. Dagegen könne man, so Kunze, davon ausgehen, dass Bilder immer verstanden werden und auch Schrift sich entschlüsseln lasse. Kunze benutzt ein Material, mit dem der Mensch schon lange arbeitet: Ton. In Zusammenarbeit mit einem Keramik-Werk hat er eine Technik entwickelt, mit der man Bilder und Schrift winzig klein auf Tontafeln drucken kann, die danach bei über 800 Grad im Ofen gebrannt werden. Die Tafeln sind etwa so groß wie eine Buchseite, können Zehntausende von Jahren überdauern und sind unempfindlich gegen große Hitze und Kälte. Die Drucktechnik ist so präzise, dass zehn Bücher von je 250 Seiten auf eine Tafel passen.

Martin Kunze vor den Kisten mit den Tontafeln

142 | Geschichten erzählen

Gelagert werden die Tontafeln in Kisten im Stollen eines Salzbergwerks in Hallstatt in Österreich. Dieser Stollen bildet nicht nur einen guten Schutz gegen Katastrophen wie Asteroideneinschläge, Explosionen oder Vulkanausbrüche, das Salz wächst auch nach: Nach einigen Jahrzehnten wird es die Kisten mit den Tontafeln wie eine Schutzschicht umschließen.

Man kann das Archiv kostenlos besuchen und wer interessiert ist, kann für 300 Euro sogar selbst eine Tontafel in Auftrag geben. Doktorarbeiten oder Forschungsberichte sind ebenso willkommen wie private Tagebücher oder Fotoalben. Inzwischen umfasst das Archiv bereits etwa 700 Tafeln und es wächst weiter. Damit zukünftige Generationen wissen, wo sich das Archiv befindet, hat Martin Kunze eine kleine Keramikmünze entwickelt, auf der der Ort Hallstatt eingezeichnet ist. Jeder, der etwas zum Projekt beiträgt, bekommt die Münze nach Hause geschickt – Tausende Spuren, die unsere Nachkommen zum Archiv führen werden.

Diese Münze zeigt die Lage des Archivs

c Was ist richtig? Lesen Sie noch einmal und kreuzen Sie an.

1 Unsere Kultur wird laut Kunze verschwinden, weil …
 a ◯ digitale Daten und Datenträger nicht lange existieren.
 b ◯ wir all unser kulturelles Wissen nicht archivieren können.

2 Kunze will das Verschwinden unserer Kultur verhindern, indem er …
 a ◯ eine uralte Technik verwendet.
 b ◯ mit einem traditionellen Material arbeitet.

3 Kunze verwendet Tontafeln, weil …
 a ◯ er sich mit diesem Material gut auskennt.
 b ◯ sie eine hohe Lebensdauer haben.

4 Das Archiv …
 a ◯ enthält wissenschaftliche und private Dokumente.
 b ◯ soll auf etwa 700 Tafeln anwachsen.

5 Damit unsere Nachkommen das Archiv finden, …
 a ◯ führt ein Keramik-Weg zum Eingang.
 b ◯ werden Keramikmünzen an Spender geschickt.

d Wo steht es im Text? Lesen Sie den Artikel noch einmal und unterstreichen Sie die Sätze im Text in b.

1 Die Tontafeln liegen in einer Art Tunnel eines Bergwerks, in dem früher Salz gewonnen wurde.
2 Was Bilder und Schrift bedeuten, wird man immer herausfinden können.
3 Objekte, die wir finden, erzählen uns etwas über frühere Kulturen.
4 Durch das Salz wird das Archiv auf natürliche Art und Weise geschützt.
5 Unsere Nachkommen werden nicht wissen, was wir kulturell und wirtschaftlich erreicht haben.
6 Die Tontafeln haben eine Lebensdauer von Zehntausenden von Jahren.
7 Wie werden Forscherinnen und Forscher in der Zukunft herausfinden, was wir wussten?

2 Ein persönliches Archiv

a Und Sie? Was würden Sie der Nachwelt hinterlassen wollen? Gestalten Sie Ihre persönliche Tontafel als Plakat. Schreiben Sie, zeichnen Sie oder benutzen Sie Fotos.

b Kursspaziergang. Hängen Sie Ihre "Tontafeln" im Raum auf. Was möchten Sie hinterlassen und warum? Sprechen Sie im Kurs.

> *Ich finde es wichtig, dass unsere Nachfahren wissen, auf welche Art und Weise wir Krankheiten bekämpft haben. Dieses Wissen darf nicht verloren gehen …*

11

gesprochene und geschriebene Kurznachrichten verstehen; den Inhalt einer Nachricht mündlich wiedergeben

Kurz berichtet

1 Nachrichten aus aller Welt

a Lesen, hören oder sehen Sie regelmäßig Nachrichten? Warum (nicht)? In welchen Medien? Welche Ressorts oder Themengebiete interessieren Sie am meisten? Sprechen Sie im Kurs.

Ich habe eine deutsche Tageszeitung abonniert. Mich interessieren vor allem Politik und Wirtschaft.

Ich lese nur Online-Nachrichten. Die Lokalnachrichten interessieren mich besonders, aber auch die kuriosen und lustigen Meldungen.

b **Strategietraining: Nachrichten verstehen.** Wie ist eine typische Nachricht aufgebaut? Lesen Sie die Nachrichten und bringen Sie die Punkte in die richtige Reihenfolge.

- ☐ wichtigste Informationen (wer/was/wo/wann?)
- ☐ Fazit (Resultat oder Stand der Dinge)
- ☒ 1 Ressort und Überschrift
- ☐ Hintergrundinformationen (wie/warum?)

Politik

Keine Einigung beim Klimagipfel

Kuala Lumpur. Der Klimagipfel in Malaysias Hauptstadt hat am Wochenende ernüchternd geendet. Nachdem in einer dreitägigen Sitzung über die Details des neuen Klimavertrages verhandelt worden war, verhinderten die USA und China durch ihr Veto, dass der Vertrag in Kraft gesetzt werden konnte. Es sei ein schwarzer Tag für den Umweltschutz, so die Vorsitzende der Klimakonferenz, Amari Abebe, der Klimawandel werde so nicht aufzuhalten sein. Mit dem enttäuschenden Ausgang dieser Klimakonferenz rückt das Ziel der internationalen Gemeinschaft, die Erderwärmung auf maximal 2 Grad zu beschränken, erneut in weite Ferne.

Wissen

Energie für die Welt aus der Sahara

Algier. Die Eröffnung des Desertpower-Solarfeldes in der Nähe der algerischen Stadt Ouargla am letzten Sonntag hat für internationales Aufsehen gesorgt. Das zunächst als Versuchsanlage errichtete Solarkraftwerk soll in wenigen Jahren bereits 10 Gigawatt Strom erzeugen, das entspricht dem Strombedarf von fünf Städten von der Größe Berlins. Wie der Vorsitzende des Desertpower-Konsortiums, Nio Khalef, in seiner Eröffnungsrede betonte, könne die nordafrikanische Solarenergiewirtschaft in Zukunft auch die Energieprobleme Europas lösen.

Das Solarfeld bei Ouargla

c Lesen Sie die Nachrichten in b noch einmal und machen Sie Notizen zu den W-Fragen.

 d Hören Sie jetzt zwei weitere Nachrichten und machen Sie ebenfalls Notizen. Tauschen Sie sich aus.

*1 Wer: der US-amerikanische Elektroauto-Hersteller „Kesla"
Was: …*

e Was finden Sie leichter zu verstehen: geschriebene oder gesprochene Nachrichten? Was hat Ihnen beim Verstehen der Nachrichten geholfen? Sprechen Sie im Kurs.

Geschriebene Nachrichten finde ich leichter zu verstehen, denn oft fasst die Überschrift den Inhalt schon zusammen.

2 Nachrichten heute. Arbeiten Sie in Gruppen. Suchen Sie im Internet eine Nachricht in Ihrer Sprache und geben Sie die wichtigsten Informationen auf Deutsch wieder.

Ich habe eine Nachricht aus dem Bereich „Politik" gefunden. Da geht es um …

Auf einen Blick

über eine Veranstaltung sprechen
Ich war neulich / letzte Woche / … bei einer Lesebühne / bei einem Konzert / auf einem Festival / …
Die Veranstaltung war ausverkauft / sehr gut besucht.
Die Autorin las/trug eine Kurzgeschichte / eine Passage aus ihrem neuesten Roman /… vor.
Es traten einige Bands auf. / Als Hauptband/Vorband spielte …
Es wurde ein modernes/zeitgenössisches/klassisches Stück aufgeführt.
Die Band bestand aus einem Sänger / einer Gitarristin / einem Schlagzeuger / …
Das Orchester bestand aus Streichinstrumenten/Blasinstrumenten.
Die Stimmung/Atmosphäre war super/angenehm/…
Am Schluss gab die Band eine Zugabe / gab die Künstlerin Autogramme.
Es gab viel Applaus / viele Buh-Rufe/Pfiffe / … / Die Künstlerin / Die Band bekam viel Beifall.
Das Publikum war begeistert/enthusiastisch/enttäuscht/…
Die Zuschauerinnen und Zuschauer johlten/klatschten/… / Der Saal tobte.

Wirkungen und Eindrücke beschreiben
Auf mich wirkt das Bild/Kunstwerke/Gemälde düster/positiv/deprimierend/…
Es erinnert mich an … / Wenn ich es mir ansehe, dann denke ich an …
Mein erster Eindruck ist, dass … / Ich habe den Eindruck / das Gefühl, dass / als ob …
Es scheint, als ob … / Es sieht so aus, als …
Das Bild / Die Skulptur lässt (in mir) ein Gefühl von Freude/Trauer/… entstehen.
Die Farben/Formen wecken/erzeugen in mir ein Gefühl von … / geben mir das Gefühl …
Die Performance / Installation löst in mir Erinnerungen an … aus.
Das Bild ist … Das macht den Eindruck, dass … / Dadurch entsteht der Eindruck, dass …
Das Bild/Motiv regt meine Phantasie/Gedanken an / regt mich zum Nachdenken an.

Gesagtes wiedergeben und jemanden (indirekt) zitieren
Sie/Er sagte/antwortete/betonte/… , dass sie/er sich sehr für Kunst/Malerei/Tanz/… interessiere.
Die Besucherin schreibt/meint/erklärt/…, dass die Ausstellung wunderschön/interessant/… sei.
Sie weist darauf hin, die Künstlerinnen und Künstler wüssten/hätten/bräuchten/…
Sie berichtet, die Veranstaltung sei ein voller Erfolg / eine große Enttäuschung / …
Er sagte, er sei/habe/wolle/kenne/empfehle/…
Die Ausstellung sei super/langweilig/… , so die Besucherin.
Wie die Kuratorin berichtete, sei die Installation/Performance/… einzigartig/…
Nach Ansicht/Meinung der Besucherinnen und Besucher ist die Ausstellung toll/spannend/…
Ihrer/Seiner Meinung nach ist Kunst …
Laut der Besucherin / dem Besucher haben die Künstlerinnen und Künstler …
Nach neuesten Erkenntnissen / Laut der Studie …

über Serien/Filme sprechen
Kennen Sie / Kennst du den neuen Film … / die neue Serie …? / Er/Sie läuft auf/bei Netflix/ZDF/RTL/…
Nächsten Monat kommt die erste/nächste/letzte Staffel raus. / Jede Staffel hat … Folgen.
Die Handlung ist fiktional / beruht auf einer wahren Geschichte / spielt im 19. Jahrhundert.
Der Film / Die Serie handelt von … / erzählt die Geschichte von … / zeigt die Welt aus der Sicht von …
Die Rolle der Mutter / des Teenagers / … wird von … gespielt.
Die dargestellten Figuren sind stereotyp/klischeehaft / haben komplexe Charaktere.
Die Serie / Der Film hat mehrere Preise gewonnen / wurde von Kritikern gelobt/bemängelt/…
Die Serie / Der Film ist absolut sehenswert/unterhaltsam/mitreißend/…

12 In vollen Zügen genießen

Webcode: niviba

Genussmomente

Yannis bei der Bandprobe (4/2018)

Kürbisauflauf
Zutaten

Gutschein
Ihr Wohlfühl-Spa
Wellness – Sauna – Massage

Weinverkostung
Einladung für zwei Personen

1 Mit allen Sinnen genießen

a Was verbinden Sie mit dem Begriff Genuss? Sehen Sie sich die Bilder an und notieren Sie zu zweit Ideen.

– mit einem Glas Wein anstoßen
– sich ein gutes Essen auf der Zunge zergehen lassen

 b Was braucht man, um genießen zu können? Wie genießen die Leute? Sehen Sie das Video, machen Sie Notizen und sprechen Sie im Kurs.

c Und Sie? Was bedeutet Genuss für Sie? Was genießen Sie? Was brauchen Sie dafür? Tauschen Sie sich in Gruppen aus. Die Redemittel auf Seite 157 helfen.

2 Mehr Genuss im Alltag

3.16 a Wer sind die Personen? Wo sind sie? Was machen sie? Hören Sie und sprechen Sie im Kurs.
3.17 b Worüber sprechen Emma und Yannis? Hören Sie weiter und nummerieren Sie die Bilder oben.
3.17 c Wer passt: Emma oder Yannis? Hören Sie noch einmal und ergänzen Sie.

1. [d] _Emma_ konnte im Urlaub Kraft tanken.
2. [ ] _____ würde sich gern mal wieder eine Auszeit von der Arbeit nehmen.
3. [ ] _____ findet, dass man auch mit kleinen Dingen den Alltag entschleunigen kann.
4. [ ] _____ konnte beim Musikmachen auf andere Gedanken kommen.
5. [ ] _____ hatte Schwierigkeiten, Arbeit und Freizeit unter einen Hut zu bringen.
6. [ ] _____ würde gern segeln, um runterzukommen.
7. [ ] _____ erholt sich beim Faulenzen und Rumhängen in der Badewanne.
8. [ ] _____ schlägt vor, den Samstagabend gemeinsam ausklingen zu lassen.

d Was bedeuten die unterstrichenen Wörter in c? Ordnen Sie in c zu.

a Stress und Hektik reduzieren
b zur Ruhe kommen
c nichts tun / faul sein
d neue Energie bekommen
e etwas in Ruhe beenden
f sich ablenken
g sich eine Pause gönnen
h etwas miteinander vereinbaren

3 Mach das doch einfach mal!

a Welche Funktion haben die Modalpartikeln? Lesen Sie den Grammatikkasten. Hören Sie dann die Sätze und lesen Sie sie mit. Ergänzen Sie die fehlenden Modalpartikeln im Grammatikkasten.

Modalpartikeln – Gefühle ausdrücken			
Vermutung	_____	Vorschlag	*doch mal*
nicht-veränderbare Situation	*eh*	bekannte Information	*doch* / _____
		Erlaubnis/Ermutigung	_____
Überraschung, Mitgefühl	*ja* / _____	freundliche/interessierte Frage	*eigentlich* / _____
Resignation/Akzeptanz	*einfach* / _____		

Modalpartikeln zeigen, was man über das Gesagte denkt bzw. wie man es meint. Sie sind meist nur aus dem Kontext erschließbar. Modalpartikeln stehen nie am Satzanfang und sind normalerweise unbetont.

▶ Grammatik A 5.3

– Wie war **denn** dein Urlaub auf den Bahamas?
– Seit ich den neuen Job habe, fehlt mir **einfach** die Zeit dafür.
– Oje, das klingt **aber** nicht so toll!
– Das weiß ich **ja**. Aber einen Urlaub kann ich mir gerade **eh** nicht leisten.
– Du hast **doch** früher in einer Band gespielt.
– Aber zweimal pro Woche proben – das schaffe ich **eben** zeitlich nicht mehr. Wie machst du das **eigentlich**? Bei deinen Arbeitszeiten wird das **wohl** auch nicht leicht sein, oder?
– Das ist **ja** schlau!
– Super Idee! Mach das **doch mal**! Aber such dir **ruhig** auch ein paar kleine Dinge, die dir guttun.

b Was sagen Emma und Yannis? Was drücken sie damit aus? Lesen Sie den Redemittelkasten, hören Sie und ergänzen Sie die Empfindungswörter. Vergleichen Sie dann mit den Redemitteln auf Seite 157.

Au ja! – Ach ja! – Mhm. – Na ja. – ~~Nanu?!~~ – Oje! – Tja. – Wow!

Gefühle mit Empfindungswörtern ausdrücken			
	Das tut mir leid. / Das ist ja schade.	_____	Super! Ich bin beeindruckt.
	Das hätte ich fast vergessen.	_____	Ja, das stimmt. / Das glaube ich.
Nanu?!	Das hätte ich nicht erwartet.	_____	Tolle Idee!
	Du hast recht, aber …	_____	So ist das eben.

▶ Redemittel S. 157

c Phonetik: Intonation von Empfindungswörtern. Hören Sie und markieren Sie den Wortakzent und den Melodieverlauf (↗ steigend, → gleichbleibend, ↘ fallend) wie im Beispiel.

1 Na**nu** ↗ 2 Ach ja 3 Mhm 4 Oje 5 Na ja 6 Tja
7 Wow 8 Au ja 9 Au 10 Ih 11 Puh 12 Hm

d Hören Sie noch einmal und sprechen Sie die Empfindungswörter nach.

e Kurskette. Sagen Sie einen Satz, die nächste Person reagiert mit einem passenden Empfindungswort.

> Ich habe 100 € gefunden.

> Wow! Du hast ja Glück. – Ich bin sehr müde.

> Oje. Das tut mir leid! …

f Arbeiten Sie zu zweit. Lesen Sie jeweils eine Rolle (A oder B) in der App und schreiben Sie gemeinsam einen Dialog. Benutzen Sie möglichst viele Modalpartikeln und Empfindungswörter. Spielen Sie Ihren Dialog dann im Kurs vor.

12

- über Sprichwörter und Redewendungen sprechen; ein Interview mit einer Genussforscherin verstehen; über Genussverhalten und Wertehaltungen sprechen
- die Position von *nicht* und *auch* im Satz

Genussforschung: Wie genießen wir?

1 Genusstypen
a Welche Vorstellungen von Genuss werden in den Sprichwörtern deutlich? Tauschen Sie sich aus.

Du lebst nur einmal!   **Erst die Arbeit, dann das Vergnügen!**   **Weniger ist mehr!**

b Gibt es ähnliche Redewendungen oder Sprichwörter in Ihrer Sprache? Berichten Sie.
c Welche Frage passt? Lesen Sie das Interview und ordnen Sie die Fragen zu.

Gibt es also z. B. einen deutschsprachigen Genusstyp? – Womit genau beschäftigen Sie sich in Ihrer Forschung? – Gehören alle Menschen zu einem der drei Typen? – Was macht die Schweiz so interessant für Ihre Forschung? – Sie sprachen vorhin verschiedene Genusstypen an. Welche gibt es und wie unterscheiden sie sich?

Genussmomente 04/2021

Wie genießt die Schweiz? – eine Genussforscherin im Gespräch

Frau Professorin Edelmann, Sie sind Dozentin an der Universität Zürich und leiten seit 2017 das dort gegründete Institut für Genussforschung. _____

Wir wollen herausfinden, was den Menschen Genuss verschafft. Da Genuss ein sehr individuelles Empfinden ist, sind die Antworten auf diese Frage allerdings sehr verschieden. Bei den Fragen „wann", „wie oft" und „unter welchen Bedingungen Menschen genießen" konnten wir allerdings Gemeinsamkeiten erkennen. Nun versuchen wir, das Genussverhalten der Schweizerinnen und Schweizer mithilfe sogenannter Genusstypen zu beschreiben.

In der Schweiz gibt es deutsch-, italienisch-, französisch- und romanischsprachige Bevölkerungsgruppen. Romanisch wird allerdings nur von einem geringen Teil der Bevölkerung gesprochen und ist keine eigene Sprachregion. Wir wollen neben individuellen Faktoren auch regionale Einflüsse untersuchen. Deshalb haben wir uns in unserer Forschung auf die drei großen Sprachregionen konzentriert. Und tatsächlich konnten wir feststellen: Wie man genießt, hängt auch von der Region ab, wo man lebt.

Jein – also ja und nein. Natürlich spiegelt sich die regionale Mentalität im Genussverhalten wider. Aber selbst wenn bestimmte Werte wie beispielsweise ökologisches und soziales Bewusstsein in der Deutschschweiz dominieren, heißt das trotzdem nicht, dass jede Person, die im deutschsprachigen Basel lebt, diese Werte in gleichem Maße teilt. Wie stark das Genussempfinden von kulturellen und gesellschaftlichen Einflüssen bestimmt wird, ist unterschiedlich. Auch individuelle Wertehaltungen haben einen Einfluss auf das Genussempfinden.

Sehr vereinfacht können wir drei Typen beschreiben: Den hedonistischen, den konservativen und den bewussten Genießer. Die hedonistischen Genießer vertreten die Ansicht, dass man so oft und so viel wie möglich genießen sollte. Für sie sind Selbstbestimmung und Freiheit zentrale Werte. Sie möchten sich in ihrem Alltag nicht einschränken lassen und empfinden Genuss sozusagen als ein Grundrecht. Sie möchten sich ausprobieren und selbst verwirklichen können und sind offen gegenüber Neuem. Den konservativen Genießern sind dagegen traditionelle Werte wie Familie, Sicherheit und Arbeitsmoral wichtig. Genuss ist für sie ein Luxus, eine Belohnung für harte Arbeit. Sie sind der Meinung, dass man sich Genuss oder Vergnügen erst verdienen muss. Deshalb leben sie eher sparsam und konsumieren zweckorientiert. Auch die bewussten Genießer genießen „sparsamer". Doch anders als der konservative Genusstyp verzichten sie nicht aus Schuldgefühlen auf Genussmomente, sondern weil ihnen Werte wie Gerechtigkeit und Nachhaltigkeit wichtig sind. Sie lehnen die materialistische und zum Teil auch exzessive Lebensweise der hedonistischen Genießer ab und sind nicht verschwenderisch. Sie konsumieren weniger und achten auf Qualität und ökologische, faire Produktionsbedingungen. Nicht der eigene Konsum verschafft ihnen Genuss, sondern das Gefühl, der Umwelt und anderen Menschen etwas Gutes zu tun.

Nun, unsere Forschung ist noch lange nicht abgeschlossen. Bisher konnten wir drei Typen ermitteln, aber wir vermuten, dass es noch mehr gibt. Wir können auch nicht davon ausgehen, dass sich Individuen immer hundertprozentig einem Typen zuordnen lassen. Es kann immer auch Mischtypen geben.

d Was wird in der Genussforschung untersucht? Wovon wird das Genussempfinden beeinflusst? Welche Genusstypen werden beschrieben? Lesen Sie noch einmal und beantworten Sie die Fragen zu zweit.

e Zu welchem Genusstyp passen die Informationen? Lesen Sie noch einmal in c und ergänzen Sie: der hedonistische Genusstyp (H), der konservative Genusstyp (K) oder der bewusste Genusstyp (B).

1 Diesem Genusstyp ist Unabhängigkeit besonders wichtig. _H_
2 Dieser Genusstyp erlaubt sich Genuss erst, nachdem er etwas geleistet hat. ____
3 Dieser Genusstyp fühlt sich schuldig, wenn er sich Genuss gönnt. ____
4 Dieser Genusstyp handelt umweltbewusst und sparsam. ____
5 Die Werte Fleiß und Pflichtbewusstsein passen zu diesem Genusstyp. ____
6 Dieser Genusstyp ist eher materialistisch und konsumiert manchmal verschwenderisch. ____
7 Dieser Genusstyp ist besonders verantwortungsbewusst in seinem Genussverhalten. ____

f Welches Sprichwort in a passt zu welchem Genusstyp? Warum? Sprechen Sie im Kurs.

2 Auf Genuss möchte ich auch nicht verzichten.

a Auf welche Information bezieht sich das *nicht* oder *auch* im Satz? Lesen Sie die Beispiele und die Regeln im Grammatikkasten und ordnen Sie die Sätze zu. Markieren Sie die Sätze mit *nicht* und *auch* im Interview in 1c. Worauf beziehen sich *nicht* bzw. *auch*? Sprechen Sie zu zweit.

> **Die Position von *nicht* und *auch* im Satz**
>
> 1 Die hedonistischen Genießer **möchten** sich in ihrem Alltag *nicht* **einschränken lassen**.
> 2 Doch sie **verzichten** *nicht* aus Schuldgefühlen auf Genussmomente, sondern …
> 3 Wir **wollen** neben individuellen Faktoren *auch* regionale Einflüsse **untersuchen**.
> 4 Wie man genießt, **hängt** *auch* von der Region **ab**, wo man lebt.
>
> *Wenn sich nicht bzw. auch auf den kompletten Satz bezieht, steht das Wort tendenziell am Satzende. Es steht aber immer vor dem zweiten Verbteil und vor dem Präpositionalobjekt, sowie vor einer modalen oder lokalen Angabe. (Satz __ und __). Wenn sich nicht bzw. auch auf einen bestimmten Satzteil bezieht, dann steht es direkt vor diesem Satzteil. (Satz __ und __).*
>
> *Auch steht normalerweise vor nicht: Wir können auch nicht ausschließen, dass …*
>
> ▶ Grammatik B 1.4

b Schreiben Sie Sätze wie im Beispiel, sodass sich *auch* und *nicht* auf bestimmte Satzteile beziehen.

1 Hedonistische Menschen stehen Genuss skeptisch gegenüber. *(sondern konservative Menschen)*
2 Konservative Genießer verzichten auf Genuss. *(genauso wie bewusste Genießer)*
3 Die bewussten Genießer lehnen Nachhaltigkeit und Gerechtigkeit ab. *(sondern Materialismus)*
4 Die Werte eines Menschen hängen von der kulturellen Prägung ab. *(genauso wie von Erfahrungen)*
5 Für Hedonisten ist Genuss mit Schuldgefühlen verbunden. *(sondern mit Freiheit)*
6 In der französischen Schweiz ist Fleiß ein wichtiger Wert. *(genauso wie in der Deutschschweiz)*

1 Nicht hedonistische Menschen stehen Genuss skeptisch gegenüber, sondern konservative Menschen.
2 Genauso wie bewusste Genießer verzichten auch konservative Genießer auf Genuss.

3 Was für ein Genusstyp sind Sie? Mit welchem Typ können Sie sich gut identifizieren? Machen Sie Notizen zu den Fragen und sprechen Sie dann in Gruppen. Die Redemittel auf Seite 157 helfen.

– Welche Rolle spielt Genuss in Ihrem Leben? Was und wie oft genießen Sie?
– Welche Werte sind Ihnen besonders wichtig? Worauf könnten Sie (nicht) verzichten?
– Welches Sprichwort aus 1a passt am besten zu Ihnen und warum?

12

- ein längeres Gespräch mit Themen- und Sprecherwechsel verstehen; Vermutungen über die Vergangenheit äußern; ein Protokoll führen
- Futur II und Modalverben für Vermutungen über die Vergangenheit

Viele Ideen – ein Projekt!

1 Eine Besprechung im Team

a Was glauben Sie: Wer sind die Personen? Worüber sprechen sie? Sammeln Sie Ideen im Kurs.

3.21 b Was ist das Thema? Was wird besprochen? Hören Sie und vergleichen Sie mit Ihren Ideen aus a.
3.21 c Was muss noch erledigt werden? Hören Sie noch einmal und notieren Sie.

To-do: Catering organisieren, …

2 Die Flyer werden schon angekommen sein.

3.22 a Was ist richtig? Hören Sie und kreuzen Sie an.

1 Herr Mertens hat die Location ○ auf jeden Fall / ○ höchstwahrscheinlich gebucht.
2 Die Flyer sind ○ definitiv / ○ wahrscheinlich angekommen.
3 Der Kollege hat die Verträge ○ vermutlich / ○ mit Sicherheit fertiggestellt.

3.22 b Was sagen die Personen? Hören Sie noch einmal und ergänzen Sie den Grammatikkasten.

Vermutungen über die Vergangenheit mit Futur II und Modalverben ausdrücken

Herr Mertens _____ die Location bereits _____ _____.

Die Flyer _____ bestimmt schon _____ _____.

Mein Kollege _____ auch schon die Verträge _____ _____.

Vermutungen über die Vergangenheit können mit dem Futur II (werden + Partizip II + haben/sein) oder mit Modalverben (Modalverb + Partizip II + haben/sein) ausgedrückt werden. Das Modalverb (könnte, dürfte, müsste, muss) zeigt an, wie sicher man sich ist.
▶ Grammatik A 1.1.7 und 1.6.2

---

c Was ist wahrscheinlich schon erledigt? Schreiben Sie Sätze mit Futur II oder mit Modalverben.

~~die Einladungen verschicken (Herr Gonka)~~ – zum Getränkemarkt fahren (die Kollegen) – den DJ buchen (Frau Hoos) – die Tische dekorieren (Herr Mertens und Herr Keklik) – den Shuttleservice organisieren (Herr Peterson) – sich um die Eintrittskarten kümmern (die Projektleiterin)

Herr Gonka wird die Einladungen schon verschickt haben. Die Kollegen müssten schon …

d Fragen und antworten Sie zu zweit mit Ihren Sätzen aus c wie im Beispiel.

> *Was ist eigentlich mit den Einladungen?*

> *Herr Gonka wird die Einladungen schon verschickt haben. Was ist eigentlich mit …?*

3 Entschuldigung, noch mal fürs Protokoll, bitte!

a Welche Informationen sind falsch? Lesen Sie das Protokoll. Hören Sie dann die Fortsetzung der Teambesprechung und korrigieren Sie die falschen Informationen.

Protokoll der Team-Besprechung am 6.7.
Planung Festival „Kulturgenuss"
Anwesende: P. Martinez, M. Hoos, T. Gonka, V. Peterson   *Protokollant: V. Peterson*

1. Stand der Dinge
2. Offene Aufgaben/To-Dos

Was? (Aufgaben)	Wer?	Wann?
- ~~Plakate~~ *Flyer* abholen	Hr. Gonka	nach dem Meeting (6.7.)
- Flyer an Kooperationspartner schicken	Fr. Martinez	bis 18.7.
- Flyer und Plakate in der Stadt verteilen	Hr. Peterson	bis 16.7.
- Veranstaltungstechnikerin anrufen	Hr. Peterson	nach dem Meeting (6.7.)

b Welche Funktionen haben die Redemittel? Lesen Sie und ordnen Sie die Funktionen zu. Was sagen die Personen in der Teambesprechung? Hören Sie noch einmal und markieren Sie im Redemittelkasten.

das Gespräch strukturieren – jemanden unterbrechen – das Thema wechseln / auf ein Thema zurückkommen

---

sich an einem längeren Gespräch beteiligen

Wenn ich kurz unterbrechen darf: … / Entschuldigung! Da muss ich dich/Sie kurz unterbrechen.
Moment, bitte nochmal für's Protokoll.

Was mir dazu noch einfällt: … / Apropos … Dazu fällt mir ein, dass … / Übrigens: Ich finde …
Bevor ich's vergesse, ich wollte auch noch etwas zu … sagen.
Könnten wir bitte noch mal auf das Thema … zurückkommen? / Nochmal zurück zu…
Ich würde gerne nochmal das Thema … aufgreifen. / Wir hatten eben über … gesprochen.

Kommen wir zum nächsten Punkt: … / Ich denke, das führt zu weit.
Könnten wir bitte erstmal bei … bleiben? / Könnten wir das / diese Frage später besprechen?
Ich fasse das mal zusammen: … / Wir halten also fest, dass …

▶ Redemittel S. 157

---

c Strategietraining: ein Protokoll führen. In welchen Situationen schreibt man Protokolle? Worauf sollte man dabei achten? Sammeln Sie Ideen.

> *Ich denke, man notiert nur die wichtigsten Ergebnisse.*

> *Wenn ich an der Uni im Seminar protokolliere, dann notiere ich auch den Diskussionsverlauf.*

d Welche Arten von Protokollen gibt es? Was sind die Unterschiede? Sehen Sie das Strategievideo und machen Sie Notizen. Vergleichen Sie mit Ihren Ideen aus c.

e Wählen Sie einen Protokolltyp (A: Verlaufsprotokoll, B: Ergebnisprotokoll) und hören Sie in der App. Protokollieren Sie den Gesprächsverlauf (A) bzw. die wichtigsten Ergebnisse (B). Beachten Sie die Hinweise aus dem Strategievideo.

12 Wie die Zeit vergeht!

1 Wir leben nicht alle im gleichen Takt.

a Welches Sprichwort passt zu welchem Bild? Ordnen Sie zu. Was glauben Sie: Was bedeuten die Sprichwörter? Sammeln Sie Ideen im Kurs. Vergleichen Sie dann mit den Erklärungen unten.

Die Zeit vergeht wie im Flug. – Zeit ist Geld. – Die Zeit rennt. – Alles zu seiner Zeit. – Die Zeit steht still.

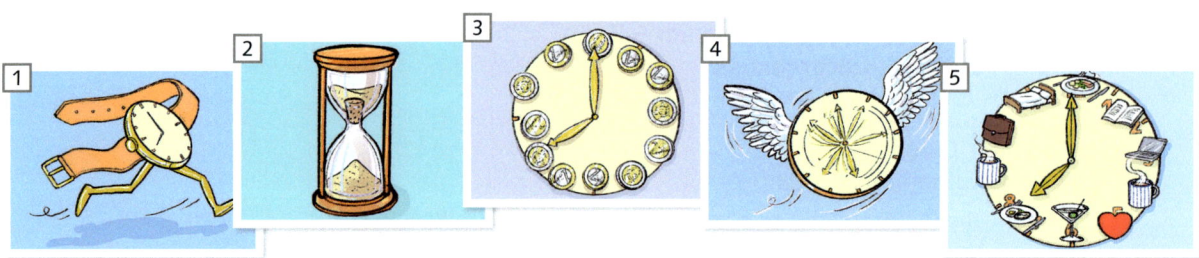

b Welche Redewendungen oder Sprichwörter zum Thema *Zeit* kennen Sie in anderen Sprachen? Tauschen Sie sich aus.

> *Im Tschechischen sagt man, die Zeit rennt wie Wasser. Das bedeutet, sie vergeht sehr schnell.*

c Was trifft im privaten Kontext am ehesten auf Sie zu? Lesen Sie den Test und kreuzen Sie an.

In welchem Takt tickt Ihre innere Uhr? – Unser Test verrät es Ihnen!

– ◯ Sie sehen oft auf die Uhr (**A**). / ◯ Sie vergessen manchmal, welcher Wochentag es ist. (**B**)
– ◯ Sie nehmen sich gern Zeit zum Essen. (**B**) / ◯ Sie essen oft zwischen Tür und Angel. (**A**)
– ◯ Sie stehen oft unter Zeitdruck und hetzen von einem Termin zum anderen. (**A**) /
  ◯ Sie lassen sich von nichts stressen. (**B**)
– ◯ Um Zeit zu sparen, machen Sie mehrere Sachen gleichzeitig. (**A**) /
  ◯ Sie erledigen alles in Ruhe nacheinander. (**B**)
– ◯ Sie planen für Ihre Freizeitaktivitäten im Voraus konkrete Zeitfenster ein. (**A**) /
  ◯ Sie verabreden sich lieber spontan. (**B**)
– Wenn Sie warten müssen ◯ werden Sie schnell nervös. (**A**) / ◯ bleiben Sie entspannt. (**B**)
– ◯ Sie kommen manchmal zu spät. (**B**) /
  ◯ Sie sind immer pünktlich und ärgern sich, wenn andere zu spät kommen. (**A**)
– Wenn Sie nichts tun müssen, ◯ fühlen Sie sich unwohl. (**A**) / ◯ genießen Sie die freie Zeit. (**B**)

A: Ihre innere Uhr tickt sehr schnell. Zeit ist für Sie kostbar und sie versuchen, jede Stunde produktiv zu nutzen. Vergessen Sie nicht, sich auch Pausen zu gönnen.

B: Ihre innere Uhr tickt in einem gemächlichen Takt. Sie lassen sich nicht aus der Ruhe bringen und achten auf Ihre individuellen Bedürfnisse.

d Wie tickt Ihre Uhr? Vergleichen Sie Ihre Testergebnisse in Gruppen. Die Redemittel auf Seite 157 helfen.

2 Eine Landkarte der Zeit

a Lesen Sie den Zeitungsartikel und bringen Sie die Abschnitte in die richtige Reihenfolge.

◯ Dabei hat er herausgefunden, dass das Lebenstempo in individualistischen Gesellschaften besonders hoch ist. Dort werden Ereignisse nach der sogenannten „Echtzeit" terminiert: Von 11 bis 15 Uhr Konferenz, dazwischen exakt 45 Minuten Mittagspause und dann um 15:58 Uhr die Bahn am Hauptbahnhof nehmen. In Ländern, wo man nach der „Echtzeit" lebt, gehen die Uhren deshalb besonders genau. **a**

1 *Die Zeit vergeht wie im Flug.* = Es fühlt sich an, als ob die Zeit besonders schnell vergeht, z.B. weil eine Aktivität viel Spaß macht. – 2 *Alles zu seiner Zeit.* = Man sollte Geduld haben und nicht immer alles sofort planen. Manche Dinge lösen sich später von allein bzw. man kann immer noch darüber nachdenken, wenn es soweit ist. – 3 *Die Zeit rennt.* = Man hat wenig Zeit bzw. steht unter Zeitdruck. – 4 *Die Zeit steht still.* = Es fühlt sich an, als ob sich nichts verändern würde und auch nach langer Zeit immer noch so ist, wie früher. Oder, wenn man etwas Besonderes erlebt und die Welt um sich herum nicht wahrnimmt. – 5 *Zeit ist Geld.* = Zeit ist wertvoll und sollte genutzt werden. Je schneller man etwas macht, desto erfolgreicher kann man sein.

☐ Trotz der Studienergebnisse war Levine natürlich bewusst, dass es auch innerhalb der gleichen kulturellen Umgebung große individuelle Unterschiede geben kann. Denn natürlich gibt es überall auf der Welt Menschen, deren innere Uhr so genau tickt wie ein Schweizer Uhrwerk, und andere, die sich im Fluss der Zeit treiben lassen. b

☐ Anders als in diesen besonders individualistischen Ländern steht in stärker kollektivistisch ausgerichteten Gesellschaften nicht der Leistungsdruck im Vordergrund, sondern die sozialen Beziehungen. Brasilien und Indonesien belegen vor Mexiko auf Levines Landkarte der Zeit die „letzten" drei Plätze. Hier werden Zeitpläne nicht von der Uhr, sondern von der Dauer eines Ereignisses bestimmt. Nicht die „Echtzeit", sondern die „Ereigniszeit" ist entscheidend. Man orientiert sich nicht am Busfahrplan, sondern wartet an der Haltestelle auf den nächsten Bus, der kommt – ganz nach dem Motto „Alles zu seiner Zeit". c

[1] Obwohl alle Uhren auf der Welt gleich schnell ticken, ist unser Umgang mit der Zeit nicht überall gleich. Um herauszufinden, ob und inwiefern dabei auch kulturelle Unterschiede eine Rolle spielen, hat der 2019 verstorbene US-amerikanische Psychologe Robert Levine in den 1990er Jahren eine Studie durchgeführt. Dabei hat er anhand von drei Faktoren – der Gehgeschwindigkeit der Menschen, der Bedienungsdauer in Postämtern und der Genauigkeit öffentlicher Uhren – das Lebenstempo in 31 Ländern „gemessen". d

☐ Japan – laut Levine eigentlich das Land mit dem höchsten Lebenstempo – landete insgesamt nur auf Platz 4. Grund dafür ist die besondere Höflichkeit der japanischen Postangestellten, die dazu führte, dass es insgesamt länger dauerte, im Postamt eine Briefmarke zu kaufen. So wurde – ohne Aufforderung – eine Quittung ausgestellt und die gekauften Briefmarken wurden hübsch verpackt. Auch in den relativ „schnellen" USA dauerte das Briefmarkenkaufen etwas länger, hier allerdings da die Postangestellten zunächst mit den Kunden darüber diskutierten, ob sie nicht statt eines 5-Dollar-Scheins passendes Kleingeld dabeihätten. e

☐ So weist die Schweiz – berühmt für die Genauigkeit ihrer Uhren – das schnellste Lebenstempo auf, gefolgt von Irland und Deutschland. In diesen Ländern gilt das Motto „Zeit ist Geld". Dadurch entsteht der Druck, möglichst viel in wenig Zeit zu leisten. Das hohe Lebenstempo spiegelt sich auch in der Gehgeschwindigkeit wider. Nicht selten hetzt man von einem Termin zum nächsten, um nicht zu spät zu kommen, denn Pünktlichkeit gilt als ein Ausdruck von Respekt. f

☐ Wer nach der „Ereigniszeit" lebt, nimmt sich für eine Verabredung so lange Zeit, wie sie eben dauert. Auch „Pünktlichkeit" spielt eine andere Rolle: In Mexiko gehört es laut Levine zum guten Ton, „zu spät" zu kommen. Nach der sogenannten *hora mexicana* beginnt ein 11-Uhr-Meeting frühestens um 11 Uhr 30 oder sogar um 12 Uhr. Wer „zu früh" kommt, könnte die Gastgeber in Verlegenheit bringen, da diese wahrscheinlich noch Vorbereitungen treffen. In Brasilien gilt Zuspätkommen bei beruflichen Verabredungen als ein Zeichen dafür, dass man erfolgreich und „wichtig" ist. Während Warten in „schnellen Ländern" als Zeitverschwendung empfunden wird, gehören Geduld und Spontaneität in Ländern wie Mexiko oder Brasilien zur Alltagskultur. g

b Was ist der Unterschied zwischen der „Echtzeit" und der „Ereigniszeit"? Lesen Sie noch einmal und sprechen Sie im Kurs.

c Was hat Robert Levine in der Studie untersucht? Wie ist er vorgegangen? Was sind die wichtigsten Ergebnisse? Lesen Sie noch einmal in a und beschreiben Sie die Studie mithilfe der Redemittel auf Seite 133. Brauchen Sie Hilfe oder sind Sie schon fertig? Dann arbeiten Sie mit der App.

d Wie finden Sie die Studie? Treffen Levines Ergebnisse auch heute noch zu? Welche Erfahrungen haben Sie in Ihrem Heimatland oder in anderen Ländern gemacht? Tauschen Sie sich aus.

12

- ein längeres Gespräch mit Themen- und Sprecherwechseln verstehen; über digitale und analoge Mediennutzung sprechen; eine informelle Textnachricht verstehen und schreiben

Digital ist besser?

1 Feierabend

a Wo sind die Personen? Worüber sprechen sie? Hören Sie und sprechen Sie im Kurs.

b Was ist falsch? Hören Sie noch einmal und kreuzen Sie die falsche Antwort an.

1 Dominique findet das Bestellen und Bezahlen per App gut, weil man …
   a ○ kein Bargeld braucht.
   b ○ nicht mit dem Servicepersonal reden muss.
   c ○ Zeit sparen kann.

2 Alina liest lieber Bücher als E-Books, weil …
   a ○ sie die Seiten anfassen möchte.
   b ○ damit schöne Erinnerungen verbunden sind.
   c ○ sie es mag, wie die Seiten riechen.

3 Julia sagt, dass …
   a ○ auch Bilder in E-Books eine gute Qualität haben.
   b ○ E-Books besser für die Umwelt sind.
   c ○ man mit E-Books Sprachen lernen kann.

4 Mario findet Bücher zum Sprachenlernen besser, …
   a ○ um sich Notizen machen zu können.
   b ○ weil er sich so die Informationen besser merken kann.
   c ○ weil er damit positive Gefühle verbindet.

c Und Sie? Was mögen Sie lieber? E-Books oder Bücher? Warum? Tauschen Sie sich aus.

d Über welche Themen sprechen die Freunde? Hören Sie weiter und zeichnen Sie die Themenwechsel in der Grafik wie im Beispiel ein.

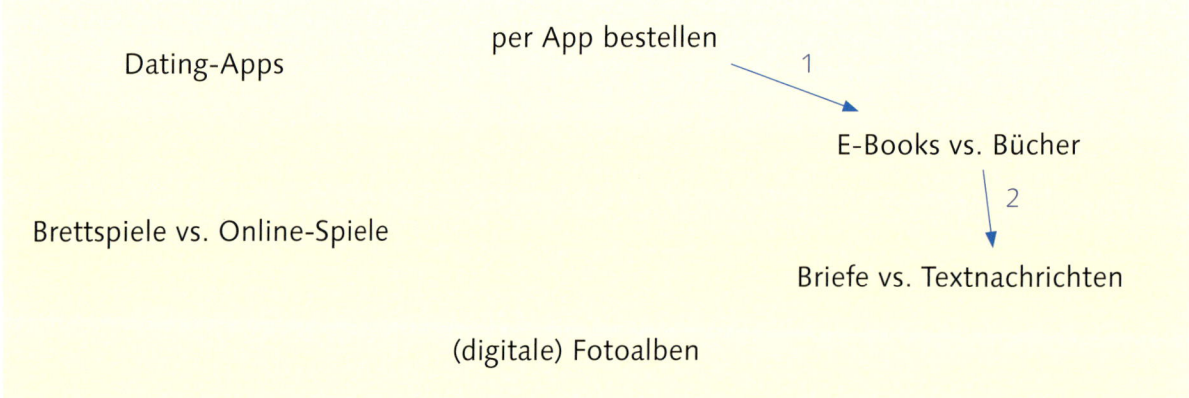

Dating-Apps

per App bestellen → 1

E-Books vs. Bücher
↓ 2
Briefe vs. Textnachrichten

Brettspiele vs. Online-Spiele

(digitale) Fotoalben

e Welche Vor- oder Nachteile werden im Gespräch genannt? Arbeiten Sie zu viert und wählen Sie jeweils ein anderes Themenpaar (A, B, C, D). Hören Sie dann noch einmal und machen Sie Notizen.

A	B	C	D
Briefe vs. Textnachrichten	analoge vs. digitale Fotoalben	Gesellschaftsspiele vs. Online-Spiele	persönliches Kennenlernen vs. Dating-Apps

f Stellen Sie Ihre Ergebnisse aus e in der Gruppe vor. Welche Vor- und Nachteile sehen Sie persönlich? Bevorzugen Sie eher digitale oder analoge Medien bzw. Kontakte? Tauschen Sie sich aus.

> *Im Gespräch wurde gesagt, dass Textnachrichten …*
> *Ich sehe das anders, ich bin eher der Meinung, dass …*

In vollen Zügen genießen

2 Strategietraining: eine informelle Textnachricht schreiben

a Worüber sprechen die Freunde? Was ist Dominique passiert? Lesen Sie den Chat und sprechen Sie im Kurs.

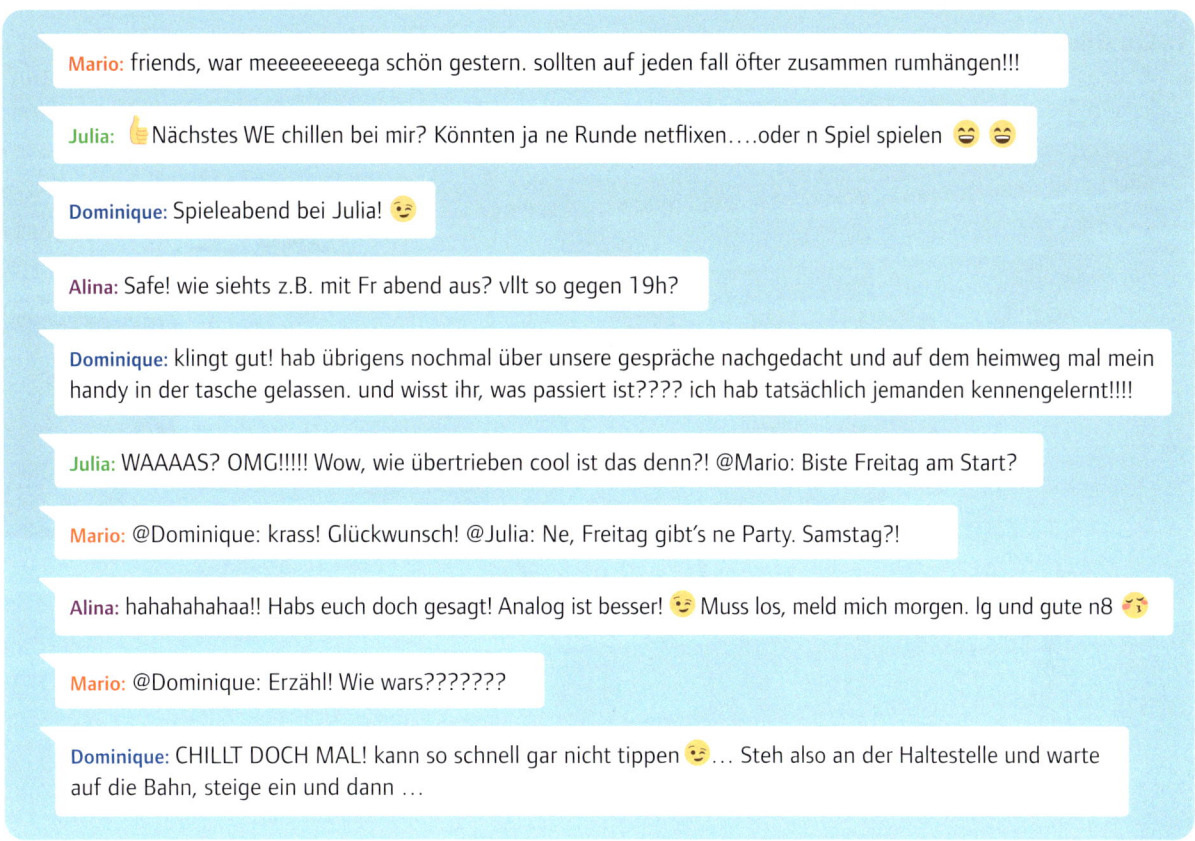

b Welche Besonderheiten gibt es beim Schreiben digitaler Textnachrichten? Lesen Sie noch einmal den Chat in a und sprechen Sie zu zweit.

c Welche Stilmittel werden benutzt? Suchen Sie Beispiele im Chat in a und vergleichen Sie mit Ihren Ideen aus b. Welche Wirkung wird dadurch erzeugt? Sprechen Sie im Kurs.

Abkürzungen/Zeichen – Emojis – Empfindungswörter/Modalpartikeln – Weglassen des Subjekts „ich"/„wir" – Groß-/Kleinschreibung – Umgangssprache – Verschmelzung von Verben und „es" – Vokalwiederholung – Weglassen des „e" bei Verben in der „ich-Form" – Verschmelzung von Verben und „du" – Anglizismen

---

> Das „e" bei „ich habe" wird weggelassen. Das ist umgangssprachlich.

> Und man schreibt „habs" statt „habe es" und „gibt's" statt „gibt es".

d Welche Abkürzung passt? Lesen Sie den Chat in a noch einmal und ergänzen Sie.

1 Wochenende WE
2 ein/eine _____
3 zum Beispiel _____
4 Freitag _____
5 vielleicht _____
6 Uhr _____
7 Oh mein Gott! _____
8 Liebe Grüße _____
9 Nacht _____

e Chat im Kurs. Arbeiten Sie in Gruppen. Schreiben Sie Ihren Namen und eine Nachricht auf ein Papier und geben Sie das Papier nach rechts weiter. Die nächste Person antwortet. Benutzen Sie Stilmittel aus c. Führen Sie den Chat fort, bis Ihr Papier wieder bei Ihnen ist.

> Luca: Hey! Lange nichts von euch gehört. :-) Wie geht's? Was gibt's Neues?

f Hängen Sie Ihre Chats im Kursraum auf und lesen Sie sie.

12

auf den eigenen Lernprozess zurückblicken; über Pläne und Perspektiven beim Deutschlernen sprechen

Der Weg ist das Ziel

1 Ein Blick zurück

a Was assoziieren Sie mit diesen Bildern? Was haben die Bilder für Sie mit dem Deutschlernen zu tun? Sehen Sie sich die Collage an und tauschen Sie sich aus.

b Welches Bild aus a passt Ihrer Meinung nach am besten zu welcher Frage? Diskutieren Sie in Gruppen. Schreiben Sie die Fragen auf ein Plakat und zeichnen Sie die Bilder dazu.

- Was haben Sie für sich erreicht? Was können Sie jetzt, was Sie vorher nicht (so gut) konnten?
- Was war Ihr „Aha-Erlebnis"?
- Was hat Ihnen besonders gefallen?
- Was wollen bzw. werden Sie nicht vergessen?
- Was war kompliziert/schwierig?
- Was fiel Ihnen leicht?
- Welche Erwartungen oder Ängste hatten Sie vor dem Kurs?
- Was möchten Sie noch einmal wiederholen?
- Was nehmen Sie sich für die Zukunft vor?

Zur zweiten Frage passt die Glühbirne.

Ja, oder aber auch der Knoten: Weil sich ein Knoten löst, wenn man etwas verstanden hat.

c Beantworten Sie die Fragen aus b zuerst allein. Schreiben Sie Ihre Antworten in Stichwörtern auf Zettel.
d Sprechen Sie in Ihrer Gruppe über Ihre Erfahrungen im Deutschkurs. Kleben Sie Ihre Zettel zu den jeweils passenden Fragen auf das Plakat und berichten Sie.
e Kursspaziergang. Hängen Sie die Plakate im Kursraum auf. Gehen Sie zu zweit oder in Gruppen herum. Lesen Sie die Plakate und tauschen Sie sich aus.

Obwohl wir alle im selben Kurs sind, haben wir doch sehr unterschiedliche Erfahrungen gemacht. Das ist sehr interessant.

2 Ein Blick nach vorn. Was bedeutet es für Sie, am Ende vom B2-Kurs angekommen zu sein? Haben Sie schon neue Ziele? Sprechen Sie im Kurs.

Ich möchte in Deutschland studieren. Jetzt kann ich endlich die B2-Prüfung dafür machen.

Ich bin jetzt viel selbstbewusster, wenn ich mich auf Deutsch unterhalte. Das ist schön!

In vollen Zügen genießen

Auf einen Blick

über Genuss sprechen
Genuss ist für mich, wenn … / Genießen bedeutet für mich, … zu …
Ich nehme mir Zeit für … / Es tut mir gut, … zu … / Wenn ich mir etwas Gutes tun möchte, …
Um genießen zu können, brauche ich … / Damit ich meine Seele baumeln lassen kann, brauche ich …
Ich gönne mir zwischendurch / ab und zu / gern mal ein heißes Bad / einen Kurzurlaub / …

Gefühle mit Empfindungswörtern ausdrücken

Erstaunen	Nanu?!	**Akzeptanz**	Tja.	**Ekel**	Ih! Bäh! Pfui!
Erinnerung	Ach ja!	**Begeisterung**	Wow!	**Erleichterung**	Puh! Uff!
Mitgefühl	Oje!	**Zustimmung**	Au ja!	**Zustimmung**	Mhm.
Einschränkung	Na ja.	**Schmerz**	Au!	**Skepsis**	Hm.

über Werte und Wertehaltungen sprechen
Ich würde mich als hedonistisch/konservativ/progressiv/… bezeichnen.
Finanzielle Sicherheit / Gerechtigkeit / Meine Freiheit / … steht/stehen für mich im Mittelpunkt.
Ich lege großen Wert auf …, vor allem, wenn es darum geht, dass …
… hat für mich einen/keinen hohen/großen Stellenwert, weil …

sich an einem längeren Gespräch beteiligen

jemanden unterbrechen
Wenn ich kurz unterbrechen darf: … / Entschuldigung! Da muss ich dich/Sie kurz unterbrechen.
Entschuldigung, dass ich dir/Ihnen ins Wort falle, aber … / Moment, bitte nochmal für's Protokoll.

das Thema wechseln / auf ein Thema zurückkommen
Apropos … Dazu fällt mir ein, dass … / Was mir dazu noch einfällt: … / Übrigens: Ich denke …
Bevor ich's vergesse, ich wollte auch noch etwas zu … sagen.
Wusstest du / Wussten Sie (eigentlich), dass …
Das ist jetzt zwar ein ganz anderes Thema, aber …
Könnten wir bitte noch mal auf das Thema … zurückkommen? / Nochmal zurück zu …
Ich würde gerne nochmal das Thema … aufgreifen. / Bevor wir weitermachen, würde ich gern noch …
Wir hatten eben über … gesprochen. / Sie sagten vorhin, dass … Dazu würde ich gern noch sagen: …

das Gespräch strukturieren
Kommen wir zum nächsten Punkt: … / Ich denke, das führt jetzt zu weit.
Könnten wir bitte erstmal bei … bleiben? / Könnten wir das / diese Frage später besprechen?
Bevor wir zu dieser Frage / diesem Thema kommen, sollten wir zuerst … zu Ende besprechen.
Ich fasse das mal zusammen: … / Wir halten also fest, dass …

über den Umgang mit Zeit sprechen
Ich nehme mir gern / viel / kaum / zu wenig Zeit für …
Ich werde oft/nie/schnell ungeduldig, wenn ich …
In meinem Beruf / In meinem Privatleben ist mir Pünktlichkeit sehr wichtig / nicht so wichtig.
Zeitpläne setzen mich unter Druck / helfen mir, meinen Alltag zu strukturieren.
Unter Zeitdruck kann ich (nicht) gut arbeiten, weil …
Wenn ich nichts zu tun habe, fühle ich mich … / nutze ich die Zeit, um … zu …

Inhalt Übungsbuch

7 Sich und die Welt verändern

Gutes tun	Ü 86
Die Arbeitswelt im Wandel	Ü 88
Beruflich neue Wege gehen	Ü 92
Ideen, die die Welt verändern	Ü 95
Wie die Digitalisierung die Arbeit verändert	Ü 96
Große Entscheidungen	Ü 97
Prüfungstraining	*Ü 98*

8 Bewusst konsumieren

Einkaufsgewohnheiten	Ü 100
Ein besonderes Produkt	Ü 103
Nachhaltiger Konsum	Ü 105
Warum konsumieren wir?	Ü 109
Mode – fair und nachhaltig?	Ü 100
Einkaufen vom Sofa aus	Ü 111
Prüfungstraining	*Ü 112*

9 Das perfekte Leben führen

Was ist Glück?	Ü 114
Selbstoptimierung – ein Mega-Trend	Ü 116
Start-ups – der perfekte Arbeitsplatz?	Ü 118
Leben, um zu arbeiten, oder arbeiten, um zu leben?	Ü 122
Leben und arbeiten auf dem Firmencampus	Ü 123
Raus aus dem Hamsterrad	Ü 124
Werbung für sich selbst	Ü 125
Prüfungstraining	*Ü 126*

10 Die Welt verstehen

Wie wir die Welt sehen	Ü 128
Die Perspektive wechseln	Ü 130
Politik und Gesellschaft	Ü 133
Ich verstehe nur Bahnhof!	Ü 137
Amtsdeutsch – eine ganz andere Sprache	Ü 138
Die Darstellung der Welt	Ü 139
Prüfungstraining	*Ü 140*

11 Geschichten erzählen

Alltagsgeschichten	Ü 142
Mit Farben und Formen erzählen	Ü 144
Geschichten im Netz	Ü 148
Eine Bildergeschichte	Ü 150
Fortsetzung folgt	Ü 150
Geschichten für die Nachwelt	Ü 151
Kurz berichtet	Ü 152
Prüfungstraining	*Ü 154*

12 In vollen Zügen genießen

Genussmomente	Ü 156
Genussforschung: Wie genießen wir?	Ü 159
Viele Ideen – eine Projekt!	Ü 161
Wie die Zeit vergeht!	Ü 165
Digital ist besser?	Ü 166
Der Weg ist das Ziel	Ü 167
Prüfungstraining	*Ü 168*

Übungsbuch

7 Sich und die Welt verändern

Webcode: gizivo

Gutes Tun

1 Gesellschaftliches Engagement

1.1 Welches Verb passt? Ergänzen Sie.

anbauen – demonstrieren – engagieren – ernten – löschen – mitgestalten – retten – sammeln – streiken – trainieren – unterschreiben – ~~widmen~~

1 Menschen _widmen_ ihre Zeit einem Ehrenamt, weil sie die Gesellschaft _____ wollen.
2 Bei der Fridays-for-Future-Bewegung _____ Schülerinnen und Schüler für den Klimaschutz.
3 Die freiwillige Feuerwehr muss Brände _____ und Menschen _____.
4 In einem Stadtgarten kann man eigenes Gemüse _____ und _____.
5 Wenn du dich für Geflüchtete _____ möchtest, kannst du diese Petition _____.
6 Die Gewerkschaftsmitglieder _____ für bessere Löhne in den Fabriken.
7 Der Sportverein sucht Freiwillige, die die Mädchen-Basketballmannschaft _____.
8 Diese Vereine _____ Spenden und Unterschriften für den Tierschutz.

1.2 🔊 1.02 In welchen Bereichen engagieren sich die Personen? Hören Sie und ordnen Sie zu. Manche Themen passen nicht.

1 Robert (Rostock) 2 Astrid (Hannover) 3 Maximilian (Dresden) 4 Nuran (Hamburg)

a Arbeitnehmerrechte/Arbeitsbedingungen
b Chancengleichheit/Gleichberechtigung
c Unfall-/Rettungshilfe
d Bildungsarbeit
e Nachbarschaftsinitiative
f Umwelt-/Naturschutz

1.3 🔊 1.02 Was ist falsch? Hören Sie noch einmal und kreuzen Sie die falsche Antwort an.

1 Die Regionalgruppe Rostock von Greenpeace …
  a ○ sammelt Spenden für Projekte gegen den Klimawandel.
  b ○ will mit einer Petition an die UNO den Schutz der Ozeane fördern.
  c ○ wurde vor 10 Jahren gegründet.

2 Der Arbeitskreis „Frauen im Ingenieursberuf" …
  a ○ bietet an Universitäten Technik-Workshops für Frauen an.
  b ○ will den Frauenanteil in Ingenieursberufen erhöhen.
  c ○ setzt sich gegen die Diskriminierung von Ingenieurinnen ein.

3 Der Betriebsrat …
  a ○ kann Mitarbeiter einstellen und kündigen.
  b ○ vertritt die Rechte der Arbeitnehmer im Unternehmen.
  c ○ wird von den Mitarbeitern im Unternehmen gewählt.

4 Das Gemeinschaftsgartenprojekt …
  a ○ ist demokratisch organisiert.
  b ○ ist als Verein organisiert.
  c ○ will den Kontakt in der Nachbarschaft fördern.

2 Wer sich ehrenamtlich engagiert, tut etwas Gutes für die Gesellschaft.

2.1 Was passt zusammen? Lesen Sie die Sätze und verbinden Sie. Markieren Sie dann die Relativ- und Demonstrativpronomen sowie die relevanten Verben oder Präpositionen wie im Beispiel.

1 Für wen Klimaschutz wichtig ist,
2 Wem die Arbeit mit Kindern Spaß macht,
3 Wer diese Initiative unterstützen möchte,
4 Wer sich über Ehrenämter informieren will,
5 Wer sich für bessere Arbeitsbedingungen einsetzen möchte,

a der könnte Nachhilfeunterricht anbieten.
b für den ist diese Website sicher interessant.
c (der) könnte Spenden sammeln.
d dem empfehle ich, der Gewerkschaft beizutreten.
e der sollte sich der Fridays-for-Future-Bewegung anschließen.

2.2 Was ist richtig? Lesen Sie die Sätze in 2.1 noch einmal und die Regeln und kreuzen Sie an.

> **Relativsätze mit *wer*, *wem*, *wen***
>
> Relativsätze mit *wer*, *wem*, *wen* treffen allgemeine Aussagen über Personen. Im ○ *Relativsatz* / ○ *Hauptsatz* kann ein Demonstrativpronomen (*der*, *dem*, *den*) stehen. Der Relativsatz steht immer ○ *vor* / ○ *nach* dem Hauptsatz. Der Kasus der Relativ- und Demonstrativpronomen hängt vom Verb oder der Präposition ab. Wenn der Kasus im Haupt- und Relativsatz gleich ist, ist ○ *ein* / ○ *kein* Demonstrativpronomen nötig.

2.3 *Wer*, *wem*, *wen* und *der*, *dem*, *den*. Was passt? Ergänzen Sie.

1 _Wer_ im Rettungsdienst arbeiten möchte, _(der)_ braucht spezielle Qualifikationen.
2 _____ Sport Spaß macht, _____ kann ehrenamtlich eine Mannschaft trainieren.
3 _____ die Gesellschaft mitgestalten will, _____ könnte ein Ehrenamt im Bereich Politik gefallen.
4 _____ Kulturangebote interessieren, _____ kann sich in Theater- oder Musikgruppen engagieren.
5 _____ Umweltschutz wichtig ist, für _____ könnte „Greenpeace" interessant sein.

2.4 Schreiben Sie Relativsätze mit *wer*, *wem*, *wen* und *der*, *dem*, *den*.

1 Manche Leute wollen gern Gemüse anbauen. Für sie wäre ein Gemeinschaftsgarten interessant.
2 Vielen Leuten ist Gleichberechtigung wichtig. Diese Menschen sollten am 8. März demonstrieren.
3 Für manche ist längerfristiges Engagement möglich. Sie könnten einen Verein gründen.
4 Viele haben Ärger mit dem Vermieter. Ihnen empfehle ich, sich vom Mieterverein beraten zu lassen.

1 Wer gern Gemüse anbauen will, für …

2.5 Für wen könnte das interessant sein? Schreiben Sie Relativsätze mit *wer*, *wem*, *wen*.

1 eine Kampagne für/gegen … organisieren
2 eine Petition für/gegen … unterschreiben
3 für … Spenden sammeln
4 sich für/gegen … einsetzen
5 für/gegen … demonstrieren
6 einen Verein / eine Organisation für … gründen

1 Wem die Gleichberechtigung aller Geschlechter wichtig ist, der könnte eine Kampagne für gleiche Löhne organisieren.
2 Wer …, dem empfehle ich …

2.6 Sprachmittlung: Welche Rolle spielen Ehrenämter in Deutschland? Welche Beispiele gibt es? Wie würden Sie jemandem, der noch nie davon gehört hat, ehrenamtliches Engagement erklären?

– Lesen Sie noch einmal im Kursbuch auf Seite 86 und 87 den Artikel in 1b und die Grafik in 1d.
– Stellen Sie sich vor, eine Freundin / ein Freund möchte sich über Ehrenämter informieren. Schreiben Sie ihr/ihm eine E-Mail und fassen Sie die wichtigsten Informationen in fünf bis acht Sätzen zusammen. Schreiben Sie auf Deutsch oder in Ihrer Muttersprache.

Ü 87

7 Die Arbeitswelt im Wandel

1 Die Zukunft der Arbeit

1.1 Welches Wort passt? Ergänzen Sie.

Arbeitszeiten – eigenverantwortlich – ~~Führungskräften~~ – Hierarchien – Kompetenzen – langfristig – mitbestimmen – Roboter – Umsätze – vereinbaren – verwirklichen – von zu Hause – weiterentwickeln

Frage der Woche: Wie sieht die Arbeit der Zukunft aus?

Lukas21: Ich könnte mir vorstellen, dass das Verhältnis zwischen Belegschaft und _Führungskräften_ ¹ entspannter wird und man mehr auf Augenhöhe zusammenarbeitet. In meiner Firma wurden schon jetzt einige _____² abgebaut. Wir – die Mitarbeiter*innen – können bei vielen Themen _____³ und wir duzen mittlerweile auch unsere Chefin. Ich vermute, dass es _____⁴ wahrscheinlich gar keine Vorgesetzten mehr geben wird.

Peppi: Als freiberufliche Grafikdesignerin kann ich schon heute selbst bestimmen, wann und wo ich arbeite – also ob _____⁵ oder unterwegs. Ich rechne fest damit, dass zukünftig auch immer mehr Angestellte flexiblere _____⁶ und -orte haben werden. Das wäre wichtig, um Beruf und Privatleben besser zu _____⁷. Man kann davon ausgehen, dass eine bessere Work-Life-Balance nicht nur zu mehr Zufriedenheit bei den Angestellten, sondern auch zu einer besseren Arbeitsleistung führt. Und je besser die Leistung, desto höher die _____⁸.

Jamal_94: Ich nehme an, dass _____⁹ und Maschinen manche Tätigkeiten übernehmen werden. Diese Umstellung erfordert natürlich auch neue _____¹⁰ von uns. Deshalb denke ich, dass wir uns ständig _____¹¹ müssen. Ich gehe davon aus, dass es immer wichtiger wird, _____¹² zu arbeiten und kreativ die eigenen Ideen zu _____¹³.

1.2 Wie heißen die Kompetenzen? Ordnen Sie zu und ergänzen Sie die Artikel.

Belastbarkeit – Diversitätskompetenz – Eigenverantwortung – Flexibilität – Kommunikationsstärke – Konfliktfähigkeit – Kreativität – Lösungsorientierung – ~~Organisationskompetenz~~ – Teamfähigkeit

Wenn ...

1 man Projekte und Aufgaben sinnvoll strukturieren kann: _die Organisationskompetenz_

2 es einem leicht fällt, sich auf neue Situationen einzustellen: _____

3 man gut mit Konflikten umgehen kann: _____

4 man gut mit anderen zusammenarbeiten kann: _____

5 man gut mit Stress, Anstrengung und Zeitdruck umgehen kann: _____

6 man phantasievolle Ideen hat und „um die Ecke denken" kann: _____

7 man Verantwortung übernimmt und selbstständig arbeitet: _____

8 man versucht, schnell gute Lösungen für ein Problem zu finden: _____

9 man wertfrei, offen und respektvoll mit allen Menschen umgeht: _____

10 man Ideen und Konzepte verständlich erklären und gut auf andere Menschen eingehen kann: _____

1.3 Wie heißen die Adjektive? Schreiben Sie Relativsätze zu den Kompetenzen 2–6 in 1.2 wie im Beispiel.

> 2 Wem es leichtfällt, sich auf neue Situationen einzustellen, der ist flexibel.
> 3 Wer …

1.4 Welche Fragen wurden gestellt? Lesen Sie das Interview und ordnen Sie zu.

1 Du hast gerade die Arbeitsgruppen angesprochen. Wie ist die *Sprachbörse* organisiert?
2 Selbstorganisation und Basisdemokratie – ist das nicht auch anstrengend?
3 Und welche sind das?
4 Was ist bei euch anders als in anderen Sprachschulen?
5 Yoon, du bist Sprachlehrer und unterrichtest seit fünf Jahren Koreanisch an der *Sprachbörse*, einem selbstorganisierten Projekt hier an der Uni Berlin. Was ist das Besondere an eurer Sprachschule?

Auf Augenhöhe miteinander arbeiten – Im Gespräch mit Yoon Cho von der *Sprachbörse*

[5] Die *Sprachbörse* hat eine spannende Geschichte. Vor über 30 Jahren wurde sie von einigen internationalen Studierenden während eines Uni-Streiks als Verein gegründet. Damals wie heute ist das Ziel, Menschen aus verschiedenen Ländern zusammenzubringen und von- und miteinander zu lernen. Neben den Sprachkursen in mehr als 25 Sprachen – von Arabisch über
5 Hindi bis Serbokroatisch – bieten wir auch Workshops und kulturelle Veranstaltungen an und das alles organisieren und finanzieren wir selbst. Die Sprachlehrer*innen sind keine Angestellten, sondern Vereinsmitglieder, die sich auch in anderen Bereichen engagieren. Zurzeit sind wir über 100 Mitglieder.

[ ] Wir arbeiten auf Augenhöhe miteinander. Bei uns gibt es keine Hierarchien, also zum Beispiel auch keine Geschäfts-
10 leitung. Alle Entscheidungen werden basisdemokratisch getroffen und alle Mitglieder haben die gleichen Rechte. Dadurch bietet die *Sprachbörse* viel Raum für Kreativität und neue Ideen. Jede*r kann selbst entscheiden, in welcher Arbeitsgruppe sie oder er sich engagieren möchte und sich so individuell mit den eigenen Interessen und Fähigkeiten einbringen.

[ ] Einmal im Monat treffen sich alle Mitglieder zum Plenum. Dort besprechen wir aktuelle Themen, verteilen Aufgaben
15 und stimmen über wichtige Fragen ab – zum Beispiel, wie viel Geld eine Arbeitsgruppe bekommt. Die kleineren Arbeitsgruppen arbeiten selbstständig in verschiedenen Bereichen, z.B. Werbung, Kulturprogramm oder Weiterbildung.

[ ] Auf jeden Fall dauert alles länger. Man braucht viel Geduld, denn manchmal ziehen sich Diskussionen über Wochen, weil alle tolle Ideen haben. Und natürlich muss man gut miteinander kommunizieren können und braucht ein hohes Maß an Diversitätskompetenz und kulturellem Einfühlungsvermögen – unsere Mitglieder kommen aus über 40 ver-
20 schiedenen Ländern. Wir sind eigentlich nie alle einer Meinung. Dann kann so ein Plenum auch mal sehr intensiv werden. Aber trotz aller Schwierigkeiten überwiegen für mich klar die Vorteile.

[ ] Es ist toll, so viel Freiheit für eigene Ideen zu haben, und man kann viel voneinander lernen. Ich glaube, viele von uns sind bei der Arbeit an der *Sprachbörse* auch teamfähiger geworden und haben ihre Organisations- und Entscheidungskompetenzen gestärkt. Aber am wichtigsten finde ich, dass wir solidarisch arbeiten. Bei unseren Sprachkursen verdie-
25 nen alle das Gleiche, egal, ob im Kurs drei oder zwölf Personen sitzen. Mit den Einnahmen aus größeren Kursen finanzieren wir die kleineren Kurse mit. Diese Gleichberechtigung finde ich wichtig.

1.5 Lesen Sie das Interview in 1.4 noch einmal und beantworten Sie die Fragen in Ihrem Heft.

1 Was unterscheidet die *Sprachbörse* von anderen Sprachschulen?
2 Was bedeutet „auf Augenhöhe arbeiten" an der *Sprachbörse*? Welche Beispiele nennt Yoon?
3 Welche Organisationsstrukturen gibt es?
4 Welche Kompetenzen brauchen die Mitglieder? Warum bzw. wofür?
5 Was gefällt Yoon besonders an der *Sprachbörse*?

1.6 Was glauben Sie: Wie wird sich die Arbeitswelt in den nächsten Jahren verändern? Welche Kompetenzen werden in Zukunft besonders wichtig und warum? Schreiben Sie einen Kommentar wie in 1.1. Die Redemittel im Kursbuch auf Seite 97 helfen.

7

2 Ich habe den Kunden wiedergetroffen. Er hat sein Angebot wiederholt.

2.1 Wiederholung: trennbare und untrennbare Verben. Markieren Sie die trennbaren und untrennbaren Verben in zwei Farben. Schreiben die dann Sätze im Präsens oder Perfekt wie im Beispiel. Der Grammatikanhang (A 1.8.1) hilft.

1. Früher hat die Geschäftsleitung alle Entscheidungen allein getroffen. Heute … *(die Belegschaft – gemeinsam – über wichtige Veränderungen – abstimmen)*
2. Wir arbeiten ohne Hierarchien. Das heißt, dass … *(alle – gemeinsam – entscheiden)*
3. Wir bekommen Unterstützung, weil … *(die Chefin – letzte Woche – neue Mitarbeiter – einstellen)*
4. Können wir morgen noch einmal telefonieren? – Ja, gern, … *(ich – Sie – gegen 12 Uhr – anrufen)*
5. Ich brauche noch einen Notizblock, dann … *(ich – alle wichtigen Informationen – aufschreiben)*
6. Ich muss leider los, weil … *(gleich – die Konferenz – anfangen)*
7. Ich bin in meinem Job nicht glücklich. Deshalb … *(ich – schon – auf eine neue Stelle – sich bewerben)*

> 1 Heute stimmt die Belegschaft gemeinsam über wichtige Veränderungen ab.

2.2 Welches Verb ist trennbar? Hören Sie die Sätze und kreuzen Sie an. *(1.03)*

1. ○ unterordnen
2. ○ wiederkommen
3. ○ umbauen
4. ○ überzeugen
5. ○ umfassen
6. ○ durchführen
7. ○ unterhalten
8. ○ durchsuchen

2.3 Was passt: *trennbar* oder *untrennbar*? Lesen Sie die Regeln und ergänzen Sie.

Verben mit trennbaren und untrennbaren Präfixen

Verben mit den Präfixen *durch*, *über*, *um*, *unter*, *wieder* können trennbar oder untrennbar sein.

_____   _____

– Präfix unbetont   – Präfix betont
– Partizip II ohne *ge-*   – Partizip II mit *ge-*

Einige wenige Verben existieren sowohl mit trennbarem als auch untrennbarem Präfix. Dann ändert sich die Bedeutung, z.B.: *ein Problem umgehen / mit einem Problem umgehen*

2.4 Was passt? Ergänzen Sie die Verben im Präsens in der richtigen Form. Bei untrennbaren Verben bleibt die zweite Lücke leer.

durchführen – durchsuchen – überarbeiten – überlegen – ~~übernehmen~~ – umfassen – umziehen – unterordnen – unterschreiben – ~~wiederkommen~~

1. Nach meinem Masterabschluss _übernehme_ ich die Firma meiner Eltern _–_ .
2. Ich habe jetzt einen Termin, aber danach _komme_ ich _wieder_ . Bitte warten Sie kurz.
3. Bitte _____ Sie das Formular _____ und senden es bis zum 24.02. an uns zurück.
4. In meiner Firma _____ wir jede Woche eine Besprechung für die Projektplanung _____ .
5. Ich _____ manchmal _____ , ob ich kündigen sollte.
6. Wir stimmen immer im Team ab und alle _____ sich der Mehrheit _____ .
7. Das Formular kam gestern per Mail. Ich _____ nochmal meinen Posteingang _____ .
8. Meine Kollegin _____ gerade die Präsentation _____ und ergänzt die neuen Daten.
9. Das Weiterbildungsprogramm _____ sowohl Seminare als auch ein Praktikum _____ .
10. Wir _____ in ein Büro im Zentrum _____ , damit wir besser erreichbar sind.

Ü 90 Sich und die Welt verändern

2.5 Phonetik: Wortakzent bei trennbaren und untrennbaren Verben. Lesen Sie die Wörterbucheinträge. Hören Sie dann die Verbpaare und sprechen Sie nach. Unterstützen Sie den Wortakzent mit einer Geste.

a
- ☐ **durch|schauen** (*Perfekt:* hat d**u**rchgeschaut): etw. durchschauen (ein Dokument durchsuchen/überprüfen)
- ☐ 1 **durchschauen** (*Perfekt:* hat durchschaut): etw./jmdn. durchschauen (verstehen)

b
- ☐ **über|gehen** (*Perfekt:* ist übergegangen): zu etw. übergehen (eine Aufgabe, ein Thema wechseln; etw. Neues anfangen)
- ☐ **übergehen** (*Perfekt:* hat übergangen): etw./jmdn. übergehen (nicht beachten / ignorieren)

c
- ☐ **wieder|holen** (*Perfekt:* hat wiedergeholt): etw. wiederholen (zurückholen)
- ☐ **wiederholen** (*Perfekt:* hat wiederholt): etw. wiederholen (noch einmal machen oder sagen)

d
- ☐ **um|gehen** (*Perfekt:* ist umgegangen): mit etw./jmdm. umgehen (behandeln)
- ☐ **umgehen** (*Perfekt:* hat umgangen): etw. umgehen (vermeiden)

e
- ☐ **um|schreiben** (*Perfekt:* hat umgeschrieben): etw. umschreiben (neu/anders schreiben)
- ☐ **umschreiben** (*Perfekt:* hat umschrieben): etw. umschreiben (mit anderen Worten erklären)

2.6 Welches Verb wird in den Sätzen benutzt? Hören Sie und ordnen Sie in 2.5 zu.

2.7 Schreiben Sie jeweils einen Satz mit den Verben in 2.5 in Ihr Heft.

3 Die Flexibilisierung der Arbeit

3.1 Was bedeuten die Wörter? Lesen Sie die Definitionen und ordnen Sie zu.

1. ☐ *g* die Gleitzeit
2. ☐ die Vollzeitarbeit
3. ☐ die Teilzeitarbeit
4. ☐ die Schichtarbeit
5. ☐ das Sabbatical
6. ☐ das Großraumbüro
7. ☐ der Co-Working-Space
8. ☐ das mobile Arbeiten
9. ☐ das Arbeitszeitkonto

a wenn man im Büro aber auch unterwegs oder zu Hause arbeiten kann
b ein Büro, in dem viele Menschen gemeinsam arbeiten
c wenn man 38 bis 40 Stunden pro Woche arbeitet
d dort kann man sehen, wie viel man gearbeitet hat und man kann Überstunden „sammeln"
e wenn man weniger arbeitet, z. B. 20 bis 30 Stunden pro Woche
f wenn man zu wechselnden Tageszeiten (z. B. sehr früh oder in der Nacht) arbeitet
g wenn man seine Arbeitszeit flexibel einteilen und manchmal mehr, manchmal weniger arbeiten kann
h ein Ort, wo sich Menschen aus verschiedenen Firmen oder Branchen Büros teilen
i eine Auszeit für mehrere Monate von der Arbeit, z. B. um zu reisen oder sich weiterzubilden

3.2 Wiederholung: Nominalisierte Adjektive. Welche Endung passt? Ergänzen Sie. Der Grammatikanhang (A 2.1) hilft.

~~e~~ – e – e – e – e – e – ~~en~~ – en – en – en – er – er

1. Als Bankangestellt*e* hat sie feste Arbeitszeiten. Fast alle der Beschäftigt*en* arbeiten von 9 bis 17 Uhr.
2. Mein Bruder engagiert sich als Ehrenamtlich___ für den Umweltschutz. Gemeinsam mit anderen Ehrenamtlich___ organisiert er öffentliche Infoveranstaltungen.
3. Carlos mag es, dass er als Selbstständig___ zeit- und ortsunabhängig arbeiten kann.
4. Der Vorgesetzt___ hat den Angestellt___ angeboten, zweimal in der Woche von zu Hause zu arbeiten.
5. Die Organisation „Die Tafeln" sucht Engagiert___, die Essen an Bedürftig___ verteilen.
6. 5,3 % der Deutsch___ sind Selbstständig___, die ohne eigene Angestellt___ erwerbstätig sind.

Ü 91

7

Beruflich neue Wege gehen

1 Schlechte Arbeitsbedingungen

1.1 Welches Thema passt? Lesen Sie den Ratgeber und ordnen Sie zu. Nicht alle Themen passen.

1. ein zu hohes Arbeitspensum
2. flexible Arbeitszeiten
3. schlechte Kommunikation
4. Arbeitsatmosphäre im Großraumbüro
5. Konflikte am Arbeitsplatz

Dicke Luft und Stress im Job? – Unsere Tipps, um Probleme am Arbeitsplatz zu vermeiden

☐ Ein Büro für alle – eigentlich eine tolle Idee. Kommunikationswege lassen sich verkürzen, denn die Kollegen sind direkt am Nachbartisch ansprechbar. In der Praxis sieht das leider oft anders aus. Durch die räumliche Nähe wird man viel leichter abgelenkt oder unterbrochen. Wenn zwölf Personen gleichzeitig telefonieren, kann es schnell laut werden. Da ist an konzentriertes Arbeiten nicht zu denken. Auch unterschiedliche Bedürfnisse
5 können zu Konflikten im Großraumbüro führen: Der eine braucht es gemütlich warm, der andere reißt ständig das Fenster auf, um frische Luft hereinzulassen. Unsere Tipps: Fordern Sie mobile Trennwände, um sich bei Bedarf von den anderen abzugrenzen. Setzen Sie Kopfhörer auf, um in Ruhe arbeiten zu können.

☐ Der Klassiker: zu viel Arbeit und viel zu wenig Zeit. Auch wenn man jeden Tag Überstunden macht, ist die Arbeit nicht zu schaffen. Der ständige Zeitdruck führt zu Stress. Man verliert den Spaß an seinem Job und schadet
10 langfristig auch seiner Gesundheit. Stress ist daher unbedingt zu vermeiden! Besprechen Sie gemeinsam mit der Projektleitung einen Zeitplan, der für alle realistisch ist. Achten Sie darauf, dass es auch Aufgaben gibt, die zeitlich variabel sind, damit Sie Ihren Zeitplan leichter anpassen können, wenn es wieder mal zu stressig wird.

☐ Missverständnisse sind ein alltägliches Problem am Arbeitsplatz. Besonders in der schriftlichen Kommunikation werden Informationen manchmal falsch interpretiert, weil Formulierungen unverständlich sind. Das führt zu
15 Unsicherheiten, Fehlern, Verzögerung der Arbeitsprozesse und manchmal sogar zu Streit. Wie lassen sich diese Probleme umgehen? Grundsätzlich sind unnötig lange Kommunikationswege zu vermeiden. Kommunizieren Sie lieber direkt, als wiederzugeben, was jemand anderes gesagt hat. Setzen Sie Kollegen bei E-Mails in cc, wenn die Informationen wichtig für sie sein könnten. Schreiben Sie so, dass die Informationen für alle nachvollziehbar sind. Auf komplizierte oder unnötige Formulierungen ist zu verzichten.

1.2 Lesen Sie noch einmal und beantworten Sie die Fragen in Ihrem Heft. Schreiben Sie auch eigene Ideen.

1. Welche Probleme gibt es im Großraumbüro?
2. Was kann man machen, wenn man bei der Arbeit unter großem Zeitdruck oder Stress steht?
3. Wie kann man Missverständnisse in der Kommunikation vermeiden?

2 Das Problem ist schnell zu lösen.

2.1 Wie kann man das Passiv mit Modalverben alternativ ausdrücken? Suchen und unterstreichen Sie die Beispiele aus dem Grammatikkasten in 1.1. Ergänzen Sie dann im Grammatikkasten.

Alternativen zum Passiv mit Modalverben (Passiversatzformen)

Passiv mit *können*:

lassen + _____ + Infinitiv:	*Wege lassen sich verkürzen. / Wie lassen sich Probleme umgehen?*
sein + _____ + Infinitiv:	*An konzentriertes Arbeiten ist nicht zu denken. / Es ist nicht zu schaffen.*
sein + Adjektiv mit -_____ :	*Die Kollegen sind ansprechbar. / Informationen sind nachvollziehbar.*
sein + Adjektiv mit -_____ :	*Die Aufgaben sind zeitlich variabel.*
sein + Adjektiv mit -_____ :	*Die Formulierungen sind manchmal unverständlich.*

Passiv mit *müssen*:

_____ + *zu* + Infinitiv:	*Stress ist zu vermeiden. / Lange Kommunikationswege sind zu vermeiden. / Auf komplizierte Formulierungen ist zu verzichten.*

Sich und die Welt verändern

2.2 Wiederholung: Passiv mit Modalverben. Schreiben Sie die Beispiele aus 2.1 als Sätze mit Passiv. Der Grammatikanhang (A 1.3.1) hilft.

1 Wege können verkürzt werden.

2.3 *Können* oder *müssen*? Lesen Sie und formulieren Sie die Sätze mit Passiv und Modalverb um.

> *Liebe Mitarbeiter*innen,*
> *bitte beachten Sie folgende Hinweise:*
>
> 1 Private Telefongespräche sind im Pausenraum zu führen.
> 2 Achten Sie auf die Lautstärke! Bei Telefonaten sind Kopfhörer zu benutzen.
> 3 Ab dem 12.04. ist der IT-Support von 9-14 Uhr zu erreichen.
> 4 Bei Bedarf sind Trennwände beim Hausmeister abzuholen.
> 5 Die Teeküche ist sauber und ordentlich zu hinterlassen.
> 6 Wegen Reparaturarbeiten ist der Kopierer im Raum 007 leider nicht zu benutzen.
>
> *Vielen Dank und herzliche Grüße!*
> *Die Geschäftsführung*

1 Private Telefongespräche müssen im Pausenraum geführt werden.

2.4 Schreiben Sie die Sätze mit Passiversatzformen. Achten Sie auf die richtige Verbform.

1 Den Lärm im Büro könnte man ohne Kopfhörer nicht ertragen. (*sein* + Adjektiv mit *-lich*)
2 Die Kollegen kann man nur per E-Mail erreichen. (*sein* + *zu* + Infinitiv)
3 Die komplexen Arbeitsprozesse konnte man nicht verstehen. (*sein* + Adjektiv mit *-lich*)
4 Viele Entscheidungen kann man kaum noch nachvollziehen. (*sein* + Adjektiv mit *-bar*)
5 Früher musste man sogar jeden Tag Überstunden machen. (*sein* + *zu* + Infinitiv)
6 Mit der Chefin kann man auch nicht reden. (*lassen* + *sich* + Infinitiv)

1 Der Lärm im Büro wäre ohne Kopfhörer unerträglich / nicht erträglich.

2.5 Was kann man und was muss man im Co-Working-Space machen? Lesen Sie den Flyer und schreiben Sie Sätze mit *lassen* + *sich* + Infinitiv und mit *sein* + *zu* + Infinitiv wie im Beispiel.

Freie Plätze im Co-Working-Space

Bei uns können Sie ...
- flexibel und unabhängig arbeiten.
- Arbeitsplätze wöchentlich oder monatlich mieten.
- Ihre Dateien in der Cloud speichern.
- Ihre Dokumente scannen, kopieren und ausdrucken.
- Meetings in separaten Seminarräumen abhalten.
- bei Bedarf Kopfhörer und Bildschirme ausleihen.
- in der Küche Ihre Snacks und Getränke zubereiten.

Bitte beachten Sie diese Hinweise, damit sich alle wohlfühlen und konzentriert arbeiten können:
- Nehmen Sie Rücksicht auf andere.
- Vermeiden Sie laute Gespräche.
- Benutzen Sie die Telefonräume für Telefonate.
- Halten Sie Ordnung an Ihrem Arbeitsplatz.
- Löschen Sie unnötige Dateien aus der Cloud.
- Räumen Sie Ihr Geschirr in der Küche selbst weg.
- Schalten Sie am Abend Licht und Heizung aus.

– *Im Co-Working-Space lässt sich flexibel und unabhängig arbeiten.*

– *Im Co-Working-Space ist auf andere Rücksicht zu nehmen.*

3 Najims Vorstellungsgespräch

3.1 Was passt? Suchen und markieren Sie sieben Nomen in der Wortschlange. Ergänzen Sie dann die passenden Wörter in den Fragen.

SKBSDIENSTREISECVAJQUALITÄTSSICHERUNGNBERVANFORDERUNGENWFREMGEHALTSVORSTELLUNGMDERWERDEGANGIURTSTELLENAUSSCHREIBUNGKIDENTSTÄRKENSTER

1. Was können Sie gut? Welche besonderen _____ bringen Sie mit?
2. Wären Sie bereit, auch am Wochenende manchmal auf _____ zu fahren?
3. Bitte beschreiben Sie uns Ihren bisherigen beruflichen _____.
4. Das Gehalt ist verhandelbar. Wie ist Ihre _____?
5. Haben Sie Erfahrungen im Bereich _____?
6. Inwiefern erfüllen Sie die _____ für die Stelle?
7. Wie sind Sie auf unsere _____ aufmerksam geworden?

3.2 Nomen-Verb-Verbindungen. Welche Verben passen? Ergänzen Sie. Schreiben Sie dann je einen Satz.

erfüllen – geben – haben – tragen – übernehmen – wahrnehmen – wissen

1. Verantwortung *haben/tragen/übernehmen*
2. Konsequenzen _____
3. Anforderungen _____
4. einen guten Ruf _____
5. Aufgaben _____
6. Bescheid _____

4 Strategietraining: ein Vorstellungsgespräch führen

4.1 Wie kann man sich auf ein Vorstellungsgespräch vorbereiten? Notieren Sie Tipps mithilfe der Wörter. Sehen Sie das Strategievideo bei Bedarf noch einmal.

~~Webseite des Unternehmens~~ – Lebenslauf – Stellenanzeige – Fragen – Körpersprache

---

ein Vorstellungsgespräch führen

- *sich vorher auf der Unternehmenswebseite über die Unternehmensziele u. aktuelle Projekte informieren*

4.2 Und Sie? Stellen Sie sich vor, Sie hätten morgen ein Vorstellungsgespräch für eine interessante Stelle. Was würden Sie sagen? Machen Sie sich Notizen zu den Fragen in 3.1.

4.3 Üben Sie zu dritt. Eine Person stellt die Fragen aus 3.1. Die zweite Person antwortet frei mithilfe der Notizen und der Redemittel im Kursbuch auf Seite 97. Die/Der dritte hört zu und gibt am Ende Feedback. Tauschen Sie dann die Rollen.

> Welche Stärken bringen Sie mit?

> Ich übernehme gern Verantwortung und arbeite sehr lösungsorientiert.

Sich und die Welt verändern

7

Ideen, die die Welt verändern

1 Erfindungen. Welche Erfindung kommt aus Ihrem Heimatland? Recherchieren Sie zu den Fragen und berichten Sie im Kurs.

- Von wem ist die Erfindung?
- Wann wurde sie erfunden und wie kam es dazu?
- Welche Auswirkungen hatte die Erfindung auf die Gesellschaft?

2 Erfindungen von morgen

2.1 Welches Verb passt? Ergänzen Sie. Die Texte im Kursbuch auf Seite 93 helfen.

aufstellen – aufzeichnen – entwickeln – gleiten – ~~schweben~~ – übertragen – umwandeln – wagen

1. durch die Straßen _schweben_
2. über das Wasser _____
3. einen Weltrekord _____
4. einen Versuch _____
5. Wind in Strom _____
6. Träume _____
7. Daten _____
8. eine Technologie _____

2.2 Welches Wort passt? Lesen Sie den ersten Absatz und ordnen Sie die Begriffe im Bild zu.

1. die Röhre
2. magnetische Schienen
3. die Transportkapsel

Der Hyperloop – das Transportsystem der Zukunft

Forscherinnen und Forscher entwickeln zurzeit eine Technologie, die es ermöglichen soll, mit einer Geschwindigkeit von mehr als 1.200 km/h durch Europa zu reisen. Man kann sich den Hyperloop wie einen sehr schnellen Zug vorstellen. Auch der Hyperloop bewegt sich auf Schienen. Aber anders als ein Zug fährt er nicht. Er schwebt über magnetischen Schienen. Die Transportkapseln – etwa vergleichbar mit den Waggons eines Zuges – werden durch starken Luftdruck durch die Röhren gestoßen und erreichen so ihr Ziel. Da der Hyperloop keinen Motor hat, ist er auch viel leiser als ein Zug. Und schneller: Innerhalb von nur 30 Minuten könnten Reisende von Berlin nach München gleiten – eine Strecke von fast 600 km. In Zukunft soll Reisen mit dem Hyperloop nicht nur doppelt so schnell, sondern auch nur halb so teuer wie eine Fahrt mit herkömmlichen Transportmitteln sein. Und weil der Hyperloop kein CO_2 ausstößt, ist er auch noch umweltfreundlich. Doch die Technologie ist noch nicht fertig entwickelt. Kritiker sorgen sich um die Sicherheit: Wie schnell kann der Hyperloop bei einer Geschwindigkeit von 1200 km/h bremsen? Wie können Passagiere im Notfall aus den Röhren gerettet werden? Wird es genügend Haltestellen geben? Die ersten Tests sind schon erfolgreich gelaufen. 2015 schwebte der Hyperloop mit 113 km/h ca. 5,3 Sekunden über die Teststrecke. 2018 erreichte er bereits 467 km/h. Ziel ist es, den Hyperloop bis 2050 auf den Markt zu bringen.

Der neue Hyperloop

2.3 Was ist falsch? Lesen Sie den Artikel in 2.2 noch einmal und streichen Sie die falsche Antwort durch.

1. Der Hyperloop ist *ein neuer Hochgeschwindigkeitszug / ein neues Transportmittel* in Europa.
2. Die Transportkapseln werden durch *Luftdruck / einen Motor* bewegt.
3. Die Reise im Hyperloop wird *billiger / teurer* als mit anderen Verkehrsmitteln.
4. Kritiker bezweifeln, dass der Hyperloop *umweltfreundlich / sicher genug* ist.
5. 2018 *hat der Hyperloop bereits knapp 500 Stundenkilometer geschafft / liefen die ersten Tests*.

7

Wie die Digitalisierung die Arbeit verändert

1 Die digitale Arbeitswelt und ihre Folgen für die Menschen

1.1 Wie heißen die Branchen? Ordnen Sie die Fotos den Begriffen zu.

1 [b] der Dienstleistungssektor 3 [ ] die Logistik 5 [ ] der Journalismus
2 [ ] das Transportwesen 4 [ ] die Lebensmittelindustrie 6 [ ] der Bergbau

1.2 Wie heißen die Wörter? Sortieren Sie die Buchstaben und schreiben Sie.

1 eine Epoche in der Geschichte: AEILTZLATR _Zeitalter_
2 sehr genau: ÄSIREPZ p_____
3 erfolgreich; wenn etwas gut funktioniert: VEFETIKF e_____
4 ein ferngesteuertes Fluggerät: NDHERO D_____
5 ein Apparat, der dem Menschen ähnlich ist: ETROBOR R_____
6 gewohnte/regelmäßige Tätigkeiten: ENUTROI R_____
7 das Zeitalter, als erstmals Maschinen in den Fabriken eingesetzt wurden:
   TILGISDINAURISENUR I_____

1.3 Welches Verb passt? Ergänzen Sie. Der Text im Kursbuch auf Seite 94 hilft.

~~automatisieren~~ – beantworten – erhöhen – erwerben – gegenüberstehen – programmieren – schaffen – sortieren

1 einen Arbeitsprozess _automatisieren_
2 die Produktivität _____
3 Pakete _____
4 Kundenanfragen _____
5 Maschinen _____
6 neue Arbeitsplätze _____
7 eine Kompetenz _____
8 einer Herausforderung _____

2 Digitalisierung in der Arbeitswelt – eine Diskussion

2.1 Was sagt die Moderatorin? Welche Redemittel passen? Lesen Sie die Diskussion und ergänzen Sie.

Verstehe ich Sie richtig? Sie meinen also, dass – Möchten Sie direkt dazu etwas sagen –
Wie sehen Sie das? Würden Sie diesem Argument zustimmen – ~~Ich begrüße Sie herzlich zu~~ –
Wir können also festhalten, dass – Wir werden uns heute mit der Frage beschäftigen

1 👍 _Ich begrüße Sie herzlich zu_ unserer Diskussionsrunde. _____
   _____, wie künstliche Intelligenz die Arbeit verändert.

2 💬 Für mich als Arzt ist KI sehr hilfreich, z.B. um schneller und zuverlässiger Diagnosen zu stellen.
   👍 _____ die Maschinen besser
   diagnostizieren als Ärzte und Ärztinnen?

3 👍 _____, Frau Johannson?

👎 Nicht ganz. Ich sehe zwar auch Vorteile, aber ich fürchte, künstliche Intelligenz macht auch Fehler.

👍 _____, Herr Magheti?

4 👍 _____ es sowohl positive als auch negative Erfahrungen in der digitalisierten Arbeitswelt gibt.

2.2 Strategietraining: eine Diskussion moderieren. Was macht die Moderatorin in 2.1? Ordnen Sie zu.

> **eine Diskussion moderieren**
> – ⟦1⟧ am Anfang die Gäste begrüßen und ⟦ ⟧ das Thema vorstellen
> – ⟦ ⟧ einem Gast das Wort geben und auf eine gleichmäßige Redezeit der Gäste achten
> – ⟦ ⟧ die Gäste nach ihrer Meinung fragen und ⟦ ⟧ Rückfragen stellen, wenn etwas unklar ist
> – ⟦ ⟧ zum Thema zurückführen, wenn die Diskussion vom Thema weggeht
> – ⟦ ⟧ die Argumente und wichtigsten Ergebnisse zwischendurch und am Ende zusammenfassen

Große Entscheidungen

1 Neue Wege gehen

1.1 Über welche Veränderungen sprechen die Personen? Hören Sie und machen Sie Notizen.

1.2 Was ist richtig? Hören Sie noch einmal und kreuzen Sie an.

1. ◯ Marc lebt jetzt wieder an dem Ort, wo er aufgewachsen ist.
2. ◯ Er bereut seine Entscheidung, weil er jetzt weniger verdient.
3. ◯ Pascal wurde im Internet diskriminiert.
4. ◯ Seine Familie hat seine Entscheidung akzeptiert.
5. ◯ Margit war in der Fernbeziehung unglücklich.
6. ◯ Weil die Wohnung zu klein ist, hat Margit wenig Zeit und Platz für sich.
7. ◯ Hannelore fiel es sehr schwer, sich von ihrem Mann zu trennen.
8. ◯ Sie hat seit der Trennung keinen Kontakt mehr zu ihrem Ex-Mann.

1.3 Wählen Sie eine Person und hören Sie noch einmal. Machen Sie Notizen und beantworten Sie dann die Fragen.

– Warum hat die Person die Entscheidung getroffen?
– Wie war das für sie? Welche Ängste oder Probleme hatte sie?
– Wie sieht ihr Leben jetzt aus? Wie bewertet sie ihre Entscheidung rückblickend?

2 Und Sie? Was würden Sie in dieser Situation tun? Was würden Sie diesen Menschen raten? Wählen Sie eine Person (A oder B) und schreiben Sie ihr eine E-Mail.

A Eine Freundin / Ein Freund ist unglücklich in ihrer/seiner Beziehung. Sie/Er denkt über eine Trennung nach, hat aber auch Angst davor, allein zu sein.

B Eine Freundin / Ein Freund hat eine interessante Stelle gefunden. Sie/Er müsste dafür ins Ausland gehen und ist deshalb unsicher, ob sie/er die Stelle annehmen sollte.

Liebe/r …, ich war auch schon mal in einer ähnlichen Situation, deshalb kann ich gut nachvollziehen, wie es dir geht. An deiner Stelle würde ich …

Ü 97

7

Prüfungstraining

1 Hören Aufgabe 1

Richtig oder falsch? Hören Sie und kreuzen Sie an.

		richtig	falsch
Abschnitt 1	1 Alle Altersgruppen können an dem Projekt teilnehmen.	○	○
	2 Pro Jahr engagieren sich mehr als 800 Deutsche im Rahmen des ESK.	○	○
	3 Für die Teilnahme wird ein Schulabschluss vorausgesetzt.	○	○
2	4 In den meisten Projekten ist man mindestens ein Dreivierteljahr tätig.	○	○
	5 Man muss sich sowohl im Inland als auch im Ausland bewerben.	○	○
	6 Im Herkunftsland hat man eine Mentorin / einen Mentor, die/der bei der Vorbereitung hilft.	○	○
3	7 Der Aufenthalt wird von der EU finanziert.	○	○
	8 Die Reisekosten richten sich danach, wie lange man im Zielland lebt.	○	○
4	9 Das Interesse an Pflegeberufen ist besonders bei jungen Leuten hoch.	○	○
	10 Bei der Auswahl einer Organisation sollte man vor allem auf die Erfahrungsberichte von anderen Freiwilligen achten.	○	○

Tipp: In dieser Aufgabe hören Sie eine Radioreportage. Zum Teil spricht eine Moderatorin / ein Moderator und zum Teil gibt es Einspieler von anderen Personen. In beiden Teilen können Informationen zu den Sätzen vorkommen. Sie hören die Reportage zweimal. Sie ist in vier Abschnitte gegliedert, die beim Hören angesagt werden. Diese helfen Ihnen zur Orientierung. Vor dem Hören haben Sie 90 Sekunden Zeit, um die Sätze 1–10 zu lesen.

2 Sprechen Aufgabe 3: Meinungsaustausch

Sie und Ihre Gesprächspartnerin / Ihr Gesprächspartner haben folgende Stellungnahmen zum Thema „Arbeiten im Home-Office" gelesen und sollen nun darüber diskutieren.

Arbeiten Sie zu zweit und wählen Sie jeweils eine Person. Versetzen Sie sich in die Rolle der Person und vertreten Sie ihren Standpunkt. Bringen Sie weitere Aspekte und Argumente ein.

Person 1
„Seit ich von zu Hause arbeite, beginnt mein Tag viel entspannter. Ich muss nicht mehr jeden Tag durch den Berufsverkehr fahren und das spart Zeit, die ich für meine Familie und meine Freizeit nutzen kann. Und die Kosten für das Benzin oder das Bahnticket spare ich auch. In meinem Arbeitszimmer fühle ich mich wohl. Da ist es gemütlicher als im Büro und das hilft mir, konzentrierter und auch effektiver zu arbeiten. Zu Hause habe ich mehr Ruhe, weil ich nicht ständig von meinen Kolleginnen und Kollegen abgelenkt werde. In meiner Firma arbeiten wir nämlich in einem Großraumbüro und da ist immer etwas los."
Lara, 27

Person 2
„Meiner Meinung nach lassen sich Arbeit und Privatleben im Home-Office nur schwer trennen. Ich werde öfter durch meine Familie oder kleine Erledigungen im Haushalt, wie die Wäsche aufhängen, ein Paket annehmen oder mit den Kindern spielen, abgelenkt. Deshalb mache ich im Home-Office oft Überstunden. Außerdem finde ich, dass die Kommunikationswege viel länger sind. Ich kann nicht kurz zu meinem Kollegen ins Büro gehen und ihn schnell etwas fragen, sondern ich muss eine E-Mail schreiben und dann auf eine Antwort warten. Dadurch dauert vieles länger und das nervt."
Jens, 38

Tipp: In diesem Prüfungsteil geht es darum, dass Sie gut argumentieren und diskutieren. Markieren Sie zur Vorbereitung die Argumente im Text und notieren Sie eigene Argumente und Beispiele, um die Argumente zu stützen. Reagieren Sie im Gespräch auch auf die Argumente Ihrer Partnerin / Ihres Partners, indem Sie zustimmen oder widersprechen und Ihre Meinung begründen. Das Prüfungsgespräch dauert insgesamt 5 Minuten.

telc **3 Schriftlicher Ausdruck**

Wählen Sie eine Aufgabe (A: Bitte um Informationen oder B: Beschwerde). Lesen Sie die Anzeige und schreiben Sie eine E-Mail. Behandeln Sie in Ihrer E-Mail *entweder* drei der Inhaltspunkte *oder* zwei der Inhaltspunkte und einen weiteren Aspekt Ihrer Wahl.

Überlegen Sie sich eine sinnvolle Reihenfolge der Punkte, einen passenden Betreff, eine passende Anrede, Einleitung und einen passenden Schluss. Schreiben Sie mindestens 150 Wörter.

A

Sie möchten sich neben dem Studium und während der Semesterferien ehrenamtlich engagieren.

Schreiben Sie eine E-Mail und bitten Sie um weitere Informationen:
- Erläutern Sie, wann und wie oft Sie arbeiten können.
- Stellen Sie weitere Fragen zur Anzeige.
- Beschreiben Sie, warum Sie sich engagieren wollen.
- Beschreiben Sie, in welchen Fächern Sie die Schülerinnen und Schüler unterstützen könnten.

Ehrenamtlich Engagierte für Nachhilfe gesucht!

Die Bildungsinitiative „Start ins Leben" sucht Engagierte, die Schülerinnen und Schüler der Abschlussklassen beim Übergang von der Schule in Ausbildung und Beruf begleiten und unterstützen.

Ihre Aufgaben:
- Hilfe bei der Prüfungsvorbereitung in verschiedenen Fächern (z. B. Deutsch, Englisch, Mathematik, ...)
- Beratung bei der Berufswahl und Unterstützung bei der Suche eines Ausbildungsplatzes
- Bewerbungstraining (Bewerbungsschreiben, Vorstellungsgespräch)

Wir bieten:
- Kostenerstattung (Fahrtwege, Material) und Weiterbildungskurse
- Zusammenarbeit mit Lehrkräften und Sozialpädagoginnen/Sozialpädagogen
- Spaß und neue Erfahrungen

B

Sie haben einen Arbeitsplatz im „Main-Workplace" gebucht. Leider waren Sie nicht zufrieden.

Schreiben Sie eine E-Mail und beschweren Sie sich:
- Erklären Sie, was Sie nun vom Anbieter erwarten.
- Beschreiben Sie, was Sie der Anzeige nach von dem Arbeitsplatz erwartet haben.
- Erläutern Sie, wie der Arbeitsplatz tatsächlich war.
- Beschreiben Sie, was Sie tun, falls Sie keine Antwort bekommen.

Main-Workplace – Ihr Co-Working-Space über den Dächern von Frankfurt am Main!

Sie sind auf der Suche nach einem modernen und flexiblen Arbeitsplatz in einer ruhigen, entspannten und inspirierenden Arbeitsatmosphäre? Sie möchten einen Schreibtisch an unserem Panoramafenster, um Ihren Gedanken freien Lauf zu lassen?
Mit unserem Premiumpaket haben Sie an sieben Tagen pro Woche 24 Stunden lang Zugang zu einem voll ausgestatteten Arbeitsplatz (Papier, Stifte, Kopfhörer, Lampe, Computer und Highspeed-Internet inklusive). Drucker, Kopierer und Scanner können kostenfrei benutzt werden. Seminarräume für Ihre Meetings sowie ein gemütlicher Bar- und Küchenbereich stehen ebenfalls zur Verfügung.
Buchen Sie Ihren Einzel-Arbeitsplatz im *Main-Workplace* für nur 350 € pro Monat!

Tipp: Sie haben zum Schreiben 30 Minuten Zeit. Überfliegen Sie beide Aufgaben und entscheiden sich schnell für eine. Wählen Sie die Aufgabe, zu der Ihnen spontan mehr einfällt. Achten Sie bei Ihrer formellen bzw. halbformellen E-Mail darauf, dass Sie auf die Inhaltspunkte eingehen und Sie sprachlich angemessen formulieren. Zur Beschwerde-E-Mail finden Sie weitere Tipps auf Seite Ü 127, Aufgabe 2.

8 Bewusst konsumieren

Webcode: mipife

Einkaufsgewohnheiten

1 Einkaufstypen. Welches Nomen passt? Suchen und markieren Sie die Nomen in der Wortschlange und ergänzen Sie.

RIEBELOHNUNGLKAUBGENUSSLEIRGSSCHNÄPPCHENTOPBFRUSTNYTMUFFELERSKONSUMUNG

1 Waren, die günstig oder im Sonderangebot sind, heißen _____.
2 Eine schlecht gelaunte Person nennt man umgangssprachlich auch einen _____.
3 Wenn man etwas besonders toll gemacht hat, bekommt man eine _____.
4 _____ nennt man den Verbrauch von Lebensmitteln und anderen Waren.
5 Manche Menschen lieben Shopping, für sie ist der Einkaufsbummel ein _____.
6 _____ hat man, wenn man sich sehr ärgert oder unzufrieden ist.

2 Einkaufen – Stress oder Vergnügen?

1.08 **2.1** Welche zwei „Einkaufstypen" nehmen an der Radiosendung teil? Hören Sie und kreuzen Sie an.

☐ der Einkaufsmuffel ☐ der/die Genusskäufer/in
☐ der Shopping-Fan ☐ der/die Schnäppchenjäger/in

1.08 **2.2** Welche Aussage passt zu welcher Person? Hören Sie noch einmal und ordnen Sie zu. Eine Aussage passt zu keiner Person.

a b c

Thomas Büchen   Samira Woltz   Nikola Petrović

1 ☐ Es überfordert mich, ständig Preise zu vergleichen. Deshalb suche ich auch nicht immer nach den günstigsten Schnäppchen oder den neuesten Rabattaktionen, sondern kaufe oft Dinge, die ich schon kenne. Außerdem gebe ich gerne Geld für etwas aus, was mir persönlich gefällt und Freude macht.

2 ☐ Wir kaufen viele Dinge oft nur, weil sie im Angebot sind oder weil es Spaß macht, im Einkaufszentrum bis zur Erschöpfung ein Schnäppchen nach dem anderen zu jagen. Viele Menschen sind konsumsüchtig. Das ist nicht nur meine kritische Meinung, sondern das wurde auch schon wissenschaftlich bewiesen.

3 ☐ Die Entscheidung, ob wir etwas kaufen, hängt von vielem ab: Zum Beispiel, zu welcher Zeit man shoppt, wer einen begleitet und für wen man etwas kauft. Man kann tendenziell schon von verschiedenen Einkaufstypen sprechen, aber nicht jeder Mensch ist nur ein bestimmter Einkaufstyp. Das kann sich je nach Situation ändern.

4 ☐ Viele Leute achten bei ihren Shoppingtrips auf den Preis. Diesen Leuten kann ich wertvolle Tipps geben. Denn ich vergleiche Preise von allen möglichen Produkten und schreibe darüber. Das gefällt nicht jedem. Vor allem gefällt es den Menschen nicht, die Konsum und Werbung für schlecht halten.

2.3 Wiederholung: Relativsätze mit Nominativ, Akkusativ und Dativ. Welches Relativpronomen passt? Ergänzen Sie. Der Grammatikanhang (B 2.4) hilft.

1 Schnäppchen-Aktionen sind sinnloser Konsum, auf _den_ man verzichten sollte.
2 Manchmal kaufe ich Dinge, mit _____ ich mich selbst belohne.
3 Einkaufen ist eine Tätigkeit, _____ bei mir nicht mit Emotionen verbunden ist.
4 Ich habe einen Blog, auf _____ man Preise von Produkten vergleichen kann.
5 Wir kommen mit vielen neuen Sachen nach Hause, _____ wir gar nicht benötigen.
6 Weihnachten ist eine Zeit, in _____ viele Leute günstige Geschenke kaufen möchten.

2.4 Schreiben Sie Relativsätze mit Relativpronomen im Nominativ, Akkusativ oder Dativ. Worauf bezieht sich das Relativpronomen? Zeichnen Sie Pfeile wie im Beispiel.

> 1 Im 1. OG befindet sich das Café „Leo". Es ist täglich von 10 bis 20 Uhr für Sie geöffnet.
> 2 Im Untergeschoss bietet eine Bar Erfrischungsgetränke an. Sie können die Bar während der Öffnungszeiten besuchen.
> 3 Lernen Sie in der „Musikwelt" das zweite Album von Arisha kennen. Mit dem Album können Sie allen Musikliebhabern eine Freude machen.
> 4 Im Erdgeschoss findet am Sonntag das große Show-Kochen mit Starkoch Tom Matzel statt. Das Show-Kochen kennen Sie bestimmt aus dem Fernsehen.
> 5 Im vierten Stock gibt es ab 15 Uhr Style-Beratungen. Die Style-Beratungen werden von unseren Mode-Experten zum Schnäppchenpreis angeboten.
> 6 Im „Spiele-Paradies" kommt am Samstagnachmittag ein Überraschungsgast zu Besuch. Der Gast verteilt kleine und große Geschenke an die Kinder.

1 Im 1. OG befindet sich _das Café „Leo", das täglich von 10 bis 20 Uhr für Sie geöffnet ist._

2.5 Wie heißen die Relativpronomen? Lesen Sie noch einmal Ihre Sätze in 2.3 und 2.4 und ergänzen Sie.

	maskulin	neutrum	feminin	Plural
Nominativ		das		
Akkusativ				die
Dativ				

2.6 Was bedeuten die Wörter? Schreiben Sie Definitionen mithilfe der Redemittel auf Seite 109 im Kursbuch. Die Wörter im Schüttelkasten helfen.

automatisch/elektrisch – nach oben/unten fahren – mit Kreditkarte bezahlen – auf den Tisch legen – sich umziehen / Kleidungsstücke anprobieren – Waren präsentieren/austellen – den Tisch decken

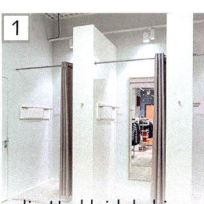
die Umkleidekabine

die Tischdecke

das Kartenlesegerät

das Schaufenster

die Rolltreppe

1 _Bei einer Umkleidekabine handelt es sich um einen kleinen Raum mit einer Tür oder einem Vorhang, wo / in dem ..._

2.7 Sprachmittlung: Wie würden Sie die Einkaufstypen auf Seite 98 im Kursbuch in Ihrer Sprache nennen oder beschreiben? Gibt es Übersetzungen oder ähnliche Begriffe? Tauschen Sie sich aus.

> *Im Niederländischen gibt es auch einen Begriff für „Schnäppchenjäger", nämlich „koopjesjager". „Koopjes" kommt von „kopen" und das heißt „kaufen".*

3 Die Schnäppchenjäger, deren Rabattkarte …

3.1 Worauf beziehen sich die Relativpronomen? Was drücken die Relativsätze aus? Markieren Sie wie im Beispiel und ergänzen Sie dann die Relativpronomen im Grammatikkasten.

1 Meet & Greet – nächsten Samstag von 11–14 Uhr mit Adelina Storm! Trefft die sympathische Schauspielerin, deren Karriere vor zwölf Jahren hier im Stadtteil angefangen hat.

2 Im Angebot: Das neue Modell von ITC, dessen Speicherleistung professionelle PC-Nutzer zum Träumen bringt. Fragen Sie unsere Kundenberater!

3 Wir suchen einen motivierten Verkäufer, dessen Mode-Geschmack zu uns passt. Melden Sie sich direkt im Geschäft oder schicken Sie uns Ihre Bewerbung per E-Mail.

4 An alle Eltern, deren Kinder neue Kleidung brauchen: Macht mit bei unserem großen Kleidermarkt am 22.05. Anmeldung an der Kundeninformation.

Relativsätze im Genitiv

Relativsätze drücken eine possessive Relation (Besitz oder Zugehörigkeit) zum Bezugswort aus.

Trefft die Schauspielerin, deren Karriere vor zwölf Jahren hier im Stadtteil angefangen hat.
Trefft die Schauspielerin. Ihre Karriere hat vor zwölf Jahren hier im Stadtteil angefangen.
Trefft die Schauspielerin. Die Karriere der Schauspielerin hat vor zwölf Jahren hier … angefangen.

Das Bezugswort bestimmt das Genus des Relativpronomens:

Maskulinum/Neutrum: _____   Femininum/Plural: _____

3.2 Was passt: *dessen* oder *deren*? Unterstreichen Sie das Bezugswort und ergänzen Sie.

1 Alle Kinder, _____ Eltern etwas in der „Spielewelt" kaufen, bekommen ein Gratis-Geschenk.
2 Wir bitten den Kunden, _____ Wagen vor dem Haupteingang parkt, wegzufahren.
3 Die Person, _____ Artikel aufbewahrt wurden, soll bitte zur Kasse kommen.
4 Bei uns gibt es das neueste Küchengerät, _____ Funktionen Sie beeindrucken werden.
5 Der Koffer, von _____ Qualität du so überzeugt warst, ist leider schon kaputt.
6 Die Hose, _____ Schnitt im Online-Shop so toll aussah, gibt es leider nicht mehr zu kaufen.

3.3 Verbinden Sie die Sätze mit einem Relativsatz wie im Beispiel.

1 Ich habe einen neuen Computer. Ich bin von den Funktionen des Computers begeistert.
2 Wir können euch einen Laden empfehlen. Wir sind mit seinem Sortiment sehr zufrieden.
3 Die Verkäuferin arbeitet schon lange hier. Ihr Freund ist ein guter Bekannter von mir.
4 Auf dem Markt gibt es viele Bio-Produkte. Alle sind von der Qualität der Bio-Produkte überzeugt.
5 Viele Gäste verbringen ihren Urlaub in dem Hotel. Seine Lage ist wirklich toll.
6 Mein Fernseher ist leider kaputt. Über seinen Preis möchte ich lieber nicht sprechen.

> *1 Ich habe einen neuen Computer, von dessen Funktionen ich begeistert bin.*

Ein besonderes Produkt

1 Ein neuer Fernseher

1.1 Was ist den Personen beim Kauf eines Fernsehers wichtig? Lesen und ergänzen Sie.

Auflösung – Bedienungsanleitung – ~~Bildqualität~~ – Design – Energieverbrauch – Garantie – Internetanschluss – Zubehör

1. 💬 Ich möchte ein modernes TV-Gerät mit einer hervorragenden _Bildqualität_.
   Die _____ sollte mindestens 3840 x 160 Pixel betragen. Außerdem ist mir
   ein _____ wichtig, damit ich meine Lieblingsserien online anschauen kann.

2. 👍 Ich finde es am wichtigsten, dass die _____ für ein Gerät mindestens zwei
   Jahre beträgt. Sonst muss man selbst die Reparaturen bezahlen, wenn etwas kaputt geht. Weil
   ich versuche, Strom zu sparen, ist mir auch ein niedriger _____ wichtig.

3. 💬 Ich achte bei allen technischen Geräten auf das _____. Ich will ja, dass
   das Gerät gut aussieht. Und mich interessiert, welches _____ es gibt: Zum
   Beispiel möchte ich, dass die _____ beigelegt und nicht nur online verfügbar
   ist, damit ich sofort nachlesen kann, wenn ich etwas nicht verstehe.

1.2 Wiederholung: Adjektivdeklination. Welche Endung passt? Lesen und ergänzen Sie. Der Grammatikanhang (A 2.1) hilft.

Neue TV-Trends auf der Technikmesse *Electronia*

Mal ehrlich, wer benutzt einen Fernseher heutzutage nur noch zum Fernsehen? Viele verschiedene Funktionen und ein Internetanschluss mit integriert**em** ¹ Browser machen das Fernsehen zu einem besonder____ ² Genuss. Strahlend**e** ³ Bilder schaffen durch ihre hoh____ ⁴ Auflösung auch ein faszinierend____ ⁵ Spieleerlebnis. Nach Ansicht von Benedict Reif, Kundenberater in der stark wachsend____ ⁶ Branche der Unterhaltungselektronik, sind es vor allem Spieleliebhaber, die die pixelfrei____ ⁷ Bilder auf 55 Zoll groß____ ⁸ Bildschirmen und das edl____ ⁹ Design der modern____ ¹⁰ TV-Geräte mit schön gestaltet____ ¹¹ Bildschirmen schätzen. Auf der *Electronica* können interessiert____ ¹² Besucherinnen und Besucher alle neu____ ¹³ Geräte testen und sofort ihr Lieblingsgerät mit beigelegt____ ¹⁴ Zubehör erwerben.

2 Strahlende Farben auf einem geschwungenen Bildschirm

2.1 Was ist richtig? Markieren Sie Partizip I und Partizip II in 1.2 in verschiedenen Farben. Lesen Sie dann die Regeln im Grammatikkasten und kreuzen Sie an.

Das Partizip I und II als Adjektive

Als Adjektiv verwendet werden die Partizipien ◯ dekliniert / ◯ nicht dekliniert.
Das Partizip I (Infinitiv + *d*) hat normalerweise eine ◯ aktive / ◯ passive Bedeutung.
Das Partizip II hat meist eine ◯ aktive / ◯ passive Bedeutung und bezieht sich oft auf
die ◯ Gegenwart / ◯ Vergangenheit.

8

2.2 Aktive oder passive Bedeutung? Unterstreichen Sie die Verben im Relativsatz und ergänzen Sie das Partizip I oder II als Adjektiv. Achten Sie auf die Adjektivendungen.

1. Geräte, die mit einer Batterie <u>betrieben werden</u>, sind mit einer Batterie _betriebene_ Geräte.
2. Eine Strategie, die gut funktioniert, ist eine gut _____ Strategie.
3. Umsätze, die steigen, sind _____ Umsätze.
4. Ein Preis, der stark reduziert wurde, ist ein stark _____ Preis.
5. Ein Produkt, das oft verkauft wurde, ist ein oft _____ Produkt.
6. Öffnungszeiten, die gesetzlich geregelt sind, sind gesetzlich _____ Öffnungszeiten.

2.3 Was passt: Partizip I oder II? Lesen Sie und ergänzen Sie das passende Partizip als Adjektiv.

Redaktion „TechWelt":	Liebe Leserinnen und Leser! Uns interessiert Ihre Meinung: Was hat Ihnen in dem gestern _veröffentlichten_ (veröffentlichen)¹ Artikel „Erfindungen für die Zukunft" am besten gefallen?
HarryW.:	Mir hat der Kühlschrank, der _____ (fehlen)² Lebensmittel selbstständig einkauft, am besten gefallen. Das halte ich zwar für eine _____ (übertreiben)³ Idee, aber wer weiß, wie sich die Technik in den _____ (kommen)⁴ Jahren entwickelt?
Leser184:	Das selbstständig _____ (fahren)⁵ Auto kommt sicher bald – eine absolut notwendige Erfindung! Allerdings gibt es noch einige Probleme mit den aktuell _____ (gelten)⁶ Verkehrsregeln, zum Beispiel mit den _____ (vorschreiben)⁷ Geschwindigkeiten.
Roberta:	Ich glaube, dass _____ (schwimmen)⁸ Häuser in Zukunft eine große Rolle spielen werden. Dort ist zwar nicht so viel Platz, aber dafür hat man sehr modern _____ (ausstatten)⁹ Räume.
Pillepalle:	Ach, das meiste hier ist doch wirklich Science-Fiction! Glaubt ihr wirklich, dass es _____ (operieren)¹⁰ Roboter im Krankenhaus geben wird oder im Labor _____ (produzieren)¹¹ Fleisch? Das ist doch eine schreckliche Vorstellung ☹.

2.4 Formulieren Sie die Relativsätze als erweiterte Partizipien wie im Beispiel.

1. In Kalifornien wurde eine App entwickelt, die bei Erziehungsproblemen hilft.
   In Kalifornien wurde eine _bei Erziehungsproblemen helfende_ App entwickelt.
2. Die App, die von IT-Spezialisten programmiert wurde, weckt das Interesse vieler Eltern.
   Die _____ App weckt das Interesse vieler Eltern.
3. Die App basiert auf einer Technologie, die ständig dazulernt.
   Die App basiert auf einer _____ Technologie.
4. Die Software wertet Informationen, die von den Eltern gespeichert werden, täglich aus.
   Die Software wertet _____ Informationen täglich aus.
5. Das Programm kann sogar Bilder analysieren, die von Kindern gemalt wurden.
   Das Programm kann sogar _____ Bilder analysieren.
6. Aber sind diese Technologien, die immer komplexer werden, wirklich hilfreich?
   Aber sind diese _____ Technologien wirklich hilfreich?

Ü 104 Bewusst konsumieren

3 Mein Produkt

3.1 Worum geht es in der Anzeige? Welcher Satz passt zu welchem Begriff? Lesen Sie und ordnen Sie zu.

a ☐ Aussehen und Material   d ☒ 1 Produkt   g ☐ technische Details
b ☐ Gewicht   e ☐ Produktmaße   h ☐ Zielgruppe
c ☐ Preis   f ☐ Stromverbrauch   i ☐ Zubehör

Liebe Interessierte,

leider muss ich meine geliebte Küchenmaschine *KitchenStar* verkaufen.[1] Die Maschine ist für alle geeignet, die gern Essen zubereiten.[2] Sie hat 5 Programme (z. B. Smoothies machen, Brot backen) und 3 Geschwindigkeitsstufen.[3] Die Maschine ist 21 cm breit, 44 cm hoch und 32 cm tief.[4] Ohne Verpackung ist die *KitchenStar* ca. 9 kg schwer.[5] Sie besteht aus hochwertigem, rotem Kunststoff und glänzendem Metall und ist deshalb ein Schmuckstück für jede Küche.[6] Die Maschine verbraucht 1.300 Watt und entspricht damit der Energieeffizienzklasse A.[7]
Ein Koch- und Backbuch bekommt ihr kostenlos dazu.[8]
Und das alles für nur 79 Euro plus Versandkosten.[9]
Meldet euch schnell telefonisch oder per E-Mail!

Eure Mariya

3.2 Phonetik: Die Endung *-en*. Markieren Sie die Endung *-en* in den Wörtern. Hören Sie dann und sprechen Sie nach. Wann spricht man *-en* als [n] und wann als [m]? Ergänzen Sie.

1 Küch**en**maschine [n]   2 kostenlos [   ]   3 verkaufen [   ]   4 haben [   ]
5 Zielgruppen [   ]   6 zubereiten [   ]   7 backen [   ]   8 kleben [   ]

3.3 Nehmen Sie eine Sprachnachricht auf und berichten Sie einer Freundin / einem Freund von der Anzeige in 3.1. Benutzen Sie die Wörter aus 3.2 und achten Sie auf die Aussprache von *-en*.

> Hallo! Du suchst doch eine Küchenmaschine. Ich habe eine interessante Anzeige gelesen ...

3.4 Und Sie? Was möchten Sie verkaufen? Schreiben Sie mithilfe der Redemittel im Kursbuch auf Seite 109 eine Anzeige wie in 3.1.

Nachhaltiger Konsum

1 Der ökologische Rucksack. Welche Wörter haben eine ähnliche Bedeutung? Lesen und ergänzen Sie.

Folgen – ~~Herstellung~~ – Ressourcen – Strom – ökologisch – weltweit – wiederverwenden

Bereits bei der _Herstellung_ [1] (Produktion) eines Smartphones werden _____ [2] (Rohstoffe) und _____ [3] (Elektrizität) verbraucht. Auch die Nutzung und Entsorgung von Smartphones verursachen CO_2-Emissionen und belasten unsere Umwelt stark. Die _____ [4] (Konsequenzen) steigender CO_2-Emissionen sind _____ [5] (global) spürbar. Wenn wir _____ [6] (umweltbewusst) konsumieren wollen, müssen wir möglichst viele Materialien _____ [7] (recyceln).

8

2 Der ökologische Fußabdruck

2.1 Strategietraining: komplexe Hörtexte verstehen. Welche Tipps helfen wann? Ordnen Sie zu: Vor dem Hören (V), beim Hören (B), nach dem Hören (N). Sehen Sie bei Bedarf das Video noch einmal.

> **komplexe Hörtexte verstehen**
>
> [B] auf Zahlen achten – [ ] überlegen, welche Themen im Hörtext vorkommen könnten –
> [ ] überlegen, welche Struktur die Textsorte hat – [ ] auf Intonation und Sprechpausen achten –
> [ ] ggf. als Aufzeichnung noch einmal anhören – [ ] bei der Einleitung die Gliederung notieren –
> [ ] eine Ankündigung zum Hörtext lesen – [ ] auf die Zusammenfassung achten –
> [ ] anhand von W-Fragen die wichtigsten Informationen erkennen – [ ] Fragen stellen –
> [ ] auf Formulierungen achten, die das Gesagte strukturieren – [ ] Notizen machen –
> [ ] Wörter sammeln, die zum Thema passen – [ ] Wiederholungen und Redundanzen nutzen

2.2 Welche Informationen gehören zu den Zahlen? Hören Sie noch einmal einen Ausschnitt aus dem Vortrag zum ökologischen Fußabdruck und machen Sie Notizen.

~~90er-Jahre~~ – 100x100 Meter – 1,7 Hektar (ha) – 4,9 ha – 8 bis 14 ha – 0,5 bis 1,5 ha

– 90er-Jahre: Konzept des ökol. Fußabdrucks entwickelt

2.3 Welche Überschrift passt wo? Lesen Sie und ordnen Sie zu. Zwei Überschriften passen nicht.

a Elektromobilität – schlechter als angenommen
b Gebrauchte Produkte sind besser für die Umwelt
c Fleischessen genauso umweltschädlich wie Autofahren
d E-Autos reduzieren den ökologischen Fußabdruck
e Weniger Umweltbelastungen durch Verzicht

1 [ ]
Wenn wir uns für sogenannte „grüne" Produkte und Dienstleistungen entscheiden, wird alles gut. Wir retten die Welt und gleichzeitig tun wir etwas für die Unternehmen, die mit neuen, nachhaltigen Ideen umweltfreundliche Produkte auf den Markt bringen. Warum kein neues Auto kaufen, wenn es doch ein E-Auto ist? Warum nicht auch mal mit dem Flugzeug verreisen, wenn es ins Öko-Touristen-Ressort geht und dort kein Fleisch auf dem Speiseplan steht?

Wer so denkt, hat nicht verstanden, was Nachhaltigkeit bedeutet. Es reicht nicht aus, auf umweltfreundliche Alternativen umzusteigen. Denn im Vergleich zu anderen Ländern oder auch zu den Generationen unserer Eltern und Großeltern konsumieren wir in Deutschland einfach viel zu viel. Deshalb sollten wir uns überlegen, ob wir all die Dinge, die wir tagtäglich konsumieren, auch tatsächlich brauchen.

2 [ ]
Stromsparende Elektrogeräte, Second-Hand-Kleidung, E-Autos und recycelte Produkte – immer mehr Menschen versuchen auf diese Weise, ihren ökologischen Fußabdruck zu reduzieren. Das ist positiv und notwendig. Nur leider wird bei allem Umweltbewusstsein die Ernährung oft vergessen. Denn wer regelmäßig Fleisch und Wurst isst, trägt zum Klimawandel und zur Erderwärmung bei. Untersuchungen haben gezeigt, dass regelmäßiger Fleischkonsum die Umwelt in gleichem Maß belastet wie Autofahren. Doch nicht nur eine vegetarische Ernährung würde helfen, die Ressourcen und das Klima zu schonen. Auch wer öfter regionale und biologisch angebaute Produkte kauft, tut der Umwelt etwas Gutes.

Bewusst konsumieren

3

Mobilität auf der einen, Klimaschutz auf der anderen Seite – das ist vor allem jungen Menschen heute besonders wichtig. Obwohl E-Autos beides versprechen und gerade als ökologischer Fortschritt gefeiert werden, ist deren Umweltfreundlichkeit doch zu bezweifeln. Natürlich ist es richtig, dass elektrisch betriebene Fahrzeuge beim Fahren weniger Lärm verursachen und keine umweltschädlichen Emissionen ausstoßen. Andererseits benötigt man für die Herstellung von E-Autos große Mengen wertvoller Ressourcen. Besonders bei der Produktion der Batterien werden viele Rohstoffe verbraucht, die nur mithilfe giftiger Chemikalien abgebaut werden können. Diese große Umweltbelastung hat man erst kompensiert, wenn man mit seinem E-Auto etwa 100.000 Kilometer gefahren ist. Wenn man dies berücksichtigt, dürfte klar werden, warum es vor allem auch unter jungen Leuten immer mehr kritische Stimmen zum Thema Elektromobilität gibt.

2.4 Was für Texte sind die Texte in 2.3? Woran erkennt man das? Kreuzen Sie an und sprechen zu zweit.

a ◯ Bericht   c ◯ Reportage
b ◯ Kommentar   d ◯ Glosse

2.5 Welche Informationen finden Sie in den Texten in 2.3? Lesen Sie noch einmal und kreuzen Sie an.

1 Nachhaltigkeit heißt, …
   a ◯ nur das zu kaufen, was man benötigt.
   b ◯ umweltfreundliche Produkte zu kaufen.
   c ◯ so zu leben wie die eigenen Eltern.

2 Um die Umwelt zu schützen, sollte man …
   a ◯ energieeffiziente Elektrogeräte benutzen.
   b ◯ den Müll recyceln.
   c ◯ Nahrungsmittel aus der Umgebung kaufen.

3 E-Autos werden kritisiert, weil …
   a ◯ die Batterien giftige Stoffe enthalten.
   b ◯ ihre Herstellung umweltschädlich ist.
   c ◯ sie beim Fahren viel Strom verbrauchen.

3 Während die einen Ressourcen verbrauchen, leiden die anderen unter den Folgen.

3.1 Was passt zusammen? Verbinden Sie.

1 Während ich vor allem auf den Preis achte,
2 Ich habe immer eine Einkaufsliste dabei,
3 Ich bin eben ein echter Schnäppchenjäger,
4 Nach zwei Stunden Einkaufen bin ich genervt,

a er ist dagegen ein großer Shopping-Fan.
b dagegen liebt er lange Einkaufsbummel.
c während er auch gern spontan einkauft.
d belohnt sich mein Partner auch gern mal mit teureren Dingen.

3.2 Markieren Sie *während* und *dagegen* sowie das Verb in den Sätzen mit *während* und *dagegen* in den Sätzen in 3.1. Ergänzen Sie dann die Regel im Grammatikkasten.

Hauptsatz – Mittelfeld – Nebensatz – Satzanfang – Satzende

Gegensätze ausdrücken mit *während* und *dagegen*

Während steht am Anfang von einem _____, in dem das Verb am _____ steht.

Das Adverb *dagegen* steht in einem _____ am _____ oder im _____.

3.3 Gegensatz oder Gleichzeitigkeit? Welche Bedeutung hat *während* in den Sätzen? Kreuzen Sie an.

		Gegensatz	Gleichzeitigkeit
1	Während die Einzelteile eines Handys im Ausland produziert werden, findet der Verkauf hier statt.	☒	○
2	Max wirft Plastikabfälle in den Restmüll, während seine Freundin Mia sie ordentlich recycelt.	○	○
3	Während unser batteriebetriebenes Auto auflädt, können wir es natürlich nicht benutzen.	○	○
4	Während Fabriken früher giftige Chemikalien oft in Flüssen und Seen entsorgt haben, passiert das heute glücklicherweise nur noch selten.	○	○
5	Die Studierenden machen Notizen, während ihre Professorin eine Vorlesung über Umweltschutz hält.	○	○

3.4 Schreiben Sie die Sätze in 3.3, in denen *während* einen Gegensatz ausdrückt, mit *dagegen*.

> 1 Die Einzelteile eines Handys werden im Ausland produziert. Dagegen findet ...

3.5 Schreiben Sie Sätze mit *dagegen* und *während*. Verwenden Sie verschiedene Satzreihenfolgen wie in 3.1.
1 Der Ressourcenverbrauch in den Ländern des globalen Südens ist relativ gering. Die Industrieländer verbrauchen viele Rohstoffe.
2 Der ökologische Rucksack eines Smartphones wiegt 75 Kilogramm. Der eines Goldrings ist 2000 Kilogramm schwer.
3 Viele Menschen halten den Klimawandel für das dringendste globale Problem. Andere finden diese Sichtweise übertrieben.
4 Kaputte Gegenstände wurden früher einfach in den Müll geworfen. Sie werden heute recycelt und wiederverwendet.
5 Manche Rohstoffe, wie z.B. Holz, können nachwachsen. Andere, wie Kohle, Erdöl oder Metalle, stehen uns nur begrenzt zur Verfügung.
6 Manche Chemikalien können in kurzer Zeit abgebaut werden. Andere Chemikalien belasten Wasser und Böden über viele Generationen.

3.6 Lesen Sie und vergleichen Sie die Smartphones. Schreiben Sie Sätze mit *während* und *dagegen*.

	Superphone XXL	My-Phone
Bildschirm:	7,2 Zoll	5,3 Zoll
Akkulaufzeit:	16 Stunden	24 Stunden
Speicher:	128 Gigabyte	256 Gigabyte
Garantie:	24 Monate	18 Monate
Preis:	589,-	699,-

> Der Bildschirm des Superphones ist 7,2 Zoll groß. Dagegen ...

4 Und wie ist Ihr ökologischer Fußabdruck?

4.1 Was passt zusammen? Verbinden Sie.

1 Kaufen Sie Obst und Gemüse,
2 Achten Sie beim Einkaufen darauf,
3 Was tun Sie im Alltag,
4 Würden Sie sagen,
5 Ist Ihr ökologischer Fußabdruck größer oder kleiner

a um ihren Ressourcenverbrauch zu verringern?
b dass Sie bewusst konsumieren?
c als Sie dachten?
d das regional angebaut wird?
e dass die Produkte fair gehandelt werden?

4.2 Beantworten Sie die Fragen in 4.1 mithilfe der Redemittel im Kursbuch auf Seite 109.

> 1 Ehrlich gesagt kaufe ich ...

Bewusst konsumieren

Warum konsumieren wir?

1 Werbung. Um welche Marken und Werbeslogans im Kursbuch auf Seite 104 geht es? Lesen Sie und ordnen Sie zu. Zwei Marken passen nicht.

1 Ebay   2 Haribo   3 Ikea   4 Nutella   5 Ritter Sport

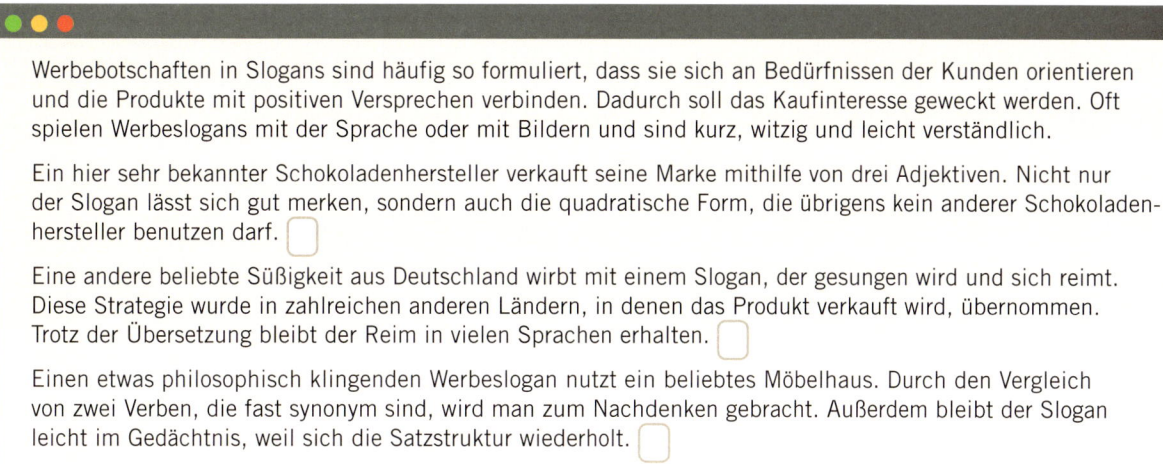

Werbebotschaften in Slogans sind häufig so formuliert, dass sie sich an Bedürfnissen der Kunden orientieren und die Produkte mit positiven Versprechen verbinden. Dadurch soll das Kaufinteresse geweckt werden. Oft spielen Werbeslogans mit der Sprache oder mit Bildern und sind kurz, witzig und leicht verständlich.

Ein hier sehr bekannter Schokoladenhersteller verkauft seine Marke mithilfe von drei Adjektiven. Nicht nur der Slogan lässt sich gut merken, sondern auch die quadratische Form, die übrigens kein anderer Schokoladenhersteller benutzen darf.

Eine andere beliebte Süßigkeit aus Deutschland wirbt mit einem Slogan, der gesungen wird und sich reimt. Diese Strategie wurde in zahlreichen anderen Ländern, in denen das Produkt verkauft wird, übernommen. Trotz der Übersetzung bleibt der Reim in vielen Sprachen erhalten.

Einen etwas philosophisch klingenden Werbeslogan nutzt ein beliebtes Möbelhaus. Durch den Vergleich von zwei Verben, die fast synonym sind, wird man zum Nachdenken gebracht. Außerdem bleibt der Slogan leicht im Gedächtnis, weil sich die Satzstruktur wiederholt.

Manche Werbesprüche findet man doof, andere gehen in den alltäglichen Sprachgebrauch ein. Aber ob solche Slogans wirklich in der Lage sind, uns zum Kauf zu bewegen?

2 Konsumentscheidung – bewusst oder unbewusst? Lösen Sie das Kreuzworträtsel und notieren Sie das Lösungwort. Der Text im Kursbuch auf Seite 104 und 105 hilft.

→ 1 ein Produkt, das zeigen soll, dass man zu einer bestimmten Gruppe gehört
   2 ein Text, in dem man schreibt, wie einem ein Produkt gefallen hat
   3 ein anderes Wort für Beliebtheit
   4 Vorgänge im Gehirn, die man nicht bewusst wahrnimmt
   5 Informationen über die Person, die im Internet surft, z.B. Interessen oder Online-Käufe

↓ 6 ein Satz oder Spruch, mit dem ein Produkt beworben wird
   7 kurzer Film, in dem ein Produkt beworben wird
   8 eine Person, die in sozialen Netzwerken besonders bekannt ist und bestimmte Produkte anpreist
   9 die Untersuchung der Bedürfnisse und des Kaufverhaltens der Kundinnen und Kunden
  10 der Name, unter dem ein Produkt oder Sorte von Produkten verkauft wird

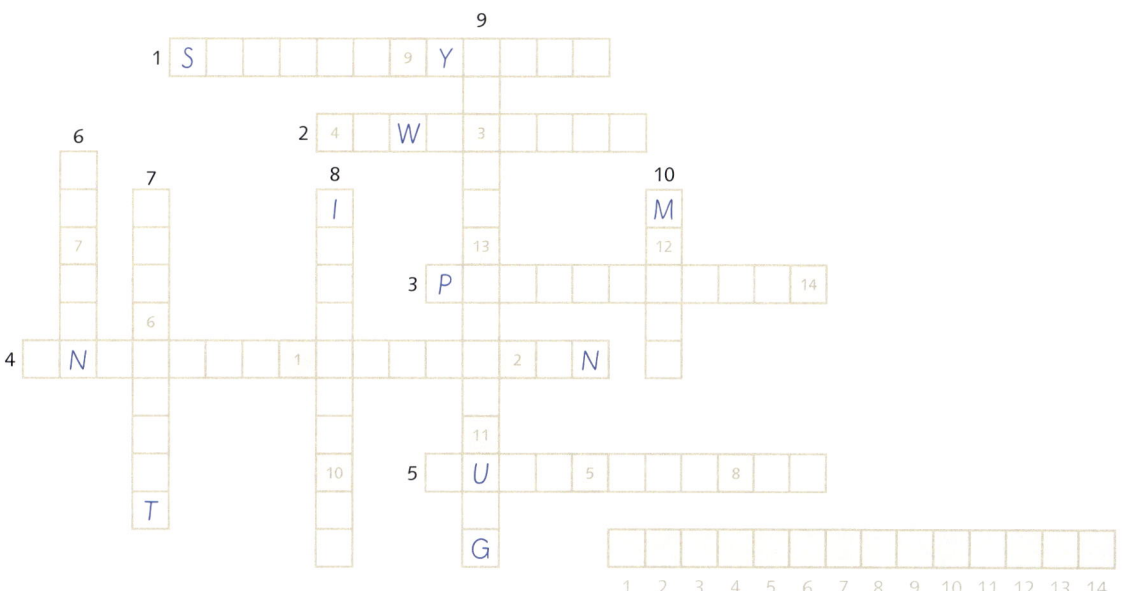

Ü 109

8 Mode – fair und nachhaltig?

1 Die harten Fakten der Kleidungsproduktion. Wiederholung: Verben und Adjektive mit Präpositionen. Welche Präposition passt? Ergänzen Sie. Die Listen im Anhang helfen.

1 Kleidung zählt _zu_ den weltweit am meisten nachgefragten Konsumgütern.
2 Ein Großteil der Kleidung wird _____ anderen Ländern importiert.
3 Wegen schlechter Sicherheitsmaßnahmen kommt es in manchen Fabriken _____ Unfällen.
4 Eine soziale Absicherung würde _____ Lohnausfall bei Krankheit schützen.
5 Frauen profitieren _____ der Arbeit in Fabriken.
6 Die Arbeit in einer Textilfabrik kann auch _____ Wohlstand führen.
7 Trotzdem steht die Textilindustrie _____ der Kritik.
8 Durch ihr Konsumverhalten sind die Verbraucher _____ die niedrigen Löhne mitverantwortlich.

2 Eine Podiumsdiskussion

2.1 Was passt? Lesen und ergänzen Sie.   Du meinst also – Ehrlich gesagt – Tja – Was ich davon halte

1 👍 Was tun Sie, um Ihren ökologischen Fußabdruck zu reduzieren?
   💬 _____ tue ich schon viel dafür: Ich habe kein Auto und ich bin Vegetarier.

2 👍 Wer wenig Geld ausgeben will, ist für die Situation in den Textilfabriken mitverantwortlich.
   💬 _____, das ist leider wahr. Aber auch bei teurer Kleidung bin ich nicht sicher, wie viel Geld in den Fabriken ankommt.

3 👍 Schöne Dinge kaufen und die Umwelt schonen? Mit Upcycling-Produkten geht das.
   💬 _____, dass man mit Upcycling-Produkten die Umwelt schont?

4 👍 Was halten Sie eigentlich von Unverpackt-Läden?
   💬 _____? Ich frage mich, ob das wirklich hygienisch ist. Aber die Idee ist toll.

2.2 Strategietraining: flüssig sprechen und Denkpausen schaffen. Welche Strategien werden in 2.1 verwendet? Ordnen Sie zu.

flüssig sprechen und Denkpausen schaffen	
„Echo-Fragen" stellen: ____	Floskeln / Gesprächsroutinen verwenden: ____
Füllwörter benutzen: ____	Gesagtes wiederholen: ____

1.11 🔊 **2.3** Wussten Sie eigentlich, dass …? Hören Sie die Fragen und reagieren Sie. Benutzen Sie jeweils ein Redemittel aus dem Schüttelkasten, um Zeit zu gewinnen.

Sie meinen also, dass … – Verstehe ich Sie richtig, dass … – Ob ich das schon wusste? Nun, … – Also … – Sagen wir mal so: … – Soweit ich weiß, … – Ehrlich gesagt … – Na ja, …

> *Wussten Sie, dass auch teure Modeketten oft in Billiglohnländern produzieren lassen?*

> *Sagen wir mal so: Ich habe schon davon gehört.*

Bewusst konsumieren

Einkaufen vom Sofa aus

1 Einzelhandel oder Online-Shopping? Was passt zum Einkauf im Geschäft? Was passt zu Online-Shopping? Ordnen Sie zu: G (Geschäft) oder O (Online-Shopping).

1. ☐ Das Angebot an Waren ist größer.
2. ☐ Es gibt weniger Möglichkeiten, Preise zu vergleichen.
3. ☐ Man erhält die Ware nicht sofort, sondern muss warten, bis sie geliefert wird.
4. ☐ Waren können meistens problemlos zurückgeschickt werden.
5. ☐ Man kann nicht lesen, wie zufrieden andere Kunden mit dem Produkt waren.
6. ☐ Man hat soziale Kontakte beim Einkaufen.

2 Was halten Sie von Online-Shopping?

2.1 Welche Vor- und Nachteile sehen Sie? Schreiben Sie mithilfe der Informationen in 1 und der Redemittel vier bis sechs Sätze zum Einkaufen im Geschäft und zu Online-Shopping.

> … hat den Vorteil / den Nachteil – Für/Gegen … spricht … – Ein Vorteil / Ein Nachteil von … ist …
>
> Online-Shopping hat den Vorteil, dass …

2.2 Was passt? Lesen Sie die Stellungnahme und ergänzen Sie die Redemittel. Hören Sie dann und überprüfen Sie Ihre Lösung.

> Ein anderes Argument gegen – Ein großer Nachteil ist – Daher vertrete ich die Meinung – Das sieht man auch – Daraus ergibt sich die Frage – Ich bin der Auffassung – ~~ist heutzutage besonders aktuell~~

Das Thema Online-Shopping _ist heutzutage besonders aktuell_¹, weil alles Mögliche – vom Blumenstrauß über Kosmetikartikel bis hin zur Tapete – bequem übers Internet eingekauft werden kann und immer mehr Menschen diese Einkaufsmöglichkeit nutzen. _____² an den steigenden Gewinnen der Online-Shops. _____³: Wird es bald gar keine Läden und Einkaufszentren mehr geben, weil künftig alles und nur noch online eingekauft wird?

Ich persönlich hoffe, dass es auch weiterhin Geschäfte geben wird. _____⁴, dass Online-Shopping zwar sehr bequem und praktisch ist, andererseits aber auch viele negative Seiten hat. _____⁵ zum Beispiel, dass Online-Shopping sehr schlecht für die Umwelt ist. Nicht nur durch die Verpackung und die Lieferung werden viele Ressourcen verbraucht, sondern auch durch die kostenlosen Rücksendungen. _____⁶ Online-Shopping und für den Einzelhandel sind die schlechten Arbeitsbedingungen und niedrigen Löhne der Paketzusteller. _____⁷, dass Online-Shopping, obwohl es sehr bequem ist, zu viele Nachteile hat, um den Einzelhandel komplett zu ersetzen. Wenn wir nachhaltig und umweltfreundlich konsumieren wollen, dürfen wir auf Geschäfte nicht verzichten.

Ü 111

8

Prüfungstraining

1 Lesen Teil 3 (GI) / Leseverstehen Teil 2 (telc) / Lesen Aufgabe 1 (ÖSD)

Was ist richtig? Lesen Sie den Artikel und kreuzen Sie an.

Von der Idee zum Produkt

Bereits in ihrer Studienzeit hatten Gerhard Muthenthaler und Marijan Jordan – Gründer des ersten deutschen „Erfinderladens" – eine spezielle Uhr für Singles erfunden, die bei der Partnersuche helfen sollte. Die Uhr konnte erkennen, wenn sich andere Menschen mit ähnlichen Interessen in der Nähe befanden. Der gleiche Algorithmus wird heute in Dating-Apps sehr erfolgreich verwendet. Damals waren die beiden Erfinder jedoch ihrer Zeit voraus. Sie hatten weder eigenes Kapital, noch fanden sie Investoren für ihre neuartige Idee. Damit teilten sie das Schicksal vieler Erfinderinnen und Erfinder, deren Ideen an der Finanzierung scheitern und am Ende im Papierkorb landen. Große Unternehmen, die als Investoren in Frage kämen, sind nämlich selten daran interessiert, Einzelkämpfer zu unterstützen, weil sie ihre eigenen Entwicklungsabteilungen haben.

Aus dieser Erfahrung entstand die Idee, einen Marktplatz für Erfinderinnen und Erfinder anzubieten – zuerst online und dann auch als Geschäft. In ihrem 1997 in Berlin gegründeten „Erfinderladen" unterstützen Jordan und Muthenthaler Erfinderinnen und Erfinder bei allen Schritten von der Idee bis zum fertigen Produkt. Wer eine Produktidee hat, kann sich beraten lassen und dabei zum Beispiel herausfinden, ob dieses Produkt bereits auf dem Markt existiert. Das Team des „Erfinderladens" hilft auch bei der Erstellung eines Finanzplans und stellt Kontakte zu Investoren her. Und wenn es dann an die Umsetzung der eigenen Erfindung geht, kann man in der Werkstatt des Erfinderladens daran weiter basteln und sie ausprobieren. Wer seine Erfindung schließlich produziert hat, kann das fertige Produkt im „Erfinderladen" ausstellen und verkaufen. Jährlich kommen durchschnittlich 3000 Personen mit einer Idee oder einem Produkt in den „Erfinderladen". Zurzeit findet man dort etwa 350 Produkte, die es nur dort oder im Onlineshop des Erfinderladens gibt. Darunter ein nicht-umkippbarer Kaffeebecher, ein Käse-Set zum Herstellen von Frischkäse, eine Lampe für die Handtasche, die automatisch angeht, wenn man etwas sucht, WC-Sitzschutzauflagen für öffentliche Toiletten und vieles andere mehr.

Die Idee des „Erfinderladens" war sehr erfolgreich. 2011 haben Muthenthaler und Jordan im österreichischen Salzburg – Jordans Heimatstadt – einen zweiten Erfinderladen gegründet. In Deutschland, Österreich und der Schweiz betreiben die beiden Gründer die Blogs „Erfinderland". Und die Ideen gehen ihnen nie aus: Ihr neuestes Projekt ist das „Erfinderdorf". Auf einem großen Grundstück wollen sie ein Dorf gründen, um Erfinderinnen und Erfinder zusammenzubringen und dort neue Konzepte zu Wohnen und Mobilität auf dem Land zu entwickeln, zum Beispiel zu Themen wie nachhaltiger Energieversorgung und ökologischer Lebensmittelproduktion. Nachdem sie 2018 schon einmal fast einen passenden Ort in der Nähe von Berlin gefunden hatten, sind sie nun wieder auf der Suche. Man darf also gespannt bleiben, welche Erfindung die beiden als nächstes hervorbringen werden. ☐

1 Was war die erste Erfindung von Muthenthaler und Jordan?
   a ☐ ein Algorithmus, der beim Studieren hilft.
   b ☐ eine Dating-App zur Partnersuche.
   c ☒ eine Uhr, um andere Menschen kennenzulernen.

2 Die erste Erfindung der beiden …
   a ☐ kam damals nicht auf den Markt.
   b ☐ haben die beiden selbst finanziert.
   c ☐ wurde von einem Unternehmen aufgekauft.

3 Warum haben die beiden den Erfinderladen eröffnet?
   a ☐ Um anderen Menschen beim Erfinden zu helfen.
   b ☐ Um Erfahrungen für neue Erfindungen zu sammeln.
   c ☐ Weil sie ihre Erfindungen verkaufen wollten.

4 Im Erfinderladen kann man …
   a ☐ eine Finanzierung für seine Produktidee bekommen.
   b ☐ seine Erfindung in der Werkstatt produzieren lassen.
   c ☐ sich zu seiner Erfindung beraten lassen.

5 Wo kann man die Erfindungen kaufen?
   a ☐ Im Einzelhandel und auf verschiedenen Online-Plattformen.
   b ☐ Im „Erfinderladen" online oder im Geschäft.
   c ☐ Online, im Geschäft werden sie nur ausgestellt.

6 Wie viele „Erfinderläden" gibt es?
   a ☐ Einen in Deutschland und einen in Österreich.
   b ☐ Jeweils einen in Deutschland, Österreich und der Schweiz.
   c ☐ Neben dem Erfinderladen in Berlin weitere Online-Shops.

7 Das „Erfinderdorf" …
   a ☐ liegt auf einem Grundstück in der Nähe von Berlin.
   b ☐ soll ein Ort sein, wo Ideen für ein nachhaltiges Landleben entstehen.
   c ☐ wurde 2018 von Muthenthaler und Jordan gegründet.

Tipp: Die Aufgaben entsprechen der chronologischen Reihenfolge des Textes. Lesen Sie daher die Aufgaben und den Text parallel und markieren Sie beim ersten Lesen die lösungsrelevanten Textstellen. So können Sie besser sehen, ab welcher Stelle Informationen zur nächsten Aufgabe kommen können. Lesen Sie die lösungsrelevanten Textstellen dann noch einmal sehr genau. Die Antwortoptionen zu jeder Aufgabe sind relativ ähnlich, achten Sie daher auch auf Details, z. B. Negationen.

2 Hörverstehen Teil 3

Richtig oder falsch? Hören Sie fünf Ansagen und kreuzen Sie an.

	richtig	falsch
1 Die Absender der ersten 20 WhatsApp-Nachrichten erhalten einen USB-Stick.	☐	☐
2 Im Mai sind die Geschäfte jedes Wochenende bis Mitternacht geöffnet.	☐	☐
3 An jedem Kochworkshop können 15 Personen teilnehmen.	☐	☐
4 Die Fluggesellschaft spendet 10 Euro pro Flug.	☐	☐
5 Bei dringenden gesundheitlichen Problemen ist die Arztpraxis auch von 13 bis 15 Uhr erreichbar.	☐	☐

Tipp: Sie hören fünf kurze Ansagen und Durchsagen, wie man sie z. B. am Flughafen, im Radio, in einem Lautsprecher oder auf dem Anrufbeantworter hört. Lesen Sie zuerst die Aussagen und unterstreichen Sie Schlüsselwörter (zum Beispiel Zahlen). Achten Sie beim Hören genau auf diese Schlüsselwörter, die allerdings auch mit anderen Wörtern formuliert sein können. Da Sie die Durchsagen nur einmal hören, kreuzen Sie auf jeden Fall etwas an, auch wenn Sie nicht sicher sind.

9 Das perfekte Leben führen

Webcode: royofa

Was ist Glück?

1 Was gehört zu einem perfekten Leben?

1.1 Welche Verben sind hier versteckt? Markieren Sie in der Wortschlange und ergänzen Sie.

ersbeneidenkbhbesuchenloxauswirkenaslfühlenwqöerobernllnerwerbenpgdführenäkjsichernwer

1 Wohlstand _erwerben_
2 die eigene Existenz _____
3 ein gelungenes Leben _____
4 Yogakurse _____
5 sich geborgen _____
6 andere um ihren Job _____
7 den Markt _____
8 sich positiv auf etwas _____

1.2 Um welche Themen geht es? Hören Sie und kreuzen Sie an. [1.14]

1 ☐ Ziele des Unterrichtsfachs „Glück"
2 ☐ Motivation der Lehrer, dieses Fach zu unterrichten
3 ☐ Umgang mit Enttäuschungen
4 ☐ Gründe, warum Schüler das Fach „Glück" wählen
5 ☐ Bedeutung einer bewussten Lebensweise

Christina Haucke   Mathis Scheier

1.3 Was ist richtig? Hören Sie noch einmal und kreuzen Sie an. [1.14]

1 ☐ In Deutschland ist „Glück" ein Unterrichtsfach.
2 ☐ Glück hängt vor allem von Zufällen im Leben ab.
3 ☐ Mathis hat gelernt, aktiv etwas für seine Wünsche und Träume zu tun.
4 ☐ Mathis hat gelernt, dass sich all seine Wünsche verwirklichen lassen.
5 ☐ Offenheit und gegenseitiges Vertrauen sind wichtig für den Unterricht.
6 ☐ Mathis kann jetzt besser mit Enttäuschungen umgehen.
7 ☐ Ziel des Fachs ist es, Misserfolge zu vermeiden.

2 Wenn ich doch nur …

2.1 Wiederholung: Konjunktiv II der Gegenwart. Schreiben Sie irreale Bedingungssätze wie im Beispiel. Der Grammatikanhang (A 1.4.1) hilft.

1 die Prüfung bestehen – sehr glücklich sein
2 ein Praktikum machen – das Arbeitsumfeld besser kennenlernen
3 mein Studium erfolgreich abschließen – eine gut bezahlte Stelle finden
4 etwas leistungsfähiger sein – bessere Aufstiegschancen haben
5 mehr verdienen – sich eine größere Wohnung leisten können
6 weniger arbeiten – das Leben mehr genießen

> 1 Wenn ich die Prüfung bestehen würde, wäre ich sehr glücklich.

2.2 Was passt zusammen? Verbinden Sie.

1 Hätte ich doch   a nicht so oft allein!
2 Wenn ich mich bloß   b bessere Noten hätte!
3 Wäre ich nur   c entscheiden könnte!
4 Wenn ich doch   d mehr Freizeit!
5 Würde ich bloß   e fragen könnte!
6 Wenn ich dich doch   f mehr Geld verdienen!

2.3 Was passt? Lesen Sie die Sätze in 2.2 noch einmal und ergänzen Sie.

Konjunktiv II – Mittelfeld – Nebensätze – Verb – wenn

> **Irreale Wünsche – Gegenwart**
>
> Irreale Wunschsätze mit dem _____ der Gegenwart drücken einen im Moment nicht realistisch erscheinenden Wunsch aus.
>
> Irreale Wunschsätze sind _____, die allein stehen. Sie werden mit _____ eingeleitet oder beginnen mit dem konjugierten _____. Die Modalpartikeln *bloß*, *nur* und *doch* stehen im _____ des Satzes.

2.4 Ergänzen Sie die Verben im Konjunktiv II. Manchmal gibt es mehrere richtige Lösungen.

1. Wenn ich bloß meine Freundin öfter sehen _____ (können)!
2. Wenn du doch mehr Glück im Lotto _____ (haben)!
3. Wenn ihr nur mit eurer Arbeit zufrieden _____ (sein)!
4. Wenn der PC doch endlich wieder _____ (funktionieren)!
5. Wenn unsere Freunde bloß weniger Geld _____ (brauchen)!
6. Wenn wir nur mehr _____ (wissen)!

2.5 Schreiben Sie die Sätze in 2.3 ohne *wenn*.

1 Könnte ich meine Freundin bloß öfter sehen!

2.6 Schreiben Sie Sätze mit und ohne *wenn* wie im Beispiel.

1. mehr Zeit haben
2. besser singen können
3. im Lotto gewinnen
4. optimistischer sein
5. länger bleiben können
6. nicht so viel arbeiten müssen
7. zaubern können
8. mehr Freunde haben

*1 Wenn ich bloß mehr Zeit hätte!
Hätte ich bloß mehr Zeit!*

3 Glücksvorstellungen

3.1 Welches Zitat gefällt Ihnen? Warum? Schreiben Sie einen kurzen Text in Ihr Heft.

Es gibt keinen Weg zum Glück.
Glücklich sein ist der Weg.
Buddha

Träume dir dein Leben schön und mach aus diesen Träumen eine Realität. **Marie Curie**

Glück ist das einzige, was sich verdoppelt, wenn man es teilt.
Albert Schweitzer

Leben wird nicht gemessen an der Zahl von Atemzügen, die wir nehmen; sondern an den Momenten, die uns den Atem nehmen. **Maya Angelou**

3.2 Sprachmittlung: Gibt es ein Zitat zum Thema „Glück" in Ihrer Muttersprache? Recherchieren Sie. Übersetzen Sie das Zitat dann ins Deutsche und präsentieren Sie es im Kurs.

9

Selbstoptimierung – ein Mega-Trend

1 Selbstoptimierung

1.1 Was bedeutet Selbstoptimierung für Emma? Lesen Sie den Text und kreuzen Sie an.

1 ◯ mehr Lebensqualität 2 ◯ einen Verlust an Lebensfreude

Was gut ist, muss noch besser werden! *Von Emma Reus*

Endlich habe ich auch eins: ein Fitnessarmband. Unglaublich, was dieses Ding alles kann! Es misst den Verbrauch deiner Kalorien, die Anzahl deiner Schritte, deinen Puls und wie viel du beim Joggen schwitzt. Es
5 sammelt und protokolliert einfach alle deine Daten! Und die werden dann leider geteilt: mit allen möglichen Firmen, mit der Krankenkasse, mit Hackern …

Aber das ist mir egal. Ich habe jetzt nur noch ein Ziel: 10.000 Schritte, denn die verlangt das Gerät. Oder
10 mehr. Denn was gut geht, muss noch besser werden. Deshalb quäle ich mich täglich durch den Wald und tue so, als ob mir das Spaß machen würde. Außerdem überwache und kontrolliere ich alles: meine Schlafdauer, mein Freizeitverhalten, meine Ernährung:
15 Lange ausgehen oder Kohlenhydrate am Abend sind jetzt tabu! Nichts überlasse ich dem Zufall.

Aber nicht nur das. Ich optimiere meine gesamte Lebensweise. Im Job leistungsfähiger werden, Sport treiben, jede Nacht durchschlafen und all das mit tol-

len Selfies dokumentieren. Das ist ganz schön anstrengend, aber meine Follower sollen an meiner Selbstoptimierung teilhaben und mich auch ein bisschen beneiden: Mein Instagram-Account wirkt nämlich so, als wenn ich mit meinem Leben total zufrieden wäre! 20

Aber ehrlich gesagt: Es kommt mir vor, als hätte ich gar 25 keine Kontrolle mehr. Denn ich habe keine Zeit mehr für die Dinge, die wirklich Spaß machen. Und so frage ich mich, was am Ende besser ist: hektisch etwas Gesundes zu kochen oder entspannt einen Burger zu genießen? 30

1.2 Wo steht das im Text? Lesen Sie noch einmal und notieren Sie die Zeilen.

1 Emma mag die Weitergabe der Daten nicht. *Zeile …*
2 Sie findet den täglichen Sport im Wald anstrengend. _____
3 Sie verzichtet abends auf Kartoffeln und Pasta. _____
4 Sie gibt ihren Followern ein falsches Bild von sich. _____
5 Sie findet Entspannung auch ganz wichtig. _____

2 Ich fühle mich, als ob …

2.1 Was ist richtig? Markieren Sie die Sätze mit *als ob*, *als wenn* und *als* im Text in 1.1. Lesen Sie dann die Regeln im Grammatikkasten und kreuzen Sie an.

> **Irreale Vergleiche mit *als ob*, *als wenn* und *als***
>
> Irreale Vergleiche mit *als ob*, *als wenn* und *als* bildet man mit dem ◯ *Indikativ* / ◯ *Konjunktiv II*.
>
> In irrealen Vergleichssätzen mit *als ob* und *als wenn* steht das Verb ◯ auf *Position II* / ◯ *am Satzende*. Wenn der irreale Vergleichssatz mit *als* eingeleitet wird, steht das Verb ◯ auf *Position II* / ◯ *am Satzende*.
>
> Irreale Vergleichssätze werden durch Verben des persönlichen Befindens oder der persönlichen Wahrnehmung eingeleitet.

Das perfekte Leben führen

2.2 Schreiben Sie irreale Vergleichssätze in Ihr Heft. Ergänzen Sie die Satzanfänge mit den Informationen in Klammern.

1. In den sozialen Medien sehen viele Leute so aus, (als ob – sie – wunschlos glücklich sein).
2. Aber dann machen sie den Eindruck, (als wenn – sie – ständig unter Druck stehen).
3. Es kommt mir so vor, (als – viele – mit sich unzufrieden sein).
4. Oft fühlen sich die Selbstoptimierer, (als ob – sie – kein eigenes Leben mehr haben).
5. Es scheint, (als – die Selbstoptimierung – mehr schaden als nutzen).

2.3 Wie präsentiert sich Mascha? Und was macht sie in Wirklichkeit? Schreiben Sie Sätze.

Mascha tut so – Es scheint so – Mascha macht den Eindruck – Es sieht so aus

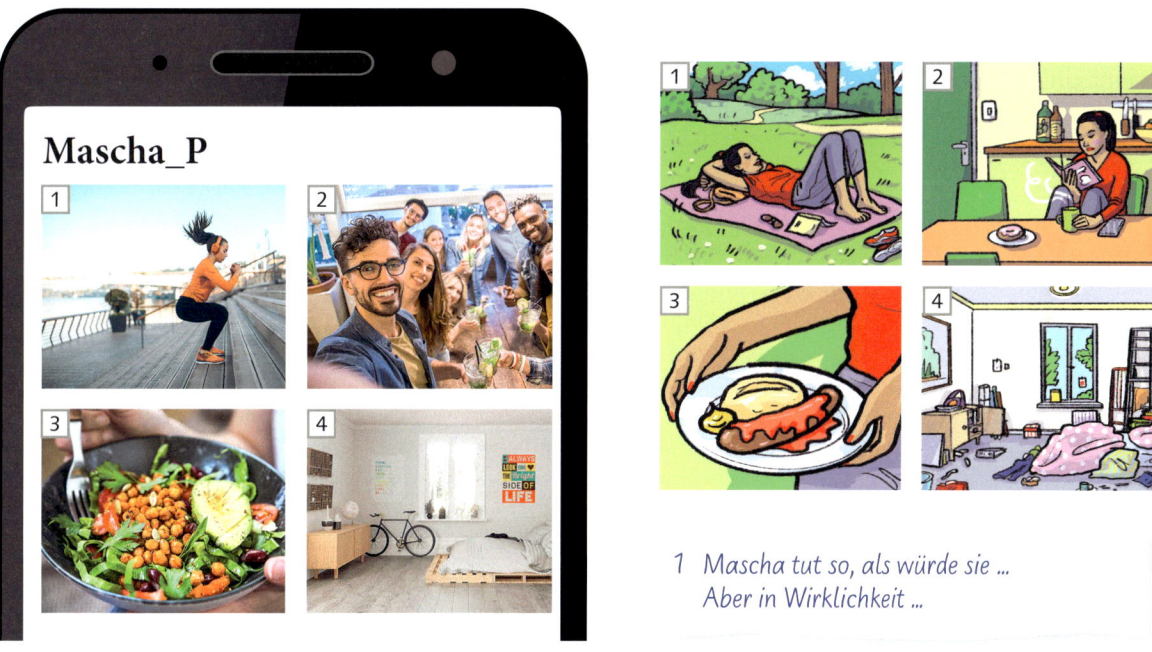

1 Mascha tut so, als würde sie … Aber in Wirklichkeit …

2.4 Und Sie? Präsentieren Sie sich manchmal anders als Sie wirklich sind? Schreiben Sie einen kurzen Text.

3 Neue Trends

3.1 Was passt? Lesen und ergänzen Sie.

finde ich extrem gut – ist das echt nicht normal – geht eindeutig in Richtung – Anhänger dieses Trends meinen – zeichnet sich ein neuer Trend ab

Selbstoptimierung ist gerade ein Mega-Trend. Die _____ [1], dass man ständig danach streben sollte, sich zu verbessern. Für mich _____ [2], denn wer immer perfekt sein will, wird irgendwann krank. Und das ist gefährlich. Seit einiger Zeit _____ [3]: der Trend zur Langsamkeit. Dieser Trend _____ [4] Lebensfreude und Genuss. Das _____ [5].

3.2 Welchen Trend gibt es zurzeit in Ihrer Heimat? Was halten Sie davon? Schreiben Sie mithilfe der Redemittel auf Seite 121 im Kursbuch einen Text.

9

Start-ups – der perfekte Arbeitsplatz?

1 Wie würden Sie gern arbeiten?

1.1 Was ist Ihnen wichtig? Ergänzen Sie 1 (= am wichtigsten) bis 8 (= nicht wichtig) auf der linken Zeile.

___ / ___ abwechslungsreiche Tätigkeiten ___ / ___ freie Einteilung der Arbeitszeit

___ / ___ Teilzeit für Führungskräfte ___ / ___ gute Vereinbarkeit von Familie und Beruf

___ / ___ flache Hierarchien ___ / ___ gleicher Lohn für alle Geschlechter

___ / ___ befriedigende Aufgaben ___ / ___ mehr Selbstständigkeit und Verantwortung

1.2 Was wünschen sich Angestellte in Deutschland? Lesen Sie und ergänzen Sie in 1.1 auf der rechten Zeile neben Ihrem eigenen „Ranking". Vergleichen Sie dann Ihr „Ranking" mit dem aus der Studie. Gibt es mehr Unterschiede oder mehr Gemeinsamkeiten?

> Der größte Wunsch von Arbeitnehmer*innen hierzulande ist, dass es keine Unterschiede mehr in der Bezahlung aufgrund des Geschlechts gibt. Auf Platz 2 folgt der Wunsch, selbst entscheiden zu können, wann der Arbeitstag beginnt und wann er endet. Am dritthäufigsten wünschen sich die Beschäftigten, einer erfüllenden und sinnvollen Tätigkeit nachzugehen. Das Bedürfnis, in einem weniger hierarchisch organisierten Unternehmen tätig zu sein, folgt auf Platz 4. Auf Platz 5 rangiert der Wunsch, Leistungs- und Lernziele selbst festlegen zu können. Auf Position 6 steht das Bedürfnis nach mehr zeitlicher Flexibilität, die es den Beschäftigten erlaubt, sich um Kinder und Angehörige zu kümmern. Der Wunsch von Vorgesetzten nach einer besseren Work-Life-Balance und der Möglichkeit, weniger zu arbeiten, steht an siebter Position. Am wenigsten stark ist der Wunsch nach mehr Abwechslung: Er steht an achter und damit letzter Stelle einer Studie, bei der 1000 Arbeitnehmer*innen im Alter von 16 bis 65 Jahren befragt wurden. *Quelle: www.basicthinking.de*

2 Hätte ich Sie doch früher gefragt!

2.1 Was passt? Ergänzen Sie.

Crowdfunding – Finanzierung – Finanzierungsplan – Geschäftsplan – Gründer – Produktidee

Dein Start-up!

Du möchtest dein eigenes Start-up gründen? In unserem Infoflyer liest du, wie du dabei am besten vorgehst.

1 Einsteigen: die _____¹
Lies Berichte, in denen andere Start-up- _____² erzählen, wie sie zu ihrer Idee gefunden haben. Entwickle deine eigene Idee auf Grundlage deiner Interessen und Kompetenzen und der Marktsituation.

2 Planen: das Geschäftsmodell
Wie wirst du vorgehen, um deine Idee zu verwirklichen? Erstelle einen _____³. Kontaktiere dann eine Gründungsberatung und lass deinen Plan überprüfen.

3 Finanzieren: Geldgeber
Vergleiche verschiedene Finanzierungsmöglichkeiten: Gründungsstipendien, Bankkredite oder _____⁴ für kreative Projekte. Sprich mit erfahrenen Gründern, um Fehler bei der _____⁵ zu vermeiden.

4 Gründen: der letzte Check vor dem Start
Kläre abschließend diese drei Fragen:
– Wie gut ist deine Geschäftsidee?
– Brauchst du noch einen Geschäftsplan?
– Hast du in deinem _____⁶ an alle Ausgaben gedacht?

Ü 118 Das perfekte Leben führen

1.15 **2.2** Was ist richtig? Hören Sie das Gespräch und kreuzen Sie an.

Susan Hochfeld …
1 ○ möchte ein Start-up gründen und braucht eine Erstberatung.
2 ○ sucht Hilfe, um ihr Start-up nicht schließen zu müssen.
3 ○ informiert sich, wie sie Kapital für ihr Start-up bekommen kann.

1.15 **2.3** Was ist richtig? Hören Sie noch einmal und kreuzen Sie an.

1 Chia-Samen …
a ○ sind in Deutschland ein Superfood.
b ○ hat Susan aus Mexiko mitgebracht.
c ○ kennt Susan von Freunden.

2 Susan hat Probleme, weil …
a ○ einer der Mitgründer alles besser weiß.
b ○ die Möbel und die Küche viel Geld kosten.
c ○ die Nachfrage nach ihrer Pizza gering ist.

3 Susan macht noch keinen Gewinn. Deshalb …
a ○ könnte ihr ein Stipendium helfen.
b ○ wäre Crowdfunding eine Option.
c ○ soll sie einen Bankkredit aufnehmen.

4 Herr Handke braucht …
a ○ den Geschäftsplan und den Kreditvertrag.
b ○ alle Unterlagen von der Bank.
c ○ Miet- und Arbeitsverträge.

2.4 Wiederholung: irreale Bedingungssätze in der Vergangenheit. Ergänzen Sie die Verben im Konjunktiv II der Vergangenheit. Der Grammatikanhang (A 1.4.2) hilft.

1 Wenn Susan nicht in Mexiko *gewesen wäre* (sein), *hätte* sie die Chia-Samen wohl nicht *entdeckt* (entdecken).

2 Wenn es die Chia-Samen in Deutschland nicht _____ (geben), _____ sie wahrscheinlich keine Pizzarezepte _____ (entwickeln können).

3 Wenn Susan mehr Werbung für ihre Pizzeria _____ (machen), vielleicht mehr Gäste _____ (kommen).

4 Wenn mit ihrem Start-up alles gut _____ (gehen), _____ sie Herrn Handke nicht _____ (kontaktieren müssen).

5 Wenn Susan nicht mit ihm _____ (sprechen), _____ sie nichts von den Finanzierungsmöglichkeiten _____ (erfahren).

2.5 Wie drückt man irreale Wünsche in der Vergangenheit aus? Markieren Sie die Verben. Lesen Sie dann die Regeln im Grammatikkasten und kreuzen Sie an.

Wenn wir doch nur nicht so naiv gewesen wären!

Wären wir nur früher zu Herrn Handke gegangen!

Wenn wir doch am Anfang mehr Werbung gemacht hätten!

Hätten wir bloß ein Stipendium beantragt!

Irreale Wünsche – Vergangenheit

Irreale Wünsche mit dem Konjunktiv II der Vergangenheit drücken ○ *ein Bedauern* / ○ *eine Bedingung* aus.

Man kann irreale Wunschsätze mit *wenn* einleiten. Dann stehen die Hilfsverben *sein* und *haben* am ○ *Satzanfang* / ○ *Satzende*.

Man kann sie auch ohne *wenn* ausdrücken. Dann stehen die Hilfsverben *sein* und *haben* am ○ *Satzanfang* / ○ *Satzende* und das Partizip II am ○ *Satzanfang* / ○ *Satzende*.

Ü 119

2.6 Schreiben Sie irreale Wünsche in der Vergangenheit mit und ohne *wenn* wie im Beispiel.

~~sich am Anfang mehr Zeit lassen~~ – Ausgaben genauer planen – einen Businessplan erstellen – zu einer Erstberatung gehen – realistischer sein – sich nach einem Stipendium erkundigen

> 1 Wenn ich mir doch am Anfang mehr Zeit gelassen hätte! – Hätte ich mir doch am Anfang mehr Zeit gelassen!

2.7 Was denken die Personen wohl? Schreiben Sie irreale Wünsche in der Vergangenheit wie im Beispiel.

> 1 Oh nein, schon wieder Stau! Wäre ich nur mit dem Fahrrad gefahren!

3 Die Gründungsberatung

3.1 Was passt? Ergänzen Sie die Redemittel.

Es geht um Folgendes – Ich bin mir nicht ganz sicher – Ich fasse das zur Sicherheit noch einmal zusammen – ~~Ich wollte mich danach erkundigen~~ – Sie meinen also – Ich wollte auch noch fragen

👍 Guten Tag. Mein Name ist … *Ich wollte mich danach erkundigen*¹, ob Sie mich bei der Gründung meines Start-ups unterstützen können.

👍 Hallo, ich heiße … _____²: Ich möchte ein Start-up gründen und mich würde interessieren, welchen Service Sie anbieten.

👍 Entschuldigung, das habe ich jetzt nicht ganz verstanden. _____³, dass Sie jetzt am Telefon keine konkreten Auskünfte geben können?

👍 _____⁴, ob ich Sie richtig verstanden habe: Brauche ich für die Erstberatung unbedingt einen Businessplan? Oder ginge es auch ohne? Ich habe nämlich noch keinen Businessplan erstellt.

👍 Das klingt gut. _____⁵, ob Sie mir dabei helfen könnten, Finanzierungspartner zu finden.

👍 Das ist gut, danke. Sie haben mir sehr geholfen. _____⁶: Ich kann online einen Beratungstermin ausmachen. Für das Gespräch bringe ich dann mein Produktportfolio und eine Liste mit all meinen Fragen mit.

3.2 Hören Sie das Gespräch und überprüfen Sie Ihre Lösung in 3.1.

3.3 Phonetik: am Telefon flüssig sprechen. Hören Sie das Gespräch noch einmal und markieren Sie den Hauptakzent in den Redemitteln in 3.1.

3.4 Hören Sie das Gespräch noch einmal und sprechen Sie die Sätze aus 3.1. Achten Sie auf den Hauptakzent und sprechen Sie möglichst flüssig.

Das perfekte Leben führen

4 Strategietraining: ein formelles Telefonat führen

4.1 Was passt? Lesen und ergänzen Sie.

bereitlegen – klären – nachfragen – nennen – prüfen – verwenden – verabschieden – zusammenfassen

Vor einem formellen Telefonat hilft es, sich zu notieren, welche Fragen man _____¹ möchte. Man sollte auch die Unterlagen, die für das Telefonat wichtig sind, _____². Am Anfang des Telefonats sollte man sich mit seinem Namen vorstellen und den Grund für seinen Anruf _____³. Wenn man während des Telefonats etwas nicht versteht, kann man immer _____⁴. Am Ende sollte man alle wichtigen Informationen noch einmal _____⁵, sich für das Telefonat bedanken und sich höflich _____⁶. Während des ganzen Telefonats sollte man formelle Sprache _____⁷ und sich Notizen machen. Nach dem Telefonat ist es gut zu _____⁸, ob man das Wichtigste notiert hat.

4.2 Welche Tipps für ein formelles Telefonat finden Sie am wichtigsten? Notieren Sie.

ein formelles Telefonat führen

vor dem Telefonat: _____

während des Telefonats: _____

nach dem Telefonat: _____

4.3 Sie haben vor einer Woche etwas im Internet bestellt, aber Ihr Paket ist nie angekommen. Was würden Sie dem Kundenservice antworten? Lesen Sie und schreiben Sie Sätze.

Online-Handel Dextra: Bis 22:00 Uhr bestellt? – Am nächsten Tag geliefert! Ihr Paket ist nicht angekommen? Kontaktieren Sie unseren Kundenservice unter der Nummer: 030 688 31748

Online-Handel Dextra – Bestellung vom 29.4.
Auftragsnummer: 48752 – Sendung wird zugestellt. Voraussichtlicher Liefertermin: Freitag, 30. April

🗨 Guten Morgen, Online-Handel Dextra, Carola Liebknecht am Apparat. Wobei kann ich Ihnen behilflich sein?
👍 ... *(Stellen Sie sich vor und nennen Sie den Grund Ihres Anrufs.)*
🗨 Ach, das ist sehr ärgerlich. Haben Sie die Kundennummer für mich? Mit der Kundennummer kann ich ihr Paket verfolgen.
👍 ... *(Sie haben es nicht verstanden. Fragen Sie nach.)*
🗨 Ah, Entschuldigung. Mit „Kundennummer" meinte ich die Auftragsnummer. Könnten Sie mir sagen, wie diese Nummer lautet? Und auch, wann Sie die Bestellung aufgegeben haben?
👍 ... *(Geben Sie Auskunft.)*
🗨 Vielen Dank! Einen Moment Geduld bitte. Hier hab ich's! Ihre Sendung wurde leider an den Absender zurückgeschickt.
👍 ... *(Fragen Sie nach dem Grund und erkundigen Sie sich nach den nächsten Schritten.)*
🗨 Wenn ein Paket zurückgeschickt wurde, liegt das häufig an falschen Adressdaten. Bitte überprüfen Sie Ihre Adressdaten in unserem System und rufen Sie gegebenenfalls im Paketzustellzentrum an, um die Anschrift korrigieren und das Paket erneut zustellen zu lassen.
👍 ... *(Fassen Sie die Ergebnisse zusammen.)*
🗨 Richtig! Und falls das nicht klappen sollte, rufen Sie dann gerne nochmal an. Viel Erfolg und auf Wiederhören!

4.4 Hören Sie jetzt das Telefongespräch und reagieren Sie mit Ihren Sätzen aus 4.3.

9 Leben, um zu arbeiten, oder arbeiten, um zu leben?

1 Arbeitsmoral. Was passt? Suchen und markieren Sie die Wörter in der Wortschlange und ergänzen Sie.

HGFARBEITSLEISTUNGKLSWDISZIPLINIERTQLÖBENGAGIERENCXUZWEITERENTWICKELNPDJGÜBERSTUNDENWALÖ

1 seine Pflichten erfüllen, ohne sich ablenken zu lassen: _____ sein
2 mehr arbeiten, als im Arbeitsvertrag steht: _____ machen
3 ein gutes Arbeitsergebnis erzielen wollen: sich um eine eine gute _____ bemühen
4 großen Einsatz für die Firma zeigen: sich für seinen Arbeitgeber _____
5 Karriere machen: sich beruflich _____

2 Anekdote zur Senkung der Arbeitsmoral

2.1 Wie heißen die Synonyme? Bilden Sie Wörter aus den Silben und ergänzen Sie.

aus – ~~Be~~ – dö – cken – fah – ~~geis~~ – Kopf – leid – Mit – ni – ren – Schach – sen – ~~te~~ – tel – ~~rung~~

1 Enthusiasmus: *Begeisterung*
2 leicht, nicht tief schlafen: _____
3 Mitgefühl: _____
4 das Gegenteil von „Kopfschütteln": _____
5 den Hafen mit dem Boot verlassen: _____
6 Verpackung für Zigaretten: _____

2.2 Lesen Sie den Text und notieren Sie wichtige Ereignisse im Leben von Heinrich Böll.

1917: Böll wird in Köln geboren

Heinrich Böll und die Anekdote zur Senkung der Arbeitsmoral

Heinrich Böll, der 1917 in Köln geboren wurde und 1985 in der Nähe von Köln starb, ist einer der bekanntesten deutschen Schriftsteller des 20. Jahrhunderts. Für seine Erzählungen, Romane, Theaterstücke und anderen Texte erhielt er 1972 den Nobelpreis für Literatur.

Böll interessierte sich schon früh für Bücher und literarische Texte. 1937 fing er an, eine Ausbildung zum Buchhändler zu machen und Literatur zu studieren. Als 1939 der Zweite Weltkrieg begann, wurde Böll als Soldat eingezogen[1]. In den sechs Jahren, in denen Böll Soldat war, wurde er mehrere Male verwundet[2]. Kurz vor Kriegsende kam er in amerikanische Gefangenschaft.

Nachdem der Krieg 1945 zu Ende war, kehrte Böll in seine völlig zerstörte Heimatstadt Köln zurück und begann zu schreiben. In den Texten, die in dieser Zeit entstanden, beschäftigte er sich vor allem mit seinen Kriegserlebnissen und dem harten Alltag der deutschen Nachkriegszeit: mit Inflation, Arbeits- und Wohnungslosigkeit und dem damals herrschenden Hunger.

1963, als Bölls *Anekdote zur Senkung der Arbeitsmoral* erschien, hatte sich Deutschland von den Folgen des Krieges erholt. Die Deutschen hatten wieder Arbeit und konnten es sich leisten, Geld für schicke Kleidung, Zigaretten und teure Kameras auszugeben und in andere Länder zu reisen. Diese Zeit des „Wirtschaftswunders" sah Böll sehr kritisch: Mit seiner Geschichte über den armen, aber zufriedenen Fischer und den reichen, aber unzufriedenen Touristen wollte er deutlich machen, dass es im Leben wichtigere Dinge als Arbeit und Konsum gibt.

[1] *jemanden einziehen:* rekrutieren; [2] *jemanden verwunden:* verletzen

Das perfekte Leben führen

2.3 Warum hat Böll die „Anekdote zur Senkung der Arbeitsmoral" geschrieben. Lesen Sie den Text in 2.2 noch einmal und sprechen Sie zu zweit. Verstehen Sie die Geschichte jetzt besser oder anders? Tauschen Sie sich aus.

Leben und arbeiten auf dem Firmencampus

1 Ein neuer Firmencampus. Lesen und ergänzen Sie.

Entwicklungszentrum – Firmencampus – Gastronomieangebot
Gesamtgelände – Unternehmensleitung – Wohnraum – Freiflächen

Ein großer Technologiekonzern hat bekanntgegeben, dass im Stadtzentrum ein großer _____ ¹ entstehen soll. Der neue Campus ist als internationales Forschungs- und _____ ² geplant. In der Gestaltung soll die hochmoderne, digitale Infrastruktur des Unternehmens sichtbar werden. Die _____ ³ hofft, die Erfolgsgeschichte des Unternehmens auf diesem mehr als 50 Fußballfelder großen _____ ⁴ fortsetzen zu können. Sie wirbt mit bezahlbarem _____ ⁵, freien Kitaplätzen und einem attraktiven Freizeit- und _____ ⁶. Grün- und _____ ⁷ sollen die Mitarbeiterinnen und Mitarbeiter ebenso wie die Menschen aus den angrenzenden Wohngebieten zum Entspannen einladen.

2 Ein Arbeitsplatz zum Wohlfühlen

1.19 **2.1** Worüber sprechen Antonia Fritsche und Jens Mettala? Hören Sie und kreuzen Sie an.

1. ○ Unterschiede zwischen einem Universitäts- und Firmencampus
2. ○ Karrieremöglichkeiten bei einem Unternehmen mit Wohncampus
3. ○ Vorteile für Berufsanfänger wegen guter Vereinbarkeit von Arbeit und Freizeit
4. ○ Zusammenhang von flexiblen Arbeitszeiten und einer guten Work-Life-Balance
5. ○ Vorteile für Familien mit Kindern wegen guter Infrastruktur auf dem Campus
6. ○ Auswirkungen von guten sozialen Kontakten auf die Arbeitsleistungen

1.19 **2.2** Wer sagt was: Antonia Fritsche, Jens Mettala oder beide? Hören Sie noch einmal und kreuzen Sie an.

	Fritsche	Mettala
1 Ein Unicampus ist nicht mit einem Firmencampus zu vergleichen.	x	x
2 Junge Berufseinsteiger profitieren von einem Firmencampus.	○	○
3 Es ist für Berufstätige besser, Freizeit und Job zu trennen.	○	○
4 Zeit auf dem Weg zur Arbeit zu sparen, ist ein Plus.	○	○
5 Die Privatsphäre der Angestellten geht die Firma nichts an.	○	○
6 Soziale Beziehungen beeinflussen die Qualität der Arbeit.	○	○
7 Es ist unmöglich, Arbeit und Freizeit auf dem Campus zu trennen.	○	○
8 Es hängt von jedem Einzelnen ab, ob ein Firmencampus das Richtige ist.	○	○

Ü 123

9 Raus aus dem Hamsterrad

1 Neue Trends. Um welchen Trend geht es hier? Lesen Sie und beantworten Sie die Fragen. Benutzen Sie die Redemittel auf Seite 121 im Kursbuch.

Achtsamkeit

Im Alltag hetzen wir meistens von einer Situation zur nächsten, denken beim Frühstück daran, was bei der Arbeit zu tun ist und bei der Arbeit planen wir, was am Abend noch erledigt werden muss. Das verursacht Stress und wirkt sich negativ auf unsere Gesundheit aus.

Hier kann Achtsamkeit helfen. Achtsamkeit als Lebenseinstellung bedeutet, sich auf den Moment zu konzentrieren, ohne ihn zu bewerten. Es geht darum, aufmerksam zu sein und auf sich achten: auf den eigenen Körper, die eigenen Emotionen und die unmittelbare Umgebung. Beim Achtsamkeitstrend geht es darum, die Geschwindigkeit aus dem Alltag rauszunehmen, den Stress zu reduzieren und allen negativen Gedanken ein Ende zu setzen. Wer achtsam ist, lebt bewusst und gelassen im Hier und Jetzt.

Die Grundidee stammt ursprünglich aus dem Buddhismus, wurde aber 1979 vom US-amerikanischen Mediziner Jon Kabat-Zinn weiterentwickelt. In achtwöchigen Kursen konnte man bei ihm lernen, wie man Meditation und Aufmerksamkeitsübungen in den Alltag integrieren kann. Denn Aufmerksamkeitsübungen kann man jederzeit machen. Auf dem Weg zur Arbeit oder zu Freunden konzentriert man sich zum Beispiel nur auf das Gehen: auf das An- und Entspannen der Muskeln, auf das Gehtempo und auf die Atmung. Eine andere Übung ist, seine Aufmerksamkeit auf die schönen Dinge zu lenken, die man erlebt hat. Vor dem Einschlafen erinnert man sich an die angenehmen Momente des Tages und das macht dankbar und glücklich.

Während immer mehr Menschen Achtsamkeitsübungen praktizieren, weisen Kritikerinnen und Kritiker darauf hin, dass diese Übungen nicht die wirklichen Ursachen von Stress im Alltag bekämpfen. Anstatt die Umstände wie z.B. Arbeitsbedingungen zu verändern, betreiben die Menschen nur eine weitere Form der Selbstoptimierung.

1 Was genau bedeutet Achtsamkeit?
2 Worum geht es beim Achtsamkeitstrend?
3 Wie ist der Achtsamkeitstrend entstanden?
4 Was für Achtsamkeitsübungen gibt es?
5 Was halten Kritikerinnen und Kritiker von diesem Trend?
6 Wie finden Sie diesen Trend?

1 Achtsamkeit als Lebenseinstellung bedeutet ...

2 Zurück zur Einfachheit. Was passt? Ergänzen Sie.

Achtsamkeit – Beförderung – Entschleunigung – Minimalismus – Wachstum – Wertewandel

1 _____ bedeutet, sich für bestimmte Tätigkeiten bewusst mehr Zeit zu nehmen.

2 Wenn Angestellte eine höhere Position erhalten, spricht man von einer _____.

3 _____ heißt, dass man das, was gerade passiert, aufmerksam wahrnimmt und nicht positiv oder negativ bewertet.

4 Ein Beispiel für einen _____ ist, dass die Work-Life-Balance heute vielen wichtiger ist als die Karriere.

5 Man spricht von _____, wenn eine Stadt größer wird oder sich die Wirtschaft in einem Land verbessert.

6 Typisch für den _____ ist der Verzicht auf alles, was nicht lebensnotwendig ist.

Das perfekte Leben führen

9

Werbung für sich selbst

1 Die perfekte Kandidatin / Der perfekte Kandidat. An wen richtet sich der Text? Was bietet Anton an? Lesen Sie und notieren Sie Ihre Ideen.

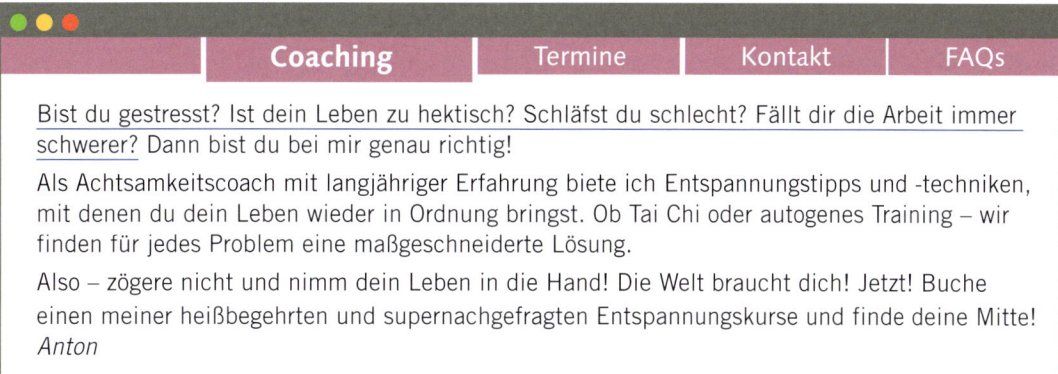

| | **Coaching** | Termine | Kontakt | FAQs |

Bist du gestresst? Ist dein Leben zu hektisch? Schläfst du schlecht? Fällt dir die Arbeit immer schwerer? Dann bist du bei mir genau richtig!

Als Achtsamkeitscoach mit langjähriger Erfahrung biete ich Entspannungstipps und -techniken, mit denen du dein Leben wieder in Ordnung bringst. Ob Tai Chi oder autogenes Training – wir finden für jedes Problem eine maßgeschneiderte Lösung.

Also – zögere nicht und nimm dein Leben in die Hand! Die Welt braucht dich! Jetzt! Buche einen meiner heißbegehrten und supernachgefragten Entspannungskurse und finde deine Mitte!
Anton

2 Strategietraining: für sich werben

2.1 Wie wirbt Anton für sich? Lesen Sie den Text in 1 noch einmal, unterstreichen Sie und notieren Sie wie im Beispiel. Eine Mehrfachnennung ist möglich.

für sich werben

1	rhetorische Fragen stellen	*Zeile 1: Bist du gestresst? Ist dein Leben ... Schläfst du ... Fällt dir ...*
2	Imperative benutzen	
3	ein Problem benennen	
4	eine Problemlösung anbieten	
5	Sprachbilder benutzen	
6	ausdrucksstarke Wörter verwenden	
7	Emotionen hervorrufen	

2.2 Was glauben Sie: Welche Problemlösung bieten die Personen an? Wählen Sie eine Person und schreiben Sie ihre Anzeige zu Ende. Beachten Sie die Strategien in 2.1.

Leyla, die München-Liebhaberin

Wolltest du schon immer mal mit einer echten Münchnerin durch die Stadt bummeln?

Camilo, der perfekte Menüplaner

Du feierst deinen Geburtstag, hast aber keine Lust, einzukaufen und zu kochen?

Ella, die Supersportlerin

Ihr sucht eine Trainerin, die euch zeigt, wie ihr in kürzester Zeit topfit werdet?

2.3 Und welches Problem lösen Sie? Schreiben Sie eine Anzeige wie in 2.2. Die Redemittel im Kursbuch auf Seite 121 helfen.

Ü 125

9

Prüfungstraining

1 Leseverstehen Teil 3

Welcher Info-Text passt zu welcher Situation? Lesen Sie zuerst die Situationen (1–7), dann die Texte (A–H) und ordnen Sie zu. Nicht alle Texte passen. Markieren Sie dann x.

1. ☐ Ihre Schwester möchte herausfinden, welche Arbeit sie zufrieden macht.
2. ☐ Ein Freund möchte gemeinsam mit anderen Sport treiben.
3. ☐ Ein Bekannter möchte Stress abbauen.
4. ☐ Eine Freundin hat eine Start-up-Idee und braucht finanzielle Unterstützung.
5. ☐ Ein Kollege möchte Aktivurlaub machen und auch im Urlaub Sport treiben.
6. ☐ Sie möchten Ihren Urlaub in einem ökologischen und umweltfreundlichen Hotel verbringen.
7. ☐ Eine Bekannte möchte in ihrem Beruf mehr Geld verdienen.

A MEHR ERFOLG

Welche Potenziale habe ich? Wie komme ich zu finanziellem Erfolg? Wir helfen mir meine persönlichen Stärken dabei?

Wer das weiß, der kann seine Stärken ausschöpfen und leistungsfähiger werden. Investieren Sie in Ihre Persönlichkeitsentwicklung, erkennen Sie Ihre Potenziale und lernen Sie, diese erfolgreich bei Gehaltsverhandlungen einzusetzen!

Unser Angebot: zweitägiges Seminar im Öko-Hotel Wiesberg in den Alpen; Verpflegung, Coachingprogramm und geführte Wanderungen.

B

Haben Sie schon mal darüber nachgedacht, welchen Einfluss der Tourismus auf Umwelt und Klima hat? Urlaub so billig wie möglich? Dann bleibt oft nur das Massenhotel am überfüllten Strand. Dabei spielt der Schutz der Umwelt meistens keine Rolle. Aber nicht bei uns!

Wir vermitteln Zimmer bei Einheimischen vor Ort oder in ökologisch betriebenen und nachhaltig wirtschaftenden Hotels und Gästehäusern. So können Sie Ihren Urlaub ohne schlechtes Gewissen genießen!

Telefon: +49 621 39158707

C

Ihre Arbeit macht Ihnen keinen Spaß mehr und Sie können sich beruflich nicht mehr weiterentwickeln? Oder haben Sie Ihre Ausbildung gerade erfolgreich abgeschlossen und wissen nicht, wie es weitergehen soll?

Egal, ob Sie am Anfang des Berufslebens stehen oder viel Berufserfahrung haben. Egal, ob Sie in einem Start-up angestellt sind oder freiberuflich arbeiten. Mit unserem wissenschaftlich fundierten Persönlichkeitstest und einem individuellen Beratungsgespräch helfen wir Ihnen, eine berufliche Tätigkeit zu finden, die perfekt zu Ihren Wünschen und Bedürfnissen passt.

www.glücklichleben.beispiel.de

D Raus aus dem Hamsterrad!

Ganz bewusst im Hier und Jetzt zu leben, das macht wirklich glücklich!
Besuchen Sie unsere Achtsamkeitsseminare auf den Nordseeinseln Baltrum und Norderney.
Lernen Sie in schönster Natur am Meer, achtsam zu sein und Glück zu empfinden!
Bei unseren Wochenendangeboten in kleinen, bio-zertifizierten Hotels können Sie bestens entspannen, sich eine Auszeit vom Alltag gönnen und Ihr Leben entschleunigen. Nach zwei Tagen fühlen Sie sich wie neugeboren.
Übernachtung und Vollpension inklusive.

E Smartfit x2.1

Zu viel Stress? Keine Zeit für Sport?

Kein Problem! Bleiben Sie gesund mit unserem Fitnessarmband Smartfix x2.1.

Das Smartfix x2.1 zählt Ihre Schritte, misst Ihren Puls und Kalorienverbrauch und protokolliert Ihre Schlafphasen.

Wenn Sie innerhalb der nächsten drei Tage Smartfit x2.1 bestellen, erhalten Sie 40 % Rabatt! Worauf warten Sie noch?

F

Das Portal *Start-up-Nachrichten* berichtet täglich über Neuigkeiten aus der Gründerszene: Porträts neu gegründeter Start-ups, Interviews mit Gründer*innen sowie aktuelle Marktübersichten.

Sie möchten ein Start-up gründen? Dann lassen Sie sich auf unserer Webseite inspirieren! Hier finden Sie viele erfolgversprechende Beispiele von Existenzgründungen und Informationen zur aktuellen Situation auf dem Markt. Wir präsentieren innovative Geschäftsmodelle und geben auch Tipps für Ihr Marketing.

G Gute Nachrichten für Gründer/innen

Sie möchten sich selbstständig machen und Ihr eigenes Start-up gründen? Sie haben schon ein zukunftsfähiges Geschäftsmodell entwickelt, ein starkes Team steht bereit, aber die Finanzierung ist noch nicht gesichert?

Ab dem kommenden Monat gibt es finanzielle Hilfen für Gründer/innen, die ein ausgearbeitetes Konzept vorlegen. Das Bundesministerium für Wirtschaft und Energie und das Bundesfinanzministerium haben in den vergangenen Wochen gemeinsam mit der Kreditanstalt für Wiederaufbau (KfW) die Details eines Maßnahmenpakets ausgearbeitet.

Weitere Informationen unter **www.bmbi.beispiel.de**

H Der Outdoor-CrossFit-Spezialist

Du willst ordentlich, aber nicht im Fitnessstudio schwitzen, sondern an der frischen Luft? Wir bieten dir professionelles Outdoor-CrossFit-Training in familiärer Atmosphäre und in kleinen Gruppen von maximal acht Personen.

Durch die extrem hohe Trainingsintensität sind maximaler Kalorienverbrauch und beste Trainingsergebnisse garantiert. Spaß und persönliche Beratung gibt es kostenlos dazu.

www.crossfit-fuer-dich.beispiel.de

> **Tipp:** Notieren Sie gleich beim ersten Lesen die Buchstaben aller Situationen, die passen könnten. So treffen Sie eine Vorauswahl und können beim zweiten Lesen schneller die richtige Lösung finden. Lesen Sie die Texte immer bis zum Ende, auch wenn Sie schon eine Idee haben. Einige Anzeigen haben ähnliche Themen, aber manchmal steht eine wichtige Information erst am Ende des Textes.

ÖSD **2 Schreiben Aufgabe 1**

Um sich zu entspannen, haben Sie ein Wochenende an der Ostsee verbracht. Der Aufenthalt hat Ihren Erwartungen leider überhaupt nicht entsprochen. Sie haben sich bereits Notizen dazu gemacht.

Schreiben Sie eine Beschwerde-E-Mail an das Hotel, in der Sie auf alle Ihre Notizen eingehen. Schreiben Sie circa 120 Wörter und beachten Sie auch die formalen Kriterien (Anrede, Grußformel).

Wellness-Wochenende an der Ostsee: 2 Tage im 4-Sterne-Strandhotel Möwe für 119,- Euro pro Person

2 Tage Ostsee: aktiv entspannen

Unser Wochenendangebot enthält:
Übernachtung in einem Doppelzimmer mit Meerblick und einem gesunden, vitaminreichen Frühstück in Form eines Büfetts für jeden Geschmack

Im Preis enthalten:
– ein Leihfahrrad für Ihre Ausflüge
– einmal Eintritt in unsere Wellness-Oase (3 große Pools, Sauna, Massagen und Whirlpool)
– ein Schnupperkurs für Yoga-Anfänger/innen
– Tageszeitung und 1 Flasche Wasser auf dem Zimmer
– eigener Parkplatz und WLAN-Nutzung

Notizen:
- Obst aus der Dose, keine Auswahl an veganen Gerichten
- nur ein kleines Schwimmbad
- Kurs ist ausgefallen
- alle Parkplätze belegt

Strandhotel Möwe | Uferstraße 25 · Hohemünde 06543 | Buchung per E-Mail Moewe@beispiel.de oder Telefon +49 221 84659510 möglich

> **Tipp:** Achten Sie auf die Textstruktur einer Beschwerde: Nennen Sie zuerst den Grund Ihres Schreibens, beschreiben Sie dann, was Sie erwartet hatten und wie die Situation wirklich war. Formulieren Sie am Ende ggf. einen Wunsch oder eine Forderung sowie eventuelle weitere Konsequenzen, sollten Ihre Forderungen nicht erfüllt werden. Schreiben Sie höflich und sachlich und benutzen Sie den Konjunktiv II (z. B. *Es wäre schöner gewesen, wenn … Ich hätte mir eigentlich gewünscht, dass …*).

10 Die Welt verstehen

Webcode: zegiya

Wie wir die Welt sehen

1 Der Gapminder-Test

1.1 Was passt zusammen? Verbinden Sie.

1 die Wahrscheinlichkeit
2 die Berichterstattung
3 die Lebenserwartung
4 die Not
5 das Pro-Kopf-Einkommen
6 die Armut
7 die Weltbevölkerung
8 das Weltbild

a alle Menschen auf der Erde
b wenn man wenig oder nichts besitzt
c die Möglichkeit, dass etwas passieren wird
d eine schlimme Situation, in der jemand Hilfe braucht
e die Zeitdauer, die ein Mensch wahrscheinlich leben wird
f die Vorstellung davon, wie die Welt und die Menschen sind
g das Weitergeben von Informationen, z.B. durch die Presse
h das Geld, das die Bewohner eines Staates durchschnittlich verdienen

1.2 Was passt? Ergänzen Sie die Verben in der richtigen Form.

bedrohen – einschätzen – entgegnen – erstaunen – herrschen – ignorieren – impfen – unterschätzen – ~~verharmlosen~~

1 Kritiker warfen Hans Rosling vor, er würde die Not vieler Menschen _verharmlosen_.
Er _____ ihnen, dass er auf die Fortschritte in der Welt aufmerksam machen wollte.

2 Durch den Klimawandel sind viele Tierarten vom Aussterben _____.

3 Ich habe _____, wie schwer der Test ist. Ich hatte ihn mir einfacher vorgestellt.

4 In den Medien werden positive Nachrichten leider oft _____. Man erfährt nichts davon.

5 Mein Ergebnis im Gapminder-Test hat mich _____. Ich hätte mit mehr richtigen Antworten gerechnet.

6 In manchen Ländern _____ die Meinung, dass die Welt sich eher negativ entwickelt.

7 Weltweit werden 80% der Kinder gegen Krankheiten _____.

8 Ich habe die geografische Verteilung der Menschen völlig falsch _____. Ich dachte, dass in Afrika mehr Menschen leben.

1.3 🔊 2.02 Was für ein Weltbild haben die Personen: Eher positiv oder eher negativ? Hören und notieren Sie.

Zola _____   Leonie _____   Hector _____

1.4 🔊 2.02 Welche Person passt? Hören Sie noch einmal und ergänzen Sie die Namen aus 1.3.

1 _____ ist der Meinung, dass die Fortschritte in ärmeren Ländern oft unterschätzt werden.
2 _____ konsumiert manchmal sehr viele Nachrichten, die über etwas Schlimmes berichten.
3 _____ findet, dass manche Entwicklungen, wie z.B. der Rückgang der Armut, auch Hoffnung machen.
4 _____ hat die Lebenserwartung der Menschen anders eingeschätzt.
5 _____ findet, dass die Berichterstattung die Meinung der Menschen beeinflusst.

1.5 🔊 2.03 Was ist das „Dollar-Street-Projekt"? Hören Sie weiter und kreuzen Sie an.

a ○ ein Fotoprojekt   b ○ ein Spendenprojekt   c ○ ein Nachbarschaftsprojekt

1.6 Was erzählt Zola über das Projekt? Hören Sie noch einmal und machen Sie Notizen zu den Fragen.

1. Welche Annahmen hatte Anna Rosling Rönnlund? Was wollte sie mit dem Projekt zeigen?
2. Wie wurde das Projekt durchgeführt? Was hat Anna Rosling Rönnlund gemacht?
3. Was kann durch die Fotos gezeigt werden? Was könnte mit dem Projekt erreicht werden?

1.7 Schreiben Sie mithilfe Ihrer Notizen aus 1.6 fünf bis acht Sätze über das Dollar-Street-Projekt. Benutzen Sie die Redemittel im Kursbuch auf Seite 133.

2 Dank der Fakten verstehen wir die Welt besser.

2.1 Was passt zusammen? Verbinden Sie.

1. Vor Sorge um seinen Job
2. Wegen der vielen schlechten Nachrichten
3. Aufgrund der schwierigen finanzielle Lage
4. Aus Interesse an dem Thema
5. Dank medizinischer Fortschritte

a. liest sie seltener Zeitung.
b. ist die Lebenserwartung heute höher.
c. habe ich mir Roslings Buch gekauft.
d. können sie sich keinen Urlaub leisten.
e. kann er nicht gut einschlafen.

2.2 Was beschreiben die Präpositionen in den Sätzen in 2.1? Ordnen Sie im Grammatikkasten zu.

1. „emotionaler Grund" für eine unkontrollierte Reaktion
2. „emotionaler Grund" für eine kontrollierte Handlung
3. neutraler Grund
4. Grund mit einer positiven Folge

> **Kausale Präpositionen** *wegen, aufgrund, dank, aus, vor*
>
> *wegen/aufgrund* (+ Genitiv) ☐   *aus* (+ Dativ; Nomen oft im Singular, immer ohne Artikel) ☐
>
> *dank* (+ Genitiv) ☐   *vor* (+ Dativ; Nomen oft im Singular, fast immer ohne Artikel) [1]

2.3 Eine Kurzbiografie von Hans Rosling. Welche Präposition ist richtig? Markieren Sie.

Hans Rosling wurde 1948 in Schweden geboren. *Dank/Wegen/Aus* Interesse an gesundheitlichen Themen entschied er sich für ein Medizinstudium. Rosling engagierte sich *aus/aufgrund/vor* seiner Erfahrungen als Arzt in Mosambik und anderen Staaten Afrikas für medizinische Fortschritte auf dem afrikanischen Kontinent. Von 1983 bis 1996 arbeitete er *vor/wegen/aus* seines großen medizinischen Verständnisses auch als Berater für die Weltgesundheitsorganisation (WHO). *Aus/Aufgrund/Dank* Überzeugung, dass die Wissenschaft die Welt verbessern könnte, gründete er im Jahr 2005 mit seinem Sohn Ola Rosling und seiner Schwiegertochter Anna Rosling Rönnlund die Gapminder-Stiftung. Im Jahr 2017 starb Hans Rosling. *Aus/Dank/Vor* des Engagements seines Sohnes und seiner Schwiegertochter konnte ihr gemeinsames Buch „Factfulness" im Jahr 2018 dennoch erscheinen.

2.4 Kontrollierte Handlung oder unkontrollierte Reaktion? Schreiben Sie zu den Bildern je einen Satz mit *aus* oder *vor* und einem passenden Nomen aus dem Schüttelkasten wie im Beispiel.

Freude – Interesse – Müdigkeit – Schmerz – Überzeugung

1. Der Student ist vor Müdigkeit beim Lernen eingeschlafen.

10 Die Perspektive wechseln

1 Empathie und Mitgefühl

1.1 Was passt? Lesen Sie den Artikel und ergänzen Sie.

abgrenzen – aktivieren – empathisch – empfinden – Gegenüber – Gene – hineinversetzen – Psychologie – trösten

In der _____¹ wird zwischen den Begriffen Empathie und Mitgefühl unterschieden. Empathisch zu sein, bedeutet, etwas Ähnliches zu fühlen wie unser _____². Wenn wir dagegen Mitgefühl mit anderen _____³, wünschen wir uns, dass es ihnen gut geht. Zum Beispiel versuchen wir, einen Menschen, der traurig ist, zu _____⁴. Empathie kann anstrengend sein. Manchmal passiert es, dass wir uns so intensiv in die andere Person _____⁵, dass wir ihre Gefühle übernehmen und zum Beispiel selbst traurig werden. Dafür sind die Spiegelneuronen verantwortlich, die die entsprechenden Gehirnregionen _____⁶, sodass wir das Gleiche fühlen wie unser Gegenüber. Bei Mitgefühl übernehmen wir dagegen die Gefühle der anderen Person nicht, sodass wir uns besser _____⁷ können. Wie _____⁸ wir sind, das bestimmen übrigens viel weniger unsere _____⁹ als unsere Erziehung und die Erfahrungen, die wir im Laufe unseres Lebens gemacht haben.

1.2 Was ist richtig? Markieren Sie die Sätze mit *sodass* und *so ..., dass* in 1.1 und kreuzen Sie an.

> **Konsekutive Nebensätze mit *sodass* und *so..., dass***
>
> Ein Nebensatz mit *sodass* drückt ○ eine Ursache / ○ eine unbeabsichtigte Konsequenz aus.
> Er steht immer ○ nach / ○ vor dem Hauptsatz.
> In Sätzen mit *so* + Adjektiv/Adverb + *dass* wird das Adjektiv/Adverb als Ursache hervorgehoben.
> Der Nebensatz beginnt mit ○ *so* / ○ *dass*. Das *so* wird beim Sprechen betont.

1.3 Welche Konsequenz passt? Ordnen Sie zu. Schreiben Sie dann Sätze mit *sodass* wie im Beispiel.

a Wir fühlen dasselbe wie unser Gegenüber. – b ~~Sie können sich nicht gut abgrenzen~~. –
c Es fällt uns schwer, empathisch mit ihnen zu sein. – d Es geht uns sofort besser. –
e Sie entwickeln schon früh die Fähigkeit, empathisch zu sein.

1 Manche Menschen empfinden viel Empathie. *b*
2 Die Spiegelneuronen aktivieren bestimmte Regionen im Gehirn. ○
3 Babys beobachten die Menschen in ihrer Umgebung genau. ○
4 Fröhliche Menschen können uns mit ihrer guten Laune anstecken. ○
5 Gegenüber manchen Menschen haben wir viele Vorurteile. ○

> *1 Manche Menschen empfinden viel Empathie, sodass sie sich nicht gut abgrenzen können.*

1.4 Schreiben Sie die Sätze 1, 3 und 5 aus 1.3 mit *so ..., dass*.

> *1 Manche Menschen empfinden so viel Empathie, dass sie ...*

Die Welt verstehen

1.5 Was ist hier passiert? Ergänzen Sie die Sätze zu den Bildern in Ihrem Heft.

1 Er ist so schnell gelaufen, dass … – Jetzt weint er sehr, sodass …
2 Er war so tief in Gedanken, dass … – Er wird ein paar Tage Kopfschmerzen haben, sodass …
3 Sie hat ihr Studium abgeschlossen, sodass … – Sie hat so gute Noten, dass …

2 Wie lernt man Empathie? – Indem man …

2.1 Welche Frage passt? Lesen Sie das Interview und ergänzen Sie.

Und wer gehört zur zweiten Gruppe? – Und wie können Sie Ihren Klientinnen und Klienten helfen? Wie läuft so ein Coaching ab? – Wozu brauchen diese Menschen mehr Empathie? – Was macht ein Empathie-Coach? – Wer sind Ihre Klientinnen und Klienten? Was für Menschen kommen zu Ihnen?

Menschen im Gespräch: Adam Nowak, Empathie-Coach

Herr Nowak, Sie arbeiten seit 5 Jahren als Empathie-Coach.

Ich unterstütze Menschen in ihrer persönlichen Entwicklung. Ich gebe Einzelcoachings oder ich werde von Firmen oder Institutionen gebucht und mache dann einen Workshop mit den Angestellten. An der Volkshochschule biete ich außerdem Kurse an oder halte Vorträge zum Thema Empathie.

Bei meinen Klientinnen und Klienten geht es entweder darum, mehr Empathie zu entwickeln, also empathischer zu werden oder aber umgekehrt: Dass sie „zu empathisch" sind und lernen möchten, sich besser abzugrenzen. Zur ersten Gruppe gehören vor allem Führungskräfte oder Unternehmer – meistens Männer. Sie wollen empathischer werden, um sich besser in ihre Mitarbeiter*innen einzufühlen.

Sie haben ganz verschiedene Gründe: Den einen geht es darum, die Arbeitsatmosphäre zu verbessern und ein angenehmeres Betriebsklima zu schaffen. Andere wollen ihre Mitarbeiter*innen motivieren und so die Produktivität steigern. Personaler*innen wollen lernen, die Bewerberin oder den Bewerber beim Vorstellungsgespräch besser einzuschätzen.

Das sind Menschen, die in ihrem Berufsalltag andauernd empathisch sein müssen, z. B. Sozialarbeiter*innen, Pflegekräfte im Krankenhaus oder in der Altenpflege, aber auch Lehrer*innen. Ihre Arbeit besteht in erster Linie darin, anderen Menschen bei ihren Problemen zu helfen. Oft haben sie dabei mit Menschen zu tun, denen es nicht gut geht. Für sie ist es deshalb wichtig zu lernen, wie sie sich abgrenzen können, um gesund zu bleiben. Manche von ihnen leiden schon an einem richtigen Empathie-Burnout, wenn sie zu mir kommen. Also an einer schweren Erschöpfung, weil sie zu empathisch sind.

Dadurch dass die Menschen mit sehr unterschiedlichen Zielen zu mir kommen, kann ich das so allgemein nicht beantworten. Für Menschen, die empathischer werden möchten, ist der erste Schritt normalerweise, die eigene Persönlichkeit und die eigenen Bedürfnisse genau kennenzulernen – zum Beispiel mithilfe von Persönlichkeitstests und Interviews. Dadurch dass man die eigenen Gefühle und Bedürfnisse besser kennt, kann man auch sein Gegenüber besser einschätzen. Und das ist die Grundvoraussetzung für Empathie. Für die andere Zielgruppe steht die Fähigkeit, sich abzugrenzen, im Vordergrund. Das kann man zum Beispiel lernen, indem man Situationen aus dem Berufsalltag in Rollenspielen nachspielt und reflektiert.

Herr Nowak, vielen Dank für das Gespräch!

2.2 Richtig (r), falsch (f) oder steht nicht im Text (x)? Lesen Sie noch einmal in 2.1 und kreuzen Sie an.

	r	f	x
1 Die Mehrheit von Adam Nowaks Klienten will lernen, sich besser abzugrenzen.	○	○	☒
2 Adam Nowak wird von Firmen gebucht, um Vorträge zu halten.	○	○	○
3 Unter den Klienten, die im Coaching Empathie lernen möchten, sind kaum Frauen.	○	○	○
4 Einige kommen mit dem Ziel, die Personaler bei Bewerbungsgesprächen besser zu überzeugen.	○	○	○
5 Vor allem Lehrerinnen und Lehrer leiden an einem Empathie-Burnout.	○	○	○
6 Wer gelernt hat, empathischer zu sein, kennt danach seine eigenen Bedürfnisse besser.	○	○	○
7 Mithilfe von Rollenspielen kann man üben, sich besser abzugrenzen.	○	○	○

2.3 Was passt? Markieren Sie die Sätze mit *dadurch dass* und *indem* im letzten Abschnitt des Interviews in 2.1. Ergänzen Sie dann die Regel im Grammatikkasten.

Bedeutung – Frage – Methode – Mittel – Nebensatz

> **Modale Nebensätze mit *indem* und *dadurch dass***
>
> Modale Nebensätze mit *indem* und *dadurch dass* antworten auf die _____ *Wie …?* oder *Wodurch …?* und beschreiben ein _____ bzw. eine _____, wie etwas erreicht wird.
>
> *Dadurch dass* kann auch eine kausale _____ haben.
>
> *Dadurch dass* kann auch getrennt werden. Dann steht *dadurch* im Hauptsatz vor dem Ergebnis und der _____ beginnt mit *dass*.

2.4 Was passt? Ergänzen Sie die Satzteile. Markieren Sie dann das Mittel bzw. die Methode in den Sätzen wie im Beispiel.

man lernt, freundlich Nein zu sagen – Dadurch dass man sofort nachfragt – man sich mit seiner Persönlichkeit beschäftigt – Man findet einen passenden Coach

1 _____, indem man Erfahrungsberichte von anderen liest.
2 Indem _____, kann man sich besser kennenlernen.
3 _____, vermeidet man Missverständnisse im Gespräch.
4 Im Beruf kann man sich dadurch abgrenzen, dass _____.

2.5 Welche Antwort passt? Verbinden Sie. Schreiben Sie dann Sätze mit *indem* oder *dadurch dass* wie im Beispiel.

Wie kann man …
1 die Umwelt schützen?
2 seine Fremdsprachenkenntnisse verbessern?
3 sich länger an seinen Urlaub erinnern?
4 sich auf ein Vorstellungsgespräch vorbereiten?
5 Geld sparen?

a Serien im Original mit Untertiteln sehen
b ein Reisetagebuch führen
c den eigenen Energieverbrauch reduzieren
d auf Schnäppchen und Rabatte achten
e vorher mit einer Freundin oder einem Freund üben

> 1 Man kann die Umwelt schützen, indem man den eigenen Energieverbrauch reduziert.
> 2 Dadurch dass …, kann man …
> 3 Indem …, …
> 4 …, indem …
> 5 Man kann dadurch …, dass …

2.6 Und was denken Sie? Beantworten Sie die Fragen in 2.5 mit Ihren eigenen Ideen. Verwenden Sie in Ihren Antworten *dadurch dass* oder *indem*.

Die Welt verstehen

3 Ein Empathie-Vortrag

3.1 Strategietraining: beim Hören Notizen machen. Welches Verb passt? Ergänzen Sie.

beachten – ergänzen – mitschreiben – stellen – strukturieren – verwenden

beim Hören Notizen machen			
1	nicht wörtlich _____	4	Abkürzungen und Symbole _____
2	Struktur des Hörtextes _____	5	Infinitive ans Ende _____
3	Notizen sinnvoll _____	6	fehlende Informationen nach dem Hören _____

2.04 **3.2** Wer spricht wo, worüber und zu wem? Hören und notieren Sie.

2.05 **3.3** Hören Sie jetzt den Vortrag komplett und notieren Sie die wichtigsten Informationen. Beachten Sie die Tipps aus 3.1.

3.4 Beantworten Sie die Fragen mithilfe Ihrer Notizen aus 3.3 in Ihrem Heft.

1 Was versteht man unter einem Empathie-Burnout?   3 Was sind die Ursachen dafür?
2 Wer ist besonders betroffen?   4 Was sind mögliche Folgen?

3.5 Und Sie? Schreiben Sie einen kurzen Text über sich und Ihre Erfahrungen. Die Fragen helfen.

– Was würden Sie sagen: Wie empathisch sind Sie?
– Müssen Sie in Ihrem Beruf besonders empathisch sein? Gelingt Ihnen das?
– Fällt es Ihnen manchmal schwer, sich abzugrenzen? In welchen Situationen?
– Kennen Sie Menschen, die an einem Empathie-Burnout leiden? Warum geht es ihnen so?

Politik und Gesellschaft

1 Politikbegriffe

2.06 **1.1** Wie heißen die Wörter? Ergänzen Sie. Hören Sie dann und überprüfen Sie Ihre Lösung.

1 Die A B G E O R D N E T E N sitzen im P _____ und vertreten die Interessen des V _____ .
2 In Deutschland heißen die Teilstaaten B _____ und in der Schweiz K _____ .
3 Die Ministerinnen und Minister sind oft für ein bestimmtes R _____ , z.B. Wirtschaft zuständig.
4 In Deutschland ist die Bundeskanzlerin die V _____ der Regierung.
5 In vielen Staaten sind die Bürgerinnen und B _____ ab 18 Jahren wahlberechtigt.
6 In einer Monarchie ist der König oder die Königin das S _____ , in vielen Ländern ist es der Präsident bzw. die P _____ .

2.06 **1.2 Phonetik: Wortakzent.** Lesen Sie die Wörter laut und markieren Sie den Wortakzent (kurz: • / lang: _) wie im Beispiel. Hören Sie dann noch einmal und überprüfen Sie Ihre Lösung.

1 A̱bgeordneten – Parlame̊nt – vertre̱ten – Intere̊ssen
2 Deutschland – Teilstaaten – Bundesländer – Kantone
3 Ministerinnen/Minister – bestimmtes – Ressort – Wirtschaft
4 Bundeskanzlerin – Vorsitzende – Regierung
5 Bürgerinnen/Bürger – achtzehn – wahlberechtigt
6 Monarchie – König/Königin – Staatsoberhaupt – Präsident/Präsidentin

Ü 133

1.3 Betont oder unbetont? Lesen Sie die Regeln und streichen Sie die falsche Antwort durch. Ordnen Sie die Wörter aus 1.2 den Regeln zu. Ergänzen Sie auch weitere Beispiele, die Sie kennen.

1 normalerweise ist die 1. Silbe eines Wortes *betont*/~~unbetont~~:   Deutschland

2 in Komposita ist das Bestimmungswort *betont*/*unbetont*:   achtzehn

3 bestimmte Präfixe wie *be-* oder *ver-* sind immer *betont*/*unbetont*:   bestimmtes

4 bestimmte Präfixe wie *ab-* oder *vor-* sind immer *betont*/*unbetont*:   Abgeordneten

5 bestimmte Suffixe wie *-heit*, *-keit*, *-schaft*, *-ung* sind immer *betont*/*unbetont*:   Regierung

6 bestimmte Silben wie *-al-*, *-ent-*, *-ie-*, *-ion-*, *-ist-*, *-tät-* (normalerweise in Fremdwörtern) sind immer *betont*/*unbetont*:   Monarchie

7 *-ie-* bei Verben mit *-ieren* und abgeleiteten Nomen/Adjektiven ist immer *betont*/*unbetont*:   Regierung

8 in Fremdwörtern wird die ursprüngliche Betonung meist übernommen   Kantone, Ressort, Interesse

1.4 Hören Sie die Fragen und antworten Sie mit den Sätzen aus 1.1. Achten Sie auf den Wortakzent.

> Was machen eigentlich die Abgeordneten?

> Die Abgeordneten sitzen im Parlament und vertreten die Interessen des Volkes.

2 Das politische System in Österreich

2.1 Was passt zusammen? Verbinden Sie. Schreiben Sie dann zu jeder Verbindung jeweils einen Satz.

1 die Regierung
2 ein Gesetz
3 eine Partei / das Parlament / den Präsidenten
4 Sitze im Parlament / Stimmen

a wählen
b bekommen
c bilden/ernennen
d vorschlagen/beschließen

2.2 Was ist richtig? Sehen Sie sich das Schaubild an und kreuzen Sie an. Korrigieren Sie die falschen Sätze.

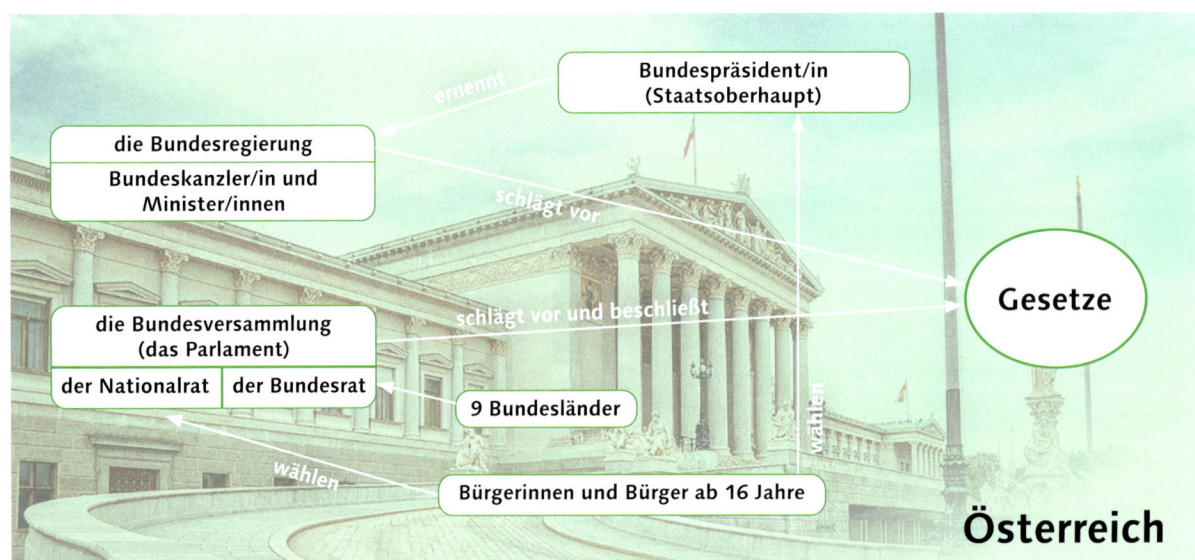

1 ☐ In Österreich sind alle Bürgerinnen und Bürger ab dem ~~18.~~ 16 Lebensjahr wahlberechtigt.
2 ☐ Die Bürger und Bürgerinnen wählen die Bundesregierung und den Bundespräsidenten.
3 ☐ Die Bundesregierung wird vom Bundespräsidenten ernannt.
4 ☐ Die Bundesversammlung ist das Parlament und besteht aus zwei Teilen.
5 ☐ Im Bundesrat sitzen Abgeordnete aus den Bundesländern.
6 ☐ Der Bundespräsident und die Bundesversammlung können Gesetzesvorschläge machen.
7 ☐ Alle Gesetze werden vom Parlament beschlossen.

Die Welt verstehen

2.3 Was passt? Lesen und ergänzen Sie mithilfe des Schaubildes in 2.2.

Bundespräsident – Bundesrat – Bundesregierung – Bundesversammlung – Ministern – Staatsoberhaupt

> **userKÖLN:** Hallo, kennt sich hier irgendwer mit dem politischen System in Österreich aus? Also, wie die Wahlen funktionieren und so …? **3 Kommentare**
> ▶ **binita:** Ich glaube, in Österreich wählt man den Bundespräsidenten, also das _____1, direkt.
> ▶ **KlugerK:** Und den Nationalrat. Das ist der größere Teil des Parlaments mit mehr Sitzen. Der kleinere ist der _____2. Dort sitzen die Vertreter*innen der Bundesländer. Und wusstet ihr, dass man in Österreich schon ab 16 wählen darf? Wie cool ist das denn? 👍
> ▶ **Fritzi123:** Ja, das stimmt. 2007 wurde das Wahlalter gesenkt. Als Österreicherin kann ich noch ein paar Infos ergänzen 😊. Der _____3 ernennt die Bundesregierung und hat so auch Einfluss die auf Entscheidungen der Regierung. Die _____4 besteht aus dem Bundeskanzler oder der Bundeskanzlerin und den _____5 aus allen Ressorts: Gesundheit, Bildung, Finanzen und so weiter. Ach so, und unser Parlament heißt übrigens _____6.

2.4 Sprachmittlung: Eine Freundin / Ein Freund interessiert sich für die politischen Systeme in D-A-CH. Sehen Sie sich noch einmal die Schaubilder in 2.2. und im Kursbuch auf Seite 126 an und fassen die wichtigsten Informationen in Ihrer Muttersprache schriftlich zusammen. Gehen Sie auf die Punkte ein.

– Gemeinsamkeiten und Unterschiede zwischen Deutschland, Österreich und der Schweiz
– Gemeinsamkeiten und Unterschiede zwischen D-A-CH und Ihrem Heimatland

3 Politische Meinungen

3.1 Was passt? Ergänzen Sie die Redemittel.

Es ist fraglich, ob – Ich bin auch der Ansicht – Ich würde bezweifeln – Es zweifellos richtig, dass

a Du hast recht! _____, dass es noch viel zu tun gibt, obwohl sich schon einiges verbessert hat. Dass Frauen weniger verdienen, wenn sie die gleiche Arbeit machen wie Männer, ist ein Skandal!

b Weniger arbeiten, ohne dass das der Wirtschaft schadet? _____, dass das funktioniert.

c _____ man durch Flugreisen dem Klima schadet. Allerdings gibt es für lange Strecken oft keine Alternative. _____ das Auto wirklich die bessere Alternative ist. Statt des Autos sollte man die Bahn benutzen.

3.2 Welche Reaktionen aus 3.1 passen zu den Sätzen? Ordnen Sie zu.

1 💬 Dadurch dass wir auch für unsere Urlaubsreisen mit dem Flugzeug fliegen, schaden wir dem Klima. Wir sollten öfter das Auto nehmen, anstatt zu fliegen. – 👍 ⬜

2 💬 Trotz vieler Verbesserungen haben wir die Gleichstellung von Männern und Frauen noch nicht erreicht. Oft erhalten Frauen bei gleicher Arbeit noch immer nicht den gleichen Lohn. – 👍 ⬜

3 💬 Es ist heutzutage nicht mehr nötig, dass die meisten Menschen 40 Stunden pro Woche arbeiten. Schon 20 Stunden wären ohne große wirtschaftliche Verluste genug. – 👍 ⬜

3.3 Und Sie? Was denken Sie über die Sätze in 3.2? Schreiben Sie jeweils einen Satz und äußern Sie Ihre Zustimmung oder Ablehnung wie in 3.1. Benutzen Sie die Redemittel im Kursbuch auf Seite 133.

3.4 Welche Präposition passt? Ergänzen Sie. Der Grammatikanhang (B 3.2) hilft.

bei – durch — nach – ohne – statt – trotz – vor

1	als/wenn	bei (Dat.)	6	indem	mithilfe (Gen.)
2	anstatt dass / … zu	_____ (Gen.)	7	nachdem	_____ (Dat.)
3	bevor	_____ (Dat.)	8	obwohl	_____ (Gen.)
4	dadurch, dass	_____ (Akk.)	9	ohne dass / … zu	_____ (Akk.)
5	damit / um … zu	zu (Dat.) / für (Akk.)	10	weil/da	aufgrund/dank/wegen (Gen.)

3.5 Was passt? Ergänzen Sie die Regel im Grammatikkasten.

formelle Texte – Genitiv – Informationen – Nebensätzen – Teil des Satzes

> **Nominalgruppen: Präposition + Nomen / nominalisiertes Verb**
>
> Informationen aus _____ können in Nominalgruppen zusammenfasst werden. Das Subjekt im Nebensatz steht in der Nominalgruppe im _____. Nominalgruppen sind kein eigenständiger Satz, sondern _____. So können mehr _____ in einem Satz kombiniert werden. Nominalgruppen sind typisch für _____.

3.6 Welches Verb kann man aus den unterstrichenen Nomen ableiten? Notieren Sie in Ihrem Heft.

1. Mithilfe von Steuer<u>senkungen</u> können Arbeitsplätze geschaffen werden.
2. Nach der <u>Ankunft</u> der Kanzlerin begann die Diskussion in der Koalition.
3. Trotz der <u>Verbesserungen</u> des Klimagesetzes äußerten sich Umweltschützer skeptisch.
4. Es gibt unterschiedliche Vorschläge zur <u>Erhöhung</u> der Datensicherheit im Internet.
5. Dank der <u>Zustimmung</u> des Verkehrsministers gibt es ein Tempolimit auf den Autobahnen.
6. Durch die <u>Einführung</u> einer Frauenquote konnten mehr Frauen in Führungspositionen arbeiten.

1 senken

3.7 Formulieren Sie die Nominalgruppen in den Sätzen in 3.6 als Nebensätze um. Benutzen Sie einen passenden Nebensatzkonnektor aus 3.4. Achtung: Bei manchen Sätzen braucht man das Passiv.

1 Indem die Steuern gesenkt werden, können Arbeitsplätze geschaffen werden.

3.8 Lesen Sie die Sätze und ergänzen Sie die Nomen im Genitiv in den Nominalgruppen.

1. Obwohl <u>einige Abgeordnete Zweifel hatten</u>, konnte das neue Tierschutzgesetz beschlossen werden.
2. Nachdem <u>sich die wirtschaftliche Lage verbessert hatte</u>, ging es auch den Menschen besser.
3. Die letzte Regierungssitzung endete, ohne dass <u>die Minister etwas entschieden hatten</u>.
4. Weil <u>sich alle Parteien einigen konnten</u>, wird das Pflegepersonal in Zukunft besser bezahlt.
5. Bevor <u>das Wahlalter</u> auf 16 Jahre <u>gesenkt wurde</u>, interessierten sich nur wenige Jugendliche für Politik.
6. Dadurch dass sie <u>soziale Medien nutzen</u>, können die Parteien ihre Kommunikation verbessern.

1 die Zweifel *einiger Abgeordneter*
2 die Verbesserung _____
3 eine Entscheidung _____
4 die Einigung _____
5 die Senkung _____
6 die Nutzung _____

3.9 Schreiben Sie die Sätze in 3.8 mit den Nominalgruppen und einer passenden Präposition aus 3.4.

1 Trotz der Zweifel einiger Abgeordneter konnte das neue Tierschutzgesetz beschlossen werden.

Die Welt verstehen

10

Ich verstehe nur Bahnhof!

1 Sprachkurs oder Übersetzungs-App?

1.1 Wiederholung: Wörter zu digitalen Medien. Welches Verb passt nicht? Streichen Sie durch.

1 etwas im Forum *posten / kommentieren / veröffentlichen / ~~weiterleiten~~*
2 auf dem Tablet *tippen / drucken / scrollen / wischen*
3 einen Anhang *hochladen / klicken / öffnen / runterladen*
4 eine Datei *löschen / öffnen / speichern / wischen*
5 eine E-Mail *beantworten / checken / scrollen / weiterleiten*
6 einen Kommentar *liken / teilen / skypen / twittern*

1.2 Welches Nomen passt? Ordnen Sie zu.

~~App~~ – Benutzerkonto – Datenbank – Display – Entwickler – Mikrofon – Passwort – Software – Spracherkennung

Ihr möchtet eure Deutschkenntnisse einfach und schnell verbessern? Das geht kinderleicht mit der kostenlosen _App_ ¹ SprichEASY! Unsere _____ ² haben eng mit erfahrenen Deutschlehrern zusammengearbeitet, damit ihr Erfolg beim Lernen habt. Ihr müsst euch nur ein _____ ³ mit eurem Benutzernamen und einem sicheren _____ ⁴ anlegen. Dann geht's los. Auf dem _____ ⁵ erscheinen verschiedene Optionen, aus denen ihr auswählen könnt: eure Niveaustufe, das Thema und ob ihr Grammatik, Vokabeln oder Aussprache üben wollt. Für die Ausspracheübungen benutzt ihr einfach das _____ ⁶ eures Smartphones. Zum Vokabellernen könnt ihr verschiedene Sprachen auswählen. In unserer integrierten _____ ⁷ sind über 20 andere Sprachen enthalten, in die ihr übersetzen könnt. Eure Übersetzung könnt ihr eintippen oder ihr benutzt die automatische _____ ⁸, indem ihr direkt ins Mikrofon sprecht. Die _____ ⁹ arbeitet mit einer künstlichen Intelligenz, sodass die App auch neue Wörter dazulernen kann. Mit jeder Aktualisierung werden es mehr.

1.3 Was glauben Sie: Was bedeuten die unterstrichenen Wörter? Sammeln Sie Ideen in der Gruppe.

👍 Ich habe Fernweh. Ich würde wirklich gern mal wieder in den Urlaub fahren.
👎 Meine Tante will in ihrem Sabbatical zu Fuß von Rom nach Moskau gehen. Was für eine Schnapsidee!
👍 Kennst du dieses Lied? Seit gestern habe ich einen Ohrwurm!
👎 Ich habe am Wochenende sturmfrei. Willst du vorbeikommen?
👍 Ich bin voll im Freizeitstress: Heute Kino, morgen Theater, am Wochenende bekomme ich Besuch …
👎 Als mein Freund meine Eltern kennengelernt hat, hat er sich echt von seiner Schokoladenseite gezeigt.

1.4 Welche Erklärung passt? Ergänzen Sie die Wörter aus 1.3 und vergleichen Sie mit Ihren Ideen.

1 Wenn man allein zu Hause ist und alles machen kann, was man möchte, hat man _____.
2 Wenn man nur seine guten Eigenschaften präsentiert, zeigt man seine _____.
3 Eine _____ ist ein Einfall, den andere Leute für ungewöhnlich oder dumm halten.
4 Wenn man verreisen möchte, am liebsten weit weg, hat man _____.
5 Wenn man eine vorher gehörte Melodie nicht mehr vergessen kann, hat man einen _____.
6 Wer zu viele Aktivitäten in seiner Freizeit plant, hat manchmal _____.

Ü 137

1.5 Tauschen Sie sich in der Gruppe zu den Fragen aus. Arbeiten Sie bei Bedarf mit dem Wörterbuch.

- Gibt es in Ihrer Sprache eine Übersetzung für die Wörter in 1.3?
- Kennen Sie andere Wörter im Deutschen, die sich nicht oder nur schwer in andere Sprachen übersetzen lassen?
- Welche Wörter aus Ihrer Sprache sind „unübersetzbar"? Was bedeuten sie? Wie würden Sie sie auf Deutsch erklären?

2 Die Zukunft der Sprachberufe. Würden Sie der Aussage zustimmen oder sind Sie skeptisch? Lesen Sie und diskutieren Sie zu zweit. Benutzen Sie die Redemittel auf Seite 133.

> *Durch die digitalen Sprachlern- und Übersetzungsprogramme werden sich bestimmte Berufsbilder stark verändern. Zum Beispiel wird es künftig weniger Übersetzerinnen und Übersetzer geben. Und auch für Sprachlehrerinnen und Sprachlehrer gibt es weniger Arbeit, weil die Menschen weniger Sprachkurse besuchen werden. Es ist sogar anzunehmen, dass die Zahl der Reiseleiterinnen und Reiseleiter sinken wird, weil viele Reisende allein mit ihren Apps am Urlaubsort unterwegs sein werden.*

Amtsdeutsch - eine ganz andere Sprache

1 Komplizierte Texte

1.1 Was für Texte sind das? Lesen Sie und ordnen Sie zu. Zwei Antworten passen nicht.

1 Hausordnung im Treppenhaus
2 Mahnung der Bibliothek
3 Benutzungsordnung einer Bibliothek
4 Mietvertrag

a

§ 1 Die Bibliotheksmedien sind nur durch die Studierenden der Universität ausleihbar.

§ 2 Die Ausleihfrist beträgt 21 Tage und kann bis zu zwei Mal ohne zusätzliche Kosten verlängert werden.
Bei nicht rechtzeitiger Rückgabe fallen nach Ablauf der Frist Mahngebühren an.

§ 3 Der Verlust eines Mediums ist unverzüglich zu melden.
Für verlorene Medien muss innerhalb einer Frist von vier Wochen nach Meldung des Medienverlusts ein Ersatzexemplar beschafft werden.

§ 4 Bei Verstößen gegen diese Benutzungsordnung kann die Bibliothek ein Ausleih- und Benutzungsverbot aussprechen.

b

- Das Abstellen von Fahrrädern im Treppenhaus ist untersagt. Nutzen Sie die vorgesehenen Fahrradständer im Hinterhof. Der im Treppenhaus zur Verfügung stehende Platz ist für Kinderwagen reserviert. Beim Abstellen der Kinderwagen ist auf die Freihaltung der Wege zu achten.
- Die Entsorgung alter Möbel im Treppenhaus und im Hinterhof ist strengstens verboten! Bitte entfernen Sie von Ihnen abgestellte Möbel umgehend. Andernfalls wird die Entsorgung von der Hausverwaltung veranlasst und die dabei entstehenden Kosten werden prozentual auf alle Mieten verteilt.
- Alle Fahrräder sind mit einem Namensschild zu markieren. Kaputte und nicht mehr genutzte Fahrräder müssen selbstständig entsorgt werden. Alle nicht markierten Fahrräder werden von der Hausverwaltung nach dem 15.6. entfernt.

1.2 Lesen Sie die Texte noch einmal und beantworten Sie die Fragen in Ihrem Heft.

1. Wer darf Bücher aus der Bibliothek ausleihen? Wie lange darf man Bücher maximal ausleihen?
2. Was passiert, wenn man ein Buch nicht rechtzeitig zurückgibt oder es verliert?
3. Was passiert, wenn man sich nicht an die Bibliotheksordnung hält?
4. Was darf man im Treppenhaus abstellen? Worauf muss man achten?
5. Was soll man mit alten Möbeln machen? Was passiert, wenn die Hausverwaltung die Möbel entsorgt?
6. Was passiert, wenn man die Fahrräder nicht markiert? Welche Fahrräder soll man wegbringen?

2 Strategietraining: formelle Texte verstehen

2.1 Was passt? Ergänzen Sie die Tipps. Der Text im Kursbuch auf Seite 131 in 2a hilft.

Aktiv – Einzelteile – Nebensätze – Relativsätze – Sätze – Synonyme – Wortart

---

formelle Texte verstehen

1. Wörter aus dem Kontext erschließen und durch einfachere _____ ersetzen
2. unbekannte Wörter verstehen, indem man _____ des Wortes oder verwandte Wörter in einer anderen _____ erkennt
3. lange Sätze in mehrere kürzere _____ aufteilen
4. Sätze vereinfachen, indem man Nominalgruppen in _____ mit Verben umwandelt und Partizipien als _____ formuliert
5. Sätze mit Passiv und Passiversatzformen im _____ formulieren

---

2.2 Wiederholung: Partizip I und II als Adjektive. Schreiben Sie die unterstrichenen Partizipien in der Hausordnung in 1.1 als Relativsätze wie im Beispiel. Der Grammatikanhang (A 2.3) hilft.

Der Platz, der im Treppenhaus zur Verfügung steht, ist für Kinderwagen reserviert.

Die Darstellung der Welt

1 Ihr Lieblingsland. Wo liegt es? Welche geografischen Besonderheiten gibt es? Schreiben Sie einen kurzen Text über Ihr Lieblingsland. Benutzen Sie die Redemittel im Kursbuch auf Seite 133.

2 Weltkarten. Welches Bild passt? Sehen Sie sich die Bilder an und ordnen Sie zu.

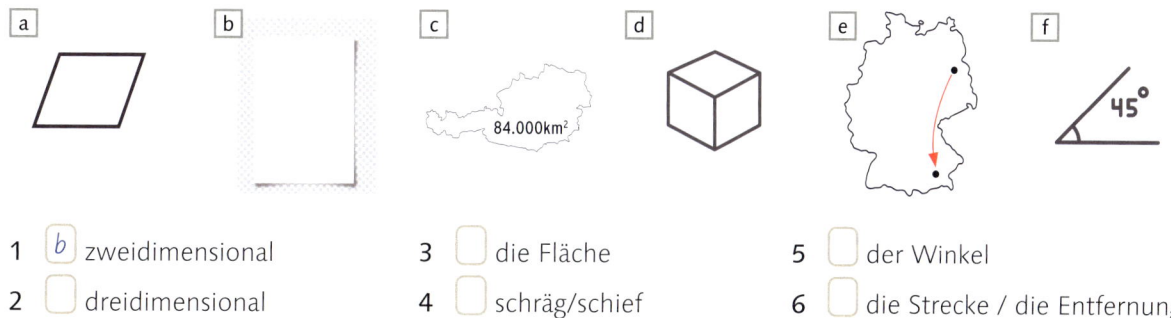

1. [b] zweidimensional
2. [ ] dreidimensional
3. [ ] die Fläche
4. [ ] schräg/schief
5. [ ] der Winkel
6. [ ] die Strecke / die Entfernung

Prüfungstraining

telc 1 Mündlicher Ausdruck Teil 2: Diskussion

Lesen Sie den Text und diskutieren Sie danach zu zweit darüber. Bringen Sie Ihre Erfahrungen ein, äußern Sie Ihre Meinung und begründen Sie Ihre Argumente. Sprechen Sie auch über mögliche Lösungen.

> **Empathie statt Englisch, Klimawandel statt Kunst: Wie sinnvoll sind neue Schulfächer?**
>
> Italien führte 2020 als erstes Land der Welt das Schulfach „Klimawandel" ein. Kinder lernen hier Grundlegendes über die Umwelt, die Folgen des Klimawandels und über den sparsamen Umgang mit Ressourcen. In Dänemark gibt es das Fach „Empathie", in dem sich Kinder damit beschäftigen, Gefühle zu verstehen, zu teilen und mithilfe von Meditation emotional ausgeglichener zu werden. An etwa 200 Schulen in Deutschland, Österreich und der Schweiz wird das Fach „Glück" unterrichtet. Ziel dieses Faches ist es, dass Kinder lernen, besser auf ihre eigenen Bedürfnisse zu achten und selbst herauszufinden, was sie für ein glückliches Leben brauchen. In den letzten Jahren sind immer wieder neue Fächer zu den traditionellen Schulfächern wie Mathematik, Geschichte oder Chemie hinzugekommen. Doch wie sinnvoll ist das?
>
> Die neuen Fächer sollen die Kinder und Jugendlichen besser auf die Herausforderungen des Lebens vorbereiten, so Bildungsforscher Dr. Torsten Marx. Schule muss sich an die Entwicklungen in der Welt anpassen und aktuelle Themen wie die Digitalisierung, den Klimawandel oder eine sich ständig wandelnde Arbeitswelt aufgreifen, so Marx. Darüber hinaus fördern die neuen Fächer auch kreatives, kritisches und unternehmerisches Denken. Das ist – da sind sich Marx und sein Team einig – heutzutage wichtiger als das Auswendiglernen mathematischer Formeln oder historischer Daten.
>
> Kritische Stimmen befürchten eine Überforderung der Schülerinnen und Schüler. Die neuen Fächer müssen schließlich auch in den Stundenplan integriert werden. Dafür werden entweder die Schultage immer länger oder die neuen Fächer stehen in Konkurrenz zu den traditionellen. Auch die sächsische Bildungsministerin Brunhilde Kurth warnt vor zu viel Lernstoff und zu langen Schultagen: „Wenn wir versuchen, jedes wichtige Thema in ein Unterrichtsfach zu gießen, sind die Kinder schnell bei einer 60-Stunden-Woche. Die Schule muss nicht alles beibringen. Gerade bei aktuellen Themen sind auch die Eltern gefragt."

> **Tipp:** Für die Vorbereitung haben Sie ca. 10 Minuten Zeit. Machen Sie eine pro-contra-Liste und ergänzen Sie eigene Ideen. Die Diskussion dauert insgesamt 5 Minuten. Auch wenn Sie mit Ihrer Partnerin / Ihrem Partner einer Meinung sein sollten, sollten Sie trotzdem weiter diskutieren. Stimmen Sie ihr/ihm zu und bestärken Sie ihre/seine Argumente mit Beispielen.

ÖSD 2 Schreiben Aufgabe 2

Wählen Sie A oder B und schreiben Sie einen Text (ca. 120 Wörter). Gehen Sie auf alle vier Punkte ein.

- Was denken Sie über diese Äußerungen/Schlagzeilen?
- Begründen Sie Ihre persönliche Meinung.
- Beschreiben Sie eigene Erfahrungen (oder Erfahrungen von Freundinnen/Freunden) zum Thema.
- Wie ist die Situation in Ihrem Land?

A

Sie haben im Deutschkurs über das Thema **„Wie Medien unsere Wahrnehmung beeinflussen"** diskutiert. Dabei fielen folgende Äußerungen:

> *Wir lassen uns eher von Nachrichten beeinflussen, die unsere eigene Meinung abbilden. Nur selten lassen wir uns mithilfe der Medien von etwas anderem überzeugen.*

> *Medien sind sehr wichtige Informationsquellen und spielen eine große Rolle beim lebenslangen Lernen.*

> *Die meisten Menschen konsumieren vor allem negative Nachrichten. Wir sollten uns auf positive Nachrichten konzentrieren, die über Verbesserungen in der Welt berichten.*

B

Sie haben in verschiedenen Zeitungen diese Schlagzeilen zum Thema **„Digitale Kommunikation"** gelesen:

Verlernen wir die Sprache?
Rechtschreibung und Grammatik leiden bei digitaler Kommunikation.

Online Freundschaften
Eine Studie zeigt, dass Jugendliche lieber online kommunizieren, statt sich zu treffen.

Digitaler Austausch im Beruf immer wichtiger: 67 % der Berufstätigen zwischen 30 und 49 Jahren finden den digitalen Austausch nützlicher als das persönliche Gespräch.

> **Tipp:** Sie haben in der Prüfung ca. 45 Minuten Zeit. Überfliegen Sie A und B und entscheiden Sie sich schnell für ein Thema. Die Äußerungen/Schlagzeilen dienen als Impuls, um Ihre eigene Meinung zu äußern. Sie können in Ihrem Text auf einzelne oder alle Äußerungen eingehen. In der ÖSD-Prüfung dürfen Sie ein Wörterbuch benutzen.

3 Lesen Teil 5

Sie sind Studentin/Student und informieren sich über die Wahlen zum Studierendenparlament.

Zu welchen Überschriften (a–h) passen die Paragrafen (§1–4)? Lesen Sie die Wahlordnung und ordnen Sie zu. Vier Überschriften werden nicht gebraucht.

WAHLORDNUNG
für die Wahlen zum Studierendenparlament (StuPa)

Inhaltsverzeichnis

a ☐ Aufgaben des StuPa

b ☐ Widerspruch gegen das Wahlergebnis

c [1] Geltungsbereich und Wahlgrundsätze

d ☐ Wahlberechtigung

e ☐ prozentuale Wahlbeteiligung

f ☐ Wahltermin und Fristen

g ☐ Wählbarkeit und Wahlprozess

h ☐ Zusammensetzung des StuPa

§ 1 Die Vertreter/innen der Studierenden werden in allgemeiner, unmittelbarer, freier, gleicher und geheimer Wahl gewählt. Das Studierendenparlament wird für einen Zeitraum von zwei Semestern gewählt.

§ 2 Alle an der Universität mindestens 30 Tage vor dem Wahltag eingeschriebenen und im Wählerverzeichnis eingetragenen Studierenden sind wahlberechtigt. Das Wählerverzeichnis liegt zur Einsichtnahme im Studierendenbüro aus. Gasthörer/innen dürfen an der Wahl nicht teilnehmen.

§ 3 Die Wahl zum Studierendenparlament ist eine Listenwahl. Es können sich alle an der Universität eingeschriebenen und im Wählerverzeichnis eingetragenen Studierenden zur Wahl stellen und auf die Listen setzen lassen. Die Wahlvorschläge müssen spätestens am 10. Tag vor dem Wahltag beim Wahlausschuss schriftlich eingereicht werden. Die Listen müssen die Namen der Kandidierenden, ihre Anschriften und Matrikelnummern sowie ihre eigenhändige Unterschrift enthalten. Werden Kandidierende nicht zugelassen, ist innerhalb von fünf Tagen Widerspruch beim Wahlausschuss möglich. Jede/r Wahlberechtigte hat insgesamt drei Stimmen. Diese können auf verschiedene Listen und/oder Bewerber/innen verteilt werden. Pro Person können eine bis drei Stimmen abgegeben werden.

§ 4 Jede/r Wahlberechtigte kann gegen den Ausgang der Wahl Beschwerde einreichen. Diese muss in schriftlicher Form innerhalb einer Frist von 14 Tagen nach Veröffentlichung des Wahlergebnisses beim Wahlausschuss schriftlich und begründet erfolgen.

> **Tipp:** Lesen Sie zuerst die Überschriften a–h, dann die Paragrafen (§). Der erste Paragraf ist als Beispiel vorgegeben. Zu jedem Paragraf passt genau eine Überschrift, die die Informationen des Paragrafen zusammenfasst. Markieren Sie beim Lesen Schlüsselwörter, die zu den Überschriften passen.

11 Geschichten erzählen

Alltagsgeschichten

1 Es war einmal … Welche Wörter passen? Ergänzen Sie im Text.

Bibel – Buchdruck – Höhlenmalerei – Kommunikationsform – Märchen – Menschheit – Pergament

Die Kunst des Erzählens ist so alt wie die _____¹ selbst. Dass Menschen auch früher schon mit Bildern Informationen übermittelt haben, zeigt die _____². Viele Jahrtausende später entwickelte sich die Schrift als _____³. Bei Erzählformen wie z.B. _____⁴ war die mündliche Wiedergabe jedoch lange Zeit üblich, da nur wenige lesen und schreiben konnten und Texte mühsam mit der Hand abgeschrieben werden mussten. Erst mit dem _____⁵, den Johannes Gutenberg im 15. Jahrhundert erfand, wurde es einfacher, Texte zu kopieren. Das erste Buch, das in seiner Mainzer Werkstatt auf Papier und _____⁶ gedruckt wurde, war die _____⁷, eines der berühmtesten Bücher der Welt.

2 Texte für Augen und Ohren

2.1 Welches Verb passt? Ergänzen Sie.

aufführen – belohnen – fesseln – geben – ~~veranstalten~~ – vorlesen

1 ein Konzert   *veranstalten*
2 Autogramme _____
3 ein Theaterstück _____

4 die Autorin mit Applaus _____
5 eine Passage aus einem Text _____
6 das Publikum mit spannenden Geschichten _____

2.08 **2.2** Wer sagt was? Hören und ordnen Sie zu.

a ☐ Es waren nur wenige Leute da, aber trotzdem gab es für alle einen großen Applaus.
b ☐ Das Publikum war begeistert, Beifall begleitete das letzte Stück.
c ☐ Es wurde ein modernes Stück aufgeführt, das beim Publikum sehr gut ankam.

2.08 **2.3** Was passt? Ergänzen Sie die Redemittel. Hören Sie dann noch einmal und vergleichen Sie.

war nicht so gut besucht – war neulich bei – klatschte das Publikum – bekamen viel Beifall –
das Publikum war begeistert – alle Plätze waren ausverkauft – wurde ein klassisches Stück aufgeführt

1 👍 Ich war letzte Woche bei einer Theateraufführung meiner Schule. Der Saal war zu meiner Überraschung voll – _____! Es wurde ein zeitgenössisches Stück aufgeführt. Die Stimmung war super und _____!

2 💬 Letzten Monat spielte das Bernheimer Symphonie-Orchester in unserer Stadthalle. Es _____: das 5. Klavierkonzert von Beethoven. Am Ende des Abends, als das Orchester eine Zugabe gab, _____ im Takt der Musik mit. Es war ein unvergesslicher Abend!

3 👍 Ich _____ einem Science Slam. Dort präsentierten junge

Studierende ihre Forschungsprojekte. Die Veranstaltung _____,

was ich echt schade fand, denn die meisten Beiträge waren wirklich sehr gut. Alle Teilnehmerinnen

und Teilnehmer _____ .

2.4 Und Sie? An welche (fiktive) Veranstaltung haben Sie besonders gute oder schlechte Erinnerungen? Warum? Schreiben Sie einen Text wie in 2.3. Die Redemittel auf Seite 145 im Kursbuch helfen.

2.5 Arbeiten Sie zu zweit. Tauschen Sie Ihren Text aus 2.4 mit dem Text Ihrer Partnerin / Ihres Partners. Hat die Veranstaltung wirklich stattgefunden? Vermuten Sie und tauschen Sie sich aus.

3 Lebendig erzählen

3.1 Welches Präsens wird benutzt? Lesen Sie und ordnen Sie zu.

1 ☐ „normales" Präsens   2 ☐ szenisches Präsens   3 ☐ historisches Präsens

a *Stell dir vor: Da stehe ich vorhin an der Kasse und der Kassierer sagt allen Ernstes zu mir: „Bist du nicht Bianca Böttcher? Ich finde deine Geschichten super!" Der scheint mich von der Lesebühne zu kennen! Ich stehe einfach nur blöd da und weiß gar nicht, was ich sagen soll!*

b *Hey du! Ich bin gerade im Supermarkt. Kann ich noch etwas für dich mitbringen? Ruf mich doch einfach zurück, wenn du diese Nachricht hörst und du dir etwas wünschst. Ansonsten sehen wir uns nachher! Bis später!*

c **Der Mauerfall**
Am 9. November 1989 fällt die Berliner Mauer. Tausende Menschen gehen auf die Straße oder Klettern auf die Mauer und feiern die offenen Grenzen …

3.2 Was ist falsch? Lesen Sie die Texte in 3.1 und die Regeln im Grammatikkasten noch einmal und streichen Sie die falschen Informationen durch.

> **Über die Vergangenheit sprechen: szenisches Präsens / historisches Präsens**
>
> Man benutzt das szenische Präsens, um Handlungen *in der Gegenwart / in der Vergangenheit* lebendiger und spannender zu beschreiben. Auch *geschichtliche/aktuelle* Ereignisse können mit dem Präsens beschrieben werden. In diesem Fall spricht man vom historischen Präsens. Beide Präsensformen sollen *Nähe/Distanz* zu den Lesenden oder Zuhörenden bewirken.

4 Geschichten im Kurs. Wählen Sie eine Aufgabe (A oder B) und schreiben Sie einen kurzen Text im szenischen bzw. historischen Präsens.

A Recherchieren Sie Informationen zu einem historischen Ereignis und beschreiben Sie in 5–10 Sätzen, was passiert ist.

B Schreiben Sie einer Freundin / einem Freund und erzählen Sie in 5–10 Sätzen, was Sie gestern erlebt haben.

11

Mit Farben und Formen erzählen

1 Eine Vernissage

1.1 Wie heißen die Nomen? Suchen Sie in der Wortschlange und markieren Sie.

1.2 Unterstreichen Sie in der Wortschlange in 1.1 die drei Kunstformen und finden Sie dazu jeweils drei Unterbegriffe. Erstellen Sie eine Mindmap und ergänzen Sie sie mit weiteren Begriffen.

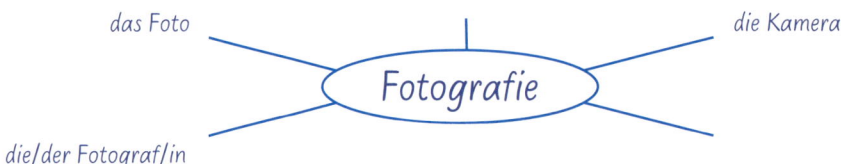

1.3 Was wissen Sie über die verschiedenen Kunstformen? Schreiben Sie fünf bis zehn Sätze mit den Wörtern aus der Mindmap.

Das erste Foto entstand Anfang des 19. Jahrhunderts. Der Fotograf war …

2 Irgendwie erinnern mich die Gemälde an …

2.1 Was passt? Lesen und ergänzen Sie.

Es erzeugt in mir – ~~Es wirkt auf mich, als ob~~ – Ich habe den Eindruck, dass – Es erinnerte mich an – Ich habe das Gefühl, als – Mein erster Eindruck ist

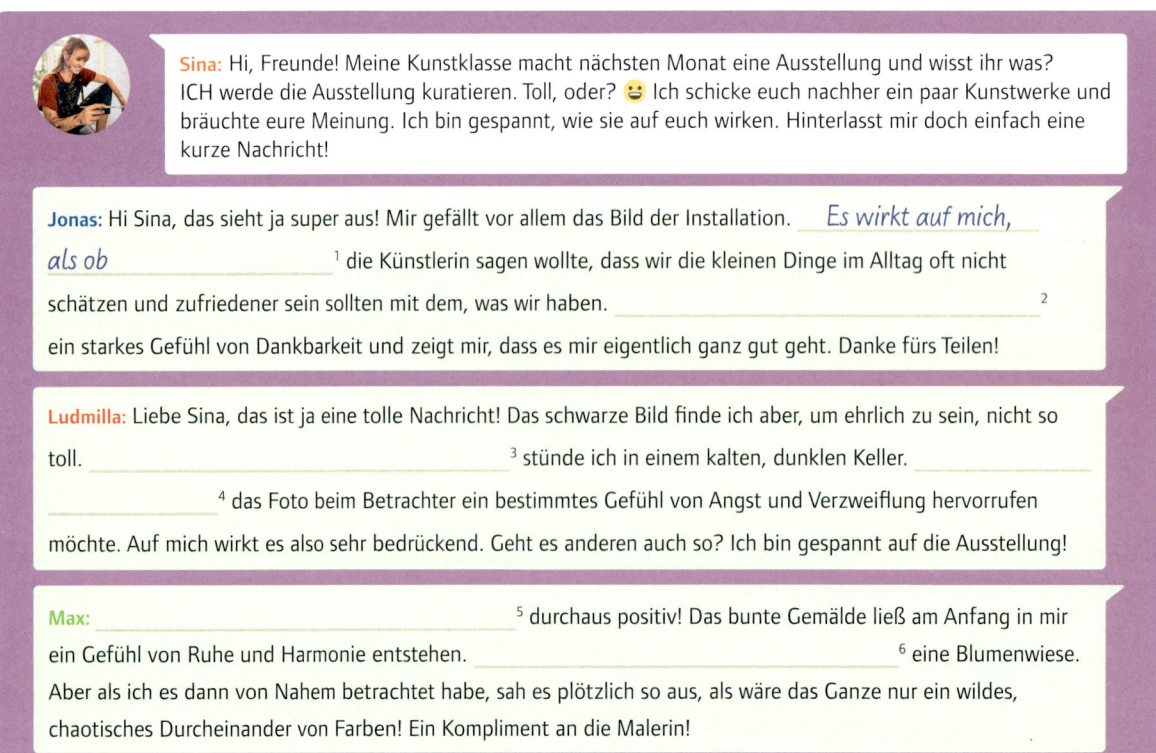

Sina: Hi, Freunde! Meine Kunstklasse macht nächsten Monat eine Ausstellung und wisst ihr was? ICH werde die Ausstellung kuratieren. Toll, oder? 😊 Ich schicke euch nachher ein paar Kunstwerke und bräuchte eure Meinung. Ich bin gespannt, wie sie auf euch wirken. Hinterlasst mir doch einfach eine kurze Nachricht!

Jonas: Hi Sina, das sieht ja super aus! Mir gefällt vor allem das Bild der Installation. _Es wirkt auf mich, als ob_ ¹ die Künstlerin sagen wollte, dass wir die kleinen Dinge im Alltag oft nicht schätzen und zufriedener sein sollten mit dem, was wir haben. _____ ² ein starkes Gefühl von Dankbarkeit und zeigt mir, dass es mir eigentlich ganz gut geht. Danke fürs Teilen!

Ludmilla: Liebe Sina, das ist ja eine tolle Nachricht! Das schwarze Bild finde ich aber, um ehrlich zu sein, nicht so toll. _____ ³ stünde ich in einem kalten, dunklen Keller. _____ ⁴ das Foto beim Betrachter ein bestimmtes Gefühl von Angst und Verzweiflung hervorrufen möchte. Auf mich wirkt es also sehr bedrückend. Geht es anderen auch so? Ich bin gespannt auf die Ausstellung!

Max: _____ ⁵ durchaus positiv! Das bunte Gemälde ließ am Anfang in mir ein Gefühl von Ruhe und Harmonie entstehen. _____ ⁶ eine Blumenwiese. Aber als ich es dann von Nahem betrachtet habe, sah es plötzlich so aus, als wäre das Ganze nur ein wildes, chaotisches Durcheinander von Farben! Ein Kompliment an die Malerin!

2.2 Wiederholung: irreale Vergleiche. Ergänzen Sie die Verben im Konjunktiv II der Gegenwart oder Vergangenheit. Der Grammatikanhang (B 2.6) hilft.

1. Das Bild wirkt auf mich, als ob es sich *bewegen würde* (bewegen).
2. Es sieht so aus, als _____ die Künstlerin ganz schnell _____ (malen).
3. Das Foto erweckt den Eindruck, als _____ es im Frühling _____ (entstehen).
4. Es fühlt sich so an, als _____ es in dieser Performance um etwas Wichtiges (gehen).
5. Ich habe das Gefühl, als _____ ich, wie es der Person auf dem Gemälde geht (wissen).
6. Das Bild gibt mir das Gefühl, als _____ ich in die Tiefe _____ (schauen).

2.3 Phonetik: flüssig sprechen. Hören Sie die Sätze aus 2.2 und markieren Sie die Haupt- und Nebenakzente.

2.4 Wie wirkt das Kunstwerk auf Sie? Hören Sie die Fragen und antworten Sie mit den Sätzen aus 2.2. Sprechen Sie möglichst flüssig und achten Sie auf die Akzente.

> Wie wirkt das Bild auf dich?

> Das Bild wirkt auf mich, als ob es sich bewegen würde.

2.5 Recherchieren Sie im Internet ein Kunstwerk von Ihrer Lieblingskünstlerin / Ihrem Lieblingskünstler und schreiben Sie in fünf Sätzen, wie das Kunstwerk auf Sie wirkt.

3 Man wünsche sich ein großes Interesse, so der Bürgermeister.

3.1 Über welche Themen wird gesprochen? Hören Sie das Interview und kreuzen Sie an.

1. ☐ finanzielle Förderung der Hochschule
2. ☐ Finanzierung von Kunststipendien
3. ☐ Kunst im öffentlichen Raum
4. ☐ die Natur als Thema der Ausstellung

3.2 Was ist richtig? Hören Sie noch einmal und kreuzen Sie an.

1. ☐ Die Direktorin sagte in ihrer Eröffnungsrede, sie wolle sich bei der Stadt bedanken.
2. ☐ Die Direktorin schrieb, dass die Kunsthochschule Geld für die Ausstellung brauche.
3. ☐ Eine Leserin schrieb, dass die Stadt mehr Geld für Kunst ausgeben solle.
4. ☐ Der Bürgermeister bedauert, dass die Mehrheit der Kasseler sich nicht für Kunst interessiere.
5. ☐ Die Kuratorin gab an, dass es eine Ausstellung sei, für die man kein Expertenwissen brauche.
6. ☐ Der Bürgermeister erklärt, dass die Kunst sich mit Alltagsgegenständen auseinandersetze.

3.3 Was ist richtig? Unterstreichen Sie in 3.2 die Verben im Konjunktiv I. Ergänzen Sie dann die Formen im Grammatikkasten und streichen Sie die falschen Informationen durch.

Indirekte Rede mit dem Konjunktiv I (3. Person Singular)

Den Konjunktiv I der 3. Person Singular (er/es/sie) bildet man mit dem Verbstamm + der Endung *-e*. Eine Ausnahme ist *sein: er/es/sie* _____ .

Man benutzt die indirekte Rede mit dem Konjunktiv I vor allem in *formellen/informellen* Texten. Der Konjunktiv I ermöglicht es, beim Zitieren deutlich zu machen, dass man nicht genau weiß, *wie man die Aussage findet / ob die Aussage stimmt*.

3.4 Wie heißen die Verbformen? Ergänzen Sie Konjunktiv I in der 3. Person Singular.

Infinitiv	sein	haben	werden	können	wollen	wissen	geben
Konjunktiv I (er/es/sie)	sei						

11

3.5 Was passt? Ergänzen Sie die Verben im Konjunktiv I.

Im Interview erklärte die Direktorin der Kunsthochschule, sie _sei_ ¹ (*sein*) vom Konzept der Ausstellung begeistert. Wie sie noch einmal betonte, _____ ² (*sein*) es eine Ausstellung für alle: Man _____ ³ (*müssen*) kein Expertenwissen haben, um die Ausstellung genießen zu können. Sie _____ ⁴ (*schätzen*) die Arbeit der Kuratorin sehr und _____ ⁵ (*wissen*), dass die Kunsthochschule ihr viel zu verdanken _____ ⁶ (*haben*). Zudem teilte sie mit, dass sie das Engagement aller Beteiligten grandios _____ ⁷ (*finden*) und sich zukünftig ähnliche Ausstellungen vorstellen _____ ⁸ (*können*).

3.6 Was sagte die Direktorin? Lesen Sie den Text in 3.5 noch einmal und formulieren Sie in direkte Rede um.

Direktorin: „Ich bin vom Konzept der Ausstellung begeistert. Es ist …"

3.7 Was wurde die Direktorin gefragt? Schreiben Sie indirekte Fragen mit dem Konjunktiv I.

1 „Was halten Sie vom Konzept der Ausstellung?"   3 „Wie finden Sie die Arbeit der Kuratorin?"
2 „An wen richtet sich die Ausstellung?"   4 „Wird es in Zukunft ähnliche Austellungen geben?"

1 Die Journalistin fragte die Direktorin, was sie vom Konzept der Kunstausstellung halte.

4 Reaktionen

4.1 Was ist das Besondere an der Ausstellung? Hören Sie das Interview mit der Kuratorin und kreuzen Sie an.

1 ○ Die Ausstellung besteht nur aus Installationen.
2 ○ Teile der Ausstellung finden im öffentlichen Raum statt.
3 ○ Die Ausstellung wurde vom örtlichen Einkaufszentrum finanziert.

4.2 Was sagt die Kuratorin? Hören Sie noch einmal und kreuzen Sie an.

1 ○ Die Kuratorin berichtete, einige Kunstwerke befänden sich auf der Straße.
2 ○ Sie erklärte, dass einige Kunstwerke in der Innenstadt zu sehen seien.
3 ○ Sie wies darauf hin, dass Cafégäste beim Kaffeetrinken Kunst genießen könnten.
4 ○ Sie betonte, auch lokale Einkaufszentren hätten Interesse.
5 ○ Sie sagte, zwei Künstlerinnen würden im Café eine Live-Performance aufführen.
6 ○ Wie sie schon befürchtete, seien die ersten Rückmeldungen zur Ausstellung leider negativ.

4.3 In welchen Sätzen steht das Verb im Konjunktiv II? Unterstreichen Sie in 4.2 und notieren Sie die Konjuktivformen in einer Tabelle.

Infinitiv	Konjunktiv I	Konjunktiv II
1 sich befinden	sie befinden (sich)	sie befänden (sich)

4.4 Konjunktiv I oder II? Lesen Sie die Sätze in 4.2 noch einmal und ergänzen Sie den Grammatikkasten.

Indikativ – Konjunktiv I (2x) – Konjunktiv II

> **Indirekte Rede mit dem Konjunktiv I und Konjunktiv II (3. Person Plural)**
>
> Weil der _Konjunktiv I_ und der _____ in der 3. Person Plural (*sie*) identisch sind, nutzt man in der indirekten Rede den _____. Nur bei *sein* ist der _____ möglich.

Ü 146   Geschichten erzählen

4.5 Was passt? Ergänzen Sie die Verben im Konjunktiv I oder II.

Die Kuratorin der Ausstellung sagte, ...

1 die ausgestellten Kunstwerke _seien_ die Abschlussarbeiten der Studierenden *(sein)*.
2 die Studierenden _____ sich über die Aufmerksamkeit der Presse _____ *(freuen)*.
3 alle Kunsthochschulen in Deutschland _____ eigentlich eine zusätzliche finanzielle Unterstützung vom Staat *(brauchen)*.
4 die meisten Leute _____ die kulturellen Aktivitäten _____ *(begrüßen)*.
5 die Journalistinnen und Journalisten _____ durch ihre positive Berichterstattung einen wesentlichen Anteil am Erfolg der Ausstellung *(haben)*.
6 alle, die die Ausstellung besuchen wollen, _____ online einen Stadtplan herunterladen *(können)*.

4.6 Was sagen die Leute? Schreiben Sie Sätze in der indirekten Rede. Benutzen Sie den Konjunktiv I oder II.

1 Oleg und Marusja: „Wir genießen die Atmosphäre in der Innenstadt."
2 Anna: „Mir gefallen die Installationen und Skulpturen sehr."
3 Herr und Frau Burckhardt: „Unserer Meinung nach kosten solche Ausstellungen zu viel Geld."
4 Nguyen: „Alle Beteiligten leisten meiner Meinung nach fantastische Arbeit!"
5 Hamid: „Ich finde es super, dass die Kunstwerke auch in meinem Lieblingscafé zu sehen sind."
6 Layla: „Ist den Leuten klar, dass nicht alle Interesse an Kunst haben?"
7 Frau Wieland: „Mein Mann und ich freuen uns sehr auf die Performances im Einkaufszentrum."

> 1 *Oleg und Marusja sagen, dass sie die Atmosphäre in der Innenstadt sehr genießen würden.*

5 Strategietraining: Gesagtes wiedergeben

5.1 Was passt? Lesen Sie die Regeln im Strategiekasten und kreuzen Sie an. Das Strategievideo hilft.

Gesagtes wiedergeben	Indikativ	Konjunktiv
1 Bei der indirekten Rede steht das Verb im	☐	☐
2 Im Alltag benutzt man bei der Redewiedergabe oft den	☐	☐
3 In Nachrichten oder Zeitungsartikeln benutzt man meist den	☐	☐
4 Wenn man sich vom Gesagten distanziert, steht das Verb im	☐	☐
5 Bei Präpositionen wie *laut* oder *nach* steht das Verb im	☐	☐

Durch die Wahl des redeeinleitendes Verbs kann man die Intention der Sprecherin / des Sprechers deutlich machen und/oder zeigen, dass man die Aussage anzweifelt.

5.2 Welches Verb passt nicht? Lesen Sie die Sätze und streichen Sie das falsche Verb durch.

1 Der Bildhauer ~~kritisierte~~/*betonte*, dass seine Skulpturen die Menschen erfreuen würden.
2 Die Performancekünstlerin *berichtete/schlug vor*, dass die Besucher begeistert seien.
3 Die Kuratorin *befürchtete/sagte*, dass die Kunstwerke die Leute zum Nachdenken bringen sollten.
4 Der Leiter des Einkaufszentrums *erklärte/forderte*, dass die Leute ihn zu Unrecht kritisieren würden.
5 Die Journalisten *bedauerten/wiesen darauf hin*, dass die Ausstellungsräume frei zugänglich seien.

5.3 Sprachmittlung: Wie gibt man in Ihrer Muttersprache wieder, was jemand gesagt hat? Gibt es dafür eine besondere Verbform? Geben Sie Beispiele und tauschen Sie sich aus.

> *Im Niederländischen gibt es keine Möglichkeit, mit einem Verb zu zeigen, dass man zitiert. Hier benutzt man immer den Indikativ.*

> *Im Französischen ist es anders als im Deutschen: Hier ist die Zeitform des Verbs im einleitenden Satz entscheidend für die Zeitform der indirekten Rede ...*

11

Geschichten im Netz

1 Unterhaltung für Augen und Ohren

1.1 Welche Überschrift passt? Lesen Sie den Artikel und ordnen Sie zu.

Theater als Stream – Die richtige Atmosphäre – Ein Blick hinter die Kulissen – Konkurrenz aus dem Netz

Theater und Oper vom Sofa aus

Ina Lamprecht trägt ein schwarzes Kleid, roten Lippenstift und Make-up, als ich sie an einem Mittwochabend in ihrer Wohnung in Münster besuche. Auf dem Sofa sitzt schon in ähnlichem Outfit ihre Freundin Mara
5 Janssen und drückt mir zur Begrüßung ein Sektglas in die Hand. Gehen sie auf eine Party? Falsch!
Einmal im Monat treffen sich die Freundinnen, um sich eine Oper im Live-Stream anzuschauen – ganz bequem auf dem Sofa, aber gekleidet nach dem Dresscode für
10 Oper und Theater.

Live-Veranstaltungen in Echtzeit zu übertragen, genieße beim Publikum zunehmende Beliebtheit, wie Massimo Cicarelli, Dramaturg an der Staatsoper, erklärt. Durch
15 dieses Format habe ein Großteil der Theater und Opernhäuser seine Reichweite bereits stark vergrößert. Um ein breites Publikum ansprechen zu können, seien digitale Live-Formate in den letzten Jahren immer wichtiger geworden. Wie wir alle wissen, haben Online-Streaming-

20 Dienste eine so große Auswahl an Filmen, Serien, Live-Konzerten und Stand-up-Comedy, dass die Leute es oft vorziehen, zu Hause zu bleiben, statt auszugehen – und das leider nicht nur an regnerischen Tagen. Das Theater etwa habe schon lange unter der Konkurrenz
25 durch das Kino gelitten, aber mit den Streaming-Diensten, seien die Besucherzahlen noch stärker zurückgegangen.

Wie Cicarelli betont, sei es wichtig, die Menschen dort zu erreichen, wo sie die Konzerte und Vorstellungen 30 genießen möchten, nämlich in ihren Wohnzimmern. Als Theatermacher*innen des Ulmer Theaters bereits 2012 ihre ersten Streams ins Internet stellten und sich herausstellte, dass dieses Format besonders erfolgreich war, seien unzählige Kulturhäuser ihrem Beispiel ge- 35 folgt, so auch die Staatsoper, die einen Großteil ihres Spielplans mittlerweile als Live-Stream und Video-on-demand online zur Verfügung stellt.

Cicarelli erklärt, es sei eine gute Idee gewesen, in 40 zusätzlichen Clips Informationen über die Produktion und die Akteure sowie Interviews anzubieten. Denn alle, die sich eine Vorstellung anschauen würden, hätten damit interessante Hintergrundinformationen. Auch Ina Lamprecht und Mara Janssen nutzen die Vorteile 45 des Streamings. Früher hätten sie nach dem Besuch eines Stücks lange im Internet nach weiteren Informationen zu Sänger*innen und Komponist*innen gesucht. Heute fänden sie es großartig, alles mit einem Klick zu bekommen. 50

Auf meine Frage, ob die Couch für eine Oper denn das richtige Setting sei, entgegnet Lamprecht, dass das heimische Sofa zwar kein Opernhaus sei, aber dass es keineswegs schwer sei, die richtige Atmosphäre zu 55 schaffen. Wie sie das machen? Ich habe es schon verraten: mit Sekt und dem richtigen Dresscode!
Prost und viel Spaß beim Streamen!

1.2 Wo steht es? Lesen Sie den Artikel in 1.1 noch einmal, unterstreichen Sie und notieren Sie die Zeilen.

1 Ein Großteil der Theater und Opern hat seine Reichweite stark vergrößert. *Zeile 14–16*

2 Digitale Live-Formate sind immer wichtiger geworden. _____

3 Das Theater hat lange unter der Konkurrenz durch das Kino gelitten. _____

4 Durch Streaming-Dienste sind die Besucherzahlen stark zurückgegangen. _____

5 Viele Kulturhäuser sind dem Beispiel des Ulmer Theaters gefolgt. _____

6 Es war eine gute Idee, in zusätzlichen Clips weitere Informationen anzubieten. _____

7 Ina Lamprecht und Mara Janssen haben früher lange nach Informationen gesucht. _____

1.3 Was passt? Lesen Sie Ihre unterstrichenen Sätze im Artikel von 1.1 noch einmal und kreuzen Sie an.

> **Indirekte Rede in der Vergangenheit**
>
> Wenn man Aussagen über die Vergangenheit wiedergibt, benutzt man die indirekte Rede mit dem Konjunktiv I oder II der Vergangenheit.
>
> Für die indirekte Rede in der Vergangenheit benutzt man
> in der 3. Person Singular   den ○ *Konjunktiv I* / ○ *Konjunktiv II* von *haben/sein* + Partizip II
> in der 3. Person Plural   den ○ *Konjunktiv I* / ○ *Konjunktiv II* von *sein* + Partizip II
>   und den ○ *Konjunktiv I* / ○ *Konjunktiv II* von *haben* + Partizip II

1.4 Was passt? Ergänzen Sie die Verben in indirekter Rede in der Vergangenheit.

Ina Lamprecht sagt,

1 die Oper _sei_ schon immer ihre Leidenschaft _gewesen_ (*sein*).
2 sie _____ lange nicht die Möglichkeit _____, in die Oper zu gehen (*haben*).
3 das Live-Angebot der Oper _____ sie _____ (*begeistern*).
4 die Sängerinnen und Sänger _____ überzeugend _____ (*singen*).
5 es _____ auf der Webseite der Oper viele zusätzliche Informationen _____ (*geben*).
6 sie _____ es allen _____, sich mal ein Live-Stream anzuschauen (*empfehlen*).
7 auch ihre Freundinnen und Freunde _____ beeindruckt _____ (*sein*).
8 viele _____ mittlerweile große Opernfans _____ (*werden*).

1.5 Was sagen und fragen die Personen? Wählen Sie ein passendes Verb und schreiben Sie Sätze in der indirekten Rede in der Vergangenheit.

bedauern – betonen – ~~erzählen~~ – sich fragen – hinweisen auf – kritisieren

1 Neslihan Bükey: „Meinem Mann und mir hat die gestreamte Oper gut gefallen."
2 Jan Swiers: „Mein Internet-Empfang war leider nicht stark genug."
3 Alexander Ullrich: „Die Schauspielerinnen und Schauspieler haben sich keine Mühe gegeben."
4 Lena Erdinger: „Waren die Theater-Streams genauso erfolgreich wie die Live-Vorstellungen?"
5 Nora Coetzee: „Die Theater-Streams haben mir echt den Abend versüßt!"
6 Frederik Lenz: "Ich habe die Streams als MP4-Datei heruntergeladen."

1 Neslihan Bükey erzählte, dass ihrem Mann und ihr die gestreamte Oper gut gefallen habe.

2 Erzählen im Zeitalter des Internets. Was passt? Ergänzen Sie die Sätze.

herausfiltern – herumstöbern – überfliegen – vermitteln – zwischenschalten

1 Die kostenlose Musik-App ist nervig, weil sie dort immer Werbung _____.
2 Aus Podcasts kann man nicht so schnell Informationen _____.
3 Man kann stundenlang im Internet _____.
4 Wenn man den ganzen Blog nicht lesen möchte, kann man ihn _____.
5 Video-Tutorials _____ die unterschiedlichsten Lerninhalte.

Ü 149

11

Eine Bildergeschichte

1 Mit Bildern erzählen

1.1 Welche Wörter sind hier versteckt? Suchen Sie in der Wortschlange und markieren Sie.

UIGUZCOMICSZIGGRAPHICNOVELSNKLNLMANGASGHVHJANIMATIONENUGJKARIKATURENHVJBHZEICHENTRICKFILMEBJLNS

1.2 Welches Wort passt? Ergänzen Sie die Wörter aus 1.1. Ein Wort bleibt übrig.

1 _____ erfreuten sich zuerst in Asien großer Beliebtheit.
2 In _____ werden prominente Personen oft satirisch dargestellt.
3 _____ sind handgezeichnete Animationsfilme.
4 Mickey Maus ist die weltweit bekannteste Figur der Disney-_____.
5 _____ sind oft komplexe Geschichten, die auf Romanen basieren.

2 Eine Spiegelbildgeschichte. Wählen Sie eine Aufgabe (A oder B) und schreiben Sie einen kurzen Text.

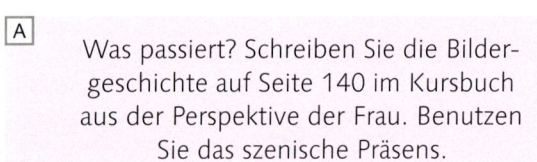

A Was passiert? Schreiben Sie die Bildergeschichte auf Seite 140 im Kursbuch aus der Perspektive der Frau. Benutzen Sie das szenische Präsens.

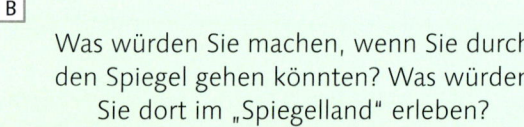

B Was würden Sie machen, wenn Sie durch den Spiegel gehen könnten? Was würden Sie dort im „Spiegelland" erleben?

Fortsetzung folgt

1 Wieder „gebingewatcht"? Was bedeuten die Wörter? Verbinden Sie.

1 die Staffel   a Filmtext mit Dialogen und Regieanweisungen
2 die Folge   b das Ende einer Folge oder Staffel, das neugierig macht
3 das Drehbuch   c kleinere Rolle in einem Film oder eine Serie
4 die Hauptrolle   d eine einzelne Episode einer Serie
5 die Nebenrolle   e eine Reihe von Folgen
6 der Cliffhanger   f die wichtigste Rolle in einem Film oder einer Serie

2 Ihre Lieblingsserie / Ihr Lieblingsfilm

2.1 Welches Verb passt? Ergänzen Sie die Verben in der richtigen Form.

~~beruhen auf~~ – erzählen – gehen um – handeln von – rauskommen – zeigen

1 Der Film _beruht auf_ einer wahren Geschichte.
2 Im Film _____ es _____ eine junge Frau, die ihre Familie sucht.
3 Die Serie _____ einem Mann, der Superkräfte hat.
4 Der Film _____ die Geschichte von einem Soldaten im Zweiten Weltkrieg.
5 Alle zehn Monate _____ eine neue Staffel _____.
6 Die Serie _____ die Welt aus der Sicht eines Politikers.

Ü 150 Geschichten erzählen

2.13 🔊 **2.2** Worum geht es in der Radiosendung? Hören Sie und kreuzen Sie an.

1 ○ Serien vs. Filme   2 ○ Seriensucht   3 ○ die besten Cliffhanger

2.14 🔊 **2.3** Kennen Sie die Serie *Kudamm 56*? Hören Sie weiter und machen Sie Notizen zu den Fragen.

– Wovon handelt die Serie?
– Was wird über die Schauspielerin gesagt?
– Wie werden die Figuren dargestellt?
– Wie wurde die Serie vom Publikum bewertet?
– Was wurde von den Kritikern gelobt?
– Was bemängelt?

> – Eine junge Frau (Monika Schöllach) zieht 1956 zu ihrer Mutter zurück, sie …

2.4 Und was ist Ihr Lieblingsfilm / Ihre Lieblingsserie? Schreiben Sie einen kurzen Text. Die Fragen in 2.3 und die Redemittel auf Seite 145 im Kursbuch helfen.

Geschichten für die Nachwelt

1 Das Archiv der Menschheit

1.1 Was passt? Ergänzen Sie.

eingravieren – entschlüsseln – Festplatte – Lebensdauer – ~~Nachwelt~~ – Speichermedium – speichern – überdauern

Wäre es keine schöne Idee, wenn man das ganze Wissen der Welt der _Nachwelt_ ¹ hinterlassen könnte? Die Frage ist jedoch, wie man diese Unmenge an Informationen _____ ² soll. Ein USB-Stick ist als _____ ³ für Abertausende von Terabytes wohl kaum geeignet. Man bräuchte also etwas mit viel Speicherkapazität, zum Beispiel eine riesige _____ ⁴. Das Problem ist, dass die _____ ⁵ der meisten Speichermedien nicht sehr lang ist. Und wenn die Datenträger verschwinden, werden auch die Informationen keine Jahrhunderte _____ ⁶. Vielleicht sollten wir wieder einfach alles in Stein _____ ⁷? Aber ob man unsere Schriftzeichen in ein paar Hundert Jahren noch _____ ⁸ kann?

1.2 Was ist eine Zeitkapsel? Lesen Sie den Artikel und kreuzen Sie an.

1 ○ eine alte Taschenuhr   2 ○ eine Botschaft an die Zukunft   3 ○ ein großes Kirchenarchiv

Nachrichten aus unserer Region – heute Helsa
von Elke Blumenstein

Die Sonne scheint an jenem Julimorgen noch müde zwischen den Kastanienbäumen des Kirchplatzes hindurch, als mich eine fröhliche Stimme im Eingang des Kirchturms begrüßt. Sabine Klinge, die seit 2018 als Pfarrerin in Helsa, einem kleinen Dorf im hessischen Bergland, arbeitet, führt mich die beinahe 100 Stufen zum Glockenturm hinauf. Während ich schon bereue, in den letzten Wochen nicht mehr Sport gemacht
⁵ zu haben, erklärt die 65-jährige mir munter, dass dieser Teil des Gebäudes schon älter als 350 Jahre sei. Mindestens so alt fühle auch ich mich, als wir endlich oben ankommen.

11

Allerdings werde ich mit einem Blick auf eines der idyllischsten Täler belohnt, die ich je in der Region gesehen habe. Und mit einer geheimnisvollen Metallkiste, die Frau Klinge behutsam in den Händen hält und mir vorsichtig zeigt.
10 Nichts Besonderes, denken Sie? Oh, doch! Denn, wie die Pfarrerin mir erklärt, sei die Metallkiste eine Zeitkapsel. Sie sei Ende des 17. Jahrhunderts vom damaligen Pfarrer Friedrich Siebert ganz oben in der Kirchenspitze versteckt worden, um der Nachwelt einen Einblick in das Leben der damaligen Zeit zu geben. Das Fundstück sei quasi ein 400 Jahre alter analoger Daten-
15 träger, so die Pfarrerin. Als die Kirchengemeinde dieses Jahr das nötige Geld zusammengespart hatte, um das Dach des Kirchturms reparieren zu können, wurde die gut versteckte Kiste durch Zufall entdeckt.

Ich frage die Pfarrerin, was Pfarrer Siebert für die Zeitkapsel denn alles ausgewählt habe, woraufhin Frau Klinge vorsichtig die Kiste auspackt und mir ein
20 altes Dokument, Münzen, eine Taschenuhr und noch vieles mehr zeigt.
Da ich neugierig bin, was Pfarrer Siebert damals denn so sorgfältig aufgeschrieben hat, bitte ich Frau Klinge mir das Dokument vorzulesen. Laut dem Dokument befinden sich in der Kirche Malereien, die ebenfalls Ende des 16. Jahrhunderts entstanden sind und damit zu den ältesten der Region gehören. Wie die Pfarrerin erklärt, hoffe man, diese Malereien jetzt unter der weißen Farbe der Kirchwände vorzufinden und wieder sicht-
25 bar machen zu können. Das wäre eine wahre Sensation für Helsa und die Kirchengemeinde!

Da Zeitkapseln lange Zeit eine beliebte Überlieferungsform waren, sind nun auch benachbarte Orte gespannt darauf, welche Geheimnisse sich vielleicht in ihren Kirchtürmen befinden. Die ersten Suchaktionen haben bereits begonnen. Ich denke an all die Stufen in diesen Kirchtürmen und freue mich, den Ausblick noch eine Weile genießen zu können, bevor es wieder runtergeht.

Kirchturm in Helsa

1.3 Lesen Sie den Artikel noch einmal und beantworten Sie die Fragen.

1 Wer hat die Zeitkapsel gefüllt und warum?
2 Wie wurde die Zeitkapsel entdeckt?
3 Was befindet sich in der Zeitkapsel?
4 Welche besondere Information enthielt das Dokument?
5 Was hat der Fund in anderen Orten bewirkt?

2 Ein persönliches Archiv. Welche Gegenstände aus Ihrer Kultur würden Sie in eine Zeitkapsel stecken? Warum? Wo würden Sie diese Zeitkapsel verstecken? Schreiben Sie einen kurzen Text.

Kurz berichtet

1 Nachrichten aus aller Welt

1.1 Wie lauten die zwei Nachrichten? Bringen Sie die Textteile in die richtige Reihenfolge und notieren Sie.

1 b, g, …

a Ob die Schülerin die Prüfung wiederholen darf, ist nicht bekannt.

b **Französisch mal anders**

c Der Eingeschlafene durfte nach einer kurzen Befragung im Polizeirevier nach Hause gehen.

d Ingolstadt. In der Ladenpassage am Hauptbahnhof hat ein Kunde eine unruhige Nacht in einem Kleidungsgeschäft verbracht. Wie die Polizei mitteilte, sei der Mann gegen Abend in der Umkleidekabine eingeschlafen und nach Ladenschluss eingeschlossen worden.

[e] Wie das Sprachinstitut mitteilte, habe sie versucht, die schriftliche Französisch-Prüfung für ihre Tochter abzulegen, da sie sich als Muttersprachlerin eine bessere Note erhoffte. Einer Lehrerin sei jedoch aufgefallen, dass die 41-jährige akzentfreies Französisch sprach. Sie habe dann die Polizei informiert, die die Mutter noch vor Ort verhaftete.

[f] **Übernachten im Kaufhaus**

[g] Berlin. Eine belgische Mutter, die ihrer deutschen Tochter bei einer Prüfung helfen wollte, ist am Montag von der Polizei verhaftet worden.

[h] Wie er den Polizisten erklärte, habe er sich nach einer langen anstrengenden Shoppingtour mit einer Freundin kurz ausruhen wollen. Nachdem er mitten in der Nacht erwacht sei, habe er sich in ein Schaufenster gestellt und winkend um Hilfe gerufen. Passanten hätten die Polizei verständigt, diese wiederum habe eine Angestellte des Ladens angerufen, die den Kunden schließlich befreit habe.

1.2 Strategietraining: Nachrichten verstehen. Ordnen Sie die Textteile in 1.1 den entsprechenden Kategorien zu.

1 Überschrift: *b, f*
2 Hintergrundinformationen (wie/warum?): _____
3 wichtigste Informationen (wer/was/wo/wann?): _____
4 Fazit (Resultat oder Stand der Dinge): _____

1.3 Was passt? Lesen Sie die Tipps und ergänzen Sie.

Ressort – Struktur – Überschriften – Vorwissen – W-Fragen

> **Nachrichten verstehen**
>
> Nachrichten versteht man besser, wenn das eigene _____ aktiviert wird. Es ist also hilfreich, die _____ und Abbildungen zu überfliegen, und darauf zu achten, ob das _____ genannt wird.
>
> Bei Nachrichten im Radio oder Fernsehen ist es hilfreich, sowohl auf die _____ der Nachricht als auch auf die Antworten auf die _____ zu achten.

1.4 Was ist passiert? Lesen Sie die Nachrichten in 1.1 noch einmal und fassen Sie sie schriftlich in eigenen Worten in zwei bis drei Sätzen zusammen.

2 Nachrichten heute

2.1 Welche Überschriften passen? Hören Sie zwei Nachrichten und ordnen Sie zu.

a ☐ Chaos im Berufsverkehr
b ☐ Übernachtung im Aufzug
c ☐ Langer Aufenthalt im Aufzug
d ☐ Polizei blitzt ungewöhnlichen Raser

2.2 Was ist passiert? Hören Sie die Nachrichten noch einmal und machen Sie Notizen zu den W-Fragen.

11

Prüfungstraining

1 Lesen Teil 2

Sie lesen in einer Zeitschrift einen Artikel über das Thema „Lesen".

Welche Sätze a bis i passen in die Lücken 1 bis 7? Ordnen Sie zu. Zwei Sätze passen nicht.

Lesen: Sind elektronische Bücher die Zukunft?

Der italienische Schriftsteller Umberto Eco, Autor der weltbekannten Romane „Im Namen der Rose" und „Das Foucaultsche Pendel" hat sie gefürchtet: die elektronischen Lesegeräte. ___a___ ¹ „Wir müssen nicht nur die Waldelefanten, die Orang-Utans und die Bären in den Abruzzen retten, sondern auch die Bücher", so Eco.

Selbst wenn das viele so sehen, trauern längst nicht alle um das Buch. _____ ² „Das Medium ist linear, langsam, unflexibel, ja fast etwas primitiv." Dennoch habe sich das Buch mehr als 1600 Jahre als eine handliche und übersichtliche Informationsquelle bewährt, sodass es überdauern werde, hält der aus Argentinien stammende Schriftsteller und Bücherliebhaber Alberto Manguel dagegen. _____ ³ Sie mache es möglich, gleichzeitig mit Augen und Händen zu navigieren – ein großer Vorteil gegenüber der elektronischen Konkurrenz.

_____ ⁴ Ein Argument ist, dass es dem veränderten Leseverhalten der Menschen entgegenkomme. Texte werden immer mehr an Bildschirmen gelesen, wie eine Studie der „Stiftung Lesen" zeigt. Auch wenn die ersten E-Book-Lesegeräte zunächst unhandlich waren, ermöglichen sie mittlerweile die lesefreundliche Ansicht ganzer Seiten. _____ ⁵ So ermöglichen sie inzwischen auch die Kombination aus Texten, Tönen und bewegten Bildern. Und auch die anfänglichen technischen Probleme – eine geringe Akkulaufzeit und eine schlechte Displayqualität – spielen heute kaum noch eine Rolle. Die Mediengeneration von heute, die mit Smartphones aufwächst, wird vermutlich das Interesse am Buch verlieren.

Nachschlagewerke und Fachbücher haben schnell ihren Weg in das E-Book gefunden, das trifft auch auf viele andere Textsorten zu. _____ ⁶ Denn bei ihrer Lektüre will man so tief in das Buch eintauchen, dass man dazu ein passendes Umfeld braucht, z. B. das Bett oder die Parkbank. Vielleicht verspürt man auch Lust auf Eselsohren, Lust auf den Geruch gedruckten Papiers. Hier wird daher, so glauben viele Experten, das Buch weiter punkten. _____ ⁷ Und dieser hält sich bei den elektronischen Lesegeräten in Grenzen. Folglich lässt sich sagen: Das Buch ist tot, lang lebe das Buch!

a Das traditionelle Buch zählte er zu den bedrohten Arten. ✔
b Und was spricht für das E-Book?
c Aus diesem Grund sind noch nicht alle vom digitalen Buch überzeugt.
d Auch sei die dreidimensionale Form zu loben.
e Dennoch hat sich das Leseverhalten geändert.
f Außerdem sind neue Produkte auf den Markt gekommen.
g Denn der emotionale Effekt spielt hier die entscheidende Rolle.
h Allerdings ist diese Entwicklung bei Produkten der schönen Literatur nicht so eindeutig.
i Trendforscher Matthias Horx meint, dass das Buch altmodisch sei.

> **Tipp:** Lesen Sie zuerst den Text und danach die Sätze a bis h. Achten Sie beim Zuordnen der Sätze auf den Inhalt des vorangehenden und des folgenden Satzes. Verweiswörter (z.B. Präpositionalpronomen wie *dadurch*, *dabei* etc.) und Konnektoren können Ihnen helfen, Bezüge zwischen Sätzen zu erkennen. Achten Sie auch auf Zitate und Redewiedergabe: Vor oder nach einem Satz in direkter Rede steht oft ein Satz in indirekter Rede mit dem Konjunktiv I.

2 Hörverstehen Teil 1

Richtig oder falsch? Hören Sie eine Nachrichtensendung und kreuzen Sie an.

		richtig	falsch
1	Durch die Entdeckung kann man die verschwundene Glocke wiederfinden.	○	○
2	Der Staat unterstützt ab dem 01.07. jedes Start-up-Unternehmen in Berlin.	○	○
3	Die Handlung des Films spielt in Deutschland und in Italien.	○	○
4	Die Schauspielerin Maike Hakatsch hat einen Liebesroman geschrieben.	○	○
5	Im ersten Monat nach der Wiedereröffnung zahlen Erwachsene weniger Eintritt.	○	○

Tipp: Sie hören diese Aufgabe einmal. Sie hören insgesamt sechs Nachrichten, zu denen es fünf Aussagen gibt. Zu einer Nachricht gibt es keine Aussage. In dieser Aufgabe geht es darum, die Hauptaussagen der einzelnen Nachrichten zu verstehen. Kreuzen Sie immer eine Antwort an, auch wenn Sie sich bei der Lösung nicht sicher sind.

3 Sprechen Aufgabe 1: jemanden kennenlernen und beraten

Sie lernen in der Bahn eine Person kennen und unterhalten sich mit ihr über ein Thema.

Wählen Sie zu zweit ein Thema (A, B, C oder D), lesen Sie und sprechen Sie über folgende Punkte:
- Zweck und Ziel Ihrer eigenen Reise
- Ihre Erfahrungen und Ansichten zum Thema
- Tipps und Empfehlungen zum Thema

A **umweltfreundliches Reisen**

Welche Verkehrsmittel nutzen Sie zu welchem Zweck? Spielt Umweltschutz dabei eine Rolle? Welche Vor- und Nachteile haben die verschiedenen Verkehrsmittel Ihrer Meinung nach?
Geben Sie sich gegenseitig Tipps, wie man umweltfreundlich reisen kann.

B **Filme und Serien**

Sehen Sie lieber Filme oder Serien? Warum? Sehen Sie lieber das Original mit Untertiteln oder die synchronisierte Fassung in Ihrer Sprache?
Geben Sie sich gegenseitig Tipps für einen Film oder eine Serie und begründen Sie Ihre Empfehlung.

C **Kulturveranstaltungen online**

Haben Sie schon einmal ein Konzert oder Theaterstück online gesehen? Würden Sie es gern ausprobieren? Welche Vor- oder Nachteile hat eine Online-Kulturveranstaltung gegenüber einer Live-Veranstaltung vor Ort?
Geben Sie sich gegenseitig Tipps, was für eine Veranstaltung man sich gut online anschauen könnte.

D **ständig erreichbar mit dem Smartphone**

Welche Rolle spielt Ihr Smartphone in Ihrem Leben? Sollte man Ihrer Meinung nach ständig erreichbar sein? Was sind die Vor- und Nachteile der ständigen Erreichbarkeit? Welche Gefahren sehen Sie? Geben Sie sich gegenseitig Tipps, wie man digitalen Stress vermeiden kann.

Tipp: In der Prüfung wird Ihnen das Thema vorgegeben. In diesem Prüfungsteil geht es darum, mit einer Person, die man nicht kennt, ein Smalltalk-Gespräch zu führen. Werden Sie also nicht zu persönlich. Achten Sie auf höfliche Formulierungen und passen Sie die Gesprächsinhalte der Situation an. Wenn Sie keine eigenen Erfahrungen zum Thema haben, geben Sie das im Gespräch ruhig zu und fragen Sie Ihre Gesprächspartnerin / Ihren Gesprächspartner nach ihrer/seiner Meinung.

12 In vollen Zügen genießen

Webcode: niviba

Genussmomente

1 Mit allen Sinnen genießen

1.1 Welche Wörter passen zu den fünf Sinnesorganen? Machen Sie eine Mindmap in Ihrem Heft. Manchmal gibt es mehrere Möglichkeiten.

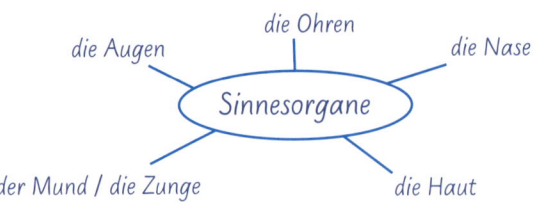

ansehen – beobachten – berühren – bitter – der Blick – der Duft – duften – empfinden – frieren – fühlen – Gänsehaut haben/bekommen – das Geräusch – der Geruch – der Geschmack – der Gestank – hart – heiß – hören – kalt – der Klang – der Lärm – lauschen – laut – lecker – leise – die Melodie – riechen – salzig – sauer – scharf – schauen – schmecken – sehen – sich anfühlen – sich anhören – spüren – süß – tasten – weich

1.2 Was nimmt man mit den Sinnen wahr? Schreiben Sie zehn Sätze mit den Wörtern aus 1.1.

> 1 Ich liebe den Geruch von frisch gemahlenem Kaffee – das duftet so intensiv!

2 Mehr Genuss im Alltag

2.1 Worum geht es in dem Blogbeitrag? Lesen Sie und ordnen Sie die Themen den Abschnitten zu.

1 Genießen lernen
2 Genuss und die Sinnesorgane
3 Was den Genuss stören kann
4 Wie entsteht Genuss?

Maras Blog

☐ Genuss ist eine positive Sinnesempfindung, die körperliches und seelisches Wohlbefinden erzeugt. Was oder wobei wir genießen, ist subjektiv. Wie sehr wir aber in der Lage sind, etwas als genussvoll zu empfinden, hängt von unseren Sinnen ab. Genuss entsteht immer dann, wenn unsere Sinnesorgane, mit denen wir sehen, hören, schmecken, riechen und fühlen, das Gehirn dazu anregen, das Glückshormon Dopamin zu produzieren. Je schärfer unsere Sinne sind und je bewusster wir einzelne Sinnesreize wahrnehmen, desto intensiver können wir selbst die kleinen Dinge wie zum Beispiel den Duft von Kaffee genießen.

☐ Jeder Mensch hat eine Art Lieblingssinn. Der eine empfindet Genuss vor allem bei akustischen Reizen, wie bei einer schönen Melodie oder dem Rauschen des Meeres. Der andere nimmt Gerüche und Düfte besonders intensiv wahr. Manche Menschen reagieren vor allem auf visuelle Reize und genießen es, ein Kunstwerk zu betrachten oder empfinden bestimmte Farbkombinationen als angenehm. Über unsere Haut nehmen wir Berührungen wahr, was für viele von uns zu Genussmomenten führt. Und die Feinschmecker unter uns erleben Genuss vor allem über die Geschmacksnerven der Zunge. Davon gibt es über 5000 – die beste Voraussetzung für intensive Genusserlebnisse. Doch die wenigsten von uns sind in der Lage, dieses Potenzial voll auszuschöpfen.

☐ Das bewusste Wahrnehmen unserer Sinne ist die Voraussetzung für unsere Genussfähigkeit. Stress und Hektik führen aber leider oft dazu, dass uns die Zeit für bewusstes Wahrnehmen fehlt. Viele von uns kennen es: Wenn wir es eilig haben und zum Beispiel während der Arbeit am Schreibtisch oder beim Gehen auf dem Weg zu einem Termin essen, schmecken wir oft gar nicht, was wir da eigentlich gerade essen. Bei einem gemütlichen Essen zu Hause oder im Restaurant ist das anders: Hier nehmen wir unterschiedliche Geschmäcker, Gerüche und Aromen wahr. Stress behindert nicht nur unsere Wahrnehmung, sondern blockiert auch unsere Sinneskanäle, sodass der Genuss, der durch einen Reiz ausgelöst wird, nicht vollständig im Gehirn ankommt. Die Folge: Es werden weniger Glückshormone ausgeschüttet. Wenn wir ständig unter Strom stehen, verlernt unser Körper zu genießen.

☐ Wer also wieder in vollen Zügen genießen will, sollte sein Leben unbedingt entschleunigen: einen Gang runterschalten, das Lebenstempo verlangsamen, den Alltagsstress reduzieren. Denn glücklicherweise kann man Genießen auch wieder neu lernen: Nehmt euch jeden Tag einen Moment der Ruhe, um euren Lieblingssinn zu aktivieren. Macht währenddessen nichts anderes und versucht, bewusst wahrzunehmen, was ihr seht, hört, riecht, schmeckt oder fühlt. Dieses Nichtstun hilft dabei, die Sinne zu schärfen und auch die kleinen Dinge des Alltags wieder zu genießen.

2.2 Richtig (r), falsch (f) oder steht nicht im Text (x)? Lesen Sie noch einmal in 2.1 und kreuzen Sie an

	r	f	x
1 Durch Sinnesreize wird im Gehirn die Produktion von Glückshormonen angeregt.	○	○	○
2 Für die Produktion von Dopamin müssen mindestens zwei Sinne stimuliert werden.	○	○	○
3 Sinnesreize beeinflussen das Genussempfinden von Mensch zu Mensch unterschiedlich.	○	○	○
4 Mit der Zunge kann man 5000 verschiedene Geschmacksrichtungen schmecken.	○	○	○
5 In Stresssituationen werden Sinnesreize intensiver wahrgenommen.	○	○	○
6 Genuss ist keine angeborene Fähigkeit, sondern muss als Kind erlernt werden.	○	○	○
7 Durch die gezielte Stimulation der Sinne kann man seine Genussfähigkeit trainieren.	○	○	○

2.3 Welches Verb passt? Lesen Sie die Kommentare und ergänzen Sie die Verben in der richtigen Form.

abschalten – anstoßen – ausklingen – baumeln – bringen – empfehlen –
faulenzen – ~~gönnen~~ – kommen – nehmen – tanken – zergehen

Kommentare

Yvo: Super Blogbeitrag, Mara! Du hast mich echt zum Nachdenken gebracht. Ich versuche auch, mir Genussmomente zu _gönnen_ ¹, aber es ist wirklich nicht leicht. Ich bin oft von meinem Job gestresst und abends fällt es mir schwer, auf andere Gedanken zu _____ ². Meine Projekte gehen mir einfach nicht aus dem Kopf und ich hab dann auch keine Lust mehr, Freunde zu treffen. Ich frage mich manchmal, ob ich wohl genussunfähig geworden bin. Wie _____ ³ du eigentlich Arbeit und Entspannung unter einen Hut?

Mara: Hallo Yvo. Oje, das klingt aber nicht gut. Mir tut es manchmal gut, einfach den ganzen Tag auf der Couch zu _____ ⁴. Das kann ich dir sehr _____ ⁵. 😉 Wenn dein Job sooo stressig ist, dann _____ ⁶ dir ruhig auch mal eine längere Auszeit. Mir ging es ja früher so ähnlich wie dir. Ich habe dann ein Sabbatical gemacht. Ach, das war schön: am Strand liegen, die Seele _____ ⁷ lassen, die Sonne auf der Haut genießen und wieder so richtig Kraft _____ ⁸.

JakobVK: Genuss braucht Zeit, Yvo. Fang mit kleinen Dingen an. Auch wenn du müde bist: Geh doch mal nach der Arbeit mit Freunden in eine Bar, um mit einem Getränk auf deinen Feierabend _____ ⁹ und den Tag gemütlich _____ ¹⁰ zu lassen. Was mir übrigens auch immer hilft, um vom Stress _____ ¹¹, ist backen. Probier's mal aus! Das macht Spaß und wenn du dir anschließend den Kuchen auf der Zunge _____ ¹² lässt, kannst du gleich ein bisschen „bewusstes Genießen" üben.

2.4 Sprachmittlung: Wie würden Sie diese Redewendungen in Ihrer Sprache ausdrücken? Wie wäre die Übersetzung ins Deutsche? Sprechen Sie in Gruppen. Die Erklärungen im Kursbuch auf Seite 146 in 2d helfen.

die Seele baumeln lassen – sich etwas auf der Zunge zergehen lassen –
Kraft tanken – sich eine Auszeit nehmen – alles unter einen Hut bringen

3 Mach das doch einfach mal!

3.1 Lesen Sie noch einmal die Kommentare in 2.3 und markieren Sie die Modalpartikeln. Kennen Sie noch andere? Ergänzen Sie Beispiele im Grammatikkasten und formulieren Sie Regeln zu den Stichwörtern.

Modalpartikeln – Gefühle ausdrücken

Beispiele: _einfach_, _____

Funktion: _____

Position im Satz: _____

Betonung: _____

12

2.17 🔊 3.2 Was drücken die unterstrichenen Modalpartikeln aus? Lesen und hören Sie und ordnen Sie zu.

a Vorschlag / freundliche Aufforderung – **b** Akzeptanz – **c** bekannte Information –
d Vorwurf – **e** freundliche/interessierte Frage – **f** Mitgefühl – **g** Überraschung –
h Vermutung – **i** ~~nicht-veränderbare Situation~~ – **j** Resignation – **k** Erlaubnis/Ermutigung

1. [i] Warum rennst du so? Der Zug hat sowieso Verspätung. Wir kommen <u>eh</u> nicht mehr pünktlich.
2. [ ] Ob es heute <u>wohl</u> noch regnet? Der Himmel ist so grau.
3. 👎 [ ] Der Wein schmeckt <u>aber</u> gut. Bei dem Preis hätte ich das <u>ja</u> nicht erwartet.
   👍 [ ] Ja, ehrlich gesagt, ich auch nicht. Nimm dir <u>ruhig</u> noch ein Glas.
4. [ ] Du hast dein Portemonnaie verloren?! Das ist <u>aber</u> ärgerlich!
5. 👎 [ ] Ich weiß <u>einfach</u> nicht, wo ich den Autoschlüssel hingelegt habe.
   👍 [ ] Tja, wenn du nicht mit dem Auto fahren kannst, dann fahr <u>eben</u> mit dem Fahrrad.
6. 👎 [ ] Und jetzt erzähl <u>doch mal</u>: Wie geht's euch so?
   👍 [ ] Also, dass wir umgezogen sind, weißt du <u>ja</u>. Du hast uns <u>ja</u> schon besucht.
7. [ ] Du hast <u>ja</u> schon wieder das Licht angelassen! Darüber haben wir <u>doch</u> gerade gesprochen!
8. [ ] Seit wann bist du <u>eigentlich</u> aus dem Urlaub zurück? Hast du <u>denn</u> auch viele Fotos gemacht?

3.3 Welche Modalpartikel passt nicht? Streichen Sie die falsche Option durch.

1. Oje, der Laden hat zu! Na gut, dann ist das so. Dann muss ich *eben/~~aber~~* morgen nochmal kommen.
2. Hey Sedat! Du bist *ja/wohl* schon hier! Ich wusste nicht, dass du früher kommst.
3. Ich habe gehört, Dana kommt nicht zur Party. Das ist *aber/eh* schade.
4. Hier ist die Teeküche und da vorne sind die Toiletten. Und wo der Kursraum ist, weißt du *einfach/ja*.
5. Ich geb's auf: Mein Kuchen wird *einfach/ruhig* nicht so lecker wie der von meiner Oma.
6. Ich weiß nicht, wo Micha ist. Er hat *wohl/eh* wieder verschlafen oder die Bahn hat Verspätung.
7. Du musst dich nicht beeilen. Die Dozentin ist *eh/aber* noch nicht da. Wir fangen später an.
8. Wenn es Ihnen nicht gut geht, dann gehen Sie *eigentlich/ruhig* nach Hause. Das ist schon okay.

3.4 Was fühlen die Personen? Mit welchen Empfindungswörter könnten sie ihre Gefühle ausdrücken?
Ergänzen Sie die Gefühle und die passenden Empfindungswörter.

Begeisterung – Ekel – ~~Erinnerung~~ – ~~Erleichterung~~ –
Erstaunen – Mitgefühl – ~~Schmerz~~ – ~~Skepsis~~

Ach ja! – Au! – ~~Ih! Pfui!~~ – Na ja. –
~~Nanu?!~~ – ~~Oje~~ – Puh! – ~~Wow!~~

1. Oje!
Erinnerung

2.
Erinnerung

3. Nanu?!

4.
Skepsis

5. Ih! Pfui!

6.
Schmerz

7. Wow!

8.
Erleichterung

3.5 Was könnten die Personen in 3.4 sagen? Schreiben Sie zu jedem Foto einen Satz. Benutzen Sie die Empfindungswörter.

> 1 Oje! Das tut mir leid, dass du so traurig bist.

3.6 Phonetik: Intonation von Empfindungswörtern. Wie klingen die Sätze in der linken Spalte: positiv/zustimmend (+) oder ironisch/abwertend (–)? Hören Sie und kreuzen Sie an.

    + –
1 ☐ ☒ Kino? Au ja! Tolle Idee!   a Das hast du wirklich gut gemacht.
2 ☐ ☐ Kino? Au ja! Tolle Idee!   b Lass uns gleich schauen, was es gibt.
3 ☐ ☐ Wow! Ich bin sehr beeindruckt! c Aber du hättest das ja auch mal machen können.
4 ☐ ☐ Wow! Ich bin sehr beeindruckt! d Danke, dass du mich daran erinnert hast.
5 ☐ ☐ Ach ja, das hätte ich fast vergessen. e Also ehrlich, das kann mein kleiner Bruder besser!
6 ☐ ☐ Ach ja, das hätte ich fast vergessen. f Das haben wir doch letzte Woche schon gemacht.

3.7 Was passt zusammen? Verbinden Sie die Sätze 1–6 in 3.6 mit einer passenden Fortsetzung. Hören Sie dann und überprüfen Sie Ihre Ergebnisse.

Genussforschung: Wie genießen wir?

1 Genusstypen

1.1 Was passt? Lesen Sie den Artikel und ergänzen Sie die Wörter.

Belohnung – Genusstypen – hedonistischen – individuelle – Individuen – konservativen – Konsum – nachhaltig – Pflichtbewusstsein – Sicherheit – sparsam – umweltbewussten – verschwenden – verwirklichen – verzichtet – ~~Werten~~

Werte und Genuss in der Gesellschaft

Wie wir unser Leben führen, hängt von verschiedenen Faktoren ab. Neben gesellschaftlichen und kulturellen _Werten_ ¹ prägen auch _____ ² Faktoren, wie persönliche Erfahrungen und Interessen, unseren Lebensstil. Die Genussforscherin Prof. Dr. Edelmann unterscheidet zwischen drei sogenannten _____ ³: Wem es wichtig ist, keine Ressourcen zu _____ ⁴, der gehört laut Edelmann zu den bewussten Genießern. Genuss bedeutet für diesen Genusstyp, der Umwelt und anderen Menschen etwas Gutes zu tun. Deshalb achtet er auf _____ ⁵ Konsum und kauft vor allem _____ ⁶ hergestellte und fair gehandelte Produkte. Er _____ ⁷ auf unnötigen Konsum, ohne dies als Einschränkung zu empfinden. Der zweite Typ zeichnet sich durch seinen genussorientierten bzw. _____ ⁸ Lebensstil aus. Selbstbestimmung und Materialismus haben für den hedonistischen Genießer einen hohen Stellenwert. Er will sich selbst, seine Ziele und Ideen _____ ⁹. Nicht Verzicht – wie bei den bewussten Genießern – sondern _____ ¹⁰ und Luxus stehen für ihn im Mittelpunkt.
Den dritten Typ bezeichnet Edelmann als den _____ ¹¹ Genießer. Er betrachtet Genuss nicht als Grundrecht, sondern als _____ ¹² für Fleiß und harte Arbeit. Vor allem traditionelle Werte wie Familie, Arbeitsmoral und _____ ¹³ prägen den Lebensstil des konservativen Typs. Ihm ist auch finanzielle _____ ¹⁴ sehr wichtig, deshalb geht er _____ ¹⁵ mit seinem Geld um.
Edelmann betont, dass sich _____ ¹⁶ aber nicht immer eindeutig einem Typ zuordnen ließen und weist darauf hin, dass ihre Studie noch längst nicht abgeschlossen sei. ▶ weiterlesen

Ü 159

12

1.2 In welcher Reihenfolge wurden Jette und Muso die Fragen gestellt? Hören und nummerieren Sie.

a ☐ Freiheit oder Sicherheit, worauf könntest du eher verzichten?
b ☐ Welche drei Dinge würdest du auf eine einsame Insel mitnehmen?
c ☐ Was sagen oder denken andere Menschen über dich?
d ☐ Was würdest du mit 10.000 Euro machen?
e ☐ Was ist deine Lebensphilosophie?

1.3 Zu wem passen die Aussagen: Jette oder Muso? Hören Sie noch einmal und ergänzen Sie die Namen.

1 _____ hat die Werte der eigenen Eltern nicht übernommen.
2 _____ verzichtet trotz seiner/ihrer Arbeitsmoral nicht auf Genussmomente.
3 _____ ist auch die Unterstützung durch ihre/seine Familie wichtig.
4 _____ plant ihre/seine Zukunft nicht.
5 _____ würde mit dem Geld auch anderen etwas Gutes tun.
6 Wenn sich _____ etwas Besonderes leisten will, dann spart sie/er auch.
7 Die Freunde von _____ finden es gut, dass sie/er auch nicht so materialistisch ist.
8 _____ ist immer für ihre/seine Freunde da.

2 Auf Genuss möchte ich auch nicht verzichten.

2.1 Wiederholung: Negationswörter. Beantworten Sie die Fragen in Ihrem Heft. Benutzen Sie jeweils ein passendes Negationswort. Der Grammatikanhang (A 5.1) hilft.

(noch) kein(e/en) – nichts – niemand(en) – (noch) nicht – (noch) nie
---

1 Brauchst du ein neues Tablet? – Nein, …
2 Hast du schon einmal von diesem Film gehört? – Nein, …
3 Kennst du jemanden, der dir bei deiner Bewerbung helfen kann? – Nein, …
4 Ist das dein Buch? – Nein, …
5 Weißt du etwas Neues von Micha? – Nein, …
6 Sag mal, kannst du mich vom Bahnhof abholen? – Nein, …
7 Fährst du immer mit dem Fahrrad zur Uni? – Nein, …
8 Hast du schon die Prüfungsergebnisse bekommen? – Nein, …

> 1 *Nein, ich brauche kein neues Tablet.*

2.2 Wo steht *nicht* bzw. *auch* im Satz? Markieren Sie *nicht* und *auch* in den Sätzen in 1.3. Lesen Sie dann die Regeln im Grammatikkasten und kreuzen Sie die richtige Antwort an.

Die Position von *nicht* und *auch*

Wenn sich *nicht* bzw. *auch* auf den ganzen Satz bezieht, dann steht es …
– tendenziell ☐ *am Satzanfang* / ☐ *am Satzende*.
– immer ☐ *vor* / ☐ *nach* dem zweiten Verbteil (z.B. Partizip II oder Infinitiv)
– immer ☒ *vor* / ☐ *nach* einer modalen oder lokalen Angabe.
– immer ☐ *vor* / ☐ *nach* dem Präpositionalobjekt.

Wenn sich *nicht* bzw. *auch* auf einen Satzteil bezieht, dann steht es ☐ *vor* / ☐ *nach* diesem Satzteil.

Nicht steht normalerweise ☐ *vor* / ☐ *nach auch*.

In vollen Zügen genießen

2.3 Schreiben Sie die Sätze wie im Beispiel, sodass sich *nicht* und *auch* jeweils auf den ganzen Satz beziehen.

1. Mir ist Nachhaltigkeit wichtig. *(auch)*
2. Auf meine Freiheit könnte ich verzichten. *(nicht)*
3. Für ihn spielt Umweltschutz eine große Rolle. *(auch)*
4. Das Genussverhalten wird von individuellen Faktoren bestimmt. *(auch)*
5. Er würde sich aufgrund seines Kaufverhaltens als sparsam bezeichnen. *(nicht)*
6. Dank ihres neuen Jobs muss sie sich seit einem Monat um ihre finanzielle Sicherheit sorgen. *(nicht)*

1 Mir ist Nachhaltigkeit auch wichtig.

2.4 Welche Informationen sind falsch? Hören und korrigieren Sie.

1. Konzert: ~~30.06.~~, 1.7., ~~Stadthalle~~ Waldbühne
2. @Henry: bitte am Wochenende Küche putzen
3. 20% Rabatt auf alle Tablets! Gutschein nur diese Woche gültig!
4. Wegen Reparaturarbeiten: Arabischkurs am Dienstag fällt aus

2.5 Hören Sie die Fragen und antworten Sie mit *nicht ..., sondern ...* wie im Beispiel. Benutzen Sie Ihre Informationen aus 2.4 und achten Sie auf die richtige Position von *nicht*.

Das Konzert findet am 30.06. statt, oder?

Nein, das Konzert findet nicht am 30.06. statt, sondern ...

3 Und Sie? Was ist Ihnen wichtig? Welche Werte vertreten Sie? Wie würden Sie die Fragen aus 1.2 auf Seite Ü 160 beantworten? Schreiben Sie Sätze. Die Redemittel im Kursbuch auf Seite 157 helfen.

Viele Ideen – ein Projekt!

1 Eine Besprechung im Team

1.1 Lesen Sie die Abschnitte und bringen Sie den Dialog in die richtige Reihenfolge. Hören Sie dann und überprüfen Sie Ihre Lösung.

a ☐ Ja, sehr gern, Herr de Vries. Mein Team und ich haben bisher drei Bands gebucht. Da wir eine möglichst große Vielfalt anbieten wollen, sind wir im Moment noch auf der Suche nach ...

b ☐ Apropos To-do-Liste. Wir müssten auch noch die Tagesordnungspunkte „Essen" und „Flyer" besprechen. Um das Catering kümmert sich Herr Angada, oder?

c ☐ Ein Poetry-Slam ist eine gute Idee, Herr Angada. Was meinen die anderen? Stimmen wir kurz darüber ab. Wer ist dafür? ... Okay, einstimmig beschlossen. Sehr gut. Frau Chang, Sie führen ja heute Protokoll: Setzen Sie doch den Punkt „Poetry-Slam" schon mal auf unsere To-do-Liste.

d [1] Frau Sensoy, Sie sind für das Bühnenprogramm zuständig. Könnten Sie uns kurz auf den aktuellen Stand bringen?

e ☐ Gut. Also Poetry-Slam und Künstler-Kollektiv – das halten wir schon mal im Protokoll fest. Wie wir die Aufgaben genau verteilen, das gehen wir dann später Schritt für Schritt durch. Wenn es sonst keine Fragen gibt, kommen wir zum nächsten Punkt: ...

f ☐ Ja, das klingt gut. Ich habe gehört, dass die ganz tolle Tanzperformances machen.

g ☐ Entschuldigen Sie, wenn ich Sie unterbreche, aber wie wäre es mit einem Poetry-Slam? Ich habe schon mal einen organisiert und könnte Ihnen bei der Organisation helfen.

h ☐ Das stimmt, Frau Chang, aber könnten wir erst einmal beim Thema „Programm" bleiben? Frau Sensoy, was halten Sie davon, das Künstler-Kollektiv zu kontaktieren?

1.2 Lesen Sie das Gespräch in 1.1 noch einmal und beantworten Sie die Fragen in Ihrem Heft.

1. Wofür sind Frau Sensoy, Frau Chang und Herr Angada zuständig?
2. Wobei kann Herr Angada Frau Sensoy unterstützen?
3. Welche Tagesordnungspunkte müssen noch besprochen werden?

1.3 Welches Verb passt? Lesen Sie noch einmal das Gespräch in 1.1 und ergänzen Sie.

abstimmen – ~~besprechen~~ – bleiben – bringen – durchgehen – festhalten – führen – kommen – setzen – verteilen

1. einen Tagesordnungspunkt _besprechen_
2. über eine Idee / einen Vorschlag _____
3. das Protokoll _____
4. einen Punkt auf die To-do-Liste _____
5. jemanden auf den aktuellen Stand _____
6. etwas im Protokoll _____
7. etwas Schritt für Schritt _____
8. die Aufgaben _____
9. zum nächsten Punkt _____
10. beim Thema _____

2 Die Flyer werden schon angekommen sein.

2.1 Wiederholung: Vermutungen über die Gegenwart mit Modalverben. Wie sicher sind die Vermutungen? Ergänzen Sie die Modalwörter auf der Skala. Schreiben Sie dann die Sätze mit den passenden Modalverben. Der Grammatikanhang (A 1.6.2) hilft.

1. Der Kollege ist höchstwahrscheinlich krank.
2. Für eine Band reicht das Budget vermutlich nicht.
3. Möglicherweise finden wir einen Sponsor für unser Festival.
4. Der Caterer ist sicher schon am Veranstaltungsort.

1 Der Kollege müsste krank sein.

eventuell/vielleicht — wahrscheinlich/wohl — höchstwahrscheinlich — bestimmt

nicht so sicher → sehr sicher

könnte — dürfte — müsste — muss

2.2 Wiederholung: Vermutungen über die Gegenwart und Zukunft mit Futur I. Schreiben Sie Antworten mit Futur I und einem Modalwort. Der Grammatikanhang (A 1.2) hilft.

1. Wann ist mit der Bestellung zu rechnen? *(die Firma – im Laufe der Woche – liefern – die Bestellung)*
2. Wo ist eigentlich Frau Voeste? *(noch unterwegs – sein – sie)*
3. Was ist mit der Location? *(darüber – die Kollegen vom Eventmanagement – sprechen – gerade)*
4. Weiß jemand, was für morgen geplant ist? – *(Frau Park – präsentieren – die neuen Pläne)*
5. Wie sieht es mit den Verträgen aus? – *(Die Geschäftsführung – unterschreiben – sie – nächste Woche)*

1 Die Firma wird die Bestellung wohl im Laufe der Woche liefern.

2.3 Worauf beziehen sich die Vermutungen: Vergangenheit (V), Gegenwart (G) oder Zukunft (Z)? Lesen Sie die Sätze und kreuzen Sie an. Ergänzen Sie dann die Regel im Grammatikkasten.

	V	G	Z
1 Die Kollegin müsste noch bei der Konferenz sein.	○	○	○
2 Ich vermute, dass Frau Fink schon zur Druckerei gefahren sein wird.	○	○	○
3 Herr Jelitte wird das Protokoll sicher bis nächste Woche überarbeiten.	○	○	○
4 Die Technikerin müsste die Lichtanlage schon aufgebaut haben.	○	○	○

In vollen Zügen genießen

12

> **Vermutungen über die Vergangenheit mit Futur II und Modalverben ausdrücken**
>
> Das Futur II bildet man mit ___werden___ + Verb im _____ + haben/sein.
>
> Vermutungen über die Vergangenheit können auch mit einem _____ ausgedrückt werden. Das Modalverb zeigt, wie sicher die Vermutung ist:
>
> muss/ _____ /dürfte/könnte + Verb im Partizip II + _____ /sein.
>
> Im Nebensatz stehen drei Verben hintereinander am Satzende:
> Verb im Partizip II + haben/sein + werden/Modalverb.

2.4 Festival-Vorbereitungen. Lesen Sie die Fragen und schreiben Sie Vermutungen mit Futur II und den Modalwörtern in Klammern.

1. Weißt du, ob Pablo schon das Zelt gekauft hat? *(bestimmt)*
2. Hast du eine Ahnung, ob die Tickets schon angekommen sind? *(wahrscheinlich)*
3. Hat Filiz schon die Einkaufsliste geschrieben? *(höchstwahrscheinlich)*
4. Weißt du, ob Dante die Schlafsäcke bestellt hat? *(sicher)*
5. Was ist mit dem Gas zum Kochen? Sind Carlos und Filiz schon zum Baumarkt gefahren? *(wohl)*
6. Und die Sonnencreme? Hat Freya die schon eingepackt? *(möglicherweise)*

> 1 Pablo wird das Zelt bestimmt schon gekauft haben.

2.5 Wählen Sie einen passenden Satzanfang und schreiben Sie Ihre Vermutungen aus 2.4 als Nebensatz. Die Modalwörter (*bestimmt, wahrscheinlich* usw.) brauchen Sie nicht.

Ich vermute, dass … – Ich gehe davon aus, dass … – Ich nehme an, dass … –
Ich bin relativ sicher, dass … – Ich könnte mir vorstellen, dass …

> 1 Ich gehe davon aus, dass Pablo das Zelt schon gekauft haben wird.

2.6 Schreiben Sie Ihre Sätze aus 2.4 mit einem passenden Modalverb wie im Beispiel. Die Skala in 2.1 hilft.

> 1 Pablo muss das Zelt schon gekauft haben.

2.7 Was könnte passiert sein? Was wird wohl passieren? Schreiben Sie zu jedem Bild mindestens zwei Vermutungen (über die Vergangenheit und über die Gegenwart/Zukunft). Benutzen Sie wahlweise Futur I, Futur II, Modalverben und/oder die Satzanfänge aus 2.5.

> 1 Can wird inzwischen wohl seine letzte Prüfung geschrieben haben.
>   Ich gehe davon aus, dass er bald sein Abschlusszeugnis bekommen wird.

Ü 163

3 Entschuldigung, noch mal fürs Protokoll, bitte!

3.1 Ein Treffen des Expat-Vereins. Was passt? Lesen Sie die Sätze und ergänzen Sie die Redemittel.

Aber nochmal zurück zu – Also nochmal fürs Protokoll – Bevor wir weitermachen – Dazu fällt mir ein, dass – ~~Sita, du sagtest vorhin, dass~~ – Kommen wir zum nächsten Punkt – Sorry, dass ich dich unterbreche

a ☐ Alles klar. Danke, Hannes. Dann können wir mit Sitas Idee weitermachen. _Sita, du sagtest vorhin, dass_ es so etwas wie Kulturausflüge geben könnte, oder?

b ☐ _____, Sita. Hannes, dein Kurs soll von 19 bis 20 Uhr stattfinden?

c ☐ 1 Super! Das Programm besprechen wir gleich beim nächsten Tagesordnungspunkt, okay? _____, würde ich gern kurz den Termin für unser nächstes Treffen ansagen. Wir treffen uns das nächste Mal am 10. April. Gut … _____: die Planung für unser Programm „Von Expats für Expats". Kannst du, Hannes, kurz sagen, worum es geht?

d ☐ Ja cool. Apropos: Diversität. _____ es nächste Woche wieder ein Treffen der Diversity-Gruppe gibt. Wer Interesse hat, ist herzlich willkommen. _____ dir, Hannes. Weißt du schon, wann und wo dein Kurs stattfinden soll?

e ☐ Gute Idee. _____: Freitag, 16 Uhr, Treffen für die Exkursionen.

3.2 Welche Antwort passt? Hören Sie die das Gespräch und ordnen Sie die Antworten in 3.1.

3.3 Strategietraining: ein Protokoll führen. Was passt zu welchem Protokolltyp? Ergänzen Sie. Sehen Sie das Strategievideo bei Bedarf noch einmal.

eher kürzer – bei Diskussionen – meist länger – Stichwörter – ganze Sätze – indirekte Rede – wichtigste Ergebnisse – Argumente/Meinungen – bei Arbeitsbesprechungen

ein Protokoll führen:	Ergebnisprotokoll	Verlaufsprotokoll
Wann?		
Was?		
Wie?		

3.4 Was? Wann? Wo? Wer? Hören Sie und notieren Sie die Entscheidungen der Expats in einem Ergebnisprotokoll.

1. Kennenlernabend: am 12.04.; …

3.5 Wie kam es zu den Entscheidungen? Wählen Sie einen Punkt aus Ihrem Ergebnisprotokoll in 3.4. Hören Sie noch einmal und notieren Sie den Diskussionsverlauf zu diesem Punkt. Schreiben Sie dann ein kurzes Verlaufsprotokoll (4 bis 8 Sätze). Die Verben helfen.

sich wünschen – vorschlagen – kritisieren – der Meinung sein – zusammenfassen – beschließen – bezweifeln – zustimmen – betonen – ergänzen – festlegen – finden

1. Kennenlernabend:
Hannes schlägt vor, in eine typische Berliner Kneipe zu gehen.
Yagmur und Sita kritisieren den Vorschlag, weil …

In vollen Zügen genießen

Wie die Zeit vergeht

1 Wir leben nicht alle im gleichen Takt.

1.1 Welches Verb passt? Lesen Sie den Artikel und ergänzen Sie die Verben in der richtigen Form.

hetzen – nehmen – passieren – stehen – stillstehen – ~~ticken~~ –
verbringen – vergehen – verschwenden – wahrnehmen

Eine Stunde hat 60 Minuten und in einer Minute _tickt_ ¹ der Sekundenzeiger sechzig Mal – immer im gleichen Tempo. Und trotzdem entspricht die sogenannte „Echtzeit" oft nicht unserem Zeitgefühl, also unserem individuellen Zeiterleben. So kommt es uns manchmal vor, als ob die Zeit _____ ² würde, während sie in anderen Momenten wie im Flug vergeht. Woran liegt es, dass sich die Zeit so unterschiedlich anfühlen kann? Aus der Forschung weiß man, dass das individuelle Zeitempfinden von verschiedenen Faktoren beeinflusst wird. Wie „schnell" oder „langsam" unsere innere Uhr tickt, hängt zum einen von unseren Erlebnissen ab, also wie oder womit wir unsere Zeit _____ ³. Oder anders ausgedrückt: Je weniger in einem Zeitraum _____ ⁴, desto länger kommt uns dieser vor. _____ ⁵ wir dagegen unter Zeitdruck oder erleben jeden Tag etwas Neues, scheint die Zeit davonzurennen. Zum anderen wird unser Zeitgefühl auch durch unsere Stimmung beeinflusst: Wenn wir uns entspannt und glücklich fühlen, dann _____ ⁶ die Zeit schneller, als wenn wir nervös, ängstlich oder gelangweilt sind. Wie man die Zeit _____ ⁷, bestimmt das Lebenstempo und den individuellen Lebensstil: Für wen die Zeit davonrennt, der _____ ⁸ vielleicht von einem Termin zum anderen oder strukturiert seinen Alltag nach einem detaillierten Zeitplan, um auf keinen Fall unnötig Zeit zu _____ ⁹. Für wen die Zeit langsamer vergeht, der entscheidet vermutlich eher nach Lust und Laune, womit er seine Zeit verbringen möchte und _____ ¹⁰ sich auch öfter mal Zeit zum Entspannen.

1.2 Lesen Sie den Artikel in 1.1 noch einmal und beantworten Sie die Fragen in Ihrem Heft.

1 Was ist der Unterschied zwischen der „Echtzeit" und dem individuellen Zeitgefühl?
2 Wovon hängt das individuelle Zeitgefühl ab?
3 Wie wird der Lebensstil durch das eigene Zeitgefühl beeinflusst?

1.3 Suchen und markieren Sie neun Nomen in der Wortschlange. Bilden Sie Komposita mit *Zeit* und schreiben Sie zu jedem Begriff eine Definition oder geben Sie ein Beispiel.

der Zeitmangel: wenn man wenig Zeit hat

2 Eine Landkarte der Zeit. Um welche Länder geht es hier laut Levines Studie? Lesen Sie den Artikel im Kursbuch auf Seite 153 und notieren Sie die Länder. Manchmal gibt es mehrere Möglichkeiten.

1 In diesem Land achtet man sehr auf Höflichkeit, auch wenn das Zeit kostet.
2 Anders als in Deutschland gelten Verspätungen hier nicht als unhöflich.
3 Wer hier zu spät kommt, wird als erfolgreich und wichtig wahrgenommen.
4 In diesen Ländern steht Leistungsdruck im Vordergrund.
5 Dieses Land ist berühmt dafür, dass die Uhren dort besonders genau gehen.
6 Hier ist das Lebenstempo am langsamsten. Man lebt nach der Ereigniszeit statt nach der Echtzeit.

12 Digital ist besser?

1 Feierabend

1.1 Hören Sie das Gespräch und machen Sie Notizen zu den Fragen.
- Wie kommunizieren die Freunde? Woher kennen sie sich?
- In welchen Ländern leben sie? Wie spät ist es dort gerade?

1.2 Was machen die Personen zusammen online? Hören Sie weiter und machen Sie Notizen.

1.3 Und Sie? Treffen Sie Ihre Freundinnen und Freunde auch digital? Was machen Sie zusammen? Schreiben Sie einen kurzen Text.

2 Strategietraining: eine informelle Textnachricht schreiben

2.1 Welche Stilmittel benutzt Moufida im Chat? Lesen Sie und kreuzen Sie im Strategiekasten an.

> **Moufida:** Ich hör euch. Mein router macht wieder probleme … das kenn ich ja leider schon. … oje… 😩. wollte nur erzählen, dass Elenis und ich gestern zusammen sport gemacht haben 💪. echt cool zum runterkommen. Ich starte mal neu, mal gucken, obs dann wieder funktioniert. Falls nicht, bis bald! 👋

---

eine informelle Textnachricht schreiben

In informellen Textnachrichten werden oft ◯ *Abkürzungen/Zeichen*, ◯ *Emojis*, ◯ *Empfindungswörter* und ◯ *Modalpartikeln* benutzt. Man schreibt eher ◯ *umgangssprachlich* und die ◯ *Groß- und Kleinschreibung* wird nicht immer beachtet.
Um etwas zu betonen, kann man das Wort ◯ *groß schreiben* oder ◯ *Vokale mehrmals wiederholen*.
Man schreibt verkürzt, z.B. durch ◯ *Weglassen von „ich"/„wir"*, ◯ *Verschmelzung von Verben und „es" oder „du"* und ◯ *Weglassen des „-e" bei Verben in der „ich-Form"*.

2.2 Lesen Sie die Nachrichten und schreiben Sie passende Antworten in Ihr Heft. Benutzen Sie die Stilmittel in 2.1.

1 hey! lust auf Kino? Oder doch lieber ein ☕ im Park?

2 😡 mein fahrrad wurde geklaut!!!!!!! wollten doch morgen zum see radeln…. was soll ich denn jetzt machen???????

3 haben die wohnung!!! 🎉 ging schneller als gedacht. kriegen am we die schlüssel und dann umzug nächste woche … haste zeit zu helfen?

Ü 166 In vollen Zügen genießen

12

Der Weg ist das Ziel

1 Ein Blick zurück

1.1 Was assoziieren Sie mit den Bildern? Welche Einheiten, Themen und Lernziele aus Weitblick B2 verbinden Sie damit? Sprechen Sie in Gruppen. Die Fragen im Kursbuch auf Seite 156 in 1b helfen.

> Das Foto mit den Fußabdrücken erinnert mich an das Thema Nachhaltigkeit. Das fand ich sehr interessant.

> Stimmt, dazu haben wir auch eine Vorlesung gehört. Das war zwar kompliziert, aber die Tipps zum Hören aus dem Strategievideo haben mir sehr geholfen.

1.2 Wählen Sie vier oder fünf Fotos und schreiben Sie jeweils eine Frage dazu. Lesen Sie dann Ihre Fragen nacheinander in der Gruppe vor. Wer zuerst das passende Foto gefunden hat, beantwortet die Frage und stellt eine eigene Frage.

> Hast du schon mal auf Deutsch eine Bewerbung geschrieben?

> Eine Bewerbung schreiben – das passt zum vorletzten Foto in der ersten Reihe. Aber nein, ich habe bisher Bewerbungen immer nur auf Englisch geschrieben. Meine Frage ist: Was bedeutet diese Geste in deinem Land?

> Du meinst bestimmt das Bild mit der Hand. Bei uns …

2 Ein Blick nach vorn. Welche Pläne und Ziele haben Sie für die Zukunft? Ergänzen Sie die Sätze.

1 Für meine Zukunft wünsche ich mir,
2 Ich möchte unbedingt
   Deshalb
3 Ich habe vor,
4 Mein Ziel ist es, in fünf Jahren

Ü 167

12

Prüfungstraining

1 Hörverstehen Teil 2

Richtig oder falsch? Hören Sie ein Radiointerview und kreuzen Sie an.

	richtig	falsch
1 In dem Restaurant kann man sein Essen nicht sehen.	○	○
2 Man schmeckt zum Großteil über den Geruchssinn.	○	○
3 Die Gäste müssen ihr Gericht bei der Reservierung vorbestellen.	○	○
4 Man kann aus verschiedenen Beilagen auswählen.	○	○
5 Das Foyer des Restaurants ist nicht beleuchtet.	○	○
6 Das Essen wird von blinden oder sehbehinderten Menschen zubereitet.	○	○
7 Das Personal empfiehlt, sich im Dunkeln vor allem über das Gehör zu orientieren.	○	○
8 Die Position des Essens wird über die Himmelsrichtungen angegeben.	○	○
9 Das Essen im Dunkeln ist das wichtigste Gesprächsthema der meisten Gäste.	○	○
10 Der Restaurantbesuch kann dabei helfen, Vorurteile abzubauen.	○	○

Tipp: In der Prüfung hören Sie das Interview nur einmal. Vorher haben Sie 60 Sekunden Zeit, um die Sätze 1 bis 10 zu lesen. Markieren Sie die Schlüsselwörter in den Sätzen und achten Sie beim Hören auf Synonyme oder Umschreibungen. Kreuzen Sie auf jeden Fall eine Antwort an, auch wenn Sie nicht sicher sind. Übrigens hört man bei dieser Prüfungsaufgabe fast immer ein Radiointerview. Achten Sie vor allem auf die Antworten. Meistens findet man hier die wichtigen Informationen zu den Sätzen.

2 Sprechen Aufgabe 2: ein Bild beschreiben und interpretieren

Wählen Sie ein Bild und sprechen Sie über das Bild.

– Begründen Sie, warum Sie sich für dieses Bild entschieden haben.
– Beschreiben Sie das Bild.
– Gehen Sie dann auf das Thema des Bildes ein:
   Was ist das Thema? Was sagt das Bild aus?
   Äußern Sie Ihre Meinung und stellen Sie Vermutungen an.

Weniger ist mehr!

Arbeit ist das halbe Leben!

Carpe Diem – Nutze den Tag!

Tipp: Bei dieser Prüfungsaufgabe wird erwartet, dass Sie ca. 5 Minuten frei über die Bilder sprechen. Die Bilder bekommen Sie erst während der Prüfung, sodass Sie sich nicht vorbereiten können. Lernen Sie deshalb passende Redemittel auswendig. Gehen Sie in der Prüfung auf alle drei Punkte ein und beachten Sie auch die Bildunterschrift. Auch wenn Sie nicht sicher sind, was das Bild aussagt, sprechen Sie darüber: Äußern Sie Vermutungen oder stellen Sie Fragen.

3 Sprachbausteine Teil 2

Welches Wort (a–o) passt in die Lücken? Lesen und ergänzen Sie. Sie können jedes Wort nur einmal verwenden. Manche Wörter passen nicht.

Das Leben genießen, wäre da nicht der Stress

Eine Reise, ein gutes Essen oder einen kompletten Tag auf der Couch _____ ¹ und Serien gucken. Das sind die häufigsten Antworten auf die Frage, was Menschen mit Genuss verbinden. _____ ² laut einer Studie verlieren die Deutschen die Fähigkeit, sich zu entspannen. _____ ³ neun von zehn Personen angaben, dass sie gern genießen würden, beklagte fast jeder Zweite, aufgrund des Alltagsstresses nicht richtig _____ ⁴ zu können. Als Ursache dafür nannten die Befragten vor allem Stress im Job oder Verpflichtungen in der Familie. Aber auch die Lebenseinstellung kann eine große Rolle _____ ⁵. Für 81 % der Befragten steht Genuss im Zusammenhang mit einer zuvor erbrachten Leistung – auch bei jungen Menschen. Nur 1 % gönnt sich ohne Voraussetzung etwas. Coaches raten daher zu einem ausgeglichenen Verhältnis zwischen Arbeit und Freizeit – also einer besseren Work-Life-Balance. _____ ⁶ gehört auch, Pausen und regelmäßige Auszeiten zum Entspannen in den Alltag zu integrieren. Dabei muss es nicht um ein großes Event wie ein 5-Sterne-Menü oder ein Wochenende im Spa gehen. Es reicht auch, einen kleinen Spaziergang zu machen oder in Ruhe eine Tasse Kaffee _____ ⁷ trinken. Entscheidend ist, sich wirklich Zeit zu nehmen. _____ ⁸ seinen Wohlfühlmoment auf Freitag 17 Uhr terminiert, muss in der Lage sein, auf Knopfdruck die Seele baumeln zu lassen, um den Moment voll auszukosten. Das können die wenigsten, denn allein die zeitliche Begrenzung, kann einen unter Druck _____ ⁹. Laut der Studie können nur 10 % der Befragten spontan genießen. Wem es schwerfällt, in der Freizeit seinen Kopf freizubekommen, der sollte ihn dennoch nicht hängen lassen. Genuss ist lernbar, wenn auch in kleinen Schritten. Das Wichtigste dabei: Das Hier und Jetzt wahrnehmen und sich nicht zu viele _____ ¹⁰ um die Vergangenheit oder die Zukunft machen.

a ABSCHALTEN	d DOCH	g LEGEN	j SETZEN	m WER
b DABEI	e GEDANKEN	h LIEGEN	k SEIN	n ZU
c DAZU	f KOPF	i OBWOHL	l SPIELEN	o ZUVOR

Tipp: Lesen Sie den Text zuerst schnell durch, um den Inhalt global zu verstehen. Wenn Sie dabei spontan eine Idee haben, was in die Lücken passt, notieren Sie Ihre Lösung mit Bleistift. Lesen Sie dann noch einmal und achten Sie nicht nur auf den Inhalt, sondern auch auf die Grammatik. Prüfen Sie, welche Wortart passen könnte (Nomen, Verb, Artikel, Konnektor usw.). Vielleicht ist die Lücke auch Teil einer Nomen-Verb-Verbindung oder eines Verbs (bzw. Adjektivs/Nomens) mit einer Präposition.

Inhalt Grammatik

A Wörter

1 Verben
1.1	Über Vergangenes sprechen	160
1.2	Über die Zukunft sprechen	162
1.3	Passiv und Passiversatzformen	162
1.4	Konjunktiv II	163
1.5	Konjunktiv I	165
1.6	Modalverben	165
1.7	Das Verb *lassen*	166
1.8	Verben mit Präfixen	166

2 Adjektive
2.1	Deklination der Adjektive	167
2.2	Komparation der Adjektive (und Adverbien)	168
2.3	Partizip I und II als Adjektive	169

3 Präpositionen
3.1	Präpositionen mit Akkusativ, Dativ, Genitiv	169
3.2	Nachgestellte Präpositionen	169
3.3	Zweiteilige Präpositionen	169
3.4	Bedeutung der Präpositionen	170

4 Verben, Nomen und Adjektive mit Präpositionen
4.1	Verben, Nomen und Adjektive mit Präpositionen	171
4.2	Präpositionaladverbien als Fragewörter und Pronomen	171
4.3	Präpositionaladverbien mit einem Nebensatz/Infinitivsatz	172

5 Andere Wörter und Wortverbindungen
5.1	Negationswörter	172
5.2	Das Wort *es*	172
5.3	Modalpartikeln	173
5.4	Das Wort *eigentlich*	173
5.5	Nomen-Verb-Verbindungen	173

6 Wortbildung
6.1	Nomen	174
6.2	Adjektive	174

B Sätze

1 Hauptsätze
1.1	Satzklammer	175
1.2	Dativ- und Akkusativobjekte im Mittelfeld	175
1.3	Reihenfolge der Angaben im Hauptsatz (Te-Ka-Mo-Lo)	175
1.4	Die Position von *nicht* und *auch* im Hauptsatz	175
1.5	Hauptsätze verbinden	176

2 Nebensätze
2.1	Infinitivsätze	177
2.2	Nebensätze	178
2.3	Indirekte Rede und indirekte Fragen	180
2.4	Relativsätze	182
2.5	Irreale Wünsche	184
2.6	Irreale Vergleiche mit *als ob*, *als wenn* und *als*	184

3 Umformung von Sätzen
3.1	Nominalgruppen	185
3.2	Satzumformung: Präposition – Nebensatzkonnektor – Verbindungsadverb	185

Unregelmäßige Verben 186
Verben mit Präpositionen 191
Nomen mit Präpositionen 196
Adjektive mit Präpositionen 198
Nomen-Verb-Verbindungen 199

Grammatik

Grammatik

A Wörter

1 Verben

1.1 Über Vergangenes sprechen

1.1.1 Perfekt

Das Perfekt benutzt man, wenn man über die Vergangenheit spricht oder in persönlichen Texten (E-Mails, Briefen) über Vergangenes schreibt.

| Kim Park | hat | sich auf ihr Leben in der Schweiz | gefreut. |
| Sie | ist | in einen Karnevalsverein | eingetreten. |

Die meisten Verben bilden das Perfekt mit *haben*. Folgende Verben bilden das Perfekt mit *sein*:
– Verben, die eine Bewegung ausdrücken (gehen, fahren, reisen, springen, fallen ...)
– Verben, die eine Zustandsveränderung ausdrücken (werden, wachsen, aufwachen ...)
– andere Verben (sein, bleiben, passieren, geschehen ...)

Partizip II

	regelmäßig (Endung -*t*)	unregelmäßig (Endung -*en*)
	ge**kauf**t	ge**seh**en
trennbare Verben	ein**gekauf**t	fern**gesch**en
untrennbare Verben	ver**kauf**t	ent**schied**en
Verben auf -*ieren*	studier**t**	

Unregelmäßige Verben haben oft einen Vokalwechsel im Partizip II: entscheiden – entschieden

▶ siehe auch Liste unregelmäßige Verben S. 186–190 und 1.8 Verben mit Präfixen

1.1.2 Perfekt: Modalverben   ▶ E6

Hauptsatz			
Wir	haben	die Idee nicht	aufgeben wollen.
Nach der Schule	haben	wir Kinder oft noch	arbeiten müssen.
Ich	habe	oft draußen	spielen können.
Nebensatz			
Sie war die erste aus ihrer Familie, die an der Uni	hat studieren können.		

Das Perfekt der Modalverben bildet man mit *haben* + Infinitiv + Infinitiv des Modalverbs.
Im Nebensatz stehen drei Verben am Satzende. Die Reihenfolge der Verben ist wie im Hauptsatz.

Wenn das Modalverb als Vollverb ohne zweites Verb benutzt wird, bildet man das Perfekt mit *haben* + Partizip II.
Entschuldige, das habe ich nicht gewollt! Er hat es nicht gekonnt.

1.1.3 Perfekt: *lassen*, *sehen*, *hören*   ▶ E1

als Vollverb			
Danach	hat	sie mich in Ruhe	gelassen.
Die Leute	haben	mich nur einmal	gesehen.
Ich	habe	schon immer solche Musik	gehört.
als Hilfsverb			
Ich	habe	mir ein neues Piercing	machen lassen.
Der Kollege	hat	mich	hereinkommen sehen.
Er	hat	mich	reden hören.

160 Grammatik

Wenn die Verben lassen, sehen, hören *als Hilfsverb mit einem zweiten Verb verwendet werden, bildet man das Perfekt mit* haben + *Infinitiv* + *Infinitiv des Hilfsverbs.*

Bei hören *(und selten bei* sehen*) wird in der gesprochenen Sprache manchmal auch das Partizip II benutzt.*
Er hat *mich* reden gehört.

Im Nebensatz stehen drei Verben hintereinander am Satzende. Die Reihenfolge der Verben ist wie im Hauptsatz: haben + *Infinitiv* + *Infinitiv Modalverb*
Als er mich so hat reden hören, *war er sehr überrascht.*

▶ *siehe auch A 1.7 Das Verb* lassen

1.1.4 Präteritum
Das Präteritum benutzt man vor allem, um in Zeitungen, literarischen Texten und Biografien vergangene Ereignisse zu beschreiben. Bei den Verben sein *und* haben, *den Modalverben sowie einigen anderen Verben (z.B.* es gibt, finden, denken, wissen, werden*) benutzt man auch in der gesprochenen Sprache meist bzw. alternativ zum Perfekt das Präteritum.*

	regelmäßig Verbstamm + -t	**unregelmäßig** Verbstamm mit Vokalwechsel				**Modalverben** Verbstamm ohne Umlaut + -t	**Mischverben** Verbstamm mit Vokalwechsel + -t
	machen	**bleiben**	**sein**	**haben**	**werden**	**können**	**kennen***
ich	mach**te**	bl**ie**b	war	ha**tte**	wurde	konn**te**	kann**te**
du	mach**test**	bl**ie**bst	warst	ha**ttest**	wurdest	konn**test**	kann**test**
er/es/sie	mach**te**	bl**ie**b	war	ha**tte**	wurde	konn**te**	kann**te**
wir	mach**ten**	bl**ie**ben	waren	ha**tten**	wurden	konn**ten**	kann**ten**
ihr	mach**tet**	bl**ie**bt	wart	ha**ttet**	wurdet	konn**tet**	kann**tet**
sie/Sie	mach**ten**	bl**ie**ben	waren	ha**tten**	wurden	konn**ten**	kann**ten**

**genauso:* bringen (brachte), denken (dachte), mögen (mochte), nennen (nannte), senden (sandte) wissen (wusste)

▶ *siehe auch Liste unregelmäßige Verben S. 186–190*

1.1.5 Plusquamperfekt
Das Plusquamperfekt drückt aus, dass eine Handlung in der Vergangenheit vor einer anderen Handlung in der Vergangenheit passiert ist. Es wird häufig in Nebensätzen mit nachdem *benutzt.*

Plusquamperfekt: hatte/war + *Partizip II*

> *Nachdem sie von dem Austauschprogramm* erfahren hatte*, hat sie sich sofort beworben.*
> *Sie* war *gerade erst in Chile* angekommen*. Da hat sie schon die ersten Leute kennengelernt.*

1.1.6 Szenisches Präsens / Historisches Präsens ▶ E11
Man kann das Präsens benutzen, um vergangene Handlungen lebendiger und spannender zu beschreiben (szenisches Präsens) oder um historische Ereignisse zu schildern (historisches Präsens). Das szenische Präsens wird z.B. in Geschichten verwendet, das historische Präsens z.B. in Biografien.

> *Während ich also gestern Abend gemütlich zu Hause* sitze*,* klingelt *mein Telefon.*
> *Im Jahr 1998* stirbt *sie im Alter von 86 Jahren.*

1.1.7 Futur II für Vermutungen über die Vergangenheit ▶ E12
Um Vermutungen über die Vergangenheit auszudrücken, kann man – alternativ zum Perfekt – das Futur II benutzen. Modalwörter wie bestimmt, wohl *etc. können, müssen aber nicht, verwendet werden.*

Futur II: werden + *Partizip II* + haben/sein

Perfekt:
Herr Mertens hat die Location bestimmt schon gebucht. Die Flyer sind wohl schon angekommen. Ich bin relativ sicher, dass sie sich schon um das Catering gekümmert hat.

Futur II:
Herr Mertens wird die Location (bestimmt) schon gebucht haben. Die Flyer werden (wohl) schon angekommen sein. Ich bin relativ sicher, dass sie sich schon um das Catering gekümmert haben wird.

Das Futur II kann auch benutzt werden, um über Handlungen zu sprechen, die zu einem bestimmten Zeitpunkt in der Zukunft beendet sein werden. Dann braucht man immer eine Zeitangabe.
Bis Ende des Jahres werde ich hoffentlich eine Wohnung gefunden haben und umgezogen sein.

1.2 Über die Zukunft sprechen
Um über Zukünftiges zu sprechen, kann man das Präsens – mit einer Zeitangabe (morgen, später, nächstes Jahr …) – oder das Futur I benutzen. Das Futur I wird seltener benutzt. Wenn der Kontext bekannt ist, kann die Zeitangabe im Präsenssatz entfallen.

Ich mache in drei Monaten die B2-Prüfung. / Ich werde in drei Monaten die B2-Prüfung machen.

Futur I:
Das Futur I (werden + Infinitiv) verwendet man vor allem für:

- Pläne — Wir werden im Sommer umziehen.
- Versprechen — Ich werde dir auf jeden Fall helfen!
- Voraussagen/Prognosen — Morgen wird die Sonne scheinen.
- Vermutungen über die Gegenwart* — Er wird sicher noch arbeiten.
- Vermutungen über die Zukunft* — Ihr werdet bestimmt viel Spaß im Urlaub haben.

*Modalwörter (sicher, sicherlich, bestimmt, (höchst)wahrscheinlich, wohl, vermutlich, vielleicht, eventuell …) betonen den Vermutungscharakter.

1.3 Passiv und Passiversatzformen
Das Passiv benutzt man vor allem, wenn man Vorgänge und Regeln beschreibt oder allgemeingültige Aussagen trifft. In Passivsätzen steht der Vorgang im Vordergrund, der handelnde Akteur ist nicht wichtig.

Aktiv	Passiv
Das Unternehmen schickt den Expat in die Schweiz.	Der Expat wird in die Schweiz geschickt.

Das Akkusativobjekt im Aktiv wird zum Subjekt (Nominativ) im Passiv. In Passivsätzen ohne Subjekt muss am Satzanfang eine andere Information oder das Wort es *stehen:*
In Deutschland wird viel gebaut. / Es wurde viel gebaut. / In den letzten Jahren ist viel gebaut worden.

1.3.1 Passiv in verschiedenen Zeitformen

Passiv Präsens	Die Expats	werden	ins Ausland	geschickt.
Passiv Präteritum	Die Expats	wurden	ins Ausland	geschickt.
Passiv Perfekt	Die Expats	sind	ins Ausland	geschickt worden.
Passiv Präsens + Modalverb	Die Expats	können	ins Ausland	geschickt werden.
Passiv Präteritum + Modalverb	Die Expats	konnten	ins Ausland	geschickt werden.
Passiv Konjunktiv II der Gegenwart	Die Expats	würden	ins Ausland	geschickt werden.
Passiv Konjunktiv II der Vergangenheit*	Die Expats	wären	ins Ausland	geschickt worden.

Das Passiv bildet man immer mit dem Verb werden *und dem Partizip II des Verbs.*

Das Passiv Perfekt und das Passiv Konjunktiv II der Vergangenheit bildet man immer mit dem Hilfsverb sein. *Das Partizip II des Verbs* werden *ist verkürzt (ohne ge-):* worden.

* ▶ *siehe auch A 1.4.2 Konjunktiv II der Vergangenheit*

1.3.2 Passivsätze mit *von* und *durch* ▶ E6

Um den handelnden Akteur oder die Ursache eines Vorgangs in Passivsätzen zu nennen, benutzt man die Präpositionen von (+ Dativ) oder durch (+ Akkusativ).

> **von + „Akteur", Person oder Institution (*Wer?*)**
> Neue Informationen werden vom sensorischen Gedächtnis gespeichert.
> (Das sensorische Gedächtnis speichert neue Informationen.)
> Die Funktionsweise des Gedächtnisses wird von Neurologen erforscht.
> (Neurologen erforschen die Funktionsweise des Gedächtnisses.)
>
> ***durch* + Ursache oder Vorgang (*Wie? Wodurch?*)**
> Durch körperliche Tätigkeit wird das Gehirn besser mit Sauerstoff versorgt.
> (Wenn man körperlich tätig ist, wird das Gehirn besser mit Sauerstoff versorgt.)

1.3.3 Passiversatzformen ▶ E7

Passiversatzformen sind sprachliche Alternativen zum Passiv mit den Modalverben *können* und *müssen*.

Passiversatzform		Passiv mit *können/müssen*
lassen + sich + *Infinitiv*	Das Problem lässt sich lösen.	… kann gelöst werden.
sein + zu + *Infinitiv**	Das Problem ist zu lösen.	… kann/muss gelöst werden.
sein + *Adjektiv* mit -bar**	Das Problem ist lösbar.	… kann gelöst werden.
sein + *Adjektiv* mit -abel***	Die Lösung ist akzeptabel.	… kann akzeptiert werden.
sein + *Adjektiv* mit -lich****	Der Lärm ist unerträglich.	… kann nicht ertragen werden.

*Ob sein + zu + Infinitiv die Bedeutung von *können* oder *müssen* hat, ergibt sich nur aus dem Kontext:
können: Das Problem ist leicht zu lösen. Ich habe auch schon eine Idee.
müssen: Das Problem ist so schnell wie möglich zu lösen. Sonst ist das ganze Projekt in Gefahr.

** *genauso*: machbar, essbar, trinkbar,
*** *genauso*: reparabel, diskutabel, variabel, profitabel
**** *genauso*: unerklärlich, (un)verständlich, (un)leserlich, erträglich

Es gibt keine allgemeine Regel, wann welche Endung möglich ist.

▶ siehe auch A 6.2 Wortbildung: Adjektive

1.4 Konjunktiv II

Der Konjunktiv II drückt Hypothetisches oder Irreales aus.

1.4.1 Konjunktiv II der Gegenwart

Mit dem Konjunktiv II der Gegenwart kann man Folgendes ausdrücken:

– Wünsche*	Ich würde gern in einer WG leben. / Ich hätte lieber ein eigenes Haus.
– höfliche Bitten	Könnten Sie mir helfen? Wären Sie so freundlich und …?
– Vorschläge	Wir könnten doch eine Projektwoche planen. / Wie wäre es, wenn …
– Tipps/Ratschläge	Du solltest dich beschweren. / An deiner Stelle würde ich kündigen.
– Vermutungen**	Sie müsste noch in der Bibliothek sein.
– irreale Bedingungen***	Wenn man auf Atomenergie verzichten würde, wäre die Welt sicherer. Sollte man die Kraftwerke wirklich abschalten, würden viele Menschen ihren Arbeitsplatz verlieren.
– irreale Wünsche****	Ach, hätte ich bloß mehr Geld! Wenn ich nur erfolgreicher wäre! Würde ich doch nur etwas mehr verdienen!
– irreale Vergleiche*****	Du siehst aus, als ob du müde wärst. Es kommt mir vor, als würdest du mir gar nicht zuhören.

*Um Wünsche auszudrücken benutzt man immer den Konjunktiv II + gern/lieber / am liebsten.

** ▶ siehe auch A 1.6.2 Vermutungen mit Modalverben ausdrücken
*** ▶ siehe auch B 2.2.2 Konditionale Nebensätze (Bedingungssätze)
**** ▶ siehe auch B 2.5 Irreale Wünsche
***** ▶ siehe auch B 2.6 Irreale Vergleiche

Konjunktiv II ohne *würde* ▶ E3

Bei den meisten Verben bildet man den Konjunktiv II mit würde + Infinitiv. Bei den Verben sein und haben, den Modalverben sowie einigen besonders häufig gebrauchten Verben benutzt man den Konjunktiv II ohne würde.

	sein	haben	werden	können*	sollen**	gehen	wissen
ich	wäre	hätte	würde	könnte	sollte	ginge	wüsste
du	wärst	hättest	würdest	könntest	solltest	gingest	wüsstest
er/es/sie	wäre	hätte	würde	könnte	sollte	ginge	wüsste
wir	wären	hätten	würden	könnten	sollten	gingen	wüssten
ihr	wärt	hättet	würdet	könntet	solltet	ginget	wüsstet
sie/Sie	wären	hätten	würden	könnten	sollten	gingen	wüssten

Die Formen des Konjunktiv II leiten sich vom Präteritum der Verben ab. Der Konjunktiv II wird gebildet mit dem Verbstamm im Präteritum (oft + Umlaut) + Endung. Die Endungen sind die gleichen Endungen wie bei regelmäßigen Verben im Präteritum. z. B.
finden: ich fand – ich fände; kommen: ich kam – ich käme

* genauso: müssen (müsste), dürfen (dürfte)
** genauso: wollen (wollte)

1.4.2 Konjunktiv II der Vergangenheit ▶ E6

Mit dem Konjunktiv II der Vergangenheit drückt man eine Möglichkeit in der Vergangenheit aus, die sich aber nicht erfüllt hat.

> Damals hätten sich meine Eltern fast getrennt. Das wäre schrecklich gewesen.
> Sonst hätten wir das Restaurant wohl nicht eröffnen können.

Den Konjunktiv II der Vergangenheit bildet man: hätte/wäre + Partizip II
Beim Konjunktiv II der Vergangenheit mit Modalverb benutzt man das Modalverb im Perfekt:
hätte + Infinitiv + Infinitiv Modalverb

Mit dem Konjunktiv II der Vergangenheit kann man Folgendes ausdrücken:

- *irreale Bedingungen in der Vergangenheit* ▶ E6
  Wenn ich in Wien geblieben wäre, hätte ich Siegfried nie kennengelernt.
  Wenn ich Siegfried nicht kennengelernt hätte, hätte ich heute vielleicht keine Kinder.
  Ich hätte nicht studieren können, wenn ich nicht umgezogen wäre.

- *irreale Wünsche (Vergangenheit)* ▶ E9
  Hätte ich mir bloß mehr Zeit gelassen! Wäre ich doch nur früher auf die Idee gekommen!

- *irreale Vergleiche (Vergangenheit)* ▶ E9
  Ich fühle mich, als hätte ich 12 Stunden geschlafen.
  Du siehst aus, als ob du gerade erst aufgestanden wärst.

▶ *siehe auch B 2.2.2 Konditionale Nebensätze (Bedingungssätze)*
▶ *siehe auch B 2.5 Irreale Wünsche*
▶ *siehe auch B 2.6 Irreale Vergleiche*

Passiv mit Konjunktiv II der Vergangenheit ▶ E6

> Die Grenzen wären nicht geöffnet worden, wenn Schabowski sich nicht geirrt hätte.
> Ohne den Mauerfall wäre Angela Merkel wohl nie zur Bundeskanzlerin gewählt worden.

Das Passiv mit Konjunktiv II der Vergangenheit bildet man: wäre + Partizip II + worden

1.5 Konjunktiv I   ▶ E11

> Er hat gesagt, dass er leider keine Zeit habe und deshalb nicht helfen könne.
> Sie hat gesagt, gestern sei das Wetter nicht gut gewesen. Es habe den ganzen Tag geregnet.

*Den Konjunktiv I benutzt man in der indirekten Rede, um sich vom Gesagten zu distanzieren.
Man benutzt ihn fast nur in der 3. Person Singular. Bei allen anderen Personen benutzt man den Konjunktiv II.
Nur bei* sein *ist der Konjunktiv I in allen Personen möglich. Die Formen von* du *und* ihr *werden aber normalerweise durch Konjunktiv II ersetzt.*

Konjunktiv I der Gegenwart:	Verbstamm + -e	er/es/sie habe/komme/werde/…
	Ausnahme: sein	ich sei; ~~du sei(e)st~~; er/es/sie sei;
		wir seien; ~~ihr seiet~~; sie/Sie seien
Konjunktiv I der Vergangenheit:	habe/sei + Partizip II	er/es/sie habe gelesen
		er/es/sie sei gewesen;
		sie/Sie seien gewesen

▶ *siehe auch 2.3.1 Indirekte Rede*

1.6 Modalverben

1.6.1 Grundbedeutung der Modalverben

müssen (Notwendigkeit)	Er muss zu Fuß gehen. (Sein Auto ist kaputt.)
	Er muss nicht zu Fuß gehen. (Sein Auto ist repariert.)*
müssen (Pflicht)	Ich muss die Konferenz organisieren. (Das gehört zu meinen Aufgaben.)
können (Fähigkeit)	Sie konnte schon mit fünf Jahren lesen.
können (Möglichkeit)	Ich kann leider nicht mitkommen. (Ich habe keine Zeit.)
wollen (Plan/Wunsch)	Er will in einer WG wohnen.
„möchten" (höflicher Wunsch)**	Ich möchte gern zur Party gehen.
sollen (Aufforderung eines anderen)	Ich sollte früher immer abwaschen. (Das wollte mein Vater.)
	Soll ich das machen? (Möchtest du, dass ich das mache?)
dürfen (Erlaubnis/Verbot)***	Hier darf man rauchen. Hier darf man nicht rauchen.

**Alternativ auch mit* nicht brauchen zu: *Er* braucht nicht zu *Fuß zu gehen.*
***Möchten war der Konjunktiv II von* mögen, *wird inzwischen aber wie ein eigenständiges Verb benutzt.*
*** *Alternativ auch mit* können: *Hier* kann *man* (nicht) *rauchen.*

Im Konjunktiv II verändert sich die Bedeutung der Modalverben.
Du solltest weniger arbeiten. *(Ratschlag)*
Wir könnten ins Kino gehen. *(Vorschlag)*
Ich müsste eigentlich arbeiten. *(Ich will aber nicht.)*

1.6.2 Vermutungen mit Modalverben ausdrücken   ▶ E4

Mit Modalverben lassen sich Vermutungen ausdrücken. Das Modalverb zeigt an, wie sicher man sich bei einer Vermutung ist.

sehr sicher
↑
Sie muss krank sein.	(Sie ist sicher/bestimmt krank.)
Sie müsste krank sein.	(Sie ist höchstwahrscheinlich krank.)
Sie dürfte krank sein.*	(Sie ist wahrscheinlich/vermutlich/wohl krank.)
Sie könnte/kann krank sein.	(Sie ist vielleicht/eventuell/möglicherweise krank.)

nicht so sicher

**dürfen wird für Vermutungen immer im Konjunktiv II benutzt.*

In Vermutungen kann man Modalverben und Modalwörter kombinieren:
Sie dürfte wahrscheinlich krank sein. Sie könnte vielleicht auch einfach keine Lust haben.

Vermutungen über die Gegenwart und Zukunft ▶ E4
Modalverb + Infinitiv: Sie dürfte noch im Büro sein.
(alternativ mit Futur I / Präsens: Sie wird wohl noch im Büro sein.* / Sie ist wohl noch im Büro.)

Vermutungen über die Vergangenheit ▶ E12
Modalverb + Partizip II + sein/haben: Die Flyer müssen schon angekommen sein.
Er dürfte die Location schon gebucht haben.
(alternativ mit Futur II / Perfekt: Die Flyer werden bestimmt schon angekommen sein.**
Die Flyer sind bestimmt schon angekommen.
Er wird die Location vermutlich schon gebucht haben.**
Er hat die Location vermutlich schon gebucht.)

* ▶ *siehe auch 1.2 Futur I*
** ▶ *siehe auch 1.1.7 Futur II für Vermutungen über die Vergangenheit*

1.7 Das Verb *lassen*

Das Verb lassen hat verschiedene Bedeutungen. Oft wird es als Hilfsverb mit einem zweiten Verb benutzt.
- etwas erlauben oder zulassen — Lasst ihr eure Tochter abends fernsehen?
- etwas nicht selbst machen / jemanden beauftragen — Ich lasse mein Auto reparieren.
- etwas vergessen oder nicht mitnehmen — Ich habe mein Buch zu Hause gelassen.
- etwas vorschlagen* — Lasst uns doch ins Kino gehen.

*In dieser Bedeutung eines Vorschlags wird immer der Imperativ + uns benutzt:
Lassen Sie uns morgen noch einmal darüber sprechen. Lass uns die Aufgabe zusammen machen.

1.8 Verben mit Präfixen

1.8.1 Trennbare und untrennbare Verben

Mit dem Präfix ändert sich die Bedeutung des Verbs (z.B. absuchen, aussuchen, untersuchen, versuchen, besuchen). Trennbare Präfixe sind immer betont (aussuchen: Ich suche mir eine Hose aus.), untrennbare Präfixe sind nie betont (besuchen: Ich besuche meinen Bruder.)

Die meisten Präfixe sind trennbar. Trennbare Präfixe existieren auch als eigenes Wort, z.B. als Artikel, Präposition oder Adverb:
ein → einkaufen; mit → mitkommen; runter → runterladen

Verben mit den Präfixen be-, emp-, ent-, er-, ge-, miss-, ver-, zer- *sind immer untrennbar.*

1.8.2 Verben mit trennbaren und untrennbaren Präfixen ▶ E7

Verben mit den Präfixen durch-, über-, um-, unter-, wieder-, wider- können trennbar oder untrennbar sein.

trennbar		untrennbar	
durchatmen	Bitte atmen Sie tief durch!	durchsuchen	Die Polizei hat das Haus durchsucht.
überkochen	Die Suppe ist übergekocht.	überlegen	Ich überlege mir eine Lösung.
umsteigen	Steig nach drei Stationen um.	umarmen	Er umarmt seinen Freund.
untergehen	Das Schiff ging unter.	unterhalten	Wir unterhalten uns.
wiederkommen	Ich komme gleich wieder.	wiederholen	Bitte wiederholen Sie die Frage!
widerspiegeln*	Das Bild spiegelt meine Stimmung wider.	widersprechen*	Mein Sohn widerspricht dem Lehrer.

*Das Präfix wider- ist normalerweise untrennbar und nur bei widerspiegeln trennbar.

Einige wenige Verben existieren sowohl mit trennbarem als auch untrennbarem Präfix. Dann ändert sich die Bedeutung, z.B.:
umgehen: Wie gehen wir mit dem Problem um? (Wie lösen wir das Problem?)
umgehen: Wie umgehen wir das Problem? (Wie vermeiden wir das Problem)

genauso: durchschauen, umfahren, übersetzen, umschreiben, wiederholen, übergehen

1.8.3 Verben mit zwei Präfixen

1. Präfix trennbar + 2. Präfix untrennbar*
vorbereiten: Ich bereite die Party vor. Ich habe die Party vorbereitet. Die Party ist vorzubereiten.
abbestellen: Bestell das Abo ab! Er hat das Abo abbestellt. Er hat vergessen, es abzubestellen.

1. Präfix untrennbar + 2. Präfix trennbar**
beaufsichtigen: Er beaufsichtigt die Kinder. Er hat sie beaufsichtigt. Die Kinder sind zu beaufsichtigen.
verabreden: Wir verabreden uns. Wir haben uns verabredet. Wir haben Lust, uns zu verabreden.

Aber: 1. Präfix miss-**
missverstehen: Er missversteht sie. Er hat sie missverstanden. Er versucht, sie nicht misszuverstehen.

*Das 1. Präfix ist betont. Das Partizip II ist ohne ge-.
Beim Infinitiv mit zu steht zu zwischen den Präfixen: vorzubereiten, abzubestellen
genauso: weiterentwickeln, mitbestimmen, anerkennen

**Das 2. Präfix ist betont. Das Partizip II ist ohne ge-.
Beim Infinitiv mit zu steht zu vor dem Infinitiv: zu beaufsichtigen, zu verabreden
genauso: veranstalten, bemitleiden

***miss- wird betont. Das Partizip II ist ohne ge-.
Beim Infinitiv mit zu steht zu zwischen miss- und dem 2. Präfix: misszuverstehen

2 Adjektive

2.1 Deklination der Adjektive

	Nominativ	Akkusativ	Dativ	Genitiv
m	der neue Job (k)ein neuer Job neuer Job	den neuen Job (k)einen neuen Job neuen Job	dem neuen Job (k)einem neuen Job neuem Job	des neuen Jobs (k)eines neuen Jobs neuen Jobs
n	das neue Seminar (k)ein neues Seminar neues Seminar	das neue Seminar (k)ein neues Seminar neues Seminar	dem neuen Seminar (k)einem neuen Seminar neuem Seminar	des neuen Seminars (k)eines neuen Seminars neuen Seminars
f	die neue Uni (k)eine neue Uni neue Uni	die neue Uni (k)eine neue Uni neue Uni	der neuen Uni (k)einer neuen Uni neuer Uni	der neuen Uni (k)einer neuen Uni neuer Uni
Pl.	die neuen Pläne keine neuen Pläne neue Pläne	die neuen Pläne keine neuen Pläne neue Pläne	den neuen Plänen keinen neuen Plänen neuen Plänen	der neuen Pläne keiner neuen Pläne neuer Pläne

Je nach Art des Artikels werden die Adjektive unterschiedlich dekliniert. Es gibt drei Artikelgruppen:
– definiter Artikel; genauso: dieser, jener, jeder, welcher
 Welchen deutschen Film kannst du mir empfehlen?
– indefiniter Artikel; genauso: Possessivartikel, was für (ein/e)
 Mein neuer Job ist ganz toll! – Glückwunsch! Was für gute Nachrichten!
– Nullartikel; genauso: Zahlwörter
 Ich habe ihr zwei spannende Bücher geschenkt.

Einige Adjektive verändern sich bei der Deklination.
teuer: das teure Geschenk; hoch: die hohen Mieten; dunkel: ein dunkles Zimmer

Adjektive, die auf -a enden, sowie das Adjektiv super werden nicht dekliniert.
Die rosa Taschen kosten nur 15 Euro. Das ist ein super Angebot! – Cool, ich kaufe mir eine rosa Tasche.

Auch nominalisierte Adjektive werden dekliniert.
Die Ehrenamtlichen leisten wichtige Arbeit. Unser Vorgesetzter hat Streit mit einer Angestellten.

2.2 Komparation der Adjektive (und Adverbien)

2.2.1 Komparativ und Superlativ

	Positiv	Komparativ	Superlativ
		Positiv + er	*am* + *Positiv* + (e)sten
regelmäßig	schnell	schneller	am schnellsten
mit Umlaut	groß	größer	am größten
unregelmäßig	hoch	höher	am höchsten
	teuer	teurer	am teuersten
	nah	näher	am nächsten
	viel	mehr	am meisten
	gut	besser	am besten
	gern	lieber	am liebsten

Kurze (meist einsilbige) Adjektive mit a, o, u bekommen oft einen Umlaut im Komparativ und Superlativ.
alt – älter – am ältesten; jung – jünger – am jüngsten; gesund – gesünder – am gesündesten

Alle Adjektive, die auf einen Vokal oder auf -z, -t, -sch, -d sowie einige Adjektive, die auf -ß enden, bilden den Superlativ mit -esten.
neu – am neuesten; kurz – am kürzesten; laut – am lautesten; hübsch – am hübschesten; gesund – am gesündesten; heiß – am heißesten

Deklination: Komparativ und Superlativ   ▶ E4

> Facebook wird am häufigsten benutzt. Die Nutzerzahl von XING ist kleiner.
> Über die Hälfte nutzt die „Gefällt-mir"-Funktion. Ein kleinerer Anteil schreibt Nachrichten.
> WhatsApp ist der beliebteste Nachrichtendienst.

Wenn der Komparativ oder Superlativ unabhängig vom Nomen steht, wird er nicht dekliniert. Vor einem Nomen müssen Komparativ und Superlativ wie alle Adjektive dekliniert werden.

deklinierter Komparativ: Positiv + er + Adjektivendung
Ein kleinerer Anteil schreibt Nachrichten. Dieses Start-Up produziert günstigere Apps als das andere.

deklinierter Superlativ: Positiv + (e)st + Adjektivendung
WhatsApp ist der beliebteste Nachrichtendienst. Unter den neuesten Smartphones ist dieses das beste.

Bei Partizipien, die als Adjektive verwendet werden, ist die Bildung des Komparativs und Superlativs nicht möglich. Hier kann ein vorangestelltes Adverb im Komparativ oder Superlativ benutzt werden.
der schön gestaltete Flyer → der schöner gestaltete Flyer → der am schönsten gestaltete Flyer

▶ *siehe auch A 2.3 Partizip I und II als Adjektive*

2.2.2 Vergleichssätze

Komparativ + als: Die Mieten in Wien sind höher als in Berlin.
(genau)so + *Positiv* + wie* Die Lebenshaltungskosten sind genauso hoch wie in Deutschland.

*genauso mit: nicht so; doppelt so; halb so …
Ich finde Deutsch nicht so schwer wie Französisch. Sie verdient doppelt so viel wie ihr Mann.

Vergleichssätze mit Nebensatz und *als/wie*   ▶ E1

Hauptsatz	Nebensatz	
Die Menschen sind freundlicher,	als viele	glauben.
Die Natur und die Landschaft sind genauso schön,	wie ich	dachte.
Das ist nicht so gefährlich,	wie ich	erwartet habe.

Die Wörter als und wie stehen nach dem Komma am Anfang des Nebensatzes. Der Nebensatz mit als und wie steht immer nach dem Hauptsatz.

▶ *siehe auch B 2.2.9 Vergleichssätze*

2.3 Partizip I und II als Adjektive ▶ E8

> Er kauft sich ein selbstfahrendes Auto mit integrierter Internetverbindung.
> Er kauft sich ein Auto, das selbst fährt, mit einer Internetverbindung, die integriert ist/wurde.

Aus Verben gebildete Partizipien können als Adjektive verwendet werden. Wenn sie vor einem Nomen stehen, müssen sie dekliniert werden. Partizipien können als Relativsätze umformuliert werden.

Das Partizip I (Infinitiv + d) ist normalerweise auf die Gegenwart bezogen. Im Relativsatz benutzt man das Verb im Aktiv.
Das Partizip II bezieht sich oft auf die Vergangenheit. Im Relativsatz benutzt man meist ein Zustands- oder Vorgangspassiv. Bei Verben, die das Perfekt mit haben bilden, hat das Partizip II eine passive Bedeutung. Bei Verben, die das Perfekt mit sein bilden, hat das Partizip II eine aktive Bedeutung.
Eine gegossene Blume ist eine Blume, die gegossen wurde. (gießen: ich habe gegossen)
Eine gewachsene Blume ist eine Blume, die gewachsen ist. (wachsen: die Blume ist gewachsen)

Als Adjektiv verwendete Partizipien können beliebig erweitert werden:
ein installierter Browser – ein schon vorher installierter Browser – ein schon vorher auf dem Tablet installierter Browser – ein schon vorher auf dem Tablet von den Entwicklern installierter Browser

3 Präpositionen

3.1 Präpositionen mit Akkusativ, Dativ, Genitiv

Um etwas für meine Gesundheit zu tun, mache ich seit drei Wochen während der Mittagspause regelmäßig Yoga. Einmal kam eine Kollegin ins Büro, als ich im Büro auf dem Boden Übungen machte.

mit Akkusativ	mit Dativ	mit Genitiv	Wechselpräpositionen (Wohin? Akkusativ Wo? Dativ)
bis*, durch, für, gegen, ohne, um	ab, aus, außer, bei, gegenüber (von), mit, nach, seit, von, zu	aufgrund, außerhalb, dank, entlang, innerhalb, mithilfe, während, wegen**, trotz	an, auf, hinter, in, neben, über, unter, vor, zwischen

*Die Präposition bis wird oft in Kombination mit zu (+ Dativ) verwendet:
Bis nächstes Mal! Bis zum nächsten Mal!
** Die Präposition wegen wird in der gesprochenen Umgangssprache auch mit Dativ verwendet:
Wegen dem Regen bleibe ich heute zu Hause.

3.2 Nachgestellte Präpositionen: entlang, gegenüber

Die Präpositionen entlang und gegenüber können vor oder nach dem Nomen stehen.

> Entlang des Ufers gibt es einen großen Park.
> Gehen Sie den Weg entlang und biegen Sie an der Kreuzung rechts ab.
> In der der Besprechung hat er gegenüber seiner Chefin / seiner Chefin gegenüber gesessen.
> Er hat ihr gegenüber gesessen.

Bei entlang verändert sich die Bedeutung:
entlang (vorangestellt + Genitiv): Position; entlang (nachgestellt + Akkusativ): Richtung

Die Präposition gegenüber ist bei einem Pronomen immer nachgestellt.

3.3 Zweiteilige Präpositionen

Bei zweiteiligen Präpositionen steht das Nomen/Pronomen zwischen den Präpositionen.

an ... (+ Dativ) entlang	Die Straße führt am Ufer entlang.
an ... (+ Dativ) vorbei	Kommst du auf dem Weg an einem Supermarkt vorbei?
von ... (+ Dativ) an	Von nächster Woche an arbeite ich in Teilzeit.
von ... (+ Dativ) aus	Von meinem Fenster aus kann ich das Meer sehen.
von ... (+ Dativ) bis ... (+ Akkusativ)	Von 12 bis 13 Uhr mache ich Pause.
um ... (+ Akkusativ) herum	Um das Zentrum herum sind die Mieten höher.

Von … bis … wird oft mit Zahlwörtern (z.B. Uhrzeiten) verwendet. In anderen Fällen benutzt man meist von … bis zu … *(+ Dativ)*
Unser Urlaub war vom ersten bis zum letzten Tag sehr entspannend.

3.4 Bedeutung der Präpositionen

lokal (Wo? Wohin? Woher?)	ab, an, an … entlang, an … vorbei, auf, aus, außerhalb, bei, bis (zu), durch, entlang, gegen, gegenüber, hinter, in, innerhalb, neben, über, um, unter, von, von … aus, um … herum, vor, zwischen
temporal (Wann? Wie lange?)	ab, an, auf, außerhalb, bei, bis (zu), gegen, in, innerhalb, nach, seit, von … an, von … bis …, um, vor, während, zwischen
kausal (Warum?)	aufgrund, aus, dank, vor, wegen
konzessiv	trotz
modal (Wie?)	durch, mithilfe (von)

Die temporale Präposition *bei* (+ Dativ) ▶ E5

Bei *drückt aus, dass etwas gleichzeitig passiert. Alternativ kann man einen Nebensatz mit* wenn *oder* als *benutzen.*

> Beim Spazierengehen wird mein Kopf frei. (Wenn ich spazieren gehe, wird mein Kopf frei.)
> Beim Applaus des Publikums fällt die Nervosität von mir ab. (Wenn das Publikum applaudiert, …)
> Bei meiner Ankunft habe ich mich sofort wie zu Hause gefühlt. (Als ich angekommen bin, …)

Bei *kann auch eine konditionale Bedeutung haben.*
Bei Feuer müssen Sie das Gebäude sofort verlassen. (Wenn/Falls es ein Feuer gibt, müssen Sie …)

Die modale Präposition *mithilfe* (+ Genitiv) bzw. *mithilfe von* (+ Dativ) ▶ E5

Mithilfe *beschreibt ein Instrument.*

> Mithilfe der App kann man Pausen besser einhalten.
> Mithilfe einfacher Methoden / Mithilfe von einfachen Methoden kann man schnell entspannen.
> Mithilfe von Hobbys kann man sich gut von der Arbeit ablenken.

Bei Nomen ohne Artikel benutzt man mithilfe von *(+ Dativ). Wenn vor dem Nomen ein Adjektiv steht, kann man* mithilfe *(+ Genitiv) oder* mithilfe von *(+ Dativ) benutzen.**

*genauso bei: außerhalb (von) / innerhalb (von)
Ich habe innerhalb kurzer Zeit Meditation gelernt. Jetzt kann ich innerhalb von wenigen Minuten entspannen.

Die kausalen Präpositionen *aufgrund*, *wegen* und *dank* (+ Genitiv) sowie *aus* und *vor* (+ Dativ) ▶ E10

Die Präpositionen wegen *und* aufgrund *beschreiben einen „neutralen" Grund. Die Präposition* dank *benutzt man nur, wenn die Folge des Grundes positiv und wünschenswert ist.*

> Wegen/Aufgrund meiner Erkältung kann ich nicht arbeiten und bleibe ich zu Hause.
> Dank meiner Krankenversicherung bekomme ich trotzdem meinen Lohn bezahlt.

Aus *beschreibt einen „emotionalen Grund" für eine kontrollierte Handlung.* Vor *beschreibt einen „emotionalen Grund", auf den eine unkontrollierte – meist körperliche (und vielleicht unerwünschte) – Reaktion folgt.*

> Sie schweigt aus Angst. Sie haben aus Liebe geheiratet. Aus lauter Frust hat er gekündigt.
> Er zittert vor Angst. Vor lauter Liebe kann sie nicht mehr klar denken. Sie weint vor Frust.

Nach aus *und* vor *folgt normalerweise ein Nomen, dass eine Emotion beschreibt, z.B.* Angst, Stress, Unruhe, Freude, Begeisterung *usw. Normalerweise steht das Nomen ohne Artikel. Oft steht vor dem Nomen das Adjektiv* lauter (= nichts anderes, als).

4 Verben, Nomen und Adjektive mit Präpositionen

4.1 Verben, Nomen und Adjektive mit Präpositionen

Viele Verben sowie einige Nomen und Adjektive haben ein Objekt mit Präposition. Die Präposition bestimmt den Kasus des Objektes.

▶ *siehe auch Listen Verben, Nomen, Adjektive mit Präpositionen S.191–198*

> Die Professorin ärgert sich sehr über die Unpünktlichkeit der Studierenden.
> Als Abteilungsleiter ist er für viele Projekte verantwortlich. Trotzdem hat er ein Recht auf Elternzeit.

Manche Verben, Nomen oder Adjektive haben mehrere Präpositionen.
Er hat sich bei ihr für seine Verspätung entschuldigt.
Der Betriebsrat engagiert sich für gleiche Löhne und gegen schlechte Arbeitsbedingungen.

Manchmal verändert die Präposition die Bedeutung des Verbs.
Sie leidet unter der schlechten Arbeitsatmosphäre.   (leiden unter: *Person, Situation*)
Sie leidet an einer Krankheit.   (leiden an: *Krankheit*)

Die meisten Präpositionen brauchen immer den gleichen Kasus. Bei wenigen Präpositionen ist je nach Verb Akkusativ oder Dativ notwendig.

Verb + Präposition + Akkusativ:	für, gegen, über, um
Verb + Präposition + Dativ:	aus, bei, mit, nach, unter, von, vor, zu
Verb + Präposition + Akkusativ/Dativ:	an, auf, in

Ich möchte an diesem Seminar teilnehmen. – Hast du auch schon an die Anmeldung gedacht?
Sie ist auf ihren Job angewiesen. Sie besteht auf einem fairen Gehalt.
Ich bin in zwei verschiedene Menschen verliebt. Die beiden unterscheiden sich sehr in ihrem Charakter.

Verben, Nomen und Adjektive mit der gleichen Bedeutung haben oft, aber nicht immer, die gleiche Präposition:
sich ärgern über – der Ärger über – verärgert (sein) über
aber: sich interessieren für – das Interesse an – interessiert (sein) an

4.2 Präpositionaladverbien als Fragewörter und Pronomen

Je nachdem, ob das Objekt nach einer Präposition eine Person oder eine Sache beschreibt, gibt es unterschiedliche Fragewörter und Pronomen.

bei Personen	bei Sachen / abstrakten Dingen
Über wen ärgerst du dich?	Worüber ärgerst du dich?
Ich ärgere mich über unseren Vorgesetzten.	Ich ärgere mich über die Arbeitsbedingungen.
Ja, über ihn habe ich mich auch schon oft geärgert.	Ja, darüber ärgere ich mich auch sehr.

Bei Sachen und abstrakten Dingen benutzt man Präpositionaladverbien (wofür/dafür, worüber/darüber, …) als Fragewort bzw. Pronomen.

Fragewort bei Sachen: wo + (r) + Präposition
Pronomen bei Sachen: da + (r) + Präposition
Wenn die Präposition mit einem Vokal beginnt (an, auf, über, um, unter), fügt man ein r ein.

Auch wenn nicht bekannt ist, ob das Objekt eine Person oder eine Sache ist, benutzt man als Fragewort das Präpositionaladverb mit wo-.
Du siehst wütend aus. Worüber hast du dich denn geärgert? – Über meinen Kollegen. Er ist so unhöflich.

4.3 Präpositionaladverbien mit einem Nebensatz/Infinitivsatz ▶ E2

Das Präpositionaladverb kann auch auf einen Nebensatz oder Infinitivsatz verweisen.

> Ich bin darauf angewiesen, meine Stelle zu behalten.
> Ich habe Angst davor, dass es Stress gibt.
> Ich bin nicht einverstanden damit, wie meine Kommilitonen diskutieren.
> Ich habe darüber nachgedacht, mit dem Betriebsrat zu sprechen.

Das Präpositionaladverb steht normalerweise am Satzende des Hauptsatzes. Bei zweiteiligen Verben (Perfekt, Futur I, …) steht es vor dem zweiten Verb am Satzende. Der Hauptsatz steht immer vor dem Nebensatz.

In der gesprochenen Umgangssprache kann das Präpositionaladverb manchmal auch entfallen:
Ich habe Angst, dass es Stress gibt. / Ich habe Lust, dich zu sehen.

▶ siehe auch B 2.1 Infinitivsätze

5 Andere Wörter und Wortverbindungen

5.1 Negationswörter

nicht (mehr)	negiert einen Satz oder Satzteil; negiert Possessivartikel und definite Artikel	Ich kann nicht (mehr) weiterfahren. Das ist nicht meine Schuld.
kein (mehr)	negiert indefinite Artikel und Nomen ohne Artikel; muss dekliniert werden	Ich mache keinen Deutschkurs (mehr). Ich habe keine Zeit (mehr).
nichts	Gegenteil von alles/viel	Für diesen Kurs muss man nichts bezahlen.
niemand	Gegenteil von jeder; kann (muss aber nicht) dekliniert werden	Ich kenne hier noch niemand/niemanden.
nie(mals)	Gegenteil von immer	Ich war noch nie(mals) in Australien.
nirgends/nirgendwo	Gegenteil von überall	Nirgends/Nirgendwo sind die Mieten so günstig wie hier.

5.2 Das Wort *es* ▶ E3

Das Wort es *hat verschiedene Funktionen. Je nach Funktion kann es im Satz entfallen.*

es muss benutzt werden	
***es* als Pronomen**	
für das Subjekt	Das Smartphone ist ein wichtiges Medium. Es ist ein wichtiges Medium.
für das Objekt*	Ich benutze das Smartphone jeden Tag. Ich benutze es jeden Tag.
für ein Adjektiv*	Das Smartphone ist sehr praktisch. – Ja, das ist es.
für den ganzen Satz*	Viele können auf ihr Smartphone nicht verzichten. Ich kann es auch nicht.
***es* als grammatisches inhaltsloses Subjekt oder Objekt**	
Befinden	Mir geht es gut. Wie geht es dir?
Wetter	Es regnet.
Sinneswahrnehmungen	Es klingelt. / Es riecht nach Kaffee.
Thema	Es geht um … / Es gibt … / Es kommt darauf an, … / Davon hängt es ab.
feste Ausdrücke*	Sie hat es eilig. / Er meint es gut.

Als Pronomen oder grammatisches Subjekt oder Objekt bleibt es *auch bei Umstellung des Satzes erhalten.*
Gibt es heute Vorlesungen? – Es gibt heute keine Vorlesungen. / Vorlesungen gibt es heute nicht.
Worum geht es in dem Buch? – Es geht um … in dem Buch. / In dem Buch geht es um …

*In diesen Fällen steht es *niemals auf Position 1.*

es **fällt bei Umstellung des Satzes weg**	
es **bezieht sich auf einen Nebensatz**	
Nebensatz mit dass	Es nervt mich, dass man im Internet so viel Werbung sieht.
	Dass man so viel Werbung im Internet sieht, nervt mich.
Infinitivsatz	Ich finde es praktisch, alles mit dem Smartphone zu organisieren.
	Alles mit dem Smartphone zu organisieren, finde ich praktisch.
indirekte Frage	Es ist nicht sicher, welche Suchergebnisse man bekommt.
	Welche Suchergebnisse man bekommt, ist nicht sicher.
Relativsatz	Ich finde es toll, was man mit dem Smartphone alles machen kann.
	Was man mit dem Smartphone alles machen kann, finde ich toll.
es **ist Platzhalter auf Position 1**	
	Es sind viele Gäste gekommen. Es wurde den ganzen Abend getanzt.
	Viele Gäste sind gekommen. Den ganzen Abend wurde getanzt.

Wenn es *auf einen Nebensatz verweist oder als Platzhalter dient, entfällt* es *bei Umstellung des Satzes.*

5.3 Modalpartikeln ▶ E12

Modalpartikeln sind schwer übersetzbar. Sie drücken Gefühle aus und haben oft mehrere Bedeutungen.
Modalpartikeln stehen immer im Mittelfeld des Satzes und sind immer fast immer unbetont.

Frage: Reaktion auf bekannte Information	Kim ist nicht da. – Wo ist sie denn?
Frage: Interesse	Warum lernst du eigentlich Deutsch?
Ausruf: Überraschung	Sie können aber/ja toll Deutsch sprechen!
Ausruf: Widerspruch/Vorwurf	Das habe ich doch/ja gesagt!
Ausruf: Mitgefühl	Das tut mir aber leid! Das tut mir ja so leid!
Ausruf: Erlaubnis/Ermutigung	Nimm dir ruhig noch ein Stück Kuchen!
Ausruf: freundliche Aufforderung	Mach mal das Fenster auf, bitte!
Ausruf: Vorschlag	Nimm dir doch frei! Mach doch mal Urlaub!
Ausruf: irrealer Wunsch:	Hätte ich doch nur mehr Zeit!*
	Wenn ich bloß nicht so viel arbeiten müsste!*
Aussage: Vermutung	Sie ist wohl noch zu Hause.
Aussage: nicht-veränderbare Situation	Du musst dich nicht beeilen. Wir kommen eh zu spät.
Aussage: Resignation/Akzeptanz	Ich habe einfach keine Zeit. Es ist eben so viel zu tun.
Aussage: Verweis auf bekannte Information	Du hast doch früher in einer Band gespielt.
	Ich habe einen neuen Job. Aber das weißt du ja schon.

* *Die Modalpartikeln* bloß, doch *und* nur *werden in irrealen Wunschsätzen betont.*

5.4 Das Wort *eigentlich* ▶ E1

Als Adverb hat eigentlich *in Aussagesätzen eine einschränkende Bedeutung. Es folgt oft ein Satz mit* aber.
Ich wollte eigentlich nach Wien gehen. Aber das hat nicht geklappt.

In Fragesätzen ist eigentlich *eine Modalpartikel und drückt freundliches Interesse aus.*
Warum sind Sie eigentlich in die Schweiz eingewandert?

5.5 Nomen-Verb-Verbindungen ▶ E3

Eine Nomen-Verb-Verbindung ist eine Kombination aus einem Nomen und einem bestimmten Verb mit einer festen Bedeutung.

Die Bewerber stehen im Assessment-Center unter großem Druck.
Sie müssen Probleme lösen und Entscheidungen treffen.

Manche Nomen-Verb-Verbindungen kann man alternativ mit einem einfachen Verb ausdrücken.
Kritik üben = kritisieren; eine Entscheidung treffen = entscheiden

▶ *siehe auch Liste Nomen-Verb-Verbindungen S. 199–200*

6 Wortbildung

6.1 Nomen

Nominalisierung: Verb → Nomen

Infinitiv	das Essen (essen), das Leben (leben), das Arbeiten (arbeiten)
Verbstamm	der Schlaf (schlafen), der Wunsch (wünschen), der Unterschied (unterscheiden)
Verbstamm +er/erin	der Fahrer / die Fahrerin (fahren), der Fernseher (fernsehen)
andere Formen	die Suche (suchen), die Fahrt (fahren)

Nominalisierte Verben haben fast immer einen bestimmten Artikel:
Infinitiv: das*; Verbstamm:* der*; Verbstamm* + er: der */ Verbstamm* + erin: die

Der nominalisierte Infinitiv wird oft mit den Präpositionen bei *und* zu *benutzt.*
Wollen wir uns zum Kochen treffen?   *(beschreibt einen Zweck:* Wozu?*)*
Beim Kochen kann ich gut entspannen.   *(beschreibt einen Zeitpunkt:* Wann?/Wobei?*)*

Nominalisierung: Adjektiv → Nomen

Partizip I oder II	die/der Angestellte (angestellt), die Studierenden (studierend)
Adjektiv	ein Ehrenamtlicher / eine Ehrenamtliche / die Ehrenamtlichen (ehrenamtlich)

Von Adjektiven abgeleitete Nomen beschreiben normalerweise Personen und sind je nachdem maskulin oder feminin. Nominalisierte Adjektive müssen – wie Adjektive auch – dekliniert werden.

Ableitung

Man kann Nomen aus anderen Wörtern bilden, indem man Suffixe anhängt.

Verbstamm +ung	die Beratung (beraten)
Nomen +heit	die Kindheit (das Kind)
Adjektiv +keit	die Persönlichkeit (persönlich)

Nomen mit -ung, -heit *und* -keit *sind immer feminin.*

6.2 Adjektive

Negation

Mithilfe der Präfixe un-, des- *und* in- *kann man Adjektive negieren.*
unehrlich; desinteressiert; inkompetent

Nomen, die aus Adjektiven abgeleitet werden, können auch mit diesen Präfixen negiert werden.
die Unehrlichkeit; das Desinteresse; die Inkompetenz

Ableitung

Man kann Adjektive aus anderen Wörtern ableiten, indem man ein Suffix anhängt.

Verbstamm +bar*	machbar	(Man kann es machen.)
Nomen +los	erfolglos, arbeitslos	(ohne Erfolg, ohne Arbeit)
Nomen +reich	erfolgreich	(mit viel Erfolg)
Nomen +voll	humorvoll	(mit viel Humor)

* Auch Adjektive mit -abel *und* -lich *können die Bedeutung „man kann …" haben:*
Verbstamm ohne -ieren + abel: akzeptabel, profitabel, diskutabel, variabel, reparabel
(veränderter) Verbstamm + lich: verständlich, erträglich, löslich

Aber:
Nicht alle Verben auf -ieren *können Adjektive mit* -abel *bilden.*
Nur wenige Adjektive mit -lich *haben diese Bedeutung.*

B Sätze

1 Hauptsätze

1.1 Satzklammer

	Position II		**Satzende**
Sie	möchte	für ein Jahr nach Chile	gehen.
In der Schweiz	habe	ich viele nette Leute	kennengelernt.
Die Atomkraftwerke	müssen		abgeschaltet werden.

In Hauptsätzen steht das konjugierte Verb immer auf Position II. Bei zweiteiligen Verben (trennbare Verben, Perfekt, Passiv, Futur I, Konjunktiv II, …) steht der zweite Verbteil am Satzende.

1.2 Dativ- und Akkusativobjekte im Mittelfeld ▶ E1

Die Firma bietet den Expats ein Freizeitprogramm an.	*(Dativ: Nomen; Akkusativ: Nomen)*
Die Firma bietet ihnen ein Freizeitprogramm an.	*(Dativ: Pronomen; Akkusativ: Nomen)*
Die Firma bietet es den Expats an.	*(Akkusativ: Pronomen; Dativ: Nomen)*
Die Firma bietet es ihnen an.	*(Akkusativ: Pronomen; Dativ: Pronomen)*

Das Dativobjekt steht normalerweise vor dem Akkusativobjekt. Wenn das Akkusativobjekt ein Pronomen ist, steht der Akkusativ vor dem Dativ.

1.3 Reihenfolge der Angaben im Hauptsatz (Te-Ka-Mo-Lo) ▶ E5

		temporal	**kausal**	**modal**	**lokal**	
Ich	gehe	morgens	wegen der vielen Arbeit	ungern	ins Büro.	
Die Arbeit	ist	in der letzten Zeit	trotz der digitalen Medien	stressiger		geworden.

In einem Aussagesatz stehen die Angaben im Mittelfeld oft in der Te-Ka-Mo-Lo-Reihenfolge.

| *te*mporal | Wann? Wie lange? Wie oft? | *mo*dal | Wie? Womit? Wodurch? |
| *ka*usal | Warum? | *lo*kal | Wo? Woher? Wohin? |

Die temporale Angabe steht oft auch auf Position 1. Die anderen Angaben können auch auf Position 1 stehen, wenn man sie besonders betonen möchte.
Während der Arbeit *liegt das Handy gut sichtbar auf dem Schreibtisch.*
Wegen des Zeitdrucks *machen viele Arbeitnehmer regelmäßig fast selbstverständlich Überstunden.*

Bei mehreren temporalen Angaben in einem Satz ist die Reihenfolge normalerweise von groß nach klein.
Wir sind vor einem Jahr an einem Wochenende um Mitternacht *in Wien angekommen.*
Bei mehreren lokalen Angaben in einem Satz ist die Reihenfolge normalerweise von klein nach groß.
In den Ferien fahre ich zu meiner Oma in ihr Ferienhaus auf Mallorca.

1.4 Die Position von *nicht* und *auch* im Hauptsatz ▶ E12

Mit Bezug zum ganzen Satz

> 1 Ich besuche dieses Seminar nicht/auch.
> 2 Sie fährt am Wochenende auch nach Berlin. Aber sie fährt nicht mit dem Zug.
> 3 Ich möchte mich in meinem Alltag nicht einschränken lassen.
> 4 Die kulturellen Werte hängen nicht/auch von der Herkunftsregion ab.

Wenn sich nicht *bzw.* auch *auf das Verb oder den ganzen Satz beziehen, dann steht* nicht *bzw.* auch
– *am Ende des Satzes (1) oder*
– *am Ende des Satzes, aber vor der lokalen oder modalen Angabe (2) oder*
– *am Ende des Satzes, aber innerhalb der Satzklammer, also vor dem 2. Verbteil (3) oder*
– *am Ende des Satzes aber vor dem Präpositionalobjekt (4).*

Mit Bezug zu einem bestimmten Satzteil

1a Sie besucht das Seminar nicht.	2a Sie besucht das Seminar auch.
1b Nicht sie besucht das Seminar, sondern er.	2b Auch sie besucht das Seminar. (So wie er.)
1c Sie besucht nicht das Seminar, sondern die Vorlesung.	2c Sie besucht auch das Seminar. (Neben der Vorlesung.)

Wenn sich nicht *bzw.* auch *nicht auf den ganzen Satz (1a und 2a), sondern auf eine bestimmte Information im Satz beziehen, dann steht* nicht *bzw.* auch *direkt vor dieser Satzinformation (1b+c und 2b+c). Ein Satz mit* nicht (nur) …, sondern (auch) … *weist immer auf eine Satzteilnegation hin (1b+c).*

Bei sehr kurzen Sätzen mit wenigen Satzteilen ist es oft nicht eindeutig erkennbar, ob sich nicht *bzw.* auch *auf den kompletten Satz oder eine bestimmte Satzinformationen beziehen.*

1.5 Hauptsätze verbinden

1.5.1 Die Konjunktionen *aber, denn, oder, sondern, und*

Hauptsatz	Hauptsatz			
Ich möchte Geld sparen,	aber	(ich)	(möchte)	auch eine Weltreise machen.
Ich möchte Geld sparen,	denn	ich	möchte	eine Weltreise machen.
Ich möchte Geld sparen	oder	(ich)	(möchte)	eine Weltreise machen.
Ich möchte kein Geld sparen,	sondern	(ich)	(möchte)	eine Weltreise machen.
Ich möchte Geld sparen	und	(ich)	(möchte)	eine Weltreise machen.

Bei den Konjunktionen aber, oder, sondern, und *werden die Satzteile, die sich im zweiten Hauptsatz wiederholen, meist weggelassen.*
Bei aber, denn, sondern *steht ein Komma zwischen den Hauptsätzen.*
Bei sondern *steht im ersten Hauptsatz immer eine Negation mit* nicht *oder* kein.

1.5.2 Die Adverbien *deshalb, trotzdem, dagegen …*

Hauptsatz	Hauptsatz		
Sie möchte an der Kunsthochschule studieren,	deshalb	bereitet sie ihr Portfolio vor.	
Er hat noch keine Deutschkenntnisse.	Er	möchte trotzdem	gern in Deutschland studieren.
Mariam will auf Fleisch nicht verzichten.	Dagegen	ernährt sich Philipp komplett vegetarisch.	

Adverbien wie deshalb *(genauso:* darum, daher, deswegen*),* trotzdem *(genauso:* dennoch*) und* dagegen *(genauso: im Vergleich / Gegensatz dazu) können Hauptsätze verbinden. Sie stehen immer im zweiten Hauptsatz auf Position 1 oder im Mittelfeld.*

1.5.3 Doppelkonjunktionen

Mit dem Smartphone kann man sowohl telefonieren als auch Nachrichten schreiben.
Viele recherchieren nicht nur in Büchern, sondern (sie recherchieren) auch online.
Entweder rufst du mich an oder (du) schreibst mir eine Nachricht.
Ich mag weder Fernsehen noch (mag ich) Kino.
Die sozialen Medien sind zwar interessant, aber (sie) kosten auch viel Zeit.

sowohl … als auch …	Aufzählung: beides (+ +)
nicht nur …, sondern auch …	Aufzählung: beides; das letzte betont (+ +)
entweder … oder …	Alternative: eins von beidem (+ – oder – +)
weder … noch …	beides nicht (– –)
zwar …, aber …	Einschränkung: das erste positiv; das letzte negativ (☺ ☹)
je …, desto/umso …*	Abhängigkeit (↗↗ oder ↘↘)

*▶ *zu* je …, desto *siehe auch* B 2.2.9 Vergleichssätze

Doppelkonjunktionen können Satzteile oder ganze Hauptsätze verbinden. Sie stehen normalerweise direkt vor den Satzteilen, auf die sie sich beziehen.
Ich mag weder Fernsehen noch Kino. / Ich sehe weder gern fern, noch gehe ich gern ins Kino.
Satzteile, die sich wiederholen, können im zweiten Hauptsatz weggelassen werden.

2 Nebensätze

2.1 Infinitivsätze

2.1.1 Infinitiv mit *zu*

▶ E2

> Ich habe keine Lust, in einem spießigen Reihenhaus zu leben.
> Ich habe vor, irgendwann umzuziehen. Es ist toll, wenig arbeiten zu müssen.

Ein Infinitivsatz folgt nach bestimmten Nomen, Verben und Formulierungen im Hauptsatz. Diese drücken oft Meinungen, Gefühle, Wünsche oder Pläne aus.

– abstrakte Nomen (+ haben)*	Wir hatten die Absicht, eine Familie zu gründen.
– es ist + *Adjektiv*	Es ist doch blöd, sich so oft zu streiten.
– ich finde es + *Adjektiv*	Ich fand es schön, deine Mitbewohner kennenzulernen.
– es + *Verb* + *Objekt***	Es stresst mich, so viele Dinge zu besitzen.
– bestimmte Verben***	Alle haben sich bemüht, höflich zu sein.
– nach Nomen, Verben, Adjektiven mit Präposition	Ich freue mich darauf umzuziehen. / In einer WG sind alle dafür verantwortlich aufzuräumen.

*genauso: Angst/Zeit/Spaß / den Plan / die Hoffnung / die Möglichkeit haben
Auch ohne haben *folgt nach abstrakten Nomen ein Infinitiv mit* zu.
Unser Plan, ins Ausland zu gehen, hat leider nicht geklappt. Es macht Spaß, in einer WG zu wohnen.

**genauso: es gefällt mir; es ärgert/freut/stört/wundert mich
Oft drücken diese Verben Meinungen oder Gefühle aus.

***Dazu gehören vor allem Verben aus folgenden Bereichen: Gefühle/Gedanken (sich freuen, sich ärgern, sich vorstellen …); Pläne/Wünsche (planen, vorhaben, versuchen, hoffen); Ratschläge (vorschlagen, raten, empfehlen); Anfang/Ende (beginnen, anfangen, aufhören); Verbot/Erlaubnis (erlauben, verbieten)*

Anders als bei Nebensätzen ist es nicht immer nötig, zwischen dem Hauptsatz und dem Infinitivsatz mit zu *ein Komma zu setzen. Man kann das Komma aber setzen, um die Satzteile deutlicher zu machen.*

Infinitiv mit *zu* oder Nebensatz mit *dass* ▶ E2

Ein Infinitivsatz mit zu *ist nur möglich,*

– *wenn die Subjekte im Hauptsatz und* dass*-Satz identisch sind:*
  Ich habe entschieden, zu kündigen. (Ich habe entschieden, dass ich kündige.)
– *das Objekt im Hauptsatz identisch mit dem Subjekt im* dass*-Satz ist:*
  Es stresst mich, so viel zu arbeiten. (Es stresst mich, dass ich so viel arbeite.)
– *das Subjekt im Hauptsatz* es *und das Subjekt im* dass*-Satz* man *ist:*
  Es ist schön, nicht so viel arbeiten zu müssen. (Es ist schön, dass man nicht so viel arbeiten muss.)

In allen anderen Fällen und wenn im Hauptsatz ein Modalverb oder ein bestimmtes Verb wie z. B. wissen, sagen, antworten *steht, ist nur ein Nebensatz und kein Infinitivsatz möglich.*
Ich weiß, dass ich mich auf meine Nachbarn verlassen kann.
Ich will, dass meine Mitbewohner öfter aufräumen.

2.1.2 Infinitivsätze in der Gegenwart und Vergangenheit ▶ E2

Infinitivsatz in der Gegenwart

> Es gefällt mir, Briefe zu schreiben. *(beides heute)*
> Es hat mir immer gefallen, Briefe zu schreiben. *(beides früher)*

Die Handlungen im Hauptsatz und Infinitivsatz passieren gleichzeitig: In der Gegenwart, wenn das Verb im einleitenden Hauptsatz im Präsens steht (Es gefällt mir, … zu …) oder in der Vergangenheit, wenn es im Perfekt oder Präteritum steht (Es hat mir gefallen, … zu …).

Infinitivsatz in der Vergangenheit

> Ich bin froh, früher viele Briefe geschrieben zu haben.
> Ich bin froh, ohne Internet aufgewachsen zu sein.

Infinitivsätze in der Vergangenheit drücken meist eine rückblickende Bewertung einer vergangenen Handlung aus. Die Handlung im Infinitivsatz ist vor der Handlung im Hauptsatz passiert.
Man benutzt den Infinitiv Perfekt (Partizip II + zu + haben/sein).

2.1.3 Infinitiv mit *um … zu, ohne … zu, (an)statt … zu* ▶ E4

um … zu	*drückt ein Ziel / einen Zweck aus*
ohne … zu	*drückt aus, dass etwas ohne Konsequenz bleibt*
(an)statt … zu	*drückt eine Alternative aus, die man nicht wählt*

> Wir benutzen Gesten, um Gefühle auszudrücken.
> Beim Sprechen bewegen wir unsere Hände, ohne es zu merken.
> Bei einer Präsentation sollte man ruhig stehen, anstatt nervös herumzulaufen.

Das Subjekt im Hauptsatz und das (gedachte) Subjekt im Infinitivsatz ist identisch. Wenn die Subjekte nicht identisch sind, benutzt man Nebensätze mit damit *bzw.* ohne … dass *oder* (an)statt … dass.

▶ *siehe auch B 2.2.4 und B 2.2.8*

2.2 Nebensätze

Hauptsatz	Nebensatz
Ich kann alles um mich herum vergessen,	wenn ich Musik höre.
Nebensatz	**Hauptsatz**
Wenn ich im Wald spazieren gehe,	kann ich so richtig gut abschalten.

Wenn der Nebensatz vor dem Hauptsatz steht, dann beginnt der Hauptsatz mit dem konjugierten Verb.

2.2.1 Temporale Nebensätze

Gleichzeitige Handlungen

wenn	*regelmäßige, sich wiederholende Ereignisse in der Gegenwart oder Vergangenheit*
als	*einmalige Ereignisse in der Vergangenheit*
während	*parallel stattfindende Ereignisse*
(seit)dem	*Das Ereignis im Nebensatz hat in der Vergangenheit begonnen und dauert bis heute an.*

> Wenn ich im Urlaub bin, lese ich viel. / Ich habe immer viel gelesen, wenn ich im Urlaub war.
> Als ich im Urlaub war, habe ich viel gelesen.
> Während wir uns unterhalten haben, hat das Telefon geklingelt.
> Seit(dem) ich regelmäßig meditiere, bin ich viel ausgeglichener.

Nicht-gleichzeitige Handlungen

bevor	*Das Ereignis im Hauptsatz passiert vor dem Ereignis im Nebensatz.*
nachdem	*Das Ereignis im Hauptsatz passiert nach dem Ereignis im Nebensatz.*
sobald	*Das Ereignis im Hauptsatz passiert sehr schnell nach dem Ereignis im Nebensatz.*
bis	*Das Ereignis im Hauptsatz dauert bis zum Beginn des Ereignisses im Nebensatz.*

> Bevor sie ihr Visum beantragen konnte, musste sie ihren Pass verlängern.
> Nachdem sie die Zusage bekommen hatte, hat sie sich einen Reiseführer besorgt.
> Ruf mich an, sobald du ankommst. / Sobald er in Polen war, hat er angefangen, Polnisch zu lernen.
> Ich warte auf dich, bis du wiederkommst.

In Sätzen mit nachdem *steht der Nebensatz immer in einer früheren Zeitform als der Hauptsatz.*
Hauptsatz: Präsens → Nebensatz: Perfekt/Präteritum
Hauptsatz: Perfekt/Präteritum → Nebensatz: Plusquamperfekt

2.2.2 Konditionale Nebensätze (Bedingungssätze) ▶ E5
Konditionale Nebensätze drücken eine Bedingung aus.

> Der Atommüll wird ein unlösbares Problem, wenn/falls die Atomkraftwerke weiterarbeiten.
> Wenn/Falls die Atomkraftwerke abgeschaltet werden, droht ein globaler Stromausfall.
> Wenn man auf Atomkraft verzichten würde, wäre die Welt viel sicherer.
> Wenn man schon früher auf nachhaltige Energien umgestiegen wäre, gäbe es heute weniger Probleme.

Reale Bedingungssätze beschreiben, dass die Bedingung im Nebensatz und die Konsequenz im Hauptsatz möglich sind. Falls *drückt eine geringere Möglichkeit/Wahrscheinlichkeit als* wenn *aus.*

Irreale Bedingungssätze beschreiben, dass die Erfüllung der Bedingung (und damit auch die Konsequenz) sehr unwahrscheinlich ist. In irrealen Bedingungssätzen benutzt man normalerweise wenn *und die Verben stehen im Konjunktiv II. Wenn man das Verb im Konjunktiv II der Vergangenheit verwendet, macht man deutlich, dass die Bedingung nicht mehr erfüllt werden kann.*

▶ *siehe auch A 1.4.1 Konjunktiv II der Gegenwart und A 1.4.2 Konjunktiv II der Vergangenheit*

Uneingeleitete Bedingungssätze ▶ E5

Nebensatz			Hauptsatz		
Würde	man alle Atomkraftwerke	schließen,	würden	viele Arbeitsplätze	verloren gehen.
Sollte	die Umweltpolitik nicht bald	reagieren,	kann	der Klimawandel nicht	aufgehalten werden.

In uneingeleiteten Bedingungssätzen entfällt wenn *oder* falls. *Das konjugierte Verb steht auf Position 1. Der Nebensatz steht immer vor dem Hauptsatz. In formelleren geschriebenen Texten beginnt der Nebensatz oft mit* sollte.

2.2.3 Kausale Nebensätze mit *weil/da* und konzessive Nebensätze mit *obwohl*
Kausale Nebensätze drücken Gründe aus. Konzessive Nebensätze drücken einen Widerspruch/Gegensatz zum Hauptsatz aus. Gründe und Gegensätze kann man alternativ mit den Präpositionen wegen *bzw.* trotz *(▶ siehe A 3.4) oder den Adverbien* deshalb *bzw.* trotzdem *(▶ siehe B 1.5.2) ausdrücken.*

> Die Kollegin ärgert sich, weil/da sie weniger als ihre männlichen Kollegen verdient.
> Obwohl sie die Gehaltsunterschiede ärgern, arbeitet sie gern in der Firma.

Der Konnektor da *wird vor allem in formellerer Sprache benutzt.*

2.2.4 Modale Nebensätze mit *ohne dass* und adversative Nebensätze mit *(an)statt dass* ▶ E4
Modale Nebensätze mit ohne dass *drücken aus, dass die Handlung im Nebensatz nicht passiert. Adversative Nebensätze mit* (an)statt dass *beschreiben eine Alternative, die man nicht wählt.*

> Körpersprache findet oft unbewusst statt, ohne dass man darüber nachdenkt.
> In Bulgarien wird Zustimmung mit einem Kopfschütteln ausgedrückt, (an)statt dass man nickt.

Wenn die Subjekte im Haupt- und Nebensatz gleich sind, kann man alternativ ohne … zu *(+ Infinitiv) bzw.* (an)statt … zu *(+ Infinitiv) benutzen (▶ siehe B 2.1.3). Infinitivsätze klingen stilistisch meist besser.*
Wir benutzen oft Körpersprache, ohne darüber nachzudenken.
In Bulgarien schüttelt man den Kopf, anstatt zu nicken.

2.2.5 Adversative Nebensätze mit *während* ▶ E8
Adversative Nebensätze mit während *drücken einen Gegensatz aus. Alternativ kann man auch einen Hauptsatz mit* dagegen *verwenden (▶ siehe B 1.5.2).*

> Während sich der ökologische Rucksack sich auf ein Produkt bezieht, beschreibt der ökologische Fußabdruck das Konsumverhalten der Menschen.

Der Nebensatz mit während *steht meist vor dem Hauptsatz.*

2.2.6 Modale Nebensätze mit *indem* und *dadurch dass* ▶ E10

Modale Nebensätze mit indem *und* dadurch dass *antworten auf die Frage* Wie … ? *oder* Wodurch …? *und beschreiben ein Mittel bzw. eine Methode, wie etwas erreicht wird.*

> Man kann einer traurigen Person helfen, indem man sie tröstet und in den Arm nimmt.
> Dadurch dass man sieht, wie sich jemand wehtut, wird das eigene Schmerzzentrum aktiviert.

Nebensätze mit dadurch dass *stehen meist vor dem Hauptsatz.* Dadurch dass *kann auch getrennt werden. Dann steht* dadurch *im Hauptsatz vor dem Ergebnis und wird betont. Der Nebensatz beginnt mit* dass.
Man kann eine Sprache dadurch lernen, dass man sie oft hört.
Man kann dadurch eine Sprache lernen, dass man sie oft hört.

Dadurch dass kann manchmal auch eine kausale Bedeutung haben und durch weil *oder* da *ersetzt werden*.
Dadurch dass / Weil / Da sie die Mimik der Eltern nachahmen, lernen Babys Gefühle verstehen.

2.2.7 Konsekutive Nebensätze mit *sodass* und *so …, dass* ▶ E10

Konsekutive Nebensätze mit sodass *und* so …, dass *drücken eine (meist unbeabsichtigte) Konsequenz aus. Der Nebensatz mit* sodass *steht immer nach dem Hauptsatz, der die Ursache beschreibt.*

> Die Neuronen spiegeln die Gefühle anderer Menschen, sodass man mit ihnen mitfühlt.
> Das funktioniert so gut, dass es sogar reicht, nur davon zu lesen oder hören.

In Sätzen mit so + Adjektiv/Adverb + dass *wird das Adjektiv/Adverb als Ursache für die Konsequenz hervorgehoben. Das* so *wird beim Sprechen betont. Der Nebensatz beginnt mit* dass.

2.2.8 Finale Nebensätze mit *damit*

Finale Nebensätze drücken ein Ziel bzw. einen Zweck aus.

> Man braucht bis zu 80 Wiederholungen, damit das Gehirn neue Informationen dauerhaft speichert.

Ein Ziel oder einen Zweck kann man alternativ mit um … zu (+ Infinitiv) (▶ *siehe auch B 2.1.3) oder der Präposition* zu (+ Nomen im Dativ) *oder* für (+ Nomen im Akkusativ) *ausdrücken.*
Man braucht bis zu 80 Wiederholungen, um sich neue Informationen dauerhaft zu merken.
Zur dauerhaften Speicherung / für die dauerhafte Speicherung von Informationen braucht das Gehirn bis zu 80 Wiederholungen.

2.2.9 Vergleichssätze

▶ *siehe auch Komparation der Adjektive A 2.2*

Vergleichssätze mit Nebensatz und *als/wie* ▶ E1

Vergleichssätze mit als *und* wie *vergleichen eine Situation mit den Erwartungen.*

> Die Menschen sind freundlicher, als viele glauben. / Es war anders, als ich es erwartet hatte.
> Die Landschaft sind genauso schön, wie ich dachte. / Es ist nicht so teuer, wie ich gedacht hätte.

Vergleichssätze mit *je …, desto / je …, umso*

Vergleichssätze mit je …, desto *oder* je …, umso *beschreiben eine Abhängigkeit.*

Nebensatz		Hauptsatz			
Je entspannter man bei der Arbeit	ist,	desto besser	kann	man sich	konzentrieren.
Je besser die Arbeitsbedingungen	sind,	umso zufriedener	sind	die Mitarbeiter.	

Der Nebensatz mit je *steht immer am Anfang. Nach* je *und* desto/umso *steht immer der Komparativ.*

2.3 Indirekte Rede und indirekte Fragen

Mit indirekter Rede und indirekten Fragen gibt man wieder, was eine andere Person gesagt oder gefragt hat. Indirekte Fragen dienen auch dazu, eigene Fragen höflicher zu formulieren.

2.3.1 Indirekte Rede
▶ E11

> 1 Er hat gesagt, dass er leider keine Zeit hat und deshalb nicht helfen kann.
> 2 Er hat gesagt, dass er leider keine Zeit habe und deshalb nicht helfen könne.
> 3 Sie haben erzählt, sie kommen am Wochenende nach Köln und helfen uns beim Umzug.
> 4 Sie haben erzählt, sie kämen am Wochenende nach Köln und würden uns beim Umzug helfen.

Bei der indirekten Rede steht nach einem einleitenden Hauptsatz entweder ein Nebensatz mit dass *oder ein zweiter Hauptsatz, in dem das Gesagte wiedergegeben wird. Das Gesagte kann im Indikativ (Satz 1+3), im Konjunktiv I (Satz 2) oder im Konjunktiv II (Satz 4) stehen.*

Beim Wechsel von direkter zu indirekter Rede ändern sich Personal- und Possessivpronomen und je nach Kontext manchmal lokale oder temporale Angaben.

Durch die Wahl des redeeinleitenden Verbs kann man die Intention der Sprecherin / des Sprechers deutlich machen und/oder zeigen, wie man selbst zu der Aussage steht.
Sie betont, dass der Termin wichtig sei. (Sie will nochmal darauf aufmerksam machen.)
Er jammerte darüber, dass er kein Geld habe. (Er wirkte sehr unglücklich.)
Sie behaupteten, dass sie die Prüfung bestanden haben. (Ich bin nicht sicher, ob das stimmt.)

Indirekte Rede mit Konjunktiv I und Konjunktiv II

> Der Minister sagte: „Ich hoffe auf eine gute Partnerschaft. Ich bin sehr optimistisch."
> Der Minister sagte, er hoffe auf eine gute Partnerschaft. Er betonte auch, dass er sehr optimistisch sei.

Vor allem in Nachrichten und Pressetexten wird in der indirekten Rede der Konjunktiv I verwendet. Der Konjunktiv I macht deutlich, dass man sich beim Zitieren von der Aussage distanziert, z.B. weil man nicht weiß, ob die Information stimmt oder weil man sie selbst anzweifelt.
Er behauptete, er sei reich. (Ich bin nicht sicher, ob er wirklich reich ist. / Ich weiß, dass er arm ist.)

> Die Minister sagten: „Wir senken die Steuern! Über diese Entscheidung sind wir sehr froh. Die Bürger können uns vertrauen."
> Die Minister sagten, sie würden die Steuern senken und seien über diese Entscheidung sie sehr froh.
> Sie versicherten, dass die Bürger ihnen vertrauen könnten.

In der 3. Person Plural ist der Konjunktiv I nur bei sein *möglich. Bei allen anderen Verben ist der Konjunktiv I mit dem Indikativ identisch. Daher benutzt man hier den Konjunktiv II. Wenn der Konjunktiv II die gleiche Form wie das Präteritum hat, benutzt man normalerweise den Konjunktiv II mit* würde.*

Indikativ	Konjunktiv I	Konjunktiv II	Konjunktiv II mit *würde*
sie sind	sie seien	nicht nötig	nicht nötig
sie können	sie können	sie könnten	nicht nötig
sie senken	sie senken	sie senkten	sie würden senken

* *Ausnahmen: unregelmäßige Verben, bei denen der Konjunktiv II ohne* würde *gebräuchlich ist, wie z.B. gingen, liefen, sollten.*

▶ *siehe auch A 1.4. Konjunktiv II und A 1.5 Konjunktiv I*

Wenn die direkte Rede bereits eine Konjunktivform enthält, wird diese in der indirekten Rede übernommen.
Sie: „Ich hätte gern Urlaub und würde gern ans Meer fahren."
Sie sagte, dass sie gern Urlaub hätte und ans Meer fahren würde.

Ein Imperativ wird in der indirekten Rede mit dem Modalverb sollen *oder* mögen *oder als Infinitivsatz mit* zu *wiedergegeben. Im Hauptsatz steht ein Verb des Bittens oder Forderns.*
Er: „Mach bitte mal das Fenster auf."
Er bat sie, dass sie das Fenster aufmachen möge. Er bat sie, das Fenster aufzumachen.
Sie: „Lass mich in Ruhe."
Sie forderte ihn auf, dass er sie in Ruhe lassen solle. Sie forderte ihn auf, sie in Ruhe zu lassen.

Indirekte Rede (Vergangenheit)

> Sie hat gesagt: „Heute ist das Wetter super. Die Sonne scheint."
> Sie hat gesagt, dass das Wetter heute super sei und dass die Sonne scheine.
> Er hat geantwortet: „Gestern war es nicht gut. Es hat den ganzen Tag geregnet."
> Er hat geantwortet, gestern sei es nicht gut gewesen. Es habe den ganzen Tag geregnet.
>
> Sie hat erzählt: „Die Balkonpflanzen haben sich über den Regen gefreut. Sie sind gewachsen."
> Sie hat erzählt, dass die Balkonpflanzen sich über den Regen gefreut hätten und gewachsen seien."

Für Aussagen über die Vergangenheit benutzt man in der indirekten Rede den Konjunktiv I oder II der Vergangenheit.

3. Person Singular: sei/habe + Partizip II   (Konjunktiv I der Vergangenheit)
3. Person Plural: seien/hätten + Partizip II   (Konjunktiv I/II der Vergangenheit)

In welcher Zeitform der redeeinleitende Hauptsatz steht, spielt für die Wahl der Zeitform in der indirekten Rede keine Rolle.
Sie sagt / hat gesagt / wird sagen: „Es geht mir gut. Es gab schon schlechtere Tage."
Sie sagt / hat gesagt / wird sagen, dass es ihr gut ginge und es schon schlechtere Tage gegeben habe.

2.3.2 Indirekte Fragen

> Kannst du mir mal sagen, warum du immer mit mir streitest? (Warum streitest du immer mit mir?)
> Mich würde interessieren, ob er schon aus dem Urlaub zurück ist. (Ist er schon aus dem Urlaub zurück?)
> Die Ministerin fragte nach, wie die Verhandlungen gelaufen seien und ob es schon ein Ergebnis gebe.
> (Wie sind die Verhandlungen gelaufen? Gibt es schon ein Ergebnis?)

2.4 Relativsätze

> Ich fahre in das Dorf, wo ich aufgewachsen bin. Meine Mutter, die noch dort lebt, hat Geburtstag.

Relativsätze sind Nebensätze und geben zusätzliche Informationen zu einem Nomen (dem Bezugswort) im Hauptsatz. Sie stehen meist direkt hinter dem Bezugswort und können deshalb auch in den Hauptsatz eingeschoben werden.
Die Relativpronomen leiten sich von den definiten Artikeln ab.

Relativpronomen

	Nominativ	Akkusativ	Dativ	Genitiv
m	der	den	dem	dessen
n	das	das	dem	dessen
f	die	die	der	deren
Pl.	die	die	denen	deren

2.4.1 Relativsätze im Nominativ, Akkusativ und Dativ

> Angela Merkel, die später Bundeskanzlerin wurde, hatte in der DDR Physik studiert.
>
> Der 9. November 1989 war der Tag, der heute als Tag des Mauerfalls bekannt ist.
>
> Albert Hofmann hat das LSD, das man heute als Droge kennt, bei einem Experiment entdeckt.
>
> Günter Schabowski, dem wir den Mauerfall verdanken, war Pressesprecher der DDR-Regierung.

Das Bezugswort im Hauptsatz bestimmt Genus bzw. Numerus (maskulin, feminin, neutral, Plural) des Relativpronomens, das Verb im Relativsatz bestimmt den Kasus des Relativpronomens.

2.4.2 Relativsätze im Genitiv ▶ E8

> Ich habe mir ein Smartphone gekauft, dessen Marke ich noch nicht kannte.
>
> Meine Freundin, deren Mann in dem Geschäft arbeitet, kann dort günstiger einkaufen.

Die Relativpronomen im Genitiv drücken eine possessive Relation (Besitz oder Zugehörigkeit) zum Bezugswort aus. Das Bezugswort bestimmt das Genus des Relativpronomens.

… ein Smartphone …, dessen Marke …:   die Marke des Smartphones / seine Marke …
Meine Freundin, deren Mann …:   der Mann der Freundin / ihr Mann …

2.4.3 Relativsätze mit Präposition

> Der Mauerfall ist ein Ereignis, an das sich viele Ost- und Westberliner noch heute erinnern.
>
> Der Tag, an dem Deutschland wiedervereinigt wurde, ist der deutsche Nationalfeiertag.

Die Präposition bestimmt den Kasus des Relativpronomens. Sie steht vor dem Relativpronomen am Anfang des Relativsatzes.

In Relativsätzen im Genitiv hat die Präposition keinen Einfluss auf den Kasus des Relativpronomens:

Das Produkt, auf das ich nicht geachtet habe, war von guter Qualität.   *(Relativpron. im Akk.)*

Das Produkt, auf dessen Preis ich nicht geachtet habe, war von guter Qualität.   *(Relativpron. im Gen.)*

2.4.4 Relativsätze mit *was*

> Wie stolz ich an meinem ersten Schultag war! Das ist etwas, was ich nie vergessen werde!
>
> Es gibt nichts, was ich heute anders machen würde.
>
> Ich mache meistens nur das, was mir Spaß macht.
>
> Die Geburt unserer Kinder war das Schönste, was ich je erlebt habe.
>
> Deine Oma musste die Sachen von ihrem älteren Bruder anziehen, was sie gehasst hat.

Nach Indefinitpronomen (etwas, nichts, alles, vieles, manches …), nach das sowie nach einem Superlativ als Nomen (das Schönste, das Schlimmste, das Beste …) benutzt man das Relativpronomen was.
Relativsätze mit was können sich auch auf die komplette Aussage des Hauptsatzes beziehen.

2.4.5 Relativsätze mit *wo*, *wohin*, *woher*

> Das ist der Kirschbaum, wo wir immer stundenlang zusammensaßen.
>
> In Wien, wohin deine Oma zum Studieren gegangen ist, hat sie vier Jahre gelebt.
>
> Das Dorf, woher ich komme, hat nur 200 Einwohner.

Das Relativpronomen wo (genauso: woher, wohin) bezieht sich auf eine lokale Angabe im Hauptsatz.
Vor allem bei konkreten Ortsangaben benutzt man besser eine Präposition mit Relativpronomen.
Das ist der Kirschbaum, unter/auf dem wir immer stundenlang zusammensaßen.
In der Stadt, in die deine Oma zum Studieren gegangen ist, hat sie vier Jahre gelebt.

2.4.6 Relativsätze mit *wer*, *wem*, *wen* ▶ E7

Relativsatz	Hauptsatz
Wer ehrenamtlich tätig ist,	(der) kommt oft aus der Mittelschicht.
Wem das Ehrenamt gefällt,	der ist bereit, sich längerfristig zu engagieren.
Wen man aus dem Verein kennt,	mit dem würde man sich sicher auch privat treffen.
Für wen Umweltschutz wichtig ist,	den trifft man vielleicht auf einer Fridays-for-Future-Demo.

Relativsätze mit wer, wem, wen *treffen allgemeine Aussagen über (nicht näher bestimmte) Personen. Der Relativsatz steht immer vor dem Hauptsatz. Der Hauptsatz beginnt normalerweise mit einem Demonstrativpronomen (der, dem, den). Der Kasus der Relativpronomen und der Demonstrativpronomen wird durch das Verb bzw. eine Präposition bestimmt.*

Wenn der Kasus des Relativpronomens und des Demonstrativpronomens im Hauptsatz gleich ist, kann man das Demonstrativpronomen weglassen.
Wer ehrenamtlich tätig ist, kommt oft aus der Mittelschicht.

2.5 Irreale Wünsche ▶ E9
Irreale Wünsche beziehen sich auf einen Wunsch, der im Moment des Sprechens nicht realistisch erscheint.

Irreale Wünsche (Gegenwart)

Wenn ich nur etwas glücklicher wäre! Wenn ich bloß etwas mehr Zeit für mich hätte!
Ach, wenn ich doch nur weniger arbeiten müsste! Wenn ich doch bloß öfter verreisen würde!
Ach, wäre ich doch nur etwas glücklicher! Hätte ich doch nur mehr Zeit!
Müsste ich doch nur weniger arbeiten! Ach, würde ich doch öfter verreisen!

Irreale Wunschsätze haben die Struktur eines Nebensatzes, der allein – ohne Hauptsatz – steht. Sie können durch wenn *eingeleitet werden oder sie beginnen mit dem konjugierten Verb.*

Irreale Wunschsätze enthalten immer eine (oder mehrere) Modalpartikel(n) (doch, nur, bloß), die beim Sprechen betont werden.

Irreale Wünsche (Vergangenheit)

Wenn ich mir bloß mehr Zeit gelassen hätte! Wäre ich nur ein bisschen früher auf die Idee gekommen!

Irreale Wünsche mit dem Konjunktiv II der Vergangenheit drücken ein Bedauern darüber aus, dass etwas in der Vergangenheit nicht passiert ist.

2.6 Irreale Vergleiche mit *als ob*, *als wenn* und *als* ▶ E9

1 Er klingt so, als ob er wütend wäre. Sie wirkt auf mich, als wenn sie viel Stress hätte.
2 Du siehst aus, als ob du viel zu spät ins Bett gegangen wärst und kaum geschlafen hättest.
3 Sie tut so, als würde sie alles besser wissen. Ich fühle mich, als hätte ich mich erkältet

In irrealen Vergleichssätzen vergleicht man etwas mit einer Situation, die nicht der Wirklichkeit entspricht.
Er klingt so, als ob er wütend wäre. (Aber vielleicht ist er nicht wütend, sondern nur gestresst.)
Sie tut so, als würde sie alles besser wissen. (Aber sie weiß natürlich auch nicht alles.)

Im Hauptsatz steht immer ein Verb der Wahrnehmung (Du siehst aus, … / Es klingt so, … / Das hört sich an … / Das schmeckt …), des persönlichen Befindens (Ich fühle mich, …) oder subjektiven Eindrucks (Es kommt mir vor, … / Sie wirkt auf mich, … / Es scheint, … / Er macht den Eindruck, … / Sie tut so, …).

Der Nebensatz beginnt mit als ob, als wenn *oder* als. *Das Verb steht im Konjunktiv II der Gegenwart (Satz 1) oder der Vergangenheit (Satz 2). Im Nebensatz mit* als *steht das konjugierte Verb auf Position 2 (Satz 3).*

3 Umformung von Sätzen

3.1 Nominalgruppen ▶ E10

> Obwohl viele junge Menschen verantwortungsbewusst handeln, bin ich dagegen, das Wahlalter auf 16 Jahre zu senken.
> Trotz des verantwortungsbewussten Handelns junger Menschen bin ich gegen die Senkung des Wahlalters auf 16 Jahre.

Mithilfe von Nominalgruppen kann man Informationen aus Neben- oder Infinitivsätzen ausdrücken. Eine Nominalgruppe besteht oft aus einer Präposition und einem Nomen bzw. nominalisiertem Verb und einem Genitivattribut. Das Subjekt oder Akkusativobjekt im Neben- bzw. Infinitivsatz wird zum Genitivattribut in der Nominalgruppe.

	Verbalgruppe			**Nominalgruppe**	
	Subjekt	*Verb*		*Nomen*	*Genitivattribut*
	junge Menschen	handeln	→	das Handeln	junger Menschen
obwohl	junge Menschen	handeln	→ trotz	des Handelns	junger Menschen
	das Wahlalter	senken	→	die Senkung	des Wahlalters
dagegen,	das Wahlalter	zu senken	→ gegen	die Senkung	des Wahlalters

Da Nominalgruppen – anders als Verbalgruppen – kein Verb enthalten, bilden sie keinen eigenständigen Satz, sondern sind Teil des Satzes. Mithilfe von Nominalgruppen können mehr Informationen in einem Satz kombiniert und verdichtet werden. Nominalgruppen sind typisch für formelle Texte, z.B. Zeitungstexte, wissenschaftliche oder bürokratische Texte.

3.2 Satzumformung: Präposition – Nebensatzkonnektor – Verbindungsadverb ▶ E10

Die gleiche Information kann auf unterschiedliche Arten ausgedrückt werden. Je nachdem ändert sich die Reihenfolge im Satz.

> **Nominalgruppe:** Vor der Arbeit gehe ich joggen.
> **Nebensatz:** Bevor ich arbeite, gehe ich joggen.
> **Hauptsatz:** Ich arbeite. Vorher gehe ich joggen.

	Präposition (Nominalgruppe)	**Nebensatzkonnektor** (Hauptsatz + Nebensatz)	**Verbindungsadverb** (Hauptsatz + Hauptsatz)
temporal	vor (+ Dat.)	bevor	vorher/davor
	nach (+ Dat.)	nachdem	nachher/danach
	während (+ Gen.)	während	währenddessen
	bei (+ Dat.)	wenn/als	da/dabei
	seit (+ Dat.)	seit(dem)	seitdem
konditional	bei (+ Dat.)	wenn/falls	---
kausal	wegen/aufgrund (+ Gen.)	weil/da	nämlich*
konzessiv	trotz (+ Gen.)	obwohl	trotzdem/dennoch/allerdings
konsekutiv	infolge (+ Gen.)	sodass	deshalb/deswegen/daher/darum
modal	ohne (+ Akk.)	ohne dass / ohne … zu	---
	mithilfe (+ Gen.)	indem / dadurch dass	so / auf diese Weise / dadurch
	durch (+ Akk.)	indem / dadurch dass	so / auf diese Weise / dadurch
adversativ	(an)statt (+ Gen.)	(an)statt dass / (an)statt … zu	stattdessen
	im Gegensatz zu (+ Dat.)	während	dagegen / im Gegensatz dazu
final	zu (+ Dat.)** / für (+ Akk.)	damit / um … zu	dazu/dafür

** nämlich: *nie auf Position 1.* Ich kann leider nicht kommen. Ich muss nämlich arbeiten.
*** zum/zur: *immer mit einem Nomen, das von einem Verb abgeleitet ist (nominalisiertes Verb)*
zur Verbesserung meiner Sprachkenntnisse; zum Erwerb eines Sprachzeugnisses

Unregelmäßige Verben

In der Liste der unregelmäßigen Verben sind nur die Grundverben erfasst. Trennbare Verben, die sich von einem Grundverb aus dieser Liste ableiten (z.B. *losgehen, weggehen, untergehen*), sind nicht einzeln erfasst. Sie haben die gleiche Konjugation wie das Grundverb (z.B. *geht los, ging weg, ist untergegangen*).

Infinitiv	3. Person Sg. Präsens	3. Person Sg. Präteritum	3. Person Sg. Perfekt
abbiegen	sie/er biegt ab	sie/er bog ab	sie/er ist abgebogen
abweichen	sie/er weicht ab	sie/er wich ab	sie/er ist abgewichen
anerkennen	sie/er erkennt an	sie/er erkannte an	sie/er hat anerkannt
anpreisen	sie/er preist an	sie/er pries an	sie/er hat angepriesen
aufweisen	sie/er weist auf	sie/er wies auf	sie/er hat aufgewiesen
backen	sie/er bäckt/backt	sie/er buk/backte[1]	sie/er hat gebacken
bedenken	sie/er bedenkt	sie/er bedachte	sie/er hat bedacht
sich befinden	sie/er befindet sich	sie/er befand sich	sie/er hat sich befunden
beginnen	sie/er beginnt	sie/er begann	sie/er hat begonnen
behalten	sie/er behält	sie/er behielt	sie/er hat behalten
beißen	sie/er beißt	sie/er biss	sie/er hat gebissen
benennen	sie/er benennt	sie/er benannte	sie/er hat benannt
beschließen	sie/er beschließt	sie/er beschloss	sie/er hat beschlossen
besitzen	sie/er besitzt	sie/er besaß	sie/er hat besessen
besprechen	sie/er bespricht	sie/er besprach	sie/er hat besprochen
betragen	es beträgt	es betrug	es hat betragen
betreffen	es betrifft	es betraf	es hat betroffen
betreiben	sie/er betreibt	sie/er betrieb	sie/er hat betrieben
betreten	sie/er betritt	sie/er betrat	sie/er hat betreten
betrügen	sie/er betrügt	sie/er betrog	sie/er hat betrogen
beweisen	sie/er beweist	sie/er bewies	sie/er hat bewiesen
(sich) bewerben	sie/er bewirbt (sich)	sie/er bewarb (sich)	sie/er hat (sich) beworben
(sich) beziehen	sie/er bezieht (sich)	sie/er bezog (sich)	sie/er hat (sich) bezogen
bieten	sie/er bietet	sie/er bot	sie/er hat geboten
binden	sie/er bindet	sie/er band	sie/er hat gebunden
bitten	sie/er bittet	sie/er bat	sie/er hat gebeten
bleiben	sie/er bleibt	sie/er blieb	sie/er ist geblieben
braten	sie/er brät	sie/er briet	sie/er hat gebraten
brechen	sie/er bricht	sie/er brach	sie/er hat gebrochen
brennen	es brennt	es brannte	es hat gebrannt
bringen	sie/er bringt	sie/er brachte	sie/er hat gebracht
denken	sie/er denkt	sie/er dachte	sie/er hat gedacht
durchlaufen	sie/er durchläuft	sie/er durchlief	sie/er hat durchlaufen
durchziehen	sie/er durchzieht	sie/er durchzog	sie/er hat durchzogen
eindringen	sie/er dringt ein	sie/er drang ein	sie/er ist eingedrungen
einfallen (+ Dat.)	es fällt (ihr/ihm) ein	es fiel (ihr/ihm) ein	es ist (ihr/ihm) eingefallen
empfangen	sie/er empfängt	sie/er empfing	sie/er hat empfangen
empfehlen	sie/er empfiehlt	sie/er empfahl	sie/er hat empfohlen
empfinden	sie/er empfindet	sie/er empfand	sie/er hat empfunden
entfallen	sie/er entfällt	sie/er entfiel	sie/er ist entfallen
enthalten	sie/er enthält	sie/er enthielt	sie/er hat enthalten
entlassen	sie/er entlässt	sie/er entließ	sie/er hat entlassen

[1] *buk:* veraltete Form

(sich) entscheiden	sie/er entscheidet (sich)	sie/er entschied (sich)	sie/er hat (sich) entschieden
sich entschließen	sie/er entschließt sich	sie/er entschloss sich	sie/er hat sich entschlossen
entsprechen	es entspricht	es entsprach	es hat entsprochen
entstehen	sie/er entsteht	sie/er entstand	sie/er ist entstanden
erbringen	sie/er erbringt	sie/er erbrachte	sie/er hat erbracht
(sich) ergeben[2]	es ergibt (sich)	es ergab (sich)	es hat (sich) ergeben
erfahren	sie/er erfährt	sie/er erfuhr	sie/er hat erfahren
erfinden	sie/er erfindet	sie/er erfand	sie/er hat erfunden
erhalten	sie/er erhält	sie/er erhielt	sie/er hat erhalten
erkennen	sie/er erkennt	sie/er erkannte	sie/er hat erkannt
ernennen	sie/er ernennt	sie/er ernannte	sie/er hat ernannt
erscheinen	sie/er erscheint	sie/er erschien	sie/er ist erschienen
(sich) erschließen	sie/er erschließt (sich)	sie/er erschloss (sich)	sie/er hat (sich) erschlossen
erschrecken[3]	sie/er erschrickt	sie/er erschrak	sie/er ist erschrocken
(sich) erschrecken[3]	sie/er erschreckt (sich)	sie/er erschreckte (sich)	sie/er hat (sich) erschreckt/erschrocken
erwerben	sie/er erwirbt	sie/er erwarb	sie/er hat erworben
erziehen	sie/er erzieht	sie/er erzog	sie/er hat erzogen
essen	sie/er isst	sie/er aß	sie/er hat gegessen
fahren	sie/er fährt	sie/er fuhr	sie/er ist gefahren
fallen	sie/er fällt	sie/er fiel	sie/er ist gefallen
fangen	sie/er fängt	sie/er fing	sie/er hat gefangen
finden	sie/er findet	sie/er fand	sie/er hat gefunden
fliegen	sie/er fliegt	sie/er flog	sie/er ist geflogen
fliehen	sie/er flieht	sie/er floh	sie/er ist geflohen
fließen	sie/er fließt	sie/er floss	sie/er ist geflossen
freigeben	sie/er gibt frei	sie/er gab frei	sie/er hat freigegeben
fressen	sie/er frisst	sie/er fraß	sie/er hat gefressen
frieren	sie/er friert	sie/er fror	sie/er hat gefroren
geben	sie/er gibt	sie/er gab	sie/er hat gegeben
gefallen (+ Dat.)	es gefällt (ihr/ihm)	es gefiel (ihr/ihm)	es hat (ihr/ihm) gefallen
gehen	sie/er geht	sie/er ging	sie/er ist gegangen
gelingen (+ Dat.)	es gelingt (ihr/ihm)	es gelang (ihr/ihm)	es ist (ihr/ihm) gelungen
gelten	sie/er gilt	sie/er galt	sie/er hat gegolten
genießen	sie/er genießt	sie/er genoss	sie/er hat genossen
geschehen	es geschieht	es geschah	es ist geschehen
gestehen	sie/er gesteht	sie/er gestand	sie/er hat gestanden
gießen	sie/er gießt	sie/er goss	sie/er hat gegossen
gleiten	sie/er gleitet	sie/er glitt	sie/er ist geglitten
greifen	sie/er greift	sie/er griff	sie/er hat gegriffen
guttun (+ Dat.)	es tut (ihr/ihm) gut	es tat (ihr/ihm) gut	es hat (ihr/ihm) gutgetan
halten	sie/er hält	sie/er hielt	sie/er hat gehalten
hängen[4]	sie/er hängt	sie/er hing	sie/er hat gehangen[5]
heben	sie/er hebt	sie/er hob	sie/er hat gehoben
heißen	sie/er heißt	sie/er hieß	sie/er hat geheißen
helfen	sie/er hilft	sie/er half	sie/er hat geholfen
hinterlassen	sie/er hinterlässt	sie/er hinterließ	sie/er hat hinterlassen

[2] nicht reflexiv in der Bedeutung von: *Eins plus eins ergibt zwei.*; reflexiv in diesen Bedeutungen: *Er ergibt sich vor seinem Gegner. / Es hat sich so ergeben, dass ich morgen frei habe* — [3] (sich) erschrecken in reflexiver Bedeutung: *Er erschreckte sich / erschrak bei dem lauten Geräusch.*; jemanden erschrecken: *Ich erschreckte ihn mit meiner Frage.* — [4] unregelmäßige Konjugation in der Bedeutung *hängen*: *Die Jacke hing im Schrank.*; regelmäßige Konjugation in der Bedeutung *etwas hängen*: *Er hängte die Jacke in den Schrank.* — [5] D: *hat gehangen*; süddt. + A + CH: *ist gehangen*

G

hinweisen	sie/er weist hin	sie/er wies hin	sie/er hat hingewiesen
kennen	sie/er kennt	sie/er kannte	sie/er hat gekannt
klingen	sie/er klingt	sie/er klang	sie/er hat geklungen
kommen	sie/er kommt	sie/er kam	sie/er ist gekommen
kriechen	sie/er kriecht	sie/er kroch	sie/er ist gekrochen
laden	sie/er lädt	sie/er lud	sie/er hat geladen
lassen	sie/er lässt	sie/er ließ	sie/er hat gelassen[6]
laufen	sie/er läuft	sie/er lief	sie/er ist gelaufen
leichtfallen (+ Dat.)	es fällt (ihr/ihm) leicht	es fiel (ihr/ihm) leicht	es ist (ihr/ihm) leichtgefallen
leiden	sie/er leidet	sie/er litt	sie/er hat gelitten
leidtun (+ Dat.)	es tut (ihr/ihm) leid	es tat (ihr/ihm) leid	es hat (ihr/ihm) leidgetan
leihen	sie/er leiht	sie/er lieh	sie/er hat geliehen
lesen	sie/er liest	sie/er las	sie/er hat gelesen
liegen	sie/er liegt	sie/er lag	sie/er hat gelegen[7]
lügen	sie/er lügt	sie/er log	sie/er hat gelogen
messen	sie/er misst	sie/er maß	sie/er hat gemessen
mitbekommen	sie/er bekommt mit	sie/er bekam mit	sie/er hat mitbekommen
missverstehen	sie/er missversteht	sie/er missverstand	sie/er hat missverstanden
nachvollziehen	sie/er vollzieht nach	sie/er vollzog nach	sie/er hat nachvollzogen
nehmen	sie/er nimmt	sie/er nahm	sie/er hat genommen
nennen	sie/er nennt	sie/er nannte	sie/er hat genannt
raten	sie/er rät	sie/er riet	sie/er hat geraten
reißen	sie/er reißt	sie/er riss	sie/er hat gerissen
reiten	sie/er reitet	sie/er ritt	sie/er ist geritten
rennen	sie/er rennt	sie/er rannte	sie/er ist gerannt
riechen	sie/er riecht	sie/er roch	sie/er hat gerochen
rufen	sie/er ruft	sie/er rief	sie/er hat gerufen
schaffen[8]	sie/er schafft	sie/er schuf/schaffte	sie/er hat geschaffen/geschafft
scheinen	sie/er scheint	sie/er schien	sie/er hat geschienen
schieben	sie/er schiebt	sie/er schob	sie/er hat geschoben
schießen	sie/er schießt	sie/er schoss	sie/er hat geschossen
schlafen	sie/er schläft	sie/er schlief	sie/er hat geschlafen
schlagen	sie/er schlägt	sie/er schlug	sie/er hat geschlagen
schießen	sie/er schießt	sie/er schoss	sie/er hat geschossen
schmeißen	sie/er schmeißt	sie/er schmiss	sie/er hat geschmissen
schneiden	sie/er schneidet	sie/er schnitt	sie/er hat geschnitten
schreiben	sie/er schreibt	sie/er schrieb	sie/er hat geschrieben
schreien	sie/er schreit	sie/er schrie	sie/er hat geschrien
schweigen	sie/er schweigt	sie/er schwieg	sie/er hat geschwiegen
schwerfallen (+ Dat.)	es fällt (ihr/ihm) schwer	es fiel (ihr/ihm) schwer	es ist (ihr/ihm) schwergefallen
schwimmen	sie/er schwimmt	sie/er schwamm	sie/er ist geschwommen
sehen	sie/er sieht	sie/er sah	sie/er hat gesehen
sein	sie/er ist	sie/er war	sie/er ist gewesen
senden[9]	sie/er sendet	sie/er sandte/sendete	sie/er hat gesandt/gesendet
singen	sie/er singt	sie/er sang	sie/er hat gesungen
sinken	sie/er sinkt	sie/er sank	sie/er ist gesunken
sitzen	sie/er sitzt	sie/er saß	sie/er hat gesessen[10]

[6] Perfekt von *lassen* als Hilfsverb mit Infinitiv: *Sie hat sich die Haare schneiden lassen.* – [7] D: *hat gelegen*; süddt. + A + CH: *ist gelegen* – [8] unregelmäßige Konjugation in der Bedeutung von *etwas erschaffen/kreieren*: *Sie hat ein Kunstwerk geschaffen.*; regelmäßige Konjugation in der Bedeutung von *gelingen*: *Er hat die Prüfung geschafft.* – [9] In der Bedeutung von *schicken* ist die unregelmäßige Konjugation üblicher: *Sie hat ihm einen Brief gesandt.* In der Bedeutung von *übertragen*, v.a. im Bereich Technik wird nur die regelmäßige Konjugation benutzt: *Die Information wurde im Radio gesendet.* – [10] D: *hat gesessen*; süddt. + A + CH: *ist gesessen*

sprechen	sie/er spricht	sie/er sprach	sie/er hat gesprochen
springen	sie/er springt	sie/er sprang	sie/er ist gesprungen
stechen	sie/er sticht	sie/er stach	sie/er hat gestochen
stehen	sie/er steht	sie/er stand	sie/er hat gestanden[11]
stehlen	sie/er stiehlt	sie/er stahl	sie/er hat gestohlen
steigen	sie/er steigt	sie/er stieg	sie/er ist gestiegen
sterben	sie/er stirbt	sie/er starb	sie/er ist gestorben
stinken	sie/er stinkt	sie/er stank	sie/er hat gestunken
(sich) stoßen	sie/er stößt (sich)	sie/er stieß (sich)	sie/er hat (sich) gestoßen
streichen	sie/er streicht	sie/er strich	sie/er hat gestrichen
(sich) streiten	sie/er streitet (sich)	sie/er stritt (sich)	sie/er hat (sich) gestritten
tragen	sie/er trägt	sie/er trug	sie/er hat getragen
(sich) treffen	sie/er trifft (sich)	sie/er traf (sich)	sie/er hat (sich) getroffen
treiben	sie/er treibt	sie/er trieb	sie/er hat getrieben
treten	sie/er tritt	sie/er trat	sie/er hat/ist getreten[12]
trinken	sie/er trinkt	sie/er trank	sie/er hat getrunken
tun	sie/er tut	sie/er tat	sie/er hat getan
überdenken	sie/er überdenkt	sie/er überdachte	sie/er hat überdacht
übergehen/ **über**gehen	sie/er übergeht / geht über	sie/er überging / ging über	sie/er hat übergangen / ist übergegangen
überfahren	sie/er überfährt	sie/er überfuhr	sie/er hat überfahren
überfliegen	sie/er überfliegt	sie/er überflog	sie/er hat überflogen
überlassen	sie/er überlässt	sie/er überließ	sie/er hat überlassen
übernehmen	sie/er übernimmt	sie/er übernahm	sie/er hat übernommen
überschreiten	sie/er überschreitet	sie/er überschritt	sie/er hat überschritten
übersehen	sie/er übersieht	sie/er übersah	sie/er hat übersehen
übertreiben	sie/er übertreibt	sie/er übertrieb	sie/er hat übertrieben
überwinden	sie/er überwindet	sie/er überwand	sie/er hat überwunden
umgeben	sie/er umgibt	sie/er umgab	sie/er hat umgeben
umgehen/**um**gehen	sie/er umgeht / geht um	sie/er umging / ging um	sie/er hat umgangen / ist umgegangen
umschließen	sie/er umschließt	sie/er umschloss	sie/er hat umschlossen
umschreiben/ **um**schreiben	sie/er umschreibt / schreibt um	sie/er umschrieb / schrieb um	sie/er hat umschrieben/ hat umgeschrieben
unterbrechen	sie/er unterbricht	sie/er unterbrach	sie/er hat unterbrochen
unterlassen	sie/er unterlässt	sie/er unterließ	sie/er hat unterlassen
unterscheiden	sie/er unterscheidet	sie/er unterschied	sie/er hat unterschieden
unterstreichen	sie/er unterstreicht	sie/er unterstrich	sie/er hat unterstrichen
verbieten	sie/er verbietet	sie/er verbot	sie/er hat verboten
verbinden	sie/er verbindet	sie/er verband	sie/er hat verbunden
verbleiben	sie/er verbleibt	sie/er verblieb	sie/er ist verblieben
(sich) verbrennen	sie/er verbrennt (sich)	sie/er verbrannte (sich)	sie/er hat (sich) verbrannt[13]
verbringen	sie/er verbringt	sie/er verbrachte	sie/er hat verbracht
verderben	sie/er verdirbt	sie/er verdarb	sie/er hat/ist verdorben[14]
vergehen	sie/er vergeht	sie/er verging	sie/er ist vergangen
vergessen	sie/er vergisst	sie/er vergaß	sie/er hat vergessen
sich verhalten	sie/er verhält sich	sie/er verhielt sich	sie/er hat sich verhalten

[11] D: *hat gestanden*; süddt. + A + CH: *ist gestanden* – [12] Perfekt mit *haben* in der Bedeutung von *(gegen) etwas/jemanden treten*: *Sie hat (gegen) die Tür getreten.*; Perfekt mit *sein* in der Bedeutung von *in etwas treten*: *Er ist in den Raum getreten*. – [13] auch Perfekt mit *sein* möglich in der Bedeutung von *etwas verbrennt (= wird durch Feuer zerstört)*: *Das Holz ist verbrannt.* – [14] Perfekt mit *haben* in der Bedeutung von *etwas/ jemanden verderben*: *Er hat mir den Spaß verdorben.*; Perfekt mit *sein* in der Bedeutung von *schlecht werden*: *Das Gemüse ist verdorben.*

verhelfen	sie/er verhilft	sie/er verhalf	sie/er hat verholfen
(sich) verlassen	sie/er verlässt (sich)	sie/er verließ (sich)	sie/er hat (sich) verlassen
(sich) verlaufen	sie/er verläuft (sich)	sie/er verlief (sich)	sie/er hat (sich) verlaufen
verleihen	sie/er verleiht	sie/er verlieh	sie/er hat verliehen
verlieren	sie/er verliert	sie/er verlor	sie/er hat verloren
vermeiden	sie/er vermeidet	sie/er vermied	sie/er hat vermieden
verraten	sie/er verrät	sie/er verriet	sie/er hat verraten
verschließen	sie/er verschließt	sie/er verschloss	sie/er hat verschlossen
(sich) verschreiben	sie/er verschreibt (sich)	sie/er verschrieb (sich)	sie/er hat (sich) verschrieben
verschwimmen	es verschwimmt	es verschwamm	es ist verschwommen
verschwinden	sie/er verschwindet	sie/er verschwand	sie/er ist verschwunden
(sich) versprechen	sie/er verspricht (sich)	sie/er versprach (sich)	sie/er hat (sich) versprochen
vertreten	sie/er vertritt	sie/er vertrat	sie/er hat vertreten
verzeihen	sie/er verzeiht	sie/er verzieh	sie/er hat verziehen
wachsen	sie/er wächst	sie/er wuchs	sie/er ist gewachsen
waschen	sie/er wäscht	sie/er wusch	sie/er hat gewaschen
(sich) wenden[15]	sie/er wendet (sich)	sie/er wandte (sich) / wendete	sie/er hat (sich) gewandt / hat gewendet
werben	sie/er wirbt	sie/er warb	sie/er hat geworben
werfen	sie/er wirft	sie/er warf	sie/er hat geworfen
widersprechen	sie/er widerspricht	sie/er widersprach	sie/er hat widersprochen
wiegen	sie/er wiegt	sie/er wog	sie/er hat gewogen
wissen	sie/er weiß	sie/er wusste	sie/er hat gewusst
ziehen	sie/er zieht	sie/er zog	sie/er hat/ist gezogen[16]
zugutekommen (+ Dat.)	es kommt (ihr/ihm) zugute	es kam (ihr/ihm) zugute	es ist (ihr/ihm) zugutegekommen
zwingen	sie/er zwingt	sie/er zwang	sie/er hat gezwungen

---

[15] In der Bedeutung von *(mit dem Auto) umdrehen / die Richtung wechseln* wird immer die regelmäßige Konjugation benutzt: *Sie hat (mit dem Auto) gewendet*. In allen anderen Fällen ist die unregelmäßige Konjugation üblicher: *Sie wandte sich zu ihm. Er hat sich mit der Frage an seinen Kollegen gewandt*. – [16] Perfekt mit *haben* in der Bedeutung von *an etwas/jemandem ziehen*: *Er hat an der Tür gezogen.*; Perfekt mit *sein* in der Bedeutung von *umziehen*: *Sie ist nach Wien gezogen.*

Verben mit Präpositionen

Infinitiv	Präposition	Beispielsatz
sich **ab**grenzen	von (Dat.)	Es fällt ihr schwer, sich von den Problemen anderer abzugrenzen.
abhängen	von (Dat.)	Unsere Urlaubspläne hängen vom Wetter ab.
abstimmen	über (Akk.)	Wir stimmen über dieses Thema nächste Woche ab.
achten	auf (Akk.)	Achte bitte kurz auf deinen Bruder.
sich amüsieren	über (Akk.)	Sie haben sich über das Theaterstück sehr amüsiert.
anfangen	mit (Dat.)	Du kannst gleich mit dieser Aufgabe anfangen.
angeben	in (Dat.)	Die Zahlen in der Grafik sind in Prozent angegeben.
ankommen	auf (Akk.)	Wenn man Kritik äußert, kommt es auf den richtigen Ton an.
(sich) **an**melden	für (Akk.)	Sie hat sich für einen Spanischkurs angemeldet.
(sich) **an**passen	an (Akk.)	Wir passen unser Angebot gern an Ihre Bedürfnisse an.
anrufen	bei (Dat.)	Ruf doch beim Kundenservice an.
antworten	auf (Akk.)	Meine Chefin hat auf meine E-Mail noch nicht geantwortet.
arbeiten	als (Nom.) / an/bei/mit (Dat.)	Sie arbeitet als Managerin bei einem Pharmaunternehmen. Er arbeitet mit seinen Kolleginnen an einem neuen Projekt.
sich ärgern	über (Akk.)	Die Passagiere ärgern sich über die Zugverspätung.
assoziieren	mit (Dat.)	Was assoziieren Sie mit dem Wort *Zuhause*?
aufhören	mit (Dat.)	Wann willst du endlich mit dem Rauchen aufhören?
aufpassen	auf (Akk.)	Ich muss auf meinen kleinen Bruder aufpassen.
sich **auf**regen	über (Akk.)	Ich habe mich wieder sehr über meinen Kollegen aufgeregt.
aufteilen	in (Akk.)	Um Komposita zu verstehen, sollte man sie in Einzelwörter aufteilen.
ausgeben	für (Akk.)	Mein Mann gibt sein Geld am liebsten für Kosmetik aus.
ausgehen	von (Dat.)	Ich bin von falschen Informationen ausgegangen.
sich **aus**kennen	mit (Dat.)	Als Informatikerin kennt sie sich gut mit Algorithmen aus.
sich **aus**tauschen	mit (Dat.) / über (Akk.)	In der Teambesprechung kann man sich mit den anderen Kolleg*innen über die aktuellen Projekte austauschen.
auswählen	aus (Dat.)	Im Assessment-Center werden die besten Bewerber*innen aus den Gruppen ausgewählt.
sich **aus**wirken	auf (Akk.)	Gesundheit wirkt sich positiv auf das Glücksempfinden aus.
basieren	auf (Dat.)	Personalisierte Werbung basiert auf den Daten der Internetnutzer*innen.
sich bedanken	bei (Dat.) / für (Akk.)	Ich bedanke mich bei Ihnen für die gute Zusammenarbeit.
sich beeilen	mit (Dat.)	Beeile dich bitte mit dem Anziehen!
beeindrucken	mit (Dat.)	Ich konnte meine Chefin mit meinen Sprachkenntnissen beeindrucken.
beginnen	mit (Dat.)	Sie hat heute mit ihrer Ausbildung zur Friseurin begonnen.
beitragen	zu (Dat.)	Mit Ihrer Arbeit haben Sie sehr zum Erfolg dieses Projektes beigetragen.
belohnen	für (Akk.) / mit (Dat.)	Er wurde für seine Arbeit mit einer Beförderung belohnt.
sich bemühen	um (Akk.)	Ich bemühe mich seit Wochen um einen Termin beim Arzt.
beneiden	um (Akk.)	Die Kolleg*innen beneiden ihn um seine Gehaltserhöhung.
berichten	über (Akk.) / von (Dat.)	In den Nachrichten wurde über den Unfall berichtet. Die Journalist*innen berichteten von der Öffnung der Mauer.
sich beschäftigen	mit (Dat.)	In meiner Masterarbeit beschäftige ich mich mit dem Thema Stress.
sich beschweren	bei (Dat.) / über (Akk.)	Mein Nachbar hat sich bei mir über die laute Musik beschwert.
bestehen	aus (Dat.)	Die Prüfung besteht aus drei Teilen: Hören, Lesen, Schreiben.
bestehen	auf (Dat.)	Ich bestehe auf einem höheren Gehalt.
sich beteiligen	an (Dat.)	Möchtest du dich an dem Geschenk für Kim beteiligen?

G

sich bewerben	um (Akk.)	Sie bewirbt sich um eine Stelle als Pflegeanleiterin.
bezeichnen	als (Akk.)	Ich würde ihn als guten Freund bezeichnen.
sich beziehen	auf (Akk.)	Meine Frage bezieht sich auf den letzten Punkt Ihres Vortrags.
binden	an (Akk.)	Mit Cliffhangern versucht man, das Publikum an die Serie zu binden.
bitten	um (Akk.)	Mein Freund hat mich um meine Hilfe beim Umzug gebeten.
danken	für (Akk.)	Ich danke dir für deine Hilfe und Unterstützung.
demonstrieren	für/gegen (Akk.)	Die Menschen in der DDR demonstrierten für ihre Freiheit.
		Wir demonstrieren gegen die Diskriminierung von Frauen.
denken	an (Akk.)	Ich denke noch oft an meinen Opa.
diskutieren	mit (Dat.) / über (Akk.)	Mein Bruder diskutiert mit unserem Vater über sein Studium.
sich distanzieren	von (Dat.)	Man benutzt den Konjunktiv I, um sich von einer Aussage zu distanzieren.
dolmetschen	aus (Dat.) / in (Akk.)	Sie dolmetscht aus dem Italienischen ins Deutsche.
sich drehen	um (Akk.)	Seit sie ein Baby hat, dreht sich alles nur noch um ihr Kind.
sich eignen	für (Akk.)	Diese Schuhe eignen sich auch für schlechtes Wetter.
sich einigen	auf (Akk.) / mit (Dat.)	Sie hat sich mit den anderen Bewerber*innen auf ein Projekt geeinigt.
einladen	zu (Dat.) /	Zu meiner Geburtstagsfeier habe ich 50 Personen eingeladen.
	auch: auf (Akk.)	Kann ich dich auf einen Kaffee einladen?
(sich) **ein**setzen	für/gegen (Akk.)	Der Betriebsrat setzt sich für bessere Arbeitsbedingungen und gegen Gehaltsunterschiede ein.
sich ekeln	vor (Dat.)	Mein Vater ekelt sich vor Spinnen.
sich engagieren	für (Akk.)	Sie engagiert sich auch für soziale Projekte.
sich entscheiden	für/gegen (Akk.)	Er hat sich für eine Ausbildung und gegen ein Studium entschieden.
sich entschließen	zu (Dat.)	Sie hat sich kurzfristig zu einer Weltreise entschlossen.
sich entschuldigen	bei (Dat.) / für (Akk.)	Ich möchte mich bei Ihnen für meine Verspätung entschuldigen.
entstehen	aus (Dat.)	Aus recyceltem Material können neue Dinge entstehen.
erfahren	über (Akk.) /	Ich würde gern mehr über die deutsche Geschichte erfahren.
	von (Dat.)	Ich habe von deinem Unfall erst heute erfahren.
sich ergeben	aus (Dat.)	Daraus ergibt sich die Frage, wie sicher Online-Shopping ist.
sich erholen	von (Dat.)	Im Urlaub haben wir uns von der Arbeit gut erholt.
(sich) erinnern	an (Akk.)	Darf ich Sie an unseren Termin erinnern?
		Ich erinnere mich noch gut an meinen ersten Schultag.
erkennen	an (Dat.)	Ich habe ihn sofort an seinen langen Haaren erkannt.
sich erkundigen	bei/nach (Dat.)	Ich habe mich bei meiner Kollegin nach den Terminen erkundigt.
sich ernähren	von (Dat.)	Er ernährt sich nur von Süßigkeiten.
erschrecken	vor (Dat.)	Meine Mutter ist sehr ängstlich, sie erschrickt vor jedem lauten Geräusch.
sich erstrecken	über (Akk.)	Deutschland erstreckt sich über eine Fläche von ca. 350.00 km^2.
erwarten	von (Dat.)	Meine Chefin erwartet von mir, dass ich regelmäßig Überstunden mache.
erzählen	von (Dat.) /	Du hast mir noch nie von deiner Familie erzählt. Erzähl doch mal etwas
	auch: über (Akk.)	über sie.
fehlen	an (Dat.)	Bei dem Projekt fehlt es uns an guten Ideen.
fliehen	vor (Dat.)	Meine Nachbarn sind vor dem Bürgerkrieg geflohen.
fordern	von (Dat.)	Meine Kollegin fordert von unserem Chef eine Gehaltserhöhung.
fragen	nach (Dat.)	Hast du sie schon nach ihrer Telefonnummer gefragt?
sich freuen	auf (Akk.)	Ich freue mich schon sehr auf meinen Urlaub.
sich freuen	über (Akk.)	Ich freue mich sehr über meine Gehaltserhöhung.
sich fürchten	vor (Dat.)	Mein Bruder fürchtet sich vor großen Hunden.
es geht	um (Akk.)	In der Serie geht es um das Leben einer Familie.

gehören	zu (Dat.)	Zu meinen Aufgaben gehört die Betreuung der Kund*innen.
gelten	als (Nom.)	Sie gilt als wichtigste Künstlerin ihrer Epoche.
(sich) gewöhnen	an (Akk.)	Ich habe mich schnell an den schweizerischen Dialekt gewöhnt.
glauben	an (Akk.)	Du schaffst das schon! Ich glaube an dich.
(sich) gliedern	in (Akk.)	Der Vortrag ist in drei Teile gegliedert.
gratulieren	zu (Dat.)	Ich gratuliere dir zum bestandenen Examen.
grenzen	an (Akk.)	Deutschland grenzt im Süden an Österreich und die Schweiz.
halten	für (Akk.)	Ich halte ihn für einen sehr zuverlässigen Mitarbeiter.
halten	von (Dat.)	Von dieser Idee halte ich nichts. Was hältst du davon?
handeln	mit (Dat.)	Es ist verboten, mit Drogen zu handeln.
handeln	von (Dat.)	Das Buch handelt von einem Stromausfall in ganz Europa.
sich handeln	um (Akk.)	Bei Origami handelt es sich um eine Falttechnik.
helfen	bei/mit (Dat.)	Könnten Sie mir bitte bei/mit dieser Aufgabe helfen?
hindeuten	auf (Akk.)	Die Ergebnisse des Experiments deuten auf ein neues Problem hin.
sich **hinein**versetzen	in (Dat.)	Es fällt ihm schwer, sich in andere Menschen hineinzuversetzen.
hinweisen	auf (Akk.)	Stress weist oft auf Überforderung bei der Arbeit hin.
hoffen	auf (Akk.)	Ich hoffe auf schönes Wetter am Wochenende.
hören	von (Dat.)	Ich habe schon seit zwei Wochen nichts von meiner Oma gehört.
(sich) identifizieren	mit (Dat.)	Ich kann mich sehr gut mit ihr identifizieren, weil ich die gleichen Probleme habe.
impfen	gegen (Akk.)	Vor meiner Reise will ich mich noch gegen Malaria impfen lassen.
(sich) informieren	bei (Dat.) / über (Akk.)	Über die Preise kann man sich beim Kundenservice informieren.
(sich) interessieren	für (Akk.)	Er interessiert sich für deutsche Geschichte und Politik.
investieren	in (Akk.)	Sie investieren viel Zeit und Geld in ihr neues Start-up.
kämpfen	für/gegen/um (Akk.) / mit (Dat.)	Die Organisation kämpft für die Gleichberechtigung und gegen die Unterdrückung von Frauen. Die Sportler*innen kämpfen um die Medaillen. Die Firma kämpft mit finanziellen Problemen.
klagen	über (Akk.)	Sie klagt immer über starke Rückenschmerzen.
kommunizieren	mit (Dat.) / über (Akk.)	Durch die digitalen Medien kann man heute mit Menschen auf der ganzen Welt kommunizieren. Viele kommunizieren nur noch über die sozialen Medien.
sich konzentrieren	auf (Akk.)	Ich muss mich auf mein Studium konzentrieren.
sich kümmern	um (Akk.)	Er ist in Elternzeit und kümmert sich um seine kleine Tochter.
lachen	über (Akk.)	Ich habe über deinen Witz sehr gelacht.
leiden	an (Dat.)	Sie leidet schon lange an dieser Krankheit.
leiden	unter (Dat.)	Er leidet unter den schlechten Arbeitsbedingungen und unter seiner unhöflichen Chefin.
mitfühlen	mit (Dat.)	Wer empathisch ist, kann gut mit anderen Menschen mitfühlen.
mitmachen	bei (Dat.)	Hast du schon mal bei einem Assessment-Center mitgemacht?
(sich) motivieren	zu (Dat.)	Als Altenpflegerin motiviere ich ältere Menschen zu mehr Bewegung.
nachdenken	über (Akk.)	Über diese Frage muss ich erstmal nachdenken.
sich orientieren	an (Dat.)	Bei ihren Konsumentscheidungen orientiert sie sich gern an den Produktbewertungen von anderen.
passen	zu (Dat.)	Die Bluse passt sehr gut zu deinem neuen Rock.
profitieren	von (Dat.)	Die Studierenden profitieren von der günstigen Miete.
protestieren	gegen (Akk.)	Die Anwohner*innen protestieren gegen den Bau des Atomkraftwerks.
reagieren	auf (Akk.)	Mein Vermieter hat noch nicht auf meine Beschwerde reagiert.
rechnen	mit (Dat.)	Ich rechne fest mit deiner Hilfe.
reden	mit (Dat.) / über (Akk.) / von (Dat.)	Ich rede nicht so gern mit meinen Freunden über meine Arbeit. Seit Wochen redet sie über das gleiche / von dem gleichen Thema.

(sich) richten	an (Akk.)	Sie können Ihre Beschwerde an die Geschäftsführung richten.
riechen	nach (Dat.)	Hier riecht es nach frischem Kaffee.
sich schämen	für (Akk.)	Er schämt sich für seinen Fehler.
schicken	an (Akk.)	An wen willst du das Paket schicken?
schimpfen	auf/über (Akk.) / mit (Dat.)	Meine Kollegin schimpft ständig auf/über die Arbeit. Meine Mutter hat nie mit uns geschimpft.
schmecken	nach (Dat.)	Die Suppe schmeckt nach Fisch.
schreiben	an (Akk.)	Ich habe eine E-Mail an meine Chefin geschrieben.
(sich) schützen	gegen (Akk.) / vor (Dat.)	Der Anorak schützt gut gegen die / vor der Kälte.
sich sehnen	nach (Dat.)	Ich sehne mich nach dir.
siegen	über (Akk.)	Die Mannschaft hat über die Gegenmannschaft gesiegt.
sorgen	für (Akk.)	Mein Mann sorgt für die Kinder, wenn ich arbeite.
sich sorgen	um (Akk.)	Du sorgst dich zu viel um deine Kinder.
spielen	mit (Dat.) / um (Akk.)	Ich spiele gern mit meinen Freunden Brettspiele. Beim Spieleabend spielen wir manchmal auch um Geld.
sprechen	mit (Dat.) / über (Akk.) / *auch:* von (Dat.)	Hast du schon mit ihm über deine Pläne gesprochen? Er spricht selten über seine / von seiner Arbeit.
sterben	an (Dat.)	Mein Großvater ist an einer Krankheit gestorben.
stimmen	für/gegen (Akk.)	Das Parlament hat für ein neues Gesetz gestimmt. Unsere Abteilung hat gegen seinen Vorschlag gestimmt.
stinken	nach (Dat.)	Ich rauche nur draußen, damit es in der Wohnung nicht nach Rauch stinkt.
streben	nach (Dat.)	Manche Menschen streben nach Perfektion.
(sich) streiten	mit (Dat.) / über/um (Akk.)	Sie streitet mit ihrem Freund über den Namen ihres Babys. Unsere Kinder streiten sich ständig um das Spielzeug.
suchen	nach (Dat.)	Wir suchen seit langem nach einer Lösung für das Problem.
teilhaben	an (Dat.)	Auf dem Firmencampus kann man am Privatleben der Kolleg*innen teilhaben.
teilnehmen	an (Dat.)	Hast du schon an vielen Deutschkursen teilgenommen?
träumen	von (Dat.)	Ich habe von einem schwarzen Hund geträumt.
sich treffen	mit (Dat.)	Ich habe mich mit zwei alten Freunden getroffen.
(sich) trennen	von (Dat.)	Ihre Freundin hat sich gestern von ihr getrennt.
übergehen	zu (Dat.)	Damit gehen wir zum nächsten Thema auf der Tagesordnung über.
überreden	zu (Dat.)	Meine Freundin hat mich zu diesem Ausflug überredet. Eigentlich habe ich keine Lust.
übersetzen	aus (Dat.) / in (Akk.)	Hamed übersetzt Bücher aus dem Englischen ins Arabische.
überzeugen	von (Dat.)	Es ist mir nicht gelungen, ihn vom Gegenteil zu überzeugen.
umgehen	mit (Dat.)	Wie gehen wir mit den neuen Regeln um?
umwandeln	in (Akk.)	Der Windgenerator wandelt Wind in Strom um.
sich unterhalten	mit (Dat.) / über (Akk.)	Sich mit anderen Leuten über das Wetter zu unterhalten, finde ich sehr langweilig.
sich unterscheiden	von/in (Dat.) / durch (Akk.)	Berlin unterscheidet sich von meiner Heimatstadt vor allem durch das große kulturelle Angebot. In diesem Punkt unterscheiden sich unsere Meinungen nicht.
unterscheiden	zwischen (Dat.)	Ich kann zwischen den Zwillingen nicht unterscheiden.
unterstützen	bei (Dat.)	Könnten Sie mich bitte bei dieser Aufgabe unterstützen?
(sich) verabreden	mit (Dat.)	Ich habe mich mit ihr zum Mittagessen verabredet.
(sich) verabschieden	von (Dat.)	Warte kurz, ich will mich noch von meinen Kollegen verabschieden.

verfügen	über (Akk.)	Über welche Technologien wird man wohl in 100 Jahren verfügen?
vergleichen	mit (Dat.)	Meine Mutter vergleicht mich immer mit meinem Bruder. Das nervt!
verhelfen	zu (Dat.)	Hans Rosling wollte den Menschen zu einem positiveren Weltbild verhelfen.
verlangen	von (Dat.)	Meine Schwester verlangt ständig Hilfe von mir.
(sich) verlassen	auf (Akk.)	Auf meine Freunde kann ich mich immer verlassen.
sich verlieben	in (Akk.)	Er hat sich in seinen Kollegen verliebt.
(sich) verpflichten	zu (Dat.)	Ärztinnen und Ärzte sind zum Schweigen verpflichtet.
verstehen	von (Dat.)	Ich verstehe nichts von dem, was du hier erzählst.
sich (gut) verstehen	mit (Dat.)	Mit meinen Kollegen und Kolleginnen verstehe ich mich sehr gut.
(sich) verteidigen	gegen (Akk.)	Ich will mich nicht immer gegen deine Vorwürfe verteidigen.
verwandeln	in (Akk.)	Die Künstlerin verwandelt den Raum in einen Ort der Erinnerung.
verzichten	auf (Akk.)	Auf mein Handy könnte ich niemals verzichten.
verzweifeln	an (Akk.)	Er verzweifelt fast an der schweren Aufgabe.
(sich) **vor**bereiten	auf (Akk.)	Er hat sich gut auf das Bewerbungsgespräch vorbereitet.
wählen	zu (Dat.)	Angela Merkel wurde 2005 zur Bundeskanzlerin gewählt.
warnen	vor (Dat.)	Ich habe dich vor ihr gewarnt. Sie ist wirklich unsympathisch!
warten	auf (Akk.) / mit (Dat.)	Entschuldigung, dass Sie auf mich warten mussten. Wir müssen mit der Entscheidung leider noch warten.
sich wenden	an (Akk.)	Wenden Sie sich mit Ihrer Frage bitte an unseren Kundenservice.
werben	für/um (Akk.) / mit (Dat.)	Das Unternehmen wirbt mit besonders günstigen Preisen für seine Produkte um die Kund*innen.
wetten	um (Akk.)	Wir haben um eine Flasche Wein gewettet. Ich habe gewonnen.
widerspiegeln	in (Dat.)	Die Sozialisation spiegelt sich in den Werten eines Menschen wider.
wirken	auf (Akk.)	Er wirkt heute irgendwie traurig auf mich. Ob etwas passiert ist?
wissen	von (Dat.) / über (Akk.)	Ich weiß von der E-Mail leider nichts. Weißt du etwas über die neue Kollegin?
sich wundern	über (Akk.)	Ich habe mich über sein Verhalten sehr gewundert.
zugehen	auf (Akk.)	Am Ende der Straße sehe ich meinen Freund. Ich gehe auf ihn zu.
zurechtkommen	mit (Dat.)	Wie kommst du mit deinem neuen Chef zurecht?
zurückkommen	auf (Akk.)	Wir kommen später nochmal auf dieses Thema zurück.
zutreffen	auf (Akk.)	Die Beschreibung „Bio" trifft auf diese Marke nicht zu.
zweifeln	an (Dat.)	In letzter Zeit zweifle ich manchmal an mir selbst.

Nomen mit Präpositionen

Nomen	Präposition	Beispielsatz
die Abhängigkeit	von (Dat.)	Die Abhängigkeit von Kohle ist für die Umwelt ein großes Problem.
die Abstimmung	über (Akk.)	Die Abstimmung über das Gesetz findet morgen im Parlament statt.
Anforderungen	an (Akk.)	Der Projektleiter stellt hohe Anforderungen an seine Kolleg*innen.
die Angst	um (Akk.) / vor (Dat.)	Sie hat Angst um ihren Job. Sie hat Angst vor einer Kündigung.
der Anreiz	für (Akk.)	Steuersenkungen schaffen Anreize für die Wirtschaft.
der Anruf	bei (Dat.)	Der Anruf beim Kundenservice war leider erfolglos.
die Antwort	auf (Akk.)	Hast du schon eine Antwort auf deine E-Mail bekommen?
die Arbeit	an/bei (Dat.)	Die Arbeit beim Verlag / an diesem Projekt ist sehr anstrengend.
der Ärger	über (Akk.) / mit (Dat.)	Auf dem Wagenplatz gab es Ärger über den Müll. Bei der Konferenz gab es Ärger mit dem Cateringservice.
die Aufregung	über (Akk.)	Es gab viel Aufregung über die neue Studienordnung.
die Auswirkung(en)	auf (Akk.)	Die Auswirkungen des CO_2 auf das Klima sind längst bewiesen.
der Bedarf	an (Dat.)	Der Bedarf an nachhaltiger Kleidung steigt mehr und mehr.
die Beförderung	zu (Dat.)	Die Beförderung zur Abteilungsleiterin hat sie sehr gefreut.
der Beitrag	zu (Dat.)	Jeder sollte einen Beitrag zum Klimaschutz leisten.
die Beschwerde	bei (Dat.) / über (Akk.)	Meine Kollegin hat beim Management eine schriftliche Beschwerde über ihren Vorgesetzten eingereicht.
die Bewerbung	um (Akk.) / bei (Dat.)	Ich schicke meine Bewerbung um die Stelle bei Siemens heute ab.
die Bitte	um (Akk.)	Ich schreibe Ihnen mit der Bitte um eine schnelle Antwort.
die Chance(n)	auf (Akk.)	Wie stehen ihre Chancen auf eine Beförderung?
der Dank	für (Akk.)	Mein großer Dank für die gute Zusammenarbeit geht an meine Kollegin.
die Demonstration	für/gegen (Akk.)	Die Demonstration für/gegen die neuen Gesetze findet morgen statt.
das Desinteresse	an (Dat.)	In der Bevölkerung wächst das Desinteresse an der Politik.
die Diskussion	mit (Dat.) / über (Akk.)	Die Diskussion mit meinem Professor über das Thema meiner Masterarbeit war leider nicht erfolgreich.
die Eifersucht	auf (Akk.)	Seine Eifersucht auf ihren Ex-Freund ist völlig übertrieben.
der Einfluss	auf (Akk.)	Durch die Wahlen haben die Bürger*innen Einfluss auf die Politik.
die Einigung	mit (Dat.) / auf (Akk.)	Leider konnte mit der Geschäftsführung keine Einigung auf eine Gehaltserhöhung erreicht werden.
die Einladung	zu (Dat.)	Haben Sie schon die Einladungen zum Jubiläum verschickt?
der Einwand	gegen (Akk.)	Der Betriebsrat hatte Einwände gegen die Kündigung von Frau Groß.
das Engagement	für (Akk.)	Das Engagement für Klimaschutz ist sehr wichtig.
die Entscheidung	für/gegen (Akk.)	Die Entscheidung für/gegen den Umzug fiel mir schwer.
der Entschluss	zu (Dat.)	Der Entschluss zur Trennung fiel ihr nicht leicht.
die Entschuldigung	bei (Dat.) / für (Akk.)	Die Entschuldigung bei meiner Chefin für mein Verhalten kam gut an.
die Erinnerung	an (Akk.)	Die Erinnerung an meinen Hund macht mich sehr traurig.
die Erwartung	an (Akk.)	Die Chefin hat hohe Erwartungen an ihre Mitarbeiter*innen.
die Flucht	vor (Dat.)	Nach ihrer Flucht vor dem Krieg kamen sie nach Italien.
die Forderung	nach (Dat.)	Die Forderung nach einer Frauenquote ist weit verbreitet.
die Frage	nach (Dat.)	Die Frage nach einer Gehaltserhöhung ließ mein Chef unbeantwortet.
die Freude	auf (Akk.)	Man sah ihr die Freude auf den neuen Job deutlich an.
die Freude[1]	über (Akk.)	Man sah die Freude über das Geschenk in seinem Gesicht.
die Freundschaft	mit (Dat.)	Denkst du, dass eine Freundschaft mit deiner Ex möglich ist?
das Gespräch	über (Akk.)/mit (Dat.)	Wie war dein Gespräch mit deinem Chef über das Projekt?
der Glaube	an (Akk.)	Ich habe den Glauben an eine Verbesserung der Situation leider verloren.
der Glückwunsch	zu (Dat.)	Herzlichen Glückwunsch zum Geburtstag!
die Hoffnung	auf (Akk.)	Manche verlassen ihre Heimat in der Hoffnung auf ein besseres Leben.

[1] *genauso*: die Erleichterung / die Begeisterung / das Erstaunen über

das Interesse	an (Dat.)	Ich habe sehr großes Interesse an diesem Seminar.
die Kampagne	für/gegen (Akk.)	Der Verein hat eine Kampagne für die Aufnahme der Geflüchteten und gegen die aktuelle Politik gestartet.
der Kampf	für/gegen/um (Akk.) / mit (Dat.)	Im Kampf für oder gegen Atomkraft gibt es sehr unterschiedliche Meinungen. Im Kampf mit der Geschäftsführung um die Arbeitsplätze hat der Betriebsrat die Kolleg*innen sehr unterstützt.
die Kritik	an (Dat.)	Die Kollegin äußerte Kritik an ihrem Kollegen.
die Lust	auf (Akk.)	Ich habe keine Lust auf die Arbeit.
das Mitleid	mit (Dat.)	Er hat großes Mitleid mit Menschen in Not.
der Neid	auf (Akk.)	Ich verspüre manchmal Neid auf die Leute, die mehr verdienen als ich.
die Neugier	auf (Akk.)	Die Rezension hat meine Neugier auf das Buch geweckt.
die Petition	für/gegen (Akk.)	Es gibt eine Petition für Fahrradstraßen und gegen Autobahnen.
der Protest	gegen (Akk.)	Es gibt immer mehr Protest gegen staatliche Kontrolle.
die Reaktion	auf (Akk.)	Die Reaktion meines Chefs auf meine Frage war leider nicht so gut.
das Recht	auf (Akk.)	Nach dem Gesetz haben Väter ein Recht auf Elternzeit.
die Rede	über (Akk.) / *auch*: von (Dat.)	Die Rede des Betriebsrats über die neuen Arbeitszeitregeln war sehr interessant. Es war sogar von Gleitzeit die Rede.
die Schuld	an (Dat.)	Er gibt sich immer die Schuld an allem.
der Schutz	vor (Dat.)	Sonnencremes bieten Schutz vor einem Sonnenbrand.
die Sehnsucht	nach (Dat.)	Seit meinem Urlaub habe ich große Sehnsucht nach dem Meer.
die Sorge	für (Akk.)	Die Sorge für ihre kranken Eltern kostet sie viel Energie.
die Sorge	um (Akk.)	Die ständige Sorge um die eigene Gesundheit kann auch krank machen.
der Spaß	an (Dat.)	Ich habe viel Spaß an meiner Arbeit.
das Spiel	mit (Dat.) / um (Akk.)	Das Spiel mit dem Feuer kann gefährlich sein. An den Spielen um den Vereinspokal nehmen elf Mannschaften teil.
die Stimme	für (Akk.)	Bei der Betriebsratswahl gab es die meisten Stimmen für Frau Le.
der Streit	mit (Dat.) / um/über (Akk.)	Der ständige Streit mit meinem Mann über die Hausarbeit nervt mich. Jeden Abend gibt es Streit um die Fernbedienung.
die Suche	nach (Dat.)	Die Suche nach einer neuen Wohnung kann sehr anstrengend sein.
die Teilnahme	an (Dat.)	Die Teilnahme an den Vorlesungen ist Pflicht.
das Telefonat	mit (Dat.)	Das Telefonat mit der Kollegin hat nicht lange gedauert.
die Trauer	über (Akk.) / um (Akk.)	Die Trauer um ein verstorbenes Haustier kann einen Menschen sehr treffen. Die Trauer über den Tod seines Hundes traf ihn besonders hart.
der Traum	von (Dat.)	Wir konnten unseren Traum von einem eigenen Haus verwirklichen.
der Umgang	mit (Dat.)	Der Umgang mit digitalen Medien ist heutzutage selbstverständlich.
die Unterhaltung	mit (Dat.) / über (Akk.)	Die Unterhaltung, die ich gestern mit meiner Professorin über das Thema Stress hatte, war sehr hilfreich.
die Übersetzung	aus (Dat.) / in (Akk.)	Sie macht Übersetzungen aus dem Deutschen ins Arabische.
die Ursache	für (Akk.)	Der Sturm war die Ursache für seinen Unfall.
die Verantwortung	für (Akk.)	Ich trage die Verantwortung für dieses Projekt.
das Vertrauen	in (Akk.)	Die Menschen verlieren Vertrauen in die Politik.
die Verwunderung	über (Akk.)	Es gab große Verwunderung über seine Entscheidung.
der Verzicht	auf (Akk.)	Der Verzicht auf Atomenergie ist gut für die Umwelt.
die Vorbereitung	auf (Akk.)	Eine gute Vorbereitung auf ein Bewerbungsgespräch ist sehr wichtig.
die Wahl	zu (Dat.)	Er hat die Wahl zum Bürgermeister klar gewonnen.
die Warnung	vor (Dat.)	Es gibt heute eine Warnung vor starken Gewittern.
die Wette	mit (Dat.) / um (Akk.)	Die Wette mit meiner Schwester um einen Schokoriegel habe ich verloren.
die Wirkung	auf (Akk.)	Die Wirkung von Drogen auf das Gehirn sollte man nicht unterschätzen.
die Wut	auf/über (Akk.)	Seine Wut auf seinen Chef / über die Kündigung war groß.
die Zusage	für (Akk.)	Heute habe ich die Zusage für die Wohnung bekommen.
der Zweifel	an (Dat.)	Negatives Feedback verstärkt die Zweifel an der eigenen Kompetenz.

Adjektive mit Präpositionen

Adjektiv	Präposition	Beispielsatz
(un)abhängig	von (Dat.)	Leonie möchte lieber unabhängig von der Gruppe arbeiten.
allergisch	gegen (Akk.)	Sie ist allergisch gegen Erdbeeren.
angewiesen	auf (Akk.)	Ich bin auf meine Stelle angewiesen.
ärgerlich	auf/über (Akk.)	Ich bin sehr ärgerlich auf ihn / über sein Verhalten.
beeindruckt	von (Dat.)	Ich bin von ihren Sprachkenntnissen sehr beeindruckt.
befreundet	mit (Dat.)	Mit meinem besten Freund bin ich seit der Schulzeit befreundet.
begeistert	von (Dat.)	Er ist von seinem neuen Job begeistert.
bekannt	als (Nom.)	Er ist weltweit als Schauspieler und Drehbuchautor bekannt.
beliebt	bei (Dat.)	Die Chefin ist bei ihren Mitarbeiter*innen sehr beliebt.
eifersüchtig	auf (Akk.)	Lena ist auf die Ex-Freundin ihres neuen Freundes sehr eifersüchtig.
einverstanden	mit (Dat.)	Mit der Arbeitsweise ihres Kommilitonen ist Leonie nicht einverstanden.
empört	über (Akk.)	Er war empört über die Unhöflichkeit seines Chefs.
entsetzt	über (Akk.)	Ich war entsetzt über die unhöfliche E-Mail meines Kollegen.
enttäuscht	von (Dat.)	Von der Antwort des Betriebsrats war sie sehr enttäuscht.
erfreut	über (Akk.)	Ich bin sehr erfreut über deinen Besuch.
erkrankt	an (Dat.)	Im Winter waren viele Kolleg*innen an Grippe erkrankt.
froh	über (Akk.)	Ich bin sehr froh über dein Angebot, bei dir zu wohnen.
geeignet	zu (Dat.)	Ein Hausboot ist zum Fahren eigentlich nicht geeignet.
gespannt	auf (Akk.)	Ich bin schon sehr gespannt auf die Ergebnisse der Umfrage.
glücklich	über (Akk.)	Ich bin glücklich über die Entscheidung, ausgewandert zu sein.
identisch	mit (Dat.)	Die Kopie ist identisch mit dem Original.
interessiert	an (Dat.)	Der Chef war an fairen Gehältern nicht interessiert.
müde	von (Dat.)	Er war müde von der stressigen Woche auf der Arbeit.
neidisch	auf (Akk.)	Er ist neidisch auf die Kolleg*innen, die mehr verdienen als er.
neugierig	auf (Akk.)	Ich bin neugierig auf die neuen Entwicklungen im digitalen Bereich.
skeptisch	gegenüber (Dat.)	Viele Deutsche sind skeptisch gegenüber Elektroautos.
stolz	auf (Akk.)	Meine Großmutter war stolz darauf, dass sie studiert hat.
süchtig	nach (Dat.)	Viele Teenager sind süchtig nach Likes in den sozialen Medien.
traurig	über (Akk.)	Über die Absage war ich sehr traurig.
umgeben	von (Dat.)	Der Platz ist von vielen Bäumen umgeben.
verantwortlich	für (Akk.)	Als Abteilungsleiter ist er für viele Projekte verantwortlich.
verrückt	nach (Dat.)	Timon ist verrückt nach Schokolade. Er isst jeden Tag zwei Tafeln.
wütend	auf (Akk.)	Lukas ist wütend auf seine Freundin, weil sie wenig im Haushalt macht.
(un)zufrieden	mit (Dat.)	Professor Hering ist unzufrieden mit der Diskussionskultur an der Uni.

Nomen-Verb-Verbindungen

Nomen-Verb-Verbindung	Beispielsatz
Anforderungen stellen	In ihren Job werden hohe Anforderungen an sie gestellt.
Anforderungen erfüllen	Ich erfülle die Anforderungen aus der Stellenanzeige.
etwas zum **Anlass** für etwas nehmen	Der Geschäftsführer nimmt die Betriebsfeier zum Anlass, um sich bei seinen Angestellten zu bedanken.
für etwas **Anreize** schaffen	Durch die Steuersenkungen werden Anreize für die Wirtschaft geschaffen.
etwas in **Anspruch** nehmen	Wenn man ein Kind bekommt, kann man Elternzeit in Anspruch nehmen.
Arbeitsplätze schaffen	Dank der Steuersenkungen wurden neue Arbeitsplätze geschaffen.
eine **Aufgabe** erfüllen	Der Praktikant erfüllt alle Aufgaben schnell und zuverlässig.
Aufmerksamkeit erregen	Ihr neuer Roman erregte die Aufmerksamkeit der Kritiker*innen.
etwas bei jdm. in **Auftrag** geben	Die Flyer wurden bei der Firma X-Design in Auftrag gegeben.
(sich) eine **Auszeit** nehmen	Nach der Schule habe ich (mir) eine Auszeit genommen und bin gereist.
über etwas **Bericht** erstatten	Ich muss meinem Chef täglich über das Projekt Bericht erstatten.
jdm. **Bescheid** geben/sagen	Bitte geben/sagen Sie mir Bescheid, sobald Sie mehr wissen.
über etwas **Bescheid** wissen	Weißt du schon über die neuen Deutschkurse Bescheid?
etwas im **Blick** behalten	Als Projektmanager muss er das Budget im Blick behalten.
eine **Diskussion** führen	Bei jeder Besprechung führen wir die gleichen Diskussionen. Das nervt!
jdn. unter **Druck** setzen / auf jdn. **Druck** ausüben	Die vielen Termine setzen die Kolleg*innen sehr unter Druck. Die Chefin übt Druck auf sie aus, indem sie von ihnen Überstunden verlangt.
unter **Druck** stehen	Ich habe so viel zu tun. Ich stehe bei der Arbeit unter großem Druck.
einen (guten) **Eindruck** auf jdn. machen / einen (guten) Eindruck bei jdm. hinterlassen	Die Bewerberin hat im Vorstellungsgespräch einen guten Eindruck auf den Mitarbeiter der Personalabteilung gemacht / bei dem Mitarbeiter der Personalabteilung hinterlassen.
auf etwas/jdn. **Einfluss** nehmen/ausüben	Durch Volksabstimmungen können die Bürger*innen in der Schweiz Einfluss auf die politischen Entscheidungen nehmen/ausüben.
etwas (Dat.) ein **Ende** setzen	Ich nehme endlich Urlaub, um meinem Stress ein Ende zu setzen.
eine **Entscheidung** treffen	Die Bewerber*innen müssen im Assessment-Center verschiedene Alternativen diskutieren und am Ende eine gemeinsame Entscheidung treffen.
einen **Entschluss** fassen	Nach langen Überlegungen habe ich den Entschluss gefasst zu kündigen.
Erfahrungen machen	Ich habe sehr gute Erfahrungen mit dieser App gemacht.
Erfahrungen sammeln	Während ihres Austauschsemesters konnte sie viele neue Erfahrungen sammeln.
eine **Frage** beantworten	Er hat mir meine Frage leider noch immer nicht beantwortet.
eine **Frage** stellen	Entschuldigung, darf ich dir eine persönliche Frage stellen?
eine **Frist** einhalten	Wer seine Stelle kündigen will, muss die Kündigungsfrist einhalten.
eine **Frist** setzen	Im Arbeitsvertrag wird auch die Kündigungsfrist gesetzt.
die **Gefahr** besteht	Durch die Digitalisierung besteht die Gefahr, dass Arbeitsplätze verloren gehen.
auf eine **Idee** kommen	Wie seid ihr damals auf die Idee gekommen, ein Restaurant zu eröffnen?
Interesse wecken	Mit der Kampagne konnten sie das Interesse der Kunden wecken.
einen **Konflikt** lösen	Es ist nicht einfach, den Konflikt zwischen den beiden Kollegen zu lösen.
in **Kontakt** bleiben	Über die sozialen Medien können wir leichter mit anderen in Kontakt bleiben.
den **Kopf** schütteln	Auf die Frage, ob er Zeit habe, schüttelte er den Kopf.
in **Kraft** setzen	Durch das Veto der USA konnte der Vertrag nicht in Kraft gesetzt werden.
in **Kraft** treten	Damit er in Kraft treten kann, gibt es neue Verhandlungen.
einen **Kredit** aufnehmen	Wir mussten einen Kredit aufnehmen, um das Restaurant eröffnen zu können.
Kritik an etwas/jdm. äußern/üben	Die Studierenden haben Kritik an den Themen des Seminars geäußert/geübt.
in der **Lage** sein	Durch die digitalen Medien sind wir in der Lage, schneller zu kommunizieren.
auf dem **Laufenden** bleiben	Ich nutze die sozialen Medien vor allem, um über das aktuelle politische Geschehen auf dem Laufenden zu bleiben.

G

ein (gutes) **Leben** führen	Sie führen ein glückliches und erfülltes Leben.
Leistungen erbringen	Im Beruf wird erwartet, dass man höchste Leistungen erbringt.
eine **Lösung** finden	Wir müssen schnell eine Lösung für das Problem finden.
Maßnahmen[1] treffen	In den Fabriken werden Sicherheitsmaßnahmen getroffen.
eine **Meinung**[2] teilen	In diesem Punkt teile ich Ihre Meinung nicht.
eine **Meinung**[2] vertreten	Er vertritt die Meinung, dass Online-Shopping viele Nachteile hat.
zur **Miete** wohnen	Sie wohnt zur Miete in einer kleinen Wohnung.
im **Mittelpunkt** stehen	Er ist eher zurückhaltend und steht nicht gern im Mittelpunkt.
sich **Mühe** geben	Ich habe mir viel Mühe mit meiner Masterarbeit gegeben.
Neugier wecken	Die Rezension hat meine Neugier auf das Buch geweckt.
eine **Perspektive** einnehmen	Als Coach muss er die Perspektive seiner Klient*innen einnehmen.
Potenziale ausschöpfen	Selbstoptimierung bedeutet, alle Potenziale voll auszuschöpfen.
eine **Präsentation** halten	Sie hat eine Präsentation über eine neue Entspannungs-App gehalten.
ein **Problem** lösen	Die Umweltprobleme müssen schnell gelöst werden.
(ein) **Protokoll** führen	Sie führt regelmäßig bei den Vereinssitzungen Protokoll.
ein **Referat** halten	In meinem Seminar werde ich ein Referat über Körpersprache halten.
sich an die **Regeln** halten	Im Straßenverkehr muss man sich an die Regeln halten.
einen **Rekord** aufstellen	Mit dem Flyboard hat der Erfinder einen Weltrekord aufgestellt.
ein **Risiko** eingehen	Ich will mich selbstständig machen. Natürlich gehe ich damit auch ein großes Risiko ein.
eine (wichtige/große) **Rolle** spielen	Ein guter Lebenslauf spielt bei der Bewerbung eine wichtige Rolle.
sich (nicht) aus der **Ruhe** bringen lassen	Obwohl das Projekt sehr stressig ist, lässt sie sich nicht aus der Ruhe bringen.
zur **Ruhe** kommen	Sie macht regelmäßig Yoga, um nach der Arbeit zur Ruhe zu kommen.
sich zur **Ruhe** setzen	Nach 40 Jahren Berufsleben setzt sie sich jetzt zur Ruhe.
jdn. auf den neuesten/letzten/aktuellen **Stand** bringen	Könnten Sie die Kolleg*innen bitte auf den neuesten Stand bringen, wie weit die Planung des Kulturfestivals ist?
zu etwas **Stellung** nehmen/beziehen	Die Diskussionsteilnehmer*innen haben zu den verschiedenen Argumenten Stellung genommen/bezogen.
eine **These**[3] aufstellen	Hans Rosling stellte die These auf, dass unser Weltbild zu negativ ist.
im **Trend** liegen	Wandern und Klettern liegen bei gestressten Großstädtern voll im Trend.
den **Überblick** behalten	Das Projekt ist komplex. Es ist schwer, den Überblick zu behalten.
jdn. in **Verlegenheit** bringen	Mit der Frage nach der Höhe seines Gehalts hat sie ihren Kollegen in Verlegenheit gebracht.
einen **Vertrag** abschließen	Sie hat einen Vertrag mit ihrem Geschäftspartner abgeschlossen.
sich an die **Vorschriften** halten	Sie können nicht einfach Feierabend machen, wann Sie wollen! Sie müssen sich an die Vorschriften halten!
zur **Verfügung** stehen	Für die Konferenz steht Ihnen ein Raum mit Beamer zur Verfügung.
einen **Vortrag** halten	Auf der Tagung wurde ein Vortrag über das Thema Burnout gehalten.
sich zur **Wahl** stellen	Für den Betriebsrat haben sich 15 Kandidaten zur Wahl gestellt.
zur **Welt** kommen	Letztes Jahr ist unsere Tochter zur Welt gekommen.
jdm. das **Wort** geben	Die Moderatorin gibt dem Gast das Wort.
jdm. ins **Wort** fallen	Bitte unterbrechen Sie mich nicht! Sie fallen mir immer ins Wort.
sich bei/für etwas **Zeit** lassen	Diese Aufgabe ist nicht dringend. Sie können sich dabei/dafür gern Zeit lassen.
sich für etwas/jdn. **Zeit** nehmen	Ich nehme mir leider viel zu wenig Zeit für meine Hobbys.

[1] genauso: *Vorkehrungen*; [2] genauso: *die Ansicht / die Auffassung / den Standpunkt*; [3] genauso: *eine Hypothese*

Quellen

Bildquellen
Cover: *Illustration* Cornelsen/Carlo Stanga; *Smartphone mit Hand* Shutterstock.com/blackzheep; *Menschen vor einem Bild der East Side Gallery* LOOK-foto/Rainer Martini

S. 3 *links* Apple, and the Apple logo are trademarks of Apple Inc., registered in the U.S. and other countries and regions. App Store is a service mark of Apple Inc.; *Mitte* Google Ireland Ltd.; *rechts* Cornelsen/ Raureif; **S. 86** *1* Shutterstock.com/AYA images; *2* Shutterstock.com/Corinna Haselmayer; *3* Shutterstock.com/Monkey Business Images; *4* Shutterstock.com/rainbow777; *5* Shutterstock.com/Mario Hoesel; *6* dpa Picture-Alliance/APN; **S. 92** *1* Shutterstock.com/Ashihara; *2* Shutterstock.com/Peter Gudella; *3* Shutterstock.com/SRj Photo Gallery; *4* Shutterstock.com/rsooll; *5* Shutterstock.com/Pushish Images; *6* Shutterstock.com/Pavel Ignatov; *7* Shutterstock.com/Andrey_Kuzmin; *8* Shutterstock.com/Kruglov_Orda; *9* Shutterstock.com/VioNetta; *10* Shutterstock.com/ShutterStockStudio; *11* Shutterstock.com/Donald A.Katchusky; **S. 94** Shutterstock.com/studiostoks; **S. 96** *von links nach rechts: 1* Shutterstock.com/The Art of Pics; *2* Shutterstock.com/AJR_photo; *3* Shutterstock.com/Page Light Studios; **S. 100** Shutterstock.com/MR Gao; **S. 101** *Kühlschrank* Shutterstock.com/Mile Atanasov; *Mann* Shutterstock.com/Khosro; **S. 102** *Weltkarte* stock.adobe.com/Copyright(C)2000-2006 Adobe Systems, Inc. All Rights Reserved; *Fußabdrücke* stock.adobe.com/SDuggan; **S. 104** *Korkwand* Shutterstock.com/taviphoto; *Schokocreme* Shutterstock.com/Jiri Hera; *Einkaufswagen* Shutterstock.com/William Potter; *Gummibären* Shutterstock.com/Nataly Studio; *Stuhl* Shutterstock.com/Vadym Andrushchenko; *Schokolade* mauritius images/emotive images; *Zeitungshintergr. unten* Shutterstock.com/Feng Yu; **S. 105** *Zeitungshintergr.* Shutterstock.com/Feng Yu; **S. 108** *a* Shutterstock.com/LightField Studios; *b* Shutterstock.com/szefei; *c* Shutterstock.com/Luis Santos; *d* Shutterstock.com/Mangostar; **S. 110** *1* Shutterstock.com/UfaBizPhoto; *2* Shutterstock.com/Monkey Business Images; *3* Shutterstock.com/LightField Studios; *4* Shutterstock.com/GaudiLab; *5* Shutterstock.com/Halfpoint; *6* Shutterstock.com/Chutimun Kasun; *7* Shutterstock.com/Pawel Jablo; *8* Shutterstock.com/Dragana Gordic; **S. 113** *A* Shutterstock.com/Monkey Business Images; *B* Shutterstock.com/eakkachai halang; *C* Shutterstock.com/SFIO CRACHO; **S. 114** *Emoticon* Shutterstock.com/Cosmic_Design; *Mann* Shutterstock.com/Dean Drobot; **S. 116** *Hintergr. Buchseite* Shutterstock.com/Kazyvka; **S. 117** *Hintergr. Buchseite* Shutterstock.com/Kazyvka; **S. 118** *Zeitungshintergr.* Shutterstock.com/Feng Yu; *Gebäude* Shutterstock.com/Pixachi; **S. 119** *oben* Shutterstock.com/Chubarova Iryna; *Mitte* Shutterstock.com/LEKSTOCK 3D; *unten* Shutterstock.com/GP Studio; **S. 122** dpa Picture-Alliance/JORGEN HILDBERANDT/TT NEWS AGENCY/Jorgen Hildebrandt; **S. 124** Shutterstock.com/MattLphotography; **S. 126** *Hintergrund A* Shutterstock.com/mapman; *Hintergrund B* Shutterstock.com/katatonia82; **S. 129** Shutterstock.com/Cosmic_Design; **S. 132** *a* Von Tobias Jung [CC BY-SA 4.0 (http://creativecommons.org/licenses/by-sa/4.0)], via kartenprojektionen.de; *b* By Tobias Jung [CC BY-SA 4.0 (http://creativecommons.org/licenses/by-sa/4.0)], via kartenprojektionen.de; *c* Shutterstock.com/Bardocz Peter; **S. 134** *Buch* Shutterstock.com/Becky Starsmore; *Theater* Shutterstock.com/aerogondo2; *Pyramiden* Shutterstock.com/WitR; *Familie vor Fernseher* Shutterstock.com/Lisa-S; *Notenblatt* Shutterstock.com/Wongsiri Subhayon; *Laptop* Shutterstock.com/13_Phunkod; *Höhlenmalerei* Shutterstock.com/Dmitry Pichugin; *Bücher* Shutterstock.com/Billion Photos; *alte Fotos* Shutterstock.com/Hank Frentz; **S. 136** *links* Shutterstock.com/Suti Stock Photo; *Mitte* Shutterstock.com/Valery Rybakow; *rechts* Shutterstock.com/Kellis; **S. 139** Shutterstock.com/13_Phunkod; **S. 142** *Archiv* Shutterstock.com/WiP-Studio; *Server* Shutterstock.com/wavebreakmedia; *mobile Festplatten* Shutterstock.com/TK 1980; *DNA-Molekül* Shutterstock.com/vchal; *Hieroglyphen* mauritius images/alamy stock photo/Zoonar GmbH; *Mikrofilm* stock.adobe.com/Dominique BIDON/Dominique; *Martin Kunze* Memory of Mankind/WERNER DEDL; **S. 143** Memory of Mankind/WERNER DEDL; **S. 144** *Zeitungshintergr.* Shutterstock.com/Feng Yu; *Solaranlage* Shutterstock.com/abriendomundo; **S. 146** *Boarding Pass* Shutterstock.com/M.Stasy; *Buch im Bad* Shutterstock.com/Roberta Gerosa; *Schlagzeuger* Shutterstock.com/Gorodenkoff; *Kürbisauflauf* Shutterstock.com/Cesarz; *Gutschein* Shutterstock.com/mythja; *Tisch mit Weinflasche* Shutterstock.com/Twin Design; *Segelboot* Shutterstock.com/RENEE' JORDAN; **S. 152** *Zeitungshintergr.* Shutterstock.com/Feng Yu; **S. 153** *Zeitungshintergr.* Shutterstock.com/Feng Yu; **S. 154** Shutterstock.com/Dan Rentea; **S. 155** Shutterstock.com/Cosmic_Design; **S. 156** *USB-Stick* Shutterstock.com/Anton Starikov; *Stabhochspringer* Shutterstock.com/mezzotint; *Smartphone* Shutterstock.com/octdesign; *Seil* Shutterstock.com/CapturePB; *Notizblock* Shutterstock.com/Macrovector; *Kreiszeichen in Smartphone* Shutterstock.com/retro67; *Glühbirne* Shutterstock.com/Billion Photos; *Feuerwerk* Shutterstock.com/Botond Horvath; *Fernglas* Shutterstock.com/zendograph; *Ballon* Shutterstock.com/Fosin

S. Ü 86 *1* stock.adobe.com/fizkes; *2* stock.adobe.com/biancia; *3* stock.adobe.com/OceanProd; *4* stock.adobe.com/Dimitrije Tanaskovic/Stocksy; **S. Ü 89** stock.adobe.com/Kang Sunghee/Sunghee Kang/Kang; **S. Ü 92** *Zeitungshintergr*. Shutterstock.com/Feng Yu; **S. Ü 93** *Hintergr*. Shutterstock.com/Monkey Business Images; **S. Ü 95** Shutterstock.com/andrey_l; **S. Ü 96** *a* stock.adobe.com/Unique Vision/Unique; *b* stock.adobe.com/REDPIXEL; *c* stock.adobe.com/Gudellaphoto; *d* stock.adobe.com/alphaspirit; *e* stock.adobe.com/MICROGEN@GMAIL.COM/Microgen; *f* stock.adobe.com/den-belitsky; **S. Ü 100** *a* Shutterstock.com/goodluz; *b* Shutterstock.com/sylv1rob1; *c* Shutterstock.com/Alberto Zornetta; **S. Ü 101** *1* Shutterstock.com/fiphoto; *2* Shutterstock.com/kazoka; *3* stock.adobe.com/Patrick Daxenbichler/Patrick; *4* Shutterstock.com/Michaelpuche; *5* Shutterstock.com/hxdbzxy; **S. Ü 103** Shutterstock.com/Feng Yu; **S. Ü 105** Shutterstock.com/M. Unal Ozmen; **S. Ü 106** *Zeitungshintergr*. Shutterstock.com/Feng Yu; **S. Ü 107** stock.adobe.com/Elnur; **S. Ü 111** ClipDealer GmbH/Wavebreak Media LTD; **S. Ü 112** Shutterstock.com/Chaosamran_Studio; **S. Ü 114** *links* stock.adobe.com/contrastwerkstatt; *rechts* Shutterstock.com/Monkey Business Images; **S. Ü 115** *Maya Angelou* akg-images/MAYA ANGELOU, circa 1976; *Marie Curie* Shutterstock.com/Everett Historical; *Buddha* Shutterstock.com/vectorx2263; *Albert Schweitzer* stock.adobe.com/Copyright (c) Mary Evans Picture Library 2017/Archivist; **S. Ü 116** stock.adobe.com/von Lieres/Olaf von Lieres/von; **S. Ü 117** *Smartphone* Shutterstock.com/Pavlo S; *1* Shutterstock.com/Goran Bogicevic; *2* stock.adobe.com/Davide Angelini/Davide; *3* stock.adobe.com/marrakeshh; *4* stock.adobe.com/fischer-cg.de; *Mann unten links* stock.adobe.com/K.- P. Adler/K.-; **S. Ü 118** stock.adobe.com/Daniel Berkmann; **S. Ü 119** Shutterstock.com/Dean Drobot; **S. Ü 120** *1* Shutterstock.com/F8 studio; *2* stock.adobe.com/Patricia W./Patricia; *3* stock.adobe.com/Kzenon; *4* Shutterstock.com/alexkatkov; *5* Shutterstock.com/Nicoleta Ionescu; **S. Ü 123** Shutterstock.com/Monkey Business Images; **S. Ü 124** stock.adobe.com/contrastwerkstatt; **S. Ü 125** *links* Shutterstock.com/Onjira Leibe; *Mitte* Shutterstock.com/wavebreakmedia; *rechts* Shutterstock.com/Bojan Milinkov; **S. Ü 127** Shutterstock.com/iri.art; **S. Ü 130** *Zeitungshintergr*. Shutterstock.com/Feng Yu; **S. Ü 134** *Hintergr*. stock.adobe.com/jessivanova; **S. Ü 135** Shutterstock.com/Cosmic_Design; **S. Ü 139** *a* stock.adobe.com/ Avector; *b* stock.adobe.com/32 pixels; *c* stock.adobe.com/stas111; *d* stock.adobe.com/alekseyvanin; *e* stock.adobe.com/elenvd; *f* stock.adobe.com/alekseyvanin; **S. Ü 144** *Malerin* Shutterstock.com/Jacob Lund; *Emoticon* Shutterstock.com/Cosmic_Design; **S. Ü 146** Shutterstock.com/DW labs Incorporated; **S. Ü 148** *Theater* Shutterstock.com/aerogondo2; *Laptop* Shutterstock.com/guteksk7; **S. Ü 151** *Welt mit Buch* Shutterstock.com/My Life Graphic; *Zeitungshintergr. unten* Shutterstock.com/Feng Yu; **S. Ü 152** *Zeitungshintergr*. Shutterstock.com/Feng Yu; *Helsaer Kirche* mauritius images/alamy stock photo/th-foto/bildagentur-online.com; **S. Ü 154** Shutterstock.com/Proxima Studio; **S. Ü 157** *Emoticon* Shutterstock.com/Cosmic_Design; **S. Ü 158** *1* stock.adobe.com/busra; *2* stock.adobe.com/deagreez; *3* stock.adobe.com/G-Stock Studio; *4* stock.adobe.com/Krakenimages.com; *5* stock.adobe.com/olly; *6* stock.adobe.com/Damir Khabirov/Damir; *7* Shutterstock.com/9nong; *8* stock.adobe.com/Anatoliy Karlyuk/Anatoliy; **S. Ü 161** *Notizblock* stock.adobe.com/hati; **S. Ü 166** *Moufida* stock.adobe.com/insta_photos; *Yibo* Shutterstock.com/Cookie Studio; *Chris* stock.adobe.com/Pixel-Shot; *Elenis* stock.adobe.com/fizkes; *Emoticons* Shutterstock.com/Cosmic_Design; *Bier-Emoticon* Shutterstock.com/Cosmic_Design; **S. Ü 167** *Windräder* Shutterstock.com/OFC Pictures; *Wikipedia-Logo* Wikimedia Foundation; *Wanderin* Shutterstock.com/Dudarev Mikhail; *Smartphone mit Fitness-App* Shutterstock.com/wavebreakmedia; *Seniorin* Shutterstock.com/Halfpoint; *Buch im Bad* Shutterstock.com/Roberta Gerosa; *Reichstag* Shutterstock.com/katatonia82; *Mann vor Laptop* Shutterstock.com/dotshock; *Klassenzimmer* stock.adobe.com/Kim Marston/Kim; *Kinder beim Fußball* Shutterstock.com/Monkey Business Images; *kochender Mann in Küche* Cornelsen/Bianca Schaalburg (Illustration)/ Shutterstock.com/Undrey; *grüne Weltkarte* stock.adobe.com/agrus; *Fußabdrücke auf grüner Weltkarte* stock.adobe.com/SDuggan; *Bücher* Shutterstock.com/Billion Photos; *Weltkarte Peters-Projektion* Von Tobias Jung [CC BY-SA 4.0 (http://creativecommons.org/licenses/by-sa/4.0)], via kartenprojektionen.de; *Bauwagen* Shutterstock.com/Dietrich Leppert; **S. Ü 168** *links* Shutterstock.com/Dietrich Leppert; *Mitte* Shutterstock.com/Black Salmon; *rechts* Shutterstock.com/Photographee.eu

Textquellen

S. 122 *Testfrage rechts oben* Testfrage von: Gapminder.org; „Free videos from www.gapminder.org"; URL: https://forms.gapminder.org/s3/test-2018; lizenziert unter Creative Commons CC BY 4.0; Original wurde auf Deutsch übersetzt; **S. 116, 117** „Heinrich Böll. Werke. Kölner Ausgabe. Bd. 12. 1959–1963" Herausgegeben von Robert C. Conrad © 2008, Verlag Kiepenheuer Witsch GmbH Co. KG, Köln

Wir bedanken uns bei der Deutschen Welle für die freundliche Genehmigung des Videos in der Einheit 9 (S. 113).

Das große Panorama

Deutsch als Fremdsprache
Kurs- und Übungsbuch B2.2

Im Auftrag des Verlages erarbeitet von
Claudia Böschel, Julia Herzberger, Dr. Elisabeth Lazarou, Anne Planz, Matthias Scheliga sowie Ulrike Würz (Phonetik),
Jens Magersuppe, Martina Schäfer und Julia Stander (Übungsbuch),
Dieter Maenner (Mitarbeit an den Seiten Ü 141, Ü 154)

In Zusammenarbeit mit der Redaktion: Claudia Groß, Alexandra Lemke, Jacolien de Vries
sowie Valeska Hagner (Übungsbuch)
Konzeptentwicklung: Claudia Groß, Andrea Mackensen
Redaktionelle Mitarbeit: Katerina Chrástová
Redaktionsleitung: Gertrud Deutz

Beratende Mitwirkung: May Asali (Amman), Dr. Renata Asali (Amman), Prof. Dr. Maureen Maisha Auma (Berlin/Stendal), Evangelos Koukidis (Athen), Cristina Maciel (Mexiko-Stadt), Andrea Rohde (Stuttgart)

Umschlaggestaltung: Rosendahl Berlin, Agentur für Markendesign
Layout und technische Umsetzung: Klein & Halm Grafikdesign, Berlin
Illustrationen: Bianca Schaalburg (S. Ü 167: 1. Reihe, 4. Bild), Tanja Székessy (S. 90, 92, 98, 107, 116, 128, 140, 141, 150, 152, Ü 117, Ü 129, Ü 131, Ü 143, Ü 163, Ü 167), Carlo Stanga (Umschlag)

Soweit in diesem Lehrwerk Personen fotografisch abgebildet sind und ihnen von der Redaktion fiktive Namen, Berufe, Dialoge und Ähnliches zugeordnet oder diese Personen in bestimmte Kontexte gesetzt werden, dienen diese Zuordnungen und Darstellungen ausschließlich der Veranschaulichung und dem besseren Verständnis des Inhalts.

www.cornelsen.de

Die Webseiten Dritter, deren Internetadressen in diesem Lehrwerk angegeben sind, wurden teilweise von Cornelsen mit fiktiven Inhalten zur Veranschaulichung und/oder Illustration von Aufgabenstellungen und Inhalten erstellt. Alle anderen Webseiten wurden vor Drucklegung sorgfältig geprüft. Der Verlag übernimmt keine Gewähr für die Aktualität und den Inhalt dieser Seiten oder solcher, die mit ihnen verlinkt sind.

1. Auflage, 2. Druck 2023

Alle Drucke dieser Auflage sind inhaltlich unverändert und können im Unterricht nebeneinander verwendet werden.

© 2020 Cornelsen Verlag GmbH, Berlin

Das Werk und seine Teile sind urheberrechtlich geschützt. Jede Nutzung in anderen als den gesetzlich zugelassenen Fällen bedarf der vorherigen schriftlichen Einwilligung des Verlages.
Hinweis zu §§ 60a, 60b UrhG: Weder das Werk noch seine Teile dürfen ohne eine solche Einwilligung an Schulen oder in Unterrichts- und Lehrmedien (§ 60b Abs. 3 UrhG) vervielfältigt, insbesondere kopiert oder eingescannt, verbreitet oder in ein Netzwerk eingestellt oder sonst öffentlich zugänglich gemacht oder wiedergegeben werden. Dies gilt auch für Intranets von Schulen und anderen Bildungseinrichtungen.

Druck und Bindung: Livonia Print, Riga

ISBN 978-3-06-120890-5 (Kurs- und Übungsbuch)
ISBN 978-3-06-121344-2 (E-Book)

PEFC zertifiziert
Dieses Produkt stammt aus nachhaltig bewirtschafteten Wäldern und kontrollierten Quellen.
www.pefc.de